顧頡剛全集

顧頡剛古史論文集

卷　五

中　華　書　局

卷五目録

古代地理研究講義

古代地理研究課旨趣書[*]

現在開這門"古代地理研究"的功課，是要彌補上年"中國上古史"一課的缺陷，因爲那時對於地理方面完全没有説到。

這"古代地理研究"一個名詞，甚不適當，實際上是"從故籍裏看中國人對於古代的疆域觀念和實際上漢以前的各時代的疆域我們所能觳知道的"。只因這個名詞太長，所以縮做了"古代地理研究"一名。

爲什麽説"古代地理研究"一個名詞不適當呢？因爲我們的研究材料只限於故籍和發見的甲骨文、金文等文字記載；至于那時實際的地理情狀，書本上和刻辭上記載的決不夠使我們明白。例如"洪水"是古代地理上的一件大事，但我們是有什麽法子可以證明洪水在古代確有這件事情呢，或者確没有這件事情而只是一種傳説呢？要對於這種問題作明白的解答，非得先作地理學和地質學的研究而又加以實地調查不可。這種事情，我們現在還談

[*] 原載 1928 年 12 月 5 日國立中山大學語言歷史學研究所週刊第五集第五七至五八期合刊。

不到。

名爲研究古代地理而對於古代自然界的地理完全不明瞭，豈非失去了根本，豈非大笑話！所以我們應當自己知道，我們現在可以求到的智識是不充分的，我們研究的基礎是不堅實的。

但是，我們在這不充分的智識，不堅實的基礎上，畢竟有些工作可做。我們即使不能明白古代地理，也許可以明白古代歷史中的疆域的沿革。即使古代歷史中的疆域的沿革也不能十分明白，至少可以尋出一個研究的方法，使得將來有研究明白的希望。

我覺得我們可以着手的工作應當分成兩部分：

其一，搜集古人所説的“前代”的地理材料，照着他們所説的時代去編排，尋出一個他們的系統來。

其二，搜集古人所説的“當時”的地理材料，依了時代的次序去編排，看出實際上古代疆域的大概情形，豫備由我們手中建立一個新系統。

因爲這個緣故，現在編纂講義便照這樣做去：

講義甲種——舊系統的材料。集録禹貢、職方、王會、山海經、淮南地形訓等文，看他們對於“分野”、“分州”、“四至”、“五嶽”、“四裔”、“五服”等主張是怎樣的，如何從不同而變爲同，如何從想像而變爲事實。

講義乙種——新系統的材料。從甲骨文中看商代地域；從金文、詩、書中看西周地域；從春秋、國語、左傳中看東周地域；從戰國策、先秦諸子中看戰國地域；從史記、漢書中看秦、漢地域。就把這些材料和甲種相比較而推求甲種諸篇的著作年代。

這是我們研究古代地理的初步工作。做了這一步工作，可以知道秦、漢一統的疆域是經歷了多少階段而成就的，這很整齊的分野、分州……的系統是如何造出來的，他們爲什麼要這樣造。

我本年任課既多，諸種功課又須於半年內結束，還有許多推不掉的事務，我對於本門功課真不能加以細密的研究了。我只得依了我兩年前的見解整理出若干材料，希望在遍地的茅草中斬刈出一條新路。至于能否完成這個志願，要看諸君幫助我的力量如何。諸君比我空閒得多，如果對於這門功課感到興味的，請即用了全力去研究。讀書時不要怕寫筆記；心中有了問題時不要怕尋材料。假使會畫地圖的，最好每讀一篇時便畫出一幅地圖來。對於一件材料要分析；對於幾件分析過的材料要比較。只要分析和比較的工作做得多，自然會有新發見！在現在初換一種眼光的時候，不知有多少問題等待我們的提出，又不知有多少材料等待我們的使用。我們要細了心、大了膽，去應付這個好機會！

十七，十，一。

案語[*]

甲種

神農九州
（王應麟通鑑地理通釋卷一）

　　九州之説始於禹貢，禹爲夏王，故謂夏有九州。自職方篇出，逸周書及周官並録之，而周亦有九州。夏與周兩代制度既定，於是重分九州一事遂爲開國時不可缺之大典，於是各代之九州遂以必須重分之故而無不別異。至緯書出，推此制於人皇，造其極端，始不可以復加。今録王氏之文，附以命歷序諸篇，以當彼輩理想中之一代。吾人參校此等材料，可見其先後層次之清楚。最先，鄒衍憑其想像之力，擴大禹之九州，未遑詳定其制也。越三百餘年，緯書紛起，河圖括地象中爲之一一補綴，於是此大九州之説乃得成爲具體之記載。又越六百餘年，賈公彦徵引緯書，以作周禮疏，於是分畫此大九州者乃得其主名。而神農氏之疆域亦可作一略圖矣。至于王應麟，又以淮南子中之九州加之於神農，而神農九州之名目又有異同之爭矣。舉此一例，可知種種僞史絶非出於一日，造於一人；往往經歷千載，積累而就，有不知其然而然者。辨僞之難，正坐其源遠而流長也。

---

　　[*]　原載 1928 年中山大學油印古代地理研究講義；又刊於 1987 年 1 月文史集林第二輯。

史記五帝本紀中之黃帝疆域

黃帝之名始見於左傳僖二十五年卜偃之卜兆，曰："黃帝戰於阪泉。"史記封禪書曰："秦靈公作吳陽上畤，祭黃帝；作下畤，祭炎帝。"吳陽在今山西隴縣；秦靈公則當戰國之始。按左傳之前身爲國語，國語作於戰國，則所謂"戰於阪泉"者當是擷取當世傳說傅之卜兆耳。使此言不誤，是戰國時黃帝故事之根據地凡二：在西北者爲吳陽，在東北者爲阪泉。此故事或沿黃河而東流，自秦而分建於燕，未可知也。以百家之託古鳴高，適會有此新偶像出現，故黃帝遂成一傳說之中心，由天帝而轉爲人王。雖以司馬遷之明知百家所言爲不雅馴，終不能不承認有此一代而列之於五帝本紀之首，其傳說之強固可見。史記之言曰："諸侯咸尊軒轅爲天子。"又曰："置左右太監，監於萬國。"儼然一統一寰宇之君主。又定其四至曰"東至于海，西至于空桐，南至于江。北逐葷粥"，而黃帝之疆域乃差等於西周之世。又記其二子云"青陽降居江水，昌意降居若水；昌意娶蜀山氏女"，而黃帝之地乃伸展於蜀中，又與秦國之擁有梁州相若。凡漢人對於古代地理，永不能免除一統觀念，亦永不能不將數百年中新辟之地，視作自古已然。司馬氏生當如此環境之中，雖有考信之志而未能明辨，故無足怪。其(五帝本紀贊)曰："余嘗西至空桐，北過涿鹿，東漸於海，南浮江、淮矣，至長老皆各往往稱黃帝、堯、舜之處，風教固殊焉。"以此語校黃帝四至，廣袤如一，是知司馬氏實以耳所及聞之各處長老所稱之黃帝風教，定爲黃帝巡狩所到之地；倘彼行更遠，聞更多者，黃帝四至固當不止於是矣。又岱宗、湘山爲秦、漢所封禪，唱封禪者每推之黃帝，凡山則漢武時方士直指爲黃帝封禪者(見漢書郊祀志下，公玉帶言)，流言可成事實，故司馬氏亦無疑而錄之。然司馬氏之時僅有此耳。更越數百年，封禪之說衰而分野分州之說盛，於是班固謂黃帝畫百里之國萬區，周公職録謂黃帝割地布九州，皇甫謐謂黃帝以十二次分天，以十二分分地，凡向來所加於禹及周公之一套事業又舉以加之黃帝之身，是亦傳説演化之恒例也。

五帝德中之顓頊四海
（汪昭大戴禮記注補七）

顓頊氏之來歷不可知，觀周語云：“星與日辰之位皆在北維，顓頊之所建也，帝嚳受之。”其力足以建星辰之位，則當爲天神而非人。至五帝德，乃合之於黃帝之孫高陽，列爲五帝之一。所謂乘龍以游之四海，北幽陵，南交趾，西流沙，東蟠木，實爲秦、漢間人習唱之論調。（堯典曰：“宅南交”、“宅朔方曰幽都”。禹貢曰：“西被於流沙”。大招曰：“北至幽陵，南交趾只”，“西方流沙，漭洋洋只”。惟“蟠木”不見於他書，予謂此即扶桑也，“蟠”〔pan〕與“扶”〔pu〕爲雙聲，“木”即“桑”之簡字。離騷經云：“總餘轡乎扶桑”，淮南子云：“日出湯谷，拂於扶桑”，“扶桑”亦作“扶木”。山海經云：“黑齒之北曰湯谷，有扶木，九日居下枝，一日居上枝，皆戴烏。”是蟠木在湯谷。即堯典之暘谷也，堯典四宅，除西方未規定外，餘皆與顓頊四海同。當時四極之地惟東方爲想像，其他皆可指實。）蓋燕將秦開襲破東胡，置上谷、漁陽、右北平、遼東、遼西五郡，時人視爲極北之地，名曰幽陵（或曰幽州、幽都）。秦始皇三十三年，發諸嘗逋亡贅婿賈人略取陸梁地，爲桂林、象、南海三郡，而象郡治在今越南，時人視爲極南之地，名曰交趾（至漢，幽州、交州遂爲政府制定之地名）。極南極北既已定，東西兩方又設想日月所出入之處爲極，故有湯谷、昧谷、蟠木、虞淵諸名，而當時人之“天下”觀念於以凝固，故墨子節用中篇云：“古者堯治天下，南撫交趾，北際幽都，東西至日所出入，莫不賓服。”韓非子十過篇云：“昔者堯有天下，其地南至交趾，北至幽都，東西至日月之所出入者莫不賓服。”（此等文字乃秦、漢人所作，厠入墨子、韓非子中者。）大戴禮記少閒篇云："昔虞舜以天德嗣堯，布功散德制禮，朔方幽都來服，南撫交趾，出入日月，莫不率俾。"凡此皆以當時之境界施之於古帝王，以爲古時亦如此者也。五帝德作於是時，故亦不能自外。其寫顓頊四海，此等言語摇筆即來，未嘗自覺；即使覺之，亦不自以爲逞臆也。何也？彼輩視古帝王爲全德之人，其所治之天下必完整而無缺也。越數百年至皇甫謐，又以五帝德規定四海爲未足，更爲之分布九州，遂指禹貢九州之名爲顓頊舊制；並曰："顓帝所建，帝嚳受之"，以明其不變。試將皇甫氏之言與周語所云合觀，則顓頊建星辰而帝嚳受之，顓頊建九州而帝嚳又受之，是嚳乃一守成之君，如啟之敬承禹之道耳，何足以當五帝之一代耶！

堯典、皋陶謨中所説之地理

堯典、皋陶謨二篇記載唐、虞時代制度文物之美備，至矣盡矣。堯、舜之所以成爲中天之聖，垂世萬之憲者，翳此焉是賴。然吾人今日以歷史眼光觀之，則此二篇實以秦、漢之一統爲其背景，堯、舜等之傳説爲其資料，儒家理想之政治爲其骨幹而後著作者也。試就地理一端論，"南交、幽都"爲秦、漢疆域所至，爲秦、漢人習用之對舉之詞，已考辨於上篇。其他若"封十有二山"之爲秦始皇，明見於漢書郊祀志。巡狩四方，同律度量衡，亦皆自秦始皇，此篇但以五行之説整齊之耳。至于既已"弼成五服，外薄四海，光天之下，共惟帝臣"，建設一大一統之國家矣，既以四岳治四岳，十二牧治十二州，十二師治一州，業於此大國家中設官分治矣，而又同時建立萬邦，班瑞群後，使封建與郡縣之兩制並行不悖，此則秦皇之所不喜而漢高之所優爲者。以漢書地理志與高惠、景武兩功臣表合觀，其事甚明。且儒者必則古昔，稱先王，故視封建爲不可變易之制度，其借尚書以資鼓吹，亦自可能。故堯典、皋陶謨之著作時代，最早不能過秦，最遲當在漢武帝之世。蓋漢興，平定四海，未遑庠序之事，孝文帝本好刑名之言，孝景又不好儒，故天下無治尚書者。而武帝初即位，漢興已六十餘歲，天下艾安，縉紳之屬皆望天子封禪，改正度。趙綰、王臧等明儒學，下亦鄉之（上語見史記儒林傳、漢書郊祀志及晁錯傳）。故堯典、皋陶謨出於此時，舉封禪改正度之事屬之堯、舜，爲武帝傚法之預備，且以適應朝野之要求。當時治尚書者既無人，故得從容置於二十八篇之首，售其欺僞。自此而後，説經之家紛紛爲堯、舜制度張皇幽眇，實皆痴人説夢耳。雖然，假使經師所言悉符作者之意，雖曰受欺，猶不愧爲善述者也；今則明明四岳而説爲五岳，明明十二州而説爲九州，明明五千里而説爲萬里，遷就他種之文籍與傳説而使堯典等失其原來之條理，固是作者之罪人也。故茲節録原文於前，又選録注語於後，以見西漢初人之唐、虞地理觀念與東漢以下人之唐、虞地理觀念之不同如此。

洪水之傳説及治水等之傳説

　　洪水爲古代地理上一大事，而古人言之者殊異實甚。二千年來，古代傳説爲儒家所統一，故吾人所知之洪水事件不出尚書與孟子二書所指示者。其發於堯時，平於禹手，平之之法爲疏導，已成天經地義。然稽之百家所言，則有謂其發於顓頊時，平於女媧手，而平之之法爲湮塞者。吾人若放寬眼界，自可承認此種傳説與尚書、孟子所言雖不同，而各占一傳説之地位則相等也。今輯録舊文，分爲七目比次之。其中實以“東西周時人自承所受之禹澤”一項爲中心，從此種觀念、此種信仰上，使禹之人格日益擴大，於以致地平天成之偉績。而鯀、禹之爲郊爲社，又爲當時各地人自承衍禹之澤之所由來，蓋對於禮拜之偶像爲之增飾其神功聖德，自視爲其庇護下之一人，此亦古今之恒情也。是篇所輯録者，以戰國時材料爲多，西漢以後所起之傳説，若禹降無支祈等，不復臚列，以傳説既已統一，新創造者即不能更占勢力也。

禹貢

自禹貢之作，古代地理之僞系統獲得一强固之基礎。據是爲中心而上推之於炎、黃，下推之於殷、周。於是九州五服之説遂確實支配周以前之地理，成爲邃古之定制，自漢以來未有疑之者；不但不敢疑，亦不思疑也。然禹貢之出，其實甚晚。孟子稱禹抑洪水爲三聖大事之一，而不舉其"咸則三壤，成賦中邦"之豐功。孟子言"夏曰貢"，而所言之貢乃是禹貢之所謂賦，非禹貢之所謂貢。孟子言禹決汝、漢，排淮、泗等治水之跡，而不據禹貢之導水章爲言，且與導水章亦相抵牾。孟子言"四海之内方千里者九"，而不據禹貢之九州立説：謂今之土地乃與當年平水土之際相符，轉曰"夏后、殷、周之盛，地未有過千里者也"。豈但孟子如此，墨家以禹之形勢天下自處，奉禹爲理想中之模範人物，使禹貢真爲禹所作而載於六經者，彼輩宜如何抱守而表章之，乃默不道一言，若不知有此一書然，何其數典忘祖至此乎？又豈但墨子如此，六經異傳，百家雜語，蓋未有道及禹貢一字者。直至西漢景、武帝時，尚書二十八篇出，禹貢乃突占一重要地位，爲地理家不祧之祖。是則禹貢之編入尚書實在漢初，其著作時代必不能甚早可知。按其所列九州之名，冀則取於晉地，徐則取於徐戎，揚（jay）則取於越（jyet）之雙聲（自越滅吳，越地與魯接壤，魯爲徐州，見吕氏春秋），荆則取於楚之異名，雍則爲秦都，此皆歷歷在晚周間者。若曰是悉契合於夏初，不亦怪乎！至梁州之地，於周爲不通中國之蜀，而秦司馬錯滅蜀在西曆紀元前三一六年。禹貢作者若存心以雍、梁分配秦地，其著作時代殆在此年之後？又以青州名齊（吕氏春秋云："青州，齊也。"），齊居東方，以五行家説次之，其德爲木，其色爲青，斯則青州一名乃依五行之説而建立者。五行説始於戰國，其著作時代要當在戰國以下。惟堯典四宅，北至幽都，南至交趾，適符秦、漢境土，而禹貢則北至碣石，南至彭蠡與衡陽，尚是戰國疆域（其不列幽州，或是時燕國猶未襲破東胡，建立五郡），則禹貢之作疑在堯典之前。又九州是大一統之郡縣制，五服則爲封建制，觀五服中，上所以使下，下所以事上者皆内重而外輕，九州則因土田之肥瘠與所生產者以定貢賦，無内外之別，在同樣之版圖作兩個系統之組織，其不相容可知。然則此兩種制度當是戰國時帝制運動下之兩派學説，作者不察而誤合之也。此類問題可提出者尚多，姑舉數事以爲先導。今録本篇原文於下而附九州、五服兩圖，以便觀覽。

辨禹貢及禹治水説書
（丁文江與作者信札三通）

　　六年前，我很想辨禹貢是戰國時的著作，但因職務的牽制，問題的繁多，到今不曾動手，六年前寫的綱要還是一個綱要。有了研究的興趣而得不到研究的環境，真是悵惘萬分。當時曾和丁在君先生通過幾次信，承他告我幾條地質學上的證據，把禹治水之説根本推翻，使我膽壯了不少。但他這封信只是隨便寫出的，還有許多證據他沒有舉出來，非常可惜。到現在他已成了政治上的罪人了！平心論起來，丁先生在學術上確有他的功績。北平的地質調查所是他創辦的，他們在研究地質之外更發現了許多地方的史前文化，使得中國的真古史伸展了二千餘年，使得號稱好古而實不能考古的中國人受着一種刺激，知道書本中的境界是很渺小的，這便是一個大貢獻。只因時代潮流太急劇了，以致任何人不能安心工作，把可以研究學問的學者捉弄得去經商，去做官，終至一敗涂地，思之痛心。禹治水故事的不足信，禹貢一篇的不足信，證據之多，辨論之難，不知要費多少功夫始可成爲定讞。這裏短短的幾封信，算得了什麽！不幸古今來沒有人做過這種研究工作，我和丁先生雖想做這種工作而亦不能如願，所以只得把這幾通短札列入講義，總算對於這一方面指出了一個可以進展的道路。正如朱熹、吳棫對於偽古文尚書的懷疑不過寥寥幾句話，但只要他們的話能夠開發梅鷟、閻若璩們的勇氣，這成績可就大了。

衛聚賢禹貢考

衛先生這篇文章，是用現代的眼光，現代的方法來研究禹貢的第一篇。固然他只費了很短的時間草成，算不得完密，但平常人沒有注意到而給他提出的大問題（例如袒護雍州，不知河套等）實在不少。有了這篇文章開了一條路，冲了一次鋒，要繼續加功就比較容易多了。莊子上說得好："其作始也簡，其將畢也巨。"我們不能把最後的成功責備到作始的人的身上；只要我們有追跡作始的人的腳步的勇氣，有徹底解決一個問題的耐性，將來的成就決不會使我們失望的。

蔣廷錫尚書地理今釋中之禹貢地理

禹貢爲古代惟一之地理書，而其地理實不易言，若九河、三江、九江、黑水、三危、碣石……之類，並難考定。蓋禹貢作於戰國之時，文籍無徵，聞見有限，故有成於記憶之誤者，亦有實不知而出於想像者。後人信爲禹作，又信爲禹親歷天下後作，承認爲絕對之是，故雖不可通者亦必委曲以求其通，至必不可通時則以一名分屬之於二三地，此禹貢地理之所以多歧說也。蔣廷錫此書以當代地名釋古地，甚便瀏覽；且臚列衆說亦甚簡明，故錄入講義。惟蔣氏生於清初，所用地名俱據康熙時輿圖，包甘肅於陝西，包安徽於江南，名青海曰西番，其府州縣之名及其轄屬亦多與清末不同。諸君有暇，更依中華民國之輿圖而改釋之可也。

又篇末所以附錄楊守敬禹貢九州圖說者，將以見禹貢疆域之變化實隨各時代之疆域觀念而變化者也。禹貢揚州之域，南止彭蠡，僅在江西北部耳。蔣廷錫釋之曰："廣東之潮州府及浙江、江西、福建皆是也。"此非蔣氏故意將揚州疆域擴大，乃歷代學者見當世境界南至粵海，不敢使浙、閩、粵諸地不包於禹域之中，故雖禹貢無其文，轄境又過廣，不能顧也；蔣氏承其説耳。至楊守敬時，中國殖民於南洋者多矣，地理學者對於海國之聞見亦廣矣，故遂毅然曰："揚州之'島夷'當以琉球、呂宋諸國當之。"而禹貢之揚州於是越海而推至南洋，其本州南北相距殆已五千里矣。至今日，"暨南"（取於禹貢之"朔南暨"）一名殆已爲南洋群島之總稱。陳列館曰暨南館（見清末南洋勸業會），大學曰暨南大學（在上海），此又戰國、秦、漢間人謂極南爲交趾者所不及料，而將來苟有作新禹貢者自不難使神禹導山、導水於爪哇、蘇門答臘之間可知也。

五藏山經

自周以來，對於禹之觀念不出二種：平水土，主山川，一也，驅龍蛇，象百物，二也。禹貢、禹本紀、山海經之作，皆從此兩種觀念出發，而舉作者之地理智識、物産智識，與其所想像之整個宇宙以盡歸於禹。禹本紀亡矣，世之人徒以禹貢平實，山海經譎詭，遂奉禹貢爲聖經而屏山海經於小説，不知自傳説之地位觀之固不當有軒輊之情也。然山海經固非一世之書，山經與海經各成一體系，而山經兼詳川流，意者所謂"主名山川"，殆即指此。山經本有"五藏"之名，故今仍焉，而與海經分離，是書分南、西、北、東、中五部，方向道里叙述至明，不難爲之開方計里以作一完密之地圖。其所載地名雖不可悉知，亦不可知其信有與否，然自其可知者觀之，則西南至蜀中，東南至會稽，西北至積石，北至幽都，東至泰山，雖導山脈絡不與禹貢同，而境域廣狹乃甚相似，是知山經之作猶在戰國之時；若已屆秦、漢，安肯舍閩中、南海、桂林、交趾而不一言乎？

海外四經

海外四經凡分四部分：自西南陬至東南陬者，南經也；自西南陬至西北陬者，西經也；自東北陬至西北陬者，北經也；自東南陬至東北陬者，東經也。其所載外國名號皆以其國人之狀貌爲名，而其狀貌皆有異於中國：肢體之有羨餘者曰三身、三首、長臂、長股；肢體之有缺失者曰一臂、一目、無臂、無腸。要之，海外諸國者，皆以目見之海內人之肢體增減而成者也。山經尚參以真實之山川，而此則盡出於想像。吾人讀之，可見戰國、秦、漢間人對於最遠之地域其見解蓋如此。經文本於圖畫，觀"羿與鑿齒戰"一條可知。其云"一曰"者，則劉歆或郭璞取以校勘之別一本也。校勘者不止一本，故或有兩"一曰"，或以"一曰"與"或曰"對舉。崔懷瑾先生於史記探源中辨終始五德之說，以爲呂氏春秋十二紀之"勾芒""祝融"諸名皆劉歆所竄入，其語或不爲人所信。今按此南經之末曰"南方祝融"，西經之末曰"西方蓐收"，北經之末曰"北方禺彊"，東經之末曰"東方勾芒"，其排列齊整，亦爲劉歆所附。何以明之？此經各物循圖而相承，不容雜廁，西經末第二行云"長股之國在雄常北"，北經首云"無臂之國在長股東"，則雖分兩經而文實聯接，豈應列於上下皆無關之"西方蓐收"乎！劉歆竄亂舊文，此亦一確證也。

海內四經

海內四經所記載者，大概如堯典之四宅，禹貢之要服荒服，爾雅釋地之四極，主於叙邊裔，故閩、倭、匈奴、犬戎、東胡、西胡、朝鮮、巨燕、大夏、月支諸蠻夷名甚多。此漢人所作邊疆地理書。雜以想像及舊傳說，而托之於禹、益者也。其序列一如海外經，以"南、西、北、東"爲次。其文由圖畫而來，故狌狌條云"狌狌知人名"，而契窳條云"在'狌狌知人名'之西"，蓋圖中原寫有"狌狌知人名"數字，作者遂因而録之耳。其圖當是一幅，不如經之以四方分者，經文强爲界畫，乃多不倫：故南經有匈奴；東經有大夏；契窳兩見於南經、西經；氾林兩見於南經、北經；流沙兩見於西經、東經；至崑崙虛則西、北、東三經俱見之。又其圖與海外經之圖相合，故叙赤水而曰"厭火東"，叙黑水而曰"羽民南"，叙青水而曰"過畢方鳥東"，皆海外南經所有；至崑崙虛及氾林，則海外、海内兩經俱有之。原圖不可得見，遂使紛亂糅雜之文窮於董理，此亦讀書者之憾事也。

大荒四經

大荒經者，蓋即海外經之别一本，故兩書所叙事物名目，符同十之五六；又大荒經各篇屢書"東海之外"，"南海之外"，"東南海之外"，"西北海之外"，"西海之外"，"西南海之外"，"東北海之外"，與海外經之標題及其以四隅分舉者亦相合。此如近世所傳推背圖，隨意增損，本各不同，雖先後有異，未可謂其孰真而孰僞也。大荒經中記録事物，視海外經加多，尤以山水之名爲甚。惟海外經次第頗整齊，此則瑣碎雜亂，不可詳其方向與地位耳。又海外經序方位爲"南、西、北、東"，此則易以"東、南、西、北"，雖是小差，然此篇較海外經爲晚出即此可見，蓋四方之序，後世固以東爲首也。又崑崙虛、比翼鳥，海外經皆在南，大荒經皆在西；肅慎國，海外經在西，大荒經在北；毛民國，海外經在東，大荒經亦在北；白民國，海外經在西，大荒經在東，均兩書不同處。然天吳在東而又在西（西作"天虞"，"虞"與"吳"古同字），女醜在西而又在東，大人國在東而又在北，則大荒經一書中固已自相歧異矣。

海内經

此海内經一篇亦即海内四經之別一本，故海内南經之三天子鄣山、蒼梧之山、窫窳、狌狌、建木、巴蛇、西經之流沙、黑水、青水、后稷之葬，北經之蛇巫之山、朝鮮等，均於此篇見之。（"三天子鄣山"作"三天子之都"；"巴蛇"作"黑蛇"；"蛇巫之山"作"蛇山"。）惟海内四經以"南、西、北、東"爲次，而此以"東、西、南、北"次之；又海内四經叙述邊隅民族甚詳，而此彌略，東方幾全缺；是其異處。"天毒"一名，蓋即印度（史記西南夷列傳作"身毒"，後漢書西域傳作"天竺"）。考中國之知有印度始於張騫之使大夏，則此篇明是漢人所作。然繫之於北海之隅，與朝鮮同列，是作者猶不能知其方向，意者作於佛法未來時乎？又末數章録炎、黄子孫之系統及其製作，有如帝系姓、易繫辭、世本作篇之類，與地理無涉，然其人皆山海經中常道之古人，不可謂與山海經無關係也。

海内東經下附録之水經

此篇原與海内東經合而爲一，其文不類；畢沅析之，甚是。篇中水名，與禹貢同者三之一，不見於禹貢者三之二。觀禹貢於冀州不數潦、沁、汾、滹沱諸水，於揚州不數贛、廬江、浙江諸水，而此皆有之，則此篇著作時代後於禹貢，故其地理知識亦多於禹貢可知也。

又此篇滿紙秦、漢地名，明是秦、漢間人所作水道記，本未嘗托爲禹作，不可謂爲僞書。惟以其久厠山海經之中，又"湘水出舜葬東南陬"，"鮒魚之山，帝顓頊葬於陽"等語亦不脱山海經氣息，故仍舊文，列之於夏代僞材料之下。

山海經古今本篇目考
（畢沅山海經新校正卷首）

　　劉歆未校定前之山海經，篇目如何，今不可知，及經校定，則表中稱“凡三十二篇，今定爲十八篇”，而根據向、歆父子七略而成之漢書藝文志乃云“山海經十三篇”。依十三篇之數則不當有大荒經以下，依十八篇之數則固有之，至三十二篇之數則無一可合者。以此觀之，劉歆一人而作兩説，且其言不倫，表文是否真出彼手？實一疑問也。畢氏此目，於兩説皆承認之，以爲“十三篇者漢時所合，十八篇者劉秀所增”，要亦無確據。姑録存之，以備山海經篇目之一説。

山海經序跋八篇

　　山海經之説於戰國、秦、漢間至盛，若楚辭、呂氏春秋、淮南子，稱引之數不可殫述。至莊子、荀子、韓非子、逸周書、爾雅等，言及地理，亦多援用。雖以尚書中之堯典、禹貢，猶不能不濡染其色彩。自儒家成爲學術正統，力屏神怪而尚庸言庸行，其焰漸息。其書所以得存於今日者，賴劉歆（即劉秀）一校，郭璞一注耳。郭注之後，其學又曠廢。明代文人好讀奇書，於是此埋藏千年之物復得顯露之機會。清代學者，好讀古書，以其出於先秦，不忍不加以深摯之研究；及其結果，始知此雖傳説之大藏，實含有若干僅存之史實，不可悉以汗漫視之。山海經之真面目、真價值，至此方揭曉其一部分。今録漢以來序跋八篇，以見此書在學術界中之歷史。

論山海經書札三通
（何定生陸侃如及作者）

　　以前人看山海經，眼光太呆板了，不是説它假，便是説它不假。換言之，不是攻擊，即是辯護。現在我們的眼光應當超過他們，我們不要在假不假上着眼，而要在古人的想像的宇宙上着眼，知道他們想像的範圍曾有這樣大，知道一件東西在他們的想像裏曾有這樣的衝突，認識他們智識的實際。山海經中的地理記載固然很靠不住，但戰國、秦、漢間人有過這種地理觀念，是靠得住的。這種地理觀念便是我們研究古代地理時所必須知道的。爲什麼呢？因爲古代的史事夾雜了無數神話傳說的分子，而神話傳說是古人的想像的結晶。我們若不明白他們的想像，就容易上他們的當。例如禹貢中的“禹敷土”，單看這句話，它的意義是不可知的。一看了山海經中的“洪水滔天，鯀竊帝之息壤以湮洪水，帝殺鯀，命禹卒布土以定九州”，於是“敷土”原來是“鋪填土地”的一段神話便很清楚了。又如“積石”，單看這個名字是平常的，但一看山海經和淮南子中所言“禹所積石之山”，便明白了原來這山的石是禹所積的，也有神話作底子的，便明白了。我們必須用了這個態度，才可對於古代事實有徹頭徹尾的瞭解。山海經一書，是古代民衆的地理觀念的寶藏，我很想把它作一度整理，可恨得不到時間。現在把半年前和何定生君的通訊印在這裏，略略表示我的意見。又陸侃如君也有一封通信論及山海經的，一並鈔了。

辨崑崙、積石、弱水、渤海諸地名
（萬斯同群書疑辨卷十）

禹貢、山海經所記遠方山水之名甚多，而當其時猶不容具有正確完備之地理知識，故此等絶域地名往往得於傳聞，出於想像，謬誤舛戾不可勝記。然後世之人則以爲古人之言必不誤，常欲以實際之地理印合之；即古人自身之抵牾亦常欲以曲說調和之。古代地理之所以多問題者以此。本課對於禹貢、山海經中之問題，限於時間，未能盡舉。今録萬斯同數文以見其一斑。諸君讀此數篇，當知我等研究此學若仍抱"考信於六藝"之態度，則此等古人所爭之問題雖亘萬世而猶不可解也。

乙種

羅振玉殷虛書契考釋地名篇

距今三十年前，商代貞卜之甲骨發見於河南省之安陽（洹水之南，武乙所都），使歷史界驟得認識無數之商代史跡，而前此以聖道王功爲中心之古史乃不得不失其權威。即就地理一端言之，商頌玄鳥之詩曰："方命厥後，奄有九有"，長發之詩曰："帝命式於九圍"，又曰"九有有截"。説者因謂商代亦如秦、漢之統一寰宇者，九有九圍即九州也。九州之名求而不得，則以爾雅釋地之文當之，商代之疆域於是可圖矣。今觀甲骨文字，曾有類此之表示乎？以商末去東周僅數百年，而卜辭地名可用東周之地以征考之者幾於無有，禹貢年代距戰國絶遠，乃所載地名轉皆戰國所習用者，其可信乎！夏之史跡，將來發得古物或可識其一二，今日則但知其爲商以前之一大國耳。所謂"戰甘野"，"畋洛表"，"征胤侯"，"都安邑"種種有關於地理之故事，俱戰國以來隨口編造，不足深稽。兹纂録講義乙種，始於卜辭地名，雖不可知其詳，固是真實之史料也。

説商
（王國維觀堂集林卷十二）

商代地名可考者絶少，尚書所見，但有殷、商、妹邦數名。甲骨卜辭中雖尋得二百餘個，而鮮可徵實。（容希白先生甲骨文字之發現及其考釋云："卜辭所載地名，其可考定者凡二：曰商，即周之宋國，而今之河南商丘縣也。曰亳，即漢書地理志山陽郡之薄縣，而今之山東曹縣南也。其略可考定者凡七：曰冀，即今之河南輝縣。曰孟，即今之河南沁陽縣。曰雍，即今之河南脩武縣西。曰曹，即今之山東定陶縣。曰杞，即今之河南杞縣。曰戠，即今之河南考城縣。曰雇，即今之河南原武縣。")古史難治於此可見。靜安先生覃研古文字，乃綜合舊典籍與新材料，作三代地理小記及鬼方昆夷玁狁考等篇，言商、周地理者未有過之者也。今選録其文，藉見彼時疆域茫昧至極，雖以靜安先生之深邃精密，所得亦僅如是而已。此篇用顧炎武，謂宋即商，雖失天下而國名未改，其論甚是。蓋商(saŋ)與宋(soŋ)以同紐而音變，猶戰國時人分配九州境界，名燕(ian)地爲幽(ieu)州，只小變其音以示異耳，未嘗特立一名也。又商頌五篇，昔人以爲真出於商，今以事實及文體校之，知實作於宋人(見魏源、王國維二家説)，是則宋詩名"商頌"，宋邑言"商邑"，莫不可爲此説之佐證矣。

王亥王恒等與有易之關係

（節録王國維觀堂集林卷九殷卜辭中所見先公先王考）

靜安先生從殷虛卜辭中發現王亥、王恒二名，使天問中晦澀不可解之文忽然呈露其歷史事實，而商民族初期根據地亦於是可知，誠古今一大快事。今録此文，並及商三句兵跋、北伯鼎跋二篇，俾知殷商疆域頗恢廓於東北，是以王亥託於有易、北伯位於淶水，皆在今河北境；而泰山下有相土東都，奄爲盤庚舊都，皆在今山東境。觀於周室克殷之後，封建懿親以自屏藩，東有齊、魯，北有燕、衛，未始不因其爲殷之重要地域，故首爲鎮懾之謀也。又箕子有封於朝鮮之説，若此言不虛，則商頌中"相土烈烈，海外有截"之語，殆得一佐證矣。

余永梁金文地名考

昔人言周代地理，惟東周一期以有春秋及左傳之文在，不至入於玄虛；若一言及西周，則周官職方之文久定爲不刊之典矣。將周初界畫之地域如是分明，至東周而廢棄其制度，乃至盡滅其遺跡耶？抑居東周之先者自有一種狀態而今乃不可知耶？前代史學家但知信守書本，書本所載西周疆域，職方一篇之外幾不再有材料，其受材料之支配而不得不承認後人之想像爲古代之實事，分所應爾。王靜安先生生於考古學一日千里之時代，又宿研經學，感悟經書中之史料與古器物中之史料有互相印合質證之可能，眇思創論，遂爲史學界辟一新天地。其在地理方面，若莽京、鬼方諸考，用二重證據法發現無數新事實，可謂前無古人者也。然其工作僅爲研究若干問題，未嘗將研究之結果作爲綜合之說明，以引誘後學，使其於短時間之内得一概括之觀念，余永梁先生爲王氏高第弟子，閔其散亂，遂匯合金文中地名與可以互證之古籍文字，以及前人考證之結果，分地録之，成金文地名考一篇。學者先讀是篇，略備一系統之智識，進而讀王氏等之專書，自然批卻導窾，得其腠理；更持以與職方篇較，則面目全非，真僞立判，此支配學界二千年之舊系統已不待攻擊而消滅矣。是篇主文原與考文合寫，今求便於觀覽，重出主文冠於篇首。

周莽京考

（王國維觀堂遺書第一集觀堂集林第十二卷）

西周之都，人皆知有豐、鎬而不知有莽，遂若當時王畿限於河西者。小雅中有“往城於方”、“侵鎬及方”之語矣，而自來學者皆未能明指方在何地。靜安先生據金文之“莽”與詩經之“方”合而考之，定爲一地；又以聲類求之而謂即秦、漢之蒲反。雖文物凋殘，未能完全證實，然其爲一強有力之假設固可信也。

周時天子行幸征伐

（王國維三代地理小記之一，雪堂叢刻本）

　　靜安先生此篇及古諸侯稱王一篇，皆但見於雪堂叢刻而不見於觀堂集林，蓋早歲之作，不甚愜意，預備搜集材料更作論文也。天不假年，沉水以殁，此寥寥短記亦彌可珍矣。西周之地，今多不可知，如此篇所舉十九地者皆得考定，則周王之勢力範圍自可略睹。古物日出，古史料亦日積，此問題之智識今雖絕少，將來固當有較完滿之解答耳。

古諸侯稱王

（王國維三代地理小記之一，雪堂叢刻本）

　　古今無數人皆以一統之觀念施於邃古帝王，其一統之方式則爲分州，一若今之分省然者。苟言封建制度，則必以爲盡天下之諸侯皆出於時王所封，其封爵之次第爲公、侯、伯、子、男五等。凡此皆王莽時分配地域之制度，而世之學者受漢人之欺，信以爲五帝、三王之成法者也。夫古代之國實爲部落，而古代之王僅是自尊，非天下所共戴。吾人一讀左傳，楚王、吳王、越王不絕於書；讀史記，又有戎王、亳王、豐王諸名。其非有天下之稱，意義至顯。推之西周及商，割據凌亂之狀固必猶有加焉。靜安先生此篇，根據金文，舉夨王，録之鼄王，羕之幾王諸名，以證文王有稱王事殷之可能。然則古代本無一統之制，亦無所謂"天無二日，民無二主"之信念，自可知矣。

散氏盤考釋

（王國維觀堂遺書第一集觀堂古金文考釋五種之二）

　　西周時有夨、散二國，依據南山，僭竊王號，自相攻伐，此二千數百年來所未知者也。西周侯國，豆爲夨所併，棻爲散所滅，微與井亦亡於二國，乃至周天子之臣，若克、若鬲攸從，其采邑或爲所奪，或奉以爲上國，此又前人所未嘗聽聞者也。自清代中葉散氏盤出土，經歷百餘年之考證，至王靜安先生考釋出，而後此等久被人間忘卻之事實始重新顯現，是真史學上一大創獲也！夫以矢、散之赫奕一世，徒因詩、書所不載，遂不復有知之者，則古代史料之缺失可勝道邪？

鬼方昆夷玁狁考
（王國維觀堂集林卷十三）

鬼方、昆夷、玁鬻、玁狁、犬戎諸名，常見於載籍，顧不得知其實。史記匈奴傳雖以玁狁、玁鬻爲匈奴先世之名，亦惟有集錄經傳中記載而止，弗能推闡隱微。靜安先生此文，取紙上材料之周易、詩、國語、左傳、世本、史記等書，與地下材料之小盂鼎、梁伯戈、虢季子白盤、不娶敦、兮甲盤等銘辭，匯而考之，錯綜之以文字、音韻、校勘諸學，而後此一民族之疆域、勢力、名稱、氏姓，及其與諸夏爭戰之年代、路綫，一一可知，此歷史界中一大貢獻也。樊炳清先生（抗父）嘗稱靜安先生"以精密之分析力與奇異之綜合力，發現舊材料與新材料之關係"，又極口道其殷周制度論之善。竊意苟欲舉靜安先生之代表作品，殷周制度論乃不及鬼方玁狁考。蓋三代之禮制經戰國、秦、漢間人之竄亂附會，非經吾人之長期研究，爲之一一抉剔，實無供佐證之資格；靜安先生過於信古，弗加考辨，遂取資焉，譬如築室沙上，雖勞而弗固。至于邊裔事跡，淆亂者鮮；即有淆亂，亦無聖道之大防在，析而破之，易易事耳。（如毛傳及詩序謂采薇等篇爲文王時詩，及鄭玄謂南仲一行而平二寇等説，先生皆駁正之。）故此篇者全部用現代之眼光，現代之方法，現代之材料以及前人積累之功力組織而成，昭示吾人以最精確之治學之術者也。

附記：

　　顧頡剛師 1927 年 4 月至 1929 年 2 月這段期間，任教於廣州國立中山大學。1928 年下半年，他爲了彌補上半年講“中國上古史”時完全没有説到地理方面的缺陷，開了“古代地理研究”一課，並編纂了講義。顧師編的這部講義，一直没有正式出版，只有 1928 年中山大學的油印本，因此流傳極少。爰將其中的案語先行繕清發表，油印本上的個别錯字，都核對了顧師的手稿，作了改正，内容上未作任何改動。

王煦華　1984 年 5 月 28 日

第一學期平時課題 [*]

一

　　將洪水之傳説分類，就其性質相同（或相近）者列爲一系，再貫穿若干系合成一系統圖。

二

　　統計傳説中禹治水的地方，分别其輕重之等次（例如龍門，幾於必言，其所占百分數最多，三江五湖等次之，至沇水渭水等不過禹貢中一提及而已）。

---

[*] 1929 年 1 月作。中山大學油印。

三

試用自己的眼光考辨禹貢的著作時代及著作地點。

四

將禹貢地名列表，以見於左傳、國語、國策、呂氏春秋、楚辭、淮南子、史記等書之同樣地名記在下面，看禹貢所用之地名是否爲春秋戰國時代通用之地名。

五

假定"冀州"即"甸服"，試繪一圖，以"九州"與"五服"相合（九州用黑色，五服用紅色罩在上面），看禹貢所謂"要服""荒服"者在現在何處，並尋出九州與五服兩種制度相衝突之事實。

六

從各家禹貢注說中尋出禹貢中有多少問題須待我們研究的，列爲一表。

七

照蔣廷錫尚書地理今釋中所考，繪一禹貢地圖。

八

用各種古代地理材料比較山海經，研究山海經之著作時代，著作地域，及著作人之職業。

九

將山海經地名作一索引。

十

將山海經中所説山水、鳥獸、金石、神祇等列爲若干表；並加以統計，看哪些東西是作者所最注意的。

十一

山海經之作，與楚辭、吕氏春秋、淮南子等時代相接，故名物多相同者。試列一比較表，以見戰國秦漢間人所公認之世界。

十二

依照山經所言里數，爲之繪一地圖。

十三

以禹貢圖與山經圖比勘，看這兩位作者的地理知識有何不同？他們最明瞭的是哪些地方？最糊塗的是哪些地方？他們最注意的是什麽問題？

十四

山海經中到底有若干實有的地方？請將畢沅山海經新校正中的注文點讀一過，根據了他的考證一一指出之。

十五

試將海外、海内、大荒諸經中所言之山川物怪，依其方向，各作一圖；又試將各圖合爲一幅，看合得成否。遇有矛盾錯亂之處，隨時記出之。

十六

以山海經中附録之水經與酈道元所注之水經合看，指出其異同，並研究其有無相承之跡。

十七

以大荒經與海外四經較，以海內經與海內四經較，作異同表臚列之。

十八

將海經與山經對看，鈔出其事物之相同（或相似）者比較之。（如軒轅之丘、三桑無枝等，山經與海經俱有。）

十九

將山海經各篇混合研究，看其對於一個地名有多少種説法。（如崑崙，山經與海經，海外經與海內經都有説到，都有些不同，那麽，這個地方究在何處呢?）

二十

用萬斯同之方法，在山海經中尋出可以研究之題目（他的方法是把禹貢、水經、史記、漢書等書所説之地理與山海經相比較），並作如何解決之設計（其可以解決者，或依書本斷定，或作實地考察。其不能解決者則置之於神話傳説之列，亦可見古代關於地理方面之神話傳説，今存者尚有若干）。

二十一

根據山海經諸序跋（能增加其他材料更好），作山海經沿革史一篇（對於材料之真偽須留意）。

二十二

將金文地名考中引用之彝器銘辭及書籍名目鈔出，以金文地名爲綱，銘辭名及書名爲目（按著作時代爲次），列成一表，看關於考證古代地理時需用之彝器書籍有多少種；再審查一下，看有無應加增或應刪除的。

二十三

我們如不看金文，單在書籍上看西周疆域，那時的疆域是怎樣分配的？

二十四

金文地名考係集合西周及東周之器物所考定之地理。今可根據此文（能加入些別種材料更好），作西周疆域試探一篇，專考西周地理。

二十五

以春秋經及左傳國語中之國名及地名鈔出，與金文地名考對看，看相同的有多少，金文有而春秋等無的有多少。

二十六

以金文地名考與春秋經及左傳国語等書對看，尋出西周和東周兩時代中民族遷徙及文化流轉的材料，作爲系統的説明。

二十七

就我們看得到的證據中，尋出在西周和東周時稱“王”的國家及其對於周室的關係，列爲一表。

二十八

西周一代，周民族勢力所及有怎樣遠？它和別的民族的關係有怎樣多？試就看得到的真材料作爲系統的記載。

二十九

將散氏盤考釋中考定之地名畫一地圖，看矢散二國的勢力範圍有怎樣大。

三十

將鬼方昆夷玁狁考每段作一提要，並加一小題目，看研究這種問題牽涉的範圍有怎樣大，研究的方法是怎樣的。

三十一

將鬼方昆夷玁狁考一文中所用之證據分類錄出，看王靜安先生作此文時曾用了多少書籍及彝器銘辭，並研究他用證據時把甲證與乙證，乙證與丙種如何聯絡貫穿。

三十二

將鬼方昆夷玁狁考刪繁就簡，作一節本；或改爲紀載體，作古代西北民族史一短篇，看做得成否。如做不成，再研究我們需要的材料是什麼，我們要得到這些材料時應當用什麼方法。（能擬具一個搜集材料的計畫，最好。）

三十三

綜合王靜安先生研究古代地理的成績，看未有王先生時，傳說的商周地理是怎樣的；他出來以後，商周地理改了一個怎樣的面目；我們此後致力的方向，他曾留下了什麼暗示。

學期試題 *

（一）以下諸題，如以問答體作答，至少須作三題；如以論文體作答，可但作一題；願多作數題者聽便。

（二）本課分數，以平時成績與期試卷各定分數而平均之。凡未交平時成績者，請於二月九號以前交到；否則不給分。

（三）此次考試未選作之題，希望於寒假中都去想一想。能作筆記最好，因爲作筆記是引入自己研究的一條路。

一，中國是怎樣的積漸擴大的？試舉其積漸擴大的層次說明之。

二，我們要考明古代地理，應當打倒哪幾種偶像，然後不至被它們誤了？請將關於這些偶像的書籍及制度名目舉出來。（如能依其發生次序排列之，見出它們的層累而成的狀況，更好。）

三，用什麼方法，可以使得古代地理的新系統快些成立？請你定出一個計畫。

四，出土的古器物中，以哪幾器所載的地名爲最多？集録這些地名，可得多少？能彀考定它的所在的有沒有一半？這些材料，夠我們成立一個新系統嗎？

五，從古器物中的地名看，商的疆域約當現代哪幾省？西周的疆域約當現代哪幾省？

六，從殷虛甲骨卜辭裏發見的地名共有二百三十個，已經考定的有幾個？

＊ 1929 年 1 月 30 日作。中山大學油印。

七，從什麼時代起，始有地理材料？從什麼時代起，始可畫地圖？

八，九州之説起於何時？由於何種需要？後來人把這種制度盡往上面推去，推到了什麼時代方纔歇手？

九，神農的九州的名目怎樣？堯的十二州的名目怎樣？禹的九州的名目怎樣？商的九州的名目怎樣？周的九州的名目怎樣？這些名目，我們怎樣知道的？

十，別時代都是九州，爲什麼只有唐虞是十二州？他書都説五嶽，爲什麼堯典獨説四岳？

十一，西漢初人的唐虞地理的觀念和東漢以下人的唐虞地理的觀念怎樣不同？

十二，秦漢間人看作古代固定的方域四至是怎樣的？黃帝的四至爲什麼獨和這個公式不同？秦漢間的邊境實至何地？關於這些問題應當參考哪些書？

十三，從前人説，自人皇以來向是一統，列國分爭只是東周間的事實，到秦皇又一統了。照這等説，你能滿意嗎？如其不能，應當改作怎樣説才對？又從前爲什麼要這樣説，能舉事實證明之嗎？

十四，洪水的傳説可歸納爲幾派？能依了傳説的演進次序爲它作一個圖表嗎？

十五，古人爲什麼要把所有的山川土地都歸給禹支配？在這支配之下，發生了哪些傳説，著作了哪些書籍？這些神話傳説和書籍記載中有可信的事嗎？

十六，同是唐虞時代的記載，爲什麼禹貢與堯典中地理制定要衝突？同是禹的記載，爲什麼山海經與禹貢中地理制度要衝突？同是禹貢中的記載，爲什麼九州與五服兩種制度要衝突？這些衝突的現象怎樣？

十七，禹貢與山海經兩書的記載體例及其所記載的品物種類大略怎樣？試就記憶所及條舉之，並爲比較。

十八，禹貢與山海經兩書的作者地理知識，最清楚的是哪些部分，最不清楚是哪些部分？試條舉比較之，並推測作者是哪地人。

十九，禹貢和山海經兩書受了什麼影響而成？及其成後，它們自身又發生了什麼影響？它們在地理學上佔據勢力，哪一個先，哪一個後？它們在地理學上失掉勢力，哪一個先，哪一個後？

二〇，五藏山經和禹貢的疆域廣狹同不同？禹貢和堯典的疆域廣狹同不同？

二十一，禹貢中有多少紛爭不決的問題？爲什麼會得久而不決？

二十二，揚州之域，據禹貢本書上看，應到哪個地方爲止？後來如何逐漸擴大？爲什麼他們要把它擴大？現在已經擴大到哪裏了？

二十三，禹貢上的山脈，北條二支，南條二支，用現代的地理學識來看，對不對？

二十四，山海經是怎樣著作的？著作時代從何時起，至何時止？現在傳世的本子是在何時凝固的？這個本子裏可以照先後的層次分爲幾部份？

二十五，山經與海經如何不同？海經與大荒經又如何不同？海外和海內兩經說的是哪些地方？試略述之。

二十六，我們想整理山海經，應當怎樣做？需用哪些材料作比較？這書的圖久失傳了，我們可以替它補繪嗎？

二十七，我們要用什麼眼光看禹貢、山海經及其他古代地理的書，方可不受它們的欺騙，反而可以利用這些僞材料發見真事實？

二十八，試解釋下列幾個名詞：

　　朔方　　四海　　九服　　九牧　　十二次　　積石　　崑崙　　弱水　三亳

　　二十九，商代九州的材料，他們從哪裏取得的？拿這個九州的疆域，比較我們從古器物銘辭裏所知道的商及西周的境界要大出多少倍？

　　三〇，以前的歷史書上説，盤庚遷於殷，改國號曰殷。又説，周公誅武庚，封微子啟於宋，國名曰宋。現在看來，這些説話靠得住嗎？

　　三十一，據王靜安先生考定，湯的都在什麼地方？盤庚的在什麼地方？西周的都除了豐鎬及成周以外還有什麼地方？

　　三十二，王靜安先生考證散氏盤的結論怎樣？找到了哪些新的史實？這些史實爲什麼書本上毫没有記載？

　　三十三，下列諸名都是鬼方昆夷玁狁考中所考定，以爲是一民族的異名的，試依其發生之先後次第排列之：

　　玁狁　　西戎　　狄　　鬼方　　葷粥　　厥允　　胡　　匈奴　　獯鬻　　鬼方蠻　　戎　　混夷　　西落鬼戎　　隗　　犬戎　　昆夷　　薰育

　　三十四，試就所讀之王靜安先生考古代地理諸文，舉出其新發見之事實及其所運用之方法，並舉出考證古代地理的困難原因和征服這些困難的策略。

秦漢統一的由來和戰國人
對於世界的想像[*]

  我們往往有一種誤解，以爲中國漢族所居的十八省從古以來就是這樣一統的。這實在是誤用了秦、漢以後的眼光來定秦、漢以前的疆域。我這一次講話，要說明的意思，就是：秦、漢以前的中國只是沒有統一的許多小國；他們爭戰併吞的結果，從小國成了大國，纔激起統一的意志；在這個意志之下，纔有秦始皇的建立四十郡的事業。

  夏朝的史，我們知道的沒有多少。從尚書上看起來，它是商朝以前的一朝。但我們與其稱它爲一朝，還不如稱它爲一國。詩經的商頌裏說商在玄王時已經很興盛了，到相土時更興盛了，到湯時，國勢像火一般的旺烈，伐滅了韋、顧二國之後，再打昆吾和夏桀。可見商在湯以前本是一個很大的國，和夏國是並立的。後來人說湯是桀的臣子，以臣伐君，這不過是用了後世的事實推想古代罷了。在那時的許多國中，或者夏國的文化程度特別高，所以後來就把"夏"字當作高貴的人種講，用來別於蠻夷的劣等人種。

  夏國建都的地方，以前都說在山西南部的安邑縣。但我們沒

---

[*] 1926 年 6 月 1 日在北京華文學校演講。原載 1926 年 6 月 21 日孔德旬刊第三十四期；又 1927 年 11 月 1 日國立中山大學語言歷史學研究所週刊第一集第一期；又收入古史辨第二册。

有發見過那時的東西，所以現在還不能斷定。商國的都城，説是在河南東部的商丘縣，中部的偃師縣，北部的淇縣。光緒二十五年(公元一八九九)淇縣北面的安陽縣發見了商末的甲骨卜辭，在這上面，我們可以知道他們的國土是河南的中部、北部和山東的西部。近來考古學家從出土的銅器上研究，知道他們已經游牧到直隸的保定了。孟子上説："夏后、殷、周之盛，地未有過千里者也"，商頌上説："邦畿千里，惟民所止"，可見他們的國土都是不大的。其餘的小國，非常散亂。他們對於大國，只須表示一種名義上的服從便行。所以商頌上説："昔有成湯，自彼氐、羌，莫敢不來享，莫敢不來王。"商國原不想奪他們的土地，成統一的事業呢。

周國是在陝西中部興起來的，大約就是氐、羌中的一種。國語裏説："我先王不窋自竄於戎狄之間"，可見周人並不諱言自己的民族是戎狄。周是姬姓，他們和姓姜的常結爲婚姻。詩經裏面紀周人的祖先，后稷的母是姜嫄，公亶父的妻是姜女，太王的妻又是周姜，幫周武王打天下的又是姜太公。姜，即是羌。尚書中的牧誓也説周武王帶了羌人伐商。可見他們實在算不得"諸夏"，不過後來進了中原，纔自以爲諸夏罷了。他們沿了黃河，往東發展；把商國打滅後，就在河南洛陽建立了一個東都。我們若用現在十八省的眼光來看，洛陽原在中央，如何可以看作東部呢！這可見他們要求得到的土地並不很多，他們的慾望是容易滿足的。但是，他們有一件發展勢力的特別方法，就是封建。

他們把自己的家族和姻親封到王畿以外做國君，小的占着幾十里地，大的百里地。這樣一來，他們的勢力就分散到各處了。例如山東有齊和魯，直隸有燕，山西有晉和霍，河南有衛和蔡。可是他們的勢力依然在黃河兩岸，達不到長江。他們何嘗不想發展到南方呢，只因當時南方的楚民族勢力正強，發展不出來。周昭王南征沒有回國，恐怕便是戰死的。周也試封了幾個諸侯到河南的南部和湖北的北部去，但到春秋時就都給楚國滅掉了。所以論其實在，周朝時候的中國，只有陝西、河南、山東三省和山西、直隸兩省的南部。

　　但即在這幾省中，蠻夷戎狄還是很多的。陝西是周民族的根據地，但犬戎強盛了，就把他們趕出陝西了。洛陽是周的京城，但春秋時又給揚拒、泉皋之戎打進去了。衛國在懿公時，也是給狄人打滅的。一部左傳，其中差不多有半部是"楚國北侵史"。齊桓公、晉文公一班霸主所以給人稱贊，原爲他們能率領了諸夏而抵抗蠻夷的侵陵之故。在那個時候，大家但有種族觀念而沒有世界觀念，只覺得最高的功業是"尊王攘夷"，最不幸的事情是"蠻夷猾夏"，最好的社會教育是"用夏蠻夷"。

　　那時中國的國家情形，實在是很簡陋的。在左傳上看，最小的城周圍不過一百丈；衛國給狄人滅掉之後，遺民遷國，男女共只有七百三十人。可見這時的國家彷彿是現在的村莊。只因他們的文化比一班土人（蠻夷）高，所以他們的勢力會得逐漸發展，開闢了許多地，融化了許多異族。

　　當初封建時，各國的土地原是很小的；後來他們自己着力開拓，大國就有了幾百里或幾千里地。像春秋的鄭，戰國的韓、魏，雖也強盛過一時，但因處在腹地，四面都有別的強國擋住他們的路，所以不能有多大的發展。只有齊國可在海邊上開拓，燕國和晉國可向北邊開拓，秦國可向西方開拓，楚國可向南方開拓，所以到了戰國，就成了幾個極大的大國，比夏、商、周一概大了。因爲他們的國大了，富饒得很；又因彼此爭競，食客、游士、學者天天絞腦汁，想出許多新鮮的議論，做出許多新奇的事業，將士又出力打仗，打通了許多道路，所以那時的文化非常發達，而且灌輸得很普遍的。在這種狀態之下，自然把種族觀念漸漸地淡了下去，無形中把"中國"一個名詞放得很大，凡是七國的疆土都變成了中國了。以前商頌裏說："邦畿千里，肇域彼四海”，看四海僅僅千里，那時的天下是何等的小。春秋時，齊桓公去打楚國，楚王派人對他説：“君處北海，寡人處南海，不虞君之涉吾地也！”齊國在山東，齊桓公到的楚國境還是在河南的中部，然而已經有南海北海之別了，這天下也是何等的小。到了戰國，孟子就説“今四海之内方千里者九”，這戰國時的四海比了春秋時的四海真遠得多了。因爲那時的四海以内有九個方千里的地，所以就有了九州之説。

禹貢上的九州，一般人都認爲夏朝的制度。其實夏國的地盤只占得黃河的一角，哪能有這樣偉大的計畫。九州乃是戰國的時勢引起的區畫土地的一種假設，這種假設是成立於統一的意志上的。因爲是假設，所以各人所説的不必一樣。我們在古書上，已經找得四種不同的九州了。吕氏春秋上明白説道：“河、漢之間爲豫州，周也。兩河之間爲冀州，晉也。河、濟之間爲兗州，衛也。東方爲青州，齊也。泗上爲徐州，魯也。東南爲揚州，越也。南方爲荆州，楚也。西方爲雍州，秦也。北方爲幽州，燕也。”這樣清楚的話倒沒有一個人肯信。他們總以爲九州之名是禹定出來的，各種不同的九州是商、周時改的制度。

他們這樣的沒有歷史知識，把戰國的疆域認做了夏、商、周的疆域，在我們看來實在覺得可笑。但我們且不要笑他們，我們須知道，中國的能夠統一就靠在這個荒謬的歷史見解上。因爲必須有了這個“向來統一”的觀念，纔可把種族的成見消融，把中國的土地作成一個有組織的聯合。向來中國人看吳、越人的文身雕題，聽楚國人的鴃舌之音，總覺羞與他們爲伍。自從有了九州之説，大家以爲我們和他們本是一家人，不過住得遠了，大家生疏罷了。這一來，諸夏和蠻夷就有了先天的感情了。加以各國的祖先都聯串到一條綫上，使得人人都成了黃帝的子孫，彼此間的情誼便更親密了。現在號稱“五族共和”，但總不能引起漢族人對於滿、蒙、回、藏等族的情誼，只因漢族人一向知道他們是“番邦”，胸中横梗着不能親善的見解之故。倘使現在漢族人也和古人一樣地缺乏常識，聽了僞造歷史的人的説話，相信滿、蒙等地方都是黄帝、堯、舜的天下，相信那邊的人也都是黄帝、堯、舜的子孫，那麽，他們看滿、蒙的眼光就會同十八省一樣，五族就真可以共和了。

古人能有這種統一的觀念，實在是很不容易的，因爲他們爲了統一的工作已經受盡了苦痛了。一部左傳，人家説它記述的全是些戰爭，應當唤作“相斫書”。但春秋時的戰爭原是很小的，看左傳所記，差不多打了一半天就決定了勝負了。到了戰國，方有許多大戰。我們在史記上看，可以見到一坑便是數十萬人。一班熱心救世的人看得難過極了，要想抑制國君的慾望，就痛罵“以力服人”，推崇“以德服人”，於是堯、舜、禹、湯一班古人就成了道德的模範，儒家的理想就都成了堯、舜、禹、湯早已行過的“王政”。孟子就是這樣的一個好例。他到處勸國君行王政，説行了王政百姓自然會得“襁負其子而至”。他痛罵一班戰將和開闢土地的人，説他們是“民賊”，是“率獸而食人”，“罪不容於死”的。但在這個強權世界之中，哪一個國君能聽他的話呢！

因爲那時的疆域日益擴大，人民的見聞日益豐富，便在他們的思想中激起了世界的觀念，大家高興把宇宙猜上一猜。莊子上説：“計四海之在天地之間也，不似礨空之在大澤乎？計中國之在海内，不似稊米之在太倉乎？”這是充其量的猜想，把四海與中國想得小極了。

莊子上的話還是很空泛的，騶衍説的纔是具體的解答。騶衍是齊國人，大約生於耶穌紀元前三世紀。齊國人因爲住在海邊，所以很能説“海話”。莊子逍遥游篇説的大鵬，就是引的“齊諧”。齊諧説，鵬飛往天池時，它在水面上一拍就是三千里，它在雲中盤旋一下就是九萬里，一飛就要六個月歇一歇。這真是孟子上所説的“齊東野語”了！騶衍的著述，史記上説有十餘萬言，可惜都失傳了，只有在史記上的一篇小傳裏還保存得一點。傳裏説他是喜歡從小物推到極大的，彷彿看見了一杯水，就可把它放大，放成了一個海。他會從當世推到極古，從中國推到極遠。從當世推到極古的一項，史記上没有説出是怎樣的，但看緯書所載（緯書中雜有騶衍一派人的思想），説從天地開闢到春秋西狩獲麟之年（西曆前四八一），共計二百二十七萬六千年，分作九頭、五龍、攝提、合雒等十個紀。這種思想很富於歷史的想像力，可惜不曾作正式的研究。

　　從中國推到極遠的一項，史記上記載了一點。他説，中國叫做赤縣神州，是全世界八十一分中的一分。禹的九州只是在赤縣神州内再分畫的，不得稱州。像赤縣神州這樣大的九個，方是九州，合爲一大州；有裨海環繞着。這樣的大州共有九個，大瀛海環繞其外，始是"天地之際"。照他所説，我們可以擬出一個圖，如下：

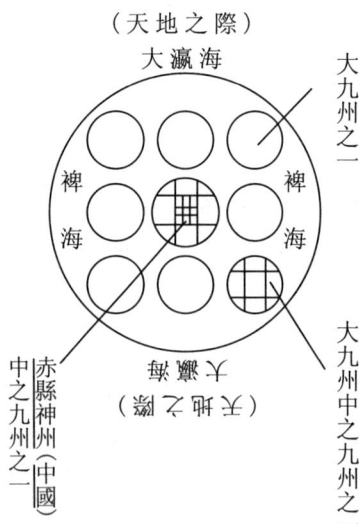

赤縣神州在大九州中之何方，
書上没有説，今姑置在中央。

這是很分明的從禹貢的九州推了兩次推出來的。照這樣說，禹貢裏的一州僅僅占着全世界的七百二十九份之一了。

因爲齊國人有了這種想像，所以他們就有航海覓地的事業。他們航海的題目是求神仙。紀元前四世紀，齊國的威王、宣王，燕國的昭王，聽了方士的話，派他們到海中求三神山。方士說，三神山名蓬萊、方丈、瀛洲，上面全是用金銀建造的宮殿，藏着不死之藥，仙人住在裏面。船没有到岸時，望去像雲一般的燦爛，但快要靠岸時，船就給風吹去了。因爲上面有不死之藥，所以國王總肯派人去尋。因爲去的船總給神風吹開，所以不死之藥永遠得不到。秦始皇一統之後，又派徐福去尋。徐福說，要帶了童男童女去方可尋到，他就發了童男童女三千人與他。現在日本有徐福的墳墓，或者他航海到了日本，就令童男童女自相婚配了。這種航海求仙的事情，到漢武帝時還有。可惜中國的史書向來不注意這種事實，所以很難得看見。正如南洋群島，福建、廣東人去的極多，也極早，但歷史的記載是很不容易找到的。

山海經也是那時的作品，它是合着記載和想像的一部地理書。山經方面，分爲南、西、北、東、中五經。中山經裏的山在今山西、河南、陝西、湖北、湖南、四川等省，可見作者指定的中央原是很大的。南、西、北、東四方面都推得很遠，有許多山簡直不知道在什麼地方。書中記的奇怪的鳥獸和草木很多，又有許多神靈。神的形狀，或是鳥身而龍首，或是龍身而鳥首，或是馬身而人面，虎文而鳥翼。這些神出現時，或要有暴風雨，或要有兵災，或要使國家受損失。總之，這些神都是怪物一類的東西，不像後世的神以保民護國爲職務的。海經上面更奇怪了，有貫胸國、羽民國、交脛國、岐舌國、三首國、三身國、一臂國、無腸國、大人國和小人國等。這都可以看出他們對於世界的想像：世界是怎樣的神秘而新奇呵！以前這書是有圖畫的，并且有整幅的畫畫在牆壁上的，可惜後來都失傳了。現在小孩子講神仙鬼怪的故事，還説是"講山海經"，可見這書極受民衆的歡迎。

那時的人敢於放膽思想，所以常有很聰明的話。尚書緯考靈曜説："地恒動不止而人不知，譬如人在大舟中，閉牖而坐，舟行而人不覺也。"這似乎已經承認地是一個行星了。

這一方面的材料，以前人只以爲是些空想，不屑去研究，所以不曾整理過，我們要知道它很不容易。現在且回説到中國的統一上。

秦始皇滅了六國，又略取廣東、廣西等地方，分全國爲四十郡。到漢武帝時，北伐匈奴，西通西域，東平朝鮮，南開西南夷，地方比秦始皇時更大了。漢族的武功，要算那時爲極盛。但何以後來武功就低落，疆土就不能再開拓了呢？這裏邊自有許多複雜的原因。我敢説，在思想上至少有一項原因是很重要的，就是爲了尊重儒家，給德化之説征服了。這只要看漢書上賈捐之議棄珠崖的一段話便可明白。

漢武帝平了南越，在廣東瓊州島立珠崖郡。珠崖人不服，屢次造反。朝廷上許多人都主張舉兵攻打，賈捐之不贊成。他道："以堯、舜、禹三聖之德，地方不過千里，但是臣民何等的快樂。秦始皇專要開闢土地，天下就反叛了。漢武帝用兵的時候，四方起來的盜賊也很多。現在把兵丁趕到海中去打仗，那邊的氣候是很潮溼的，又有許多毒草和蟲蛇，恐怕珠崖未平，我們的戰士倒先死了。這種地方，本不是衣冠文物之邦，禹貢和春秋也都沒有提到，棄了不足惜，不打也不會損失我們的威望的。"漢元帝聽了他，就把珠崖丟了。

這種寬洪的度量，戰國的國王和秦始皇、漢武帝一輩人都是不會有的，但儒家卻是要竭力學到的。淮南子中，説舜命禹攻打有苗，打不下，禹便班師回朝，勸舜修德感化他們。舜聽了他的話，在兩階上舞着干羽。過了七十天，有苗自己來投順了（僞尚書大禹謨本之）。論語中説季氏要伐顓臾，孔子不以爲然，説道：

"遠人不服則修文德以來之。"這些不都是棄珠崖的事實所根據的學說嗎？總之，儒家的學說是勸人節縮慾望的，他們只要使得百姓安寧，不希望地方占得大。從此以後，漢族便常爲他種民族所征服，至多不過是恢復九州，再不想擴張領土了。

關於"九州"之討論按語 *

　　頡剛按，自本刊將"秦漢統一之由來及戰國時對於世界的想像"一文登出以後，承張蔭麟先生在天津大公報文學副刊中駁詰。苦於事冗，無法作答。嗣承友人陳彬龢先生來函，將本年三月十九日大公報剪寄，悉有于鶴年先生讀張先生文後，討論九州問題，文學副刊又答覆之，討論加密，至爲欣快。因將此兩文轉載於此。關於此問題，頡剛有無數話要說，只是時間不許我，非常悵恨。一俟有暇，當即草長文也。十七年四月廿七日記。

---

* 原載 1928 年 5 月 9 日國立中山大學語言歷史學研究所週刊第三集第二十八期。

州與嶽的演變[*]

　　九州與十二州，四嶽與五嶽，都是中國地理史上的極重大又極繁複的問題，這些問題又是互相關聯的。我久想把它們詳細討論一下，無奈我的生活還不容我把全副精神集中在幾個問題上，十年以來，終虛此願。只有些零碎的筆記，在講課時匆匆整理了幾回。今值史學年報索稿，即將已在講義裏發表過的幾段合爲一文。惟以暑假將歸家，倉卒編成，前後多不相關照。請讀者千萬以初稿的眼光看它，而勿以正式的論文的眼光看它。如果這三年以內能讓我多讀些書，三年以後又有整段時間給我作研究，那麼這正式的論文當可於五年中貢獻於讀者之前了。

　　　　　民國二十二年七月六日顧頡剛記於燕京大學。

一　州的原義

　　州是什麼，我們先來看這字義吧。説文川部云："水中可居者曰州，水周繞其旁。昔堯遭洪水，民居水中高土，故曰九州。

---

　*　原載 1933 年 8 月史學年報第一卷第五期；又 1934 年 3 月方志月刊第七卷第三期。

詩云：‘在河之州。’一曰：州，疇也，各疇其土而生也。”照這説法，是州即洲，亦即島，又有界畫之義。這兩義其實可以聯起來，就是這一塊地與那一塊地有分別的意思，彷彿今所謂區域。

但這“州”字在春秋時是小區域的名稱。我們翻讀左傳，魯國有陽州（襄三十一，昭二十五；定八年入齊；公羊於昭作楊州），齊國有平州（宣元）和舒州（哀十四；史記作徐州），衛國有外州（哀十一）和戎州（哀十七），西戎有瓜州（襄十四），都是小地方。如戎州，僅是衛國都城外的一個村集，故左傳云：“公登城以望，見戎州。”尤顯著的，是宣十一年，楚莊王滅陳，立爲楚國的一縣；其後他聽申叔時的話，復封陳，在陳的每一鄉俘了一個人回去，安置在一處，稱這處爲夏州。即此可知州的人數遠少於縣，州的地位當然在縣的下面。所以論語衛靈公篇云：“言不忠信，行不篤敬，雖州里行乎哉！”州和里正是大小差不多的地方。（周官中甚多“州里”連稱的，如地官鄉師之“出田法于州里”，春官司常之“州里建旗”，秋官蜡氏之“令州里除不蠲”等等。）周官大司徒云：“五家爲比；五比爲閭；四閭爲族；五族爲黨；五黨爲州；五州爲鄉。”假使這話是真實的，則一閭爲二十五家，一族爲百家，一黨爲五百家，一州爲二千五百家，一鄉爲一萬二千五百家。“州”雖不是三家村和五家坡之類的小村，還只是一個中等的鄉村，或是一個小城邑而已。又司馬法云：“王國百里爲郊，二百里爲州，三百里爲野，四百里爲縣，五百里爲都。”（周官地官載師鄭注引。）假使這話是真實的，則州爲王國二百里外的地方，是郊野的異名。

這種小地名的州，還有幾個存留到漢代。我們翻開漢書地理志來，便見勃海郡有束州，巴郡有江州，北地郡有靈州，鴈門郡有武州，漁陽郡有泉州。

二　姜姓民族與四嶽

在左傳和國語中，常常提到四嶽。後人爲漢武帝們的五嶽制所牽絆了，往往忽略過去，看成了五嶽的五分之四。我們試去掉這成見，來搜集材料，便見這"四嶽"是不能與"五嶽"打統賬的。

國語周語中云："齊、許、申、呂，由太姜。"周語下云："昔共工棄此道也……欲壅防百川，墮高堙庳……皇天弗福……共工用滅。……其後伯禹念前之非度，釐改制量；……共之從孫四嶽佐之，高高下下，疏川導滯。……皇天嘉之，……祚四嶽國，命以侯伯，賜姓曰姜，氏曰有呂。……申、呂雖衰，齊、許猶在。"在這兩段話裏，可見齊、許、申、呂四國都是姜姓，是四嶽的後代，而四嶽則是共工的從孫。

左傳襄十四年云："執戎子駒支，范宣子親數諸朝，曰：'來，姜戎氏！昔秦人迫逐乃祖吾離於瓜州，乃祖吾離被苫蓋，蒙荆棘，以來歸我先君。……'對曰：'……惠公蠲其大德，謂我諸戎是四嶽之裔胄，毋事翦棄，賜我南鄙之田。……'"在這一段裏又可見四嶽的子孫還有姜戎。大凡姓姜的不論其爲諸夏或諸戎，一樣是四嶽的後代。

以上説的四嶽是人名，又有用作地名的。左傳昭四年，晉司馬侯曰："四嶽、三塗、陽城、太室、荆山、中南，九州之險也。"（説見下章）是四嶽與太室、中南同爲山名。這四嶽是四座山呢，是一座山呢，現在無從知道。爲什麼這個名詞可以用作人名，又可以用作地名？照我想來，當和黃帝居軒轅之丘而號軒轅氏一樣，借地名爲人名的。若然，則便是四座山也必相隔不遠了。

　　這四嶽一名，又有叫做太岳的。左傳隱十一年云："夫許，太岳之胤也。"莊二十二年云："姜，太岳之後也。"我們已在前面知道了許爲姜姓，出於四嶽，就可知道這太岳即是四嶽或是四嶽的一部分。

　　姜和姬本是西方的兩大民族，又世爲婚姻，所以周祖后稷之母爲姜嫄，公亶父之妻爲姜女，太王之妻爲周姜（亦稱太姜），武王之妻又爲邑姜。姜姓民族既在西方，所以他們的祖先四嶽或太岳也必在西方。我們可以説，四嶽是西方的山，它是姜姓民族的發祥地。職方中汧山名嶽，恐即四嶽的原地。禹貢中霍山名嶽，恐是姜戎歸晉，把這山名帶過去了。

　　就是山海經末卷的海内經裏，也有一段足以透露這個消息。文云："伯夷父生西岳，西岳生先龍，先龍是始生氐羌。"按鄭語云："姜，伯夷之後也"，又姜與羌兩字出於一源，因爲這一個民族是以羊爲其圖騰的，在姓則爲姜，在種則爲羌，那麽以伯夷爲父，以氐羌爲孫的"西岳"當然和左傳中的"四嶽""太岳"有關係。又大荒西經云："南嶽娶州山女，名曰女虔。"這南嶽當與西岳同爲四嶽的一部分；看其列在西經，足徵雖名"南"，而實在"西"。嶽是西方的山名，我覺得可以算作確定了。

三　河南陝西間的九州

　　西周時有"九州"一地，不知道是不是若干州的總名。國語鄭語中記幽王之世，鄭桓公因爲王室危險，想搬到安全之處去，問史伯哪裏最好，其中的一問是："謝西之'九州'何如？"韋昭注云："謝，宣王之舅申伯之國，今在南陽。謝西有九州，二千五百家曰州。"按詩大雅嵩高云："亹亹申伯，王纘之事，於邑於謝，南國是式。”韋注自是可信。漢書地理志：“南陽郡宛：故申伯國，有屈申城。”宛即今河南省南陽縣。是其所謂“謝西”，即今河南省的西境，那邊在周代有九州。（申國爲姜姓，出於四嶽，見上章。）

左傳昭四年，楚王使椒舉如晉求諸侯，晉侯恃了自己的國險與多馬，欲勿許。司馬侯勸道：“四嶽、三塗、陽城、太室、荆山、中南，九州之險也，是不一姓。冀之北土，馬之所生，無興國焉。恃險與馬，不可以爲固也。”他把“九州”的險和冀北的馬來折服晉君，可見“九州”是最多險的，冀北是最多馬的。這“九州”本是一個專有名詞，後人卻因了禹貢等的先入之見，看作“天下”的互稱。故杜預注云：“四嶽：東嶽，岱；西嶽，華；南嶽，衡；北嶽，恒。三塗，在河南陸渾縣南。陽城，在陽城縣東北。太室，在河南陽城縣西南。荆山，在新城沶鄉縣南。中南，在始平武功縣南。”照這樣說，“九州”就和禹貢的疆域差不多了。四嶽以下諸山，照他所說，三塗在今河南嵩縣，陽城和太室均在今河南登封縣，荆山在今湖北保康縣，中南在今陝西武功縣。這疆界也在河南省的西部而侵及於湖北省的北部和陝西省的中部，當渭、雒、伊、漢四水之間。按禹貢有兩荆山，如不作南條荆山解而作北條荆山解，則在今陝西富平縣西南，離中南甚近。但這是在中南之北的一個，另有在其東的。史記封禪書云：“黃帝採首山銅，鑄鼎於荆山下。鼎既成，有龍垂鬍髯下迎黃帝。……後世因名其處曰鼎湖。”水經注河水篇云：“湖水又北逕湖縣東而北流入於河。魏土地記曰：‘弘農湖縣有軒轅黃帝登仙處’”元和郡縣圖志虢州湖城縣云：“本漢湖縣，屬京兆尹，即黃帝鑄鼎之處。後漢改屬弘農郡。至宋，加‘城’字，爲湖城縣。荆山在縣南，即黃帝鑄鼎之處。”照這些說法，是荆山在今河南閿鄉縣西，和在河東郡蒲反（今山西永濟縣）的首山正相隔一水間，故採了首山的銅，就渡河到荆山去鑄。倘使司馬侯所說的荆山確是這座山，則由陽城而太室，由太室而荆山，由荆山而中南，皆在黃河以南，由東而西，其所言的次序即是經行的次序。這一個"九州"固比"謝西之九州"爲大，但其地位還相同，都在河南省的西部。左傳僖二十二年云："初，平王之東遷也，辛有適伊川，見被髮而祭於野者，曰：'不及百年，此其戎乎？其禮先亡矣！'秋，秦、晉遷陸渾之戎於伊川。"依照上面所考，"三塗、陽城、太室、荆山"都在陸渾之戎的區域裏，這個區域即是九州的區域。

左傳哀四年："楚大夫單浮餘圍蠻氏，蠻氏潰。蠻子赤奔晉陰地。司馬（楚司馬販）起豐、析與狄戎以臨上雒，……使謂陰地之命大夫士蔑曰：'晉、楚有盟，好惡同之！……'士蔑請諸趙孟，趙孟曰：'晉國未寧，安能惡於楚！必速與之！'士蔑乃致九州之戎，將裂田以與蠻子而城之；且將爲之卜。蠻子聽卜，遂執之……以畀楚師於三戶。"這是説楚滅蠻，蠻子奔到晉的陰地，楚司馬强逼陰地大夫士蔑把蠻子交出；士蔑迫於勢，只得把蠻子騙了出來，把他捉送楚師。在他騙出蠻子的時候，先召了九州之戎來，説是要分地封他了。這九州之戎是什麼？要明白這個，先要明白士蔑所治的陰地。杜預注云："陰地，河南山北，自上雒以東至陸渾。"又云："九州戎在晉陰地陸渾者。"上雒在今陝西商縣"自上雒至陸渾"，即自今陝西商縣到河南嵩縣，是伊、雒二水的流域。杜氏所謂"河南山北"，這山是秦嶺山脈，即禹貢所云"西傾、朱圉、鳥鼠至于太華；熊耳、外方、桐柏至于陪尾"的中間一段，自終南至外方的。因爲水之南爲陰，山之北亦爲陰，而其地在河南山北，故名之爲陰地。這一塊地方，是秦的東南境，晉的西南境，楚的西北境。當時秦、晉所以遷陸渾之戎於伊川，大約就借他們作幾個强國的緩衝。這個區域，就是所謂"九州"。這九州固然比"謝西之九州"偏北些，但也離不了多遠。昭十七年，晉國因陸渾之戎和楚國交好，所以借着祭雒水和三塗山的名義，使荀吴率師伐陸渾；他們竟無防備，三天之内就被滅了。陸渾子逃到楚國，餘衆有的跑周的，有的降晉的。因爲他們住在九州，所以晉人就稱爲九州之戎。這九州之戎既是陸渾之戎的變稱，所以他們所住的陰地就是司馬侯所説的九州。所謂九州之險的四嶽、三塗、陽城、太室、荆山、中南都應當在這個區域裏。杜注所以説中南在武功，只因漢書地理志云："右扶風武功；太壹山，古文以爲終南。"其實這一帶的秦嶺山脈都得南山或終南之名。閻若璩尚書古文疏證駁漢志云："終南，南山之總名；太一，一山之別號"（卷六，第九十二篇），其説是也。司馬侯所説的中南，當在藍關以下。胡三省通鑑注云："關中有南山、北山……自終南、太白連延至商嶺爲南山"（卷七，始皇三十五年）。商嶺即在商縣東，值雒水之南，渡雒東北行就是閿鄉縣的荆山了。

那時還有一種姜戎。據襄十四年戎子駒支所云"惠公蠲其大德，謂我諸戎是四嶽之裔胄，毋事翦棄，賜我南鄙之田"，則是和陸渾之戎同時遷來的（陸渾之戎是晉惠公與秦穆公所遷），又與齊、許、申、呂同祖四嶽，又住在晉的南鄙，與陸渾之戎甚相近。（姜戎所以不説爲即陸渾之戎，因爲姜戎姓姜，陸渾之戎姓允，見於左傳。）僖三十三年，秦師襲鄭，以有備而還；晉怒，"遽興姜戎"，敗秦師於殽。這姜戎當是住在黃河沿岸的，所以晉人甚易召集他們去打仗。我們從此可以知道，春秋時河曲間的居民，不管其爲諸夏或諸戎，與四嶽多有關係，與九州亦多有關係。四嶽和九州，似乎是不可分離的兩件事。

這一個九州的區域極像漢的弘農郡。漢的弘農郡：北抵河；東抵陸渾，西至冢領山，爲領水所從出；中峙熊耳山，爲伊水所從出，而流經三塗；南至武關據南山之尾。楚司馬所起之析人即爲其東南的一縣；所臨之上雒即爲其西首的一縣。惟陽城和太室，漢時列入潁川郡，則割去其東部。閿鄉的荆山，漢時列入京兆尹，則又割去其北面一角。南陽郡固稍偏南，但其西北部正與弘農郡的東南部犬牙相錯，其宛縣亦正與弘農郡的析縣東西相望。因此我覺得如不將"謝西之九州"呆看爲"西"，而放寬一點，看爲"西北"，則國語中的"九州"大可合於左傳中的"九州"，這兩書中三次所提的"九州"自可歸納爲一處。於是我們可以説，這"九州"比較漢的一郡大不了許多。這"九州"是九個州的集合之名呢，是很多州的集合之名呢，還是一個地方的專名呢，我們無法知道。

四　區畫天下的九州

以上説的，是春秋時有一個地方，叫做"九州"，在今河南省的西部和陝西省的東南部。現在再説一種"九州"，是奄蓋當時的天下的。

左傳襄四年，魏絳道："昔周辛甲之爲太史也，命百官官箴王闕。於虞人之箴曰：'芒芒禹跡，畫爲"九州"，經啟九道。民有寢廟，獸有茂草：各有攸處，德用不擾。……'"這"九州"是禹跡所及的地方，決不止謝西的九州，決不止陽城太室的九州，也決不止陰地的九州了。

左傳這部書到西漢末纔編定，材料本有問題。假使單有這一段，我們不妨疑它。但尚有旁證，使我們没法否認。

銅器中有齊侯鐘（郭沫若兩周金文辭大系改稱叔夷鐘）也提起九州。文云："虩虩成唐（湯），又敢（有嚴）在帝所，專受天命，……伊小臣佳楠（惟輔）咸又（有）九州，處禹之堵（都）。"這是説成湯受了天命，又得伊尹爲輔佐，於是享有了九州：這九州即指湯的天下。銘文説"咸有九州，處禹之都"，正可與左傳的"芒芒禹跡，畫爲九州"相聯貫。這意思是説禹平水土之後，畫分天下爲九州；成湯既受了天命，他便得到禹的九州，住在禹所住的地方。這樣的觀念實和後來的傳統觀念非常相像。商頌玄鳥篇云："方命厥后，奄有九有"，長發篇云："湯降不遲，聖敬日躋，……帝命式於九圍"，又云："武王（湯）載斾……九有有截"，殷武篇云："天命多辟，設都於禹之績"，都是這個意思。所以歷來經學家對於"九有""九圍"均以九州解之。商頌五篇，經多方面的考證，以史記宋世家所云襄公時作爲最近情。然則春秋時人確有此種觀念，諸種材料可以互證了。

　　這個鐘是哪地方哪年代作的呢？銘文云："佳王五月，辰在戊寅，師於淄淈。……不顯穆公之孫，其配敱公之妣而餥公之女，雫（粵）生叔夷，是辟於齊侯之所。是少（小）心龔齊，靈力若虎，堇（謹）裻其政事，又共於桓武靈公之所。桓武靈公易（錫）乃吉金，鈇鎬鋳鉛，用作鑄其寶鎛。……"它云"淄"，云"齊侯"，知爲齊器；云"桓武靈公"，知作於齊靈公時（死而作謚，亦戰國以下人語，春秋以上皆爲生時之號，見郭沫若金文叢考，謚法之起源）。齊靈公稱"桓武靈公"，正如衛武公之稱"叡聖武公"，同爲嘉美之稱（孫詒讓説，見古籀拾遺卷上）。按史記十二諸侯年表，齊靈公立於周簡王五年（前五八一），死於周靈王十八年（前五五四），即是魯成公十年至魯襄公十九年，時孔子尚未生。宋襄公死於周襄王十五年（前六三七），離孔子生年（前五五一）更遠。可見春秋時人分天下爲九州的觀念，確是起於孔子之前的。

　　這觀念是怎樣來的？是否由於姜姓民族或諸戎民族的"九州"的演進？還是由於方位的安排？這個問題，現在材料太少，没法解決。但我們看山海經海外北經説："共工氏之臣相柳氏，九首以食於九山"，大荒北經説："共工臣名相繇，九首蛇身自環，食於九土"，又看國語魯語説："共工氏之伯九有也，其子曰后土，能平九土"，禮記祭法説："共工氏之霸九州也，其子曰后土，能平九州"，所謂"九山""九土""九有"哪一個不和"九州"相合拍，而此種傳説亦都與共工氏有關係。國語中既説齊、許、申、呂的祖先四嶽是共工的從孫，則九州之說似乎確由陰地的九州而放大。這小區域的州變爲大區域的州，偏隅的九州變爲禹跡的九州，似乎是春秋中葉的事。

我爲什麼不把這一說放得早些？只因我們從詩、書裏看，不見有這種跡象。如詩經周南和召南中言“江有汜”，言“漢之廣矣”，說到禹貢的荆州了，但不吐出一聲“荆州”。秦風言“終南何有”，言“曰至渭陽”，也不吐出一聲“雍州”。大雅韓奕言“奕奕梁山”，言“奄受北國”，言“汾王之甥”，大可說一聲“冀州”了，而終於不說。最奇怪的，大雅常武說“率彼淮浦，省此徐土”，說“徐方繹騷，震驚徐方”，說“不測不克，濯征徐國”，又說“徐方既來，徐方既同……徐方來庭，徐方不回”，關於徐的，“土”也說了，“國”也說了，“方”說得更多了，但終不肯說一聲“徐州”。說作者怕不叶韻吧，但既有“匪紹匪游”，還有“如川之流”，何嘗有韻腳的隔閡！又看周頌，作於周得天下之後，依照舊觀念說，九州都在他們的掌握裏，不該不說一聲“奄有九州”；但作頌的人只會說“四方其訓之”，“日靖四方”，“奄有四方”，“於以四方”的“四方”，和“肆於時夏”，“陳常於時夏”的“時夏”（指中國），而總想不到說一聲“九州”。這爲的是什麼？

再看尚書。開頭數篇固然不但說九州，且說十二州；但這些本是最可疑的，我們且擱下（見下第八章）。從此看下去，就沒有了。召誥和雒誥都說築雒邑的事，歷舉雒、瀍、澗諸水，這都是在禹貢豫州裏的，豫州是九州中的中央一州，然而，這兩篇裏都不肯說“豫州”和“中央”，卻說“大相東土”。那段康誥篇首的錯簡，也說“作新大邑於東國雒”。他們難道忘記了“東土”、“東國”之名應該給與兗、青、徐諸州的嗎？其他，如“天亦哀於四方民”，“勤施於四方”，“四方迪亂”，“四方其世享”，“亂爲四方新辟”，都只會說“四方”而不會說“九州”，這又是爲的什麼？更如多士的“予大降爾四國民命”，多方的“告爾四國多方”，則變“四方"之文而爲"四國"。君奭的"小臣屛侯甸",酒誥的"越在外服,侯甸男衛邦伯",顧命的"庶邦侯甸男衛",都以諸侯的遠近爲分別,而不以九州爲分別。要之,那時的天下觀念,抽象言之則爲"四方",具體言之則爲"侯甸",沒有想到可以用九數來分割的。

因此,我們敢說:區畫天下的九州說是春秋時發生的,西周人決不知道有這回事。

五　九州說的由來

然則,這分割天下的九州之說是怎樣來的呢?依我想來,大概有四種原因:

其一,汪中述學釋三九篇說古人說話中的三和九常是虛數,凡三所不能盡的,則以九爲之節。例如史記的"若九牛之亡一毛","腸一日而九廻",孫子的"善守者藏於九地之下,善攻者動於九天之上",只是表示其多,並非一定是九個。我想,九州之說初起時也許如此。他們只要說地方區域之多,卻不知道應當說有多少個區域纔對,所以就用虛數的九來作代表了。這正和周頌的"綏萬邦"並不是真的一萬個邦,"播厥百穀"也不是真的一百種穀一樣。

其二,多方說"四國多方",這"多"字可注意,"方"字也可注意。說這話的人本來想說比"四方"多一點的數目,但沒有什麼成語可用,所以換"四方"爲"多方"以表示其方面之多。這就有了把四數擴大的傾向。方呢,本來是邦國的意思。甲骨文中有"羊方"、"馬方"、"虎方"、"人方"等,都是商代的國家。在詩經中有"鬼方"(大雅蕩"覃及鬼方")和"徐方"(見上),在左傳中有"朱方"(襄二十八年,吳地)和"冀方"(哀六年)。就中可注意的是"徐方”和“冀方”，因爲徐州和冀州是禹貢裏的兩個州。惟徐爲西周至春秋時的國家，直至昭三十年方滅於吳，稱徐國爲徐方正是商代以來的通例，和九州可以説没有什麽牽涉。冀方則較可怪。冀本是一個國，故址在今山西河津縣，正當龍門的對岸。這個國在左傳裏只見過一次，就是僖二年，晉獻公要伐虢，使荀息假道於虞，曰：“冀爲不道，入自顛軨，伐鄍三門。冀之既病，則亦唯君故。”從此以後，這個國就不見了，不知其於何年爲晉所滅。及僖二十五年，晉文公打降了原，遷原伯貫於冀，那時冀已是晉的邑了。僖三十三年云：“初，臼季使過冀，見冀缺耨，其妻饁之，敬，相待如賓”，冀缺即卻缺，則卻氏的食邑亦在冀了。從這些材料看，冀起先是一個小國，後來是大國中的一邑，在地域上並不占重要位置。但哀六年，孔子引夏書曰：“惟彼陶唐，帥彼天常，有此冀方。今失其道，亂其紀綱，乃滅而亡。”陶唐如果是一個代名而非國名，則其因帥天常而得到的冀方一定是一個很大的地方，超出於冀國以上的。杜注：“滅亡，謂夏桀也，唐、虞及夏同都冀州，不易地而亡，由於不知大道故。”這段夏書固然未必可靠，所謂“滅亡”究竟指陶唐抑夏桀亦不明瞭，但此“冀方”可以説頗有些禹貢九州化了。爲什麽？陶唐和夏桀所建之國不是冀，而云“有此冀方”，則這個名詞必有超時代性，是個永存的地名，不隨時代而更易的。這種例，求之於古頗少；除非像杜預這樣，釋冀方爲冀州，則唐、虞、夏之名雖改而冀州之名不改，纔講得通。所以我們尋根究底，九州之名最先出的應是冀州，冀州之名應由於冀方的蜕化，而冀方之名則或由於“多方”的觀念所啟示。其後書序云：“帝釐下土，方設居方，別生分類，作汩作，九共九篇”，還是這個觀念。所以我們可以説，“州”是由“方”演變而來的。

　　其三，左傳昭十二年，楚靈王稱左史倚相“能讀三墳、五典、八索、九丘”。這話若可靠（我所以疑其不可靠，因爲三墳、五典

與三皇、五帝相印合，而三皇、五帝在戰國中期前尚沒有），則
"九丘"也是一種與"九州"相類的地方制。春秋時以"丘"名地的甚
多，如衛有犬丘（隱八）、楚丘（僖二十一）、帝丘（僖三十一）；齊
有葵丘（莊八）、貝丘（莊八）、稟丘（襄二十六）；魯有中丘（隱
七）、祝丘（莊四）、乘丘（莊十）等。丘之區域大小，大概和州差
不多，"州"既可由小放大，"丘"自然也可由小放大。如果"九丘"
之說是確實存在的，則大可作爲九州之說的創立的旁證。

　其四，古代國小，沒有很複雜的地方制度，僅依國都距離之
遠近分爲都鄙鄉遂而已。春秋以降，強國以兼併小國而境日益
廣，於是楚國先立縣制。當宣十二年，楚莊王克鄭，"鄭伯肉袒
牽羊以逆，曰：'……若惠顧前好……使改事君，夷於九縣，君
之惠也。'"杜注："楚滅九國以爲縣，願得比之。"孔氏正義云：
"楚滅諸國見於經傳者，哀十七年稱'文王縣申、息'（按，楚伐申
在魯莊公六年，滅息在莊十四年），莊六年稱楚滅鄧，十八年克
權，僖五年滅弦，十二年滅黃，二十一年滅夔，文四年滅江，五
年滅六，又滅蓼，十六年滅庸：凡十一國。蘇氏、沈氏以權爲小
國，庸先屬楚，除二國外爲九也。"這實在把文字看得太死了，所
謂"九縣"何嘗只限九個縣，也無非表示其衆多的一個虛數而已。
楚國每滅一國，即立一縣，可見縣是當時最高的行政區域。此
外，秦、晉皆有縣，又有郡。史記秦本紀，武公"十年，伐邽冀
戎，初縣之。十一年，初縣杜、鄭"。晉語，公子夷吾對秦使公
子縶曰："君實有郡縣。"此秦郡縣也。左傳僖三十三年，晉襄公
"以再命命先茅之縣賞胥臣"。宣十五年，晉景公"賞士伯以瓜衍
之縣"。昭五年，薳啟彊謂楚靈王曰："韓賦七邑，皆成縣也"，
又曰："因其十家九縣，其餘四十縣……"昭二十八年，"晉殺祁
盈及楊食我……分祁氏之田以爲七縣，分羊舌氏之田以爲三縣。"
哀二年，趙簡子誓曰："克敵者，上大夫受縣，下大夫受郡。"此
晉郡縣也。後世郡在縣上，晉制乃縣在郡上。楚滅一國爲一縣，

晉則一個大夫的食邑就可分成數縣。即此可見楚的區畫之疏而晉的區畫之密。當時楚、晉、秦三國皆以縣爲最高的行政區域，而此三國皆與姜戎的九州相毗連，疑以統轄的需要和傳説的流轉，彼此默認縣上更當有州，以此九州制雖未成爲事實，而在地理學説中遂佔有相當的重要地位。又按王制云：“凡四海之内九州，州方千里。……八州，州二百一十國”，則以天子之國當一州。下又云：“天子之縣内……凡九十三國”，則天子之州亦稱爲“天子之縣”，州與縣可以通稱。此雖漢人之言，也許漏出一點古代的消息，即州和縣是等類的。其後鄒衍立大九州説，稱中國曰“赤縣神州”，亦即此義。到縣數日多，統轄匪易的時候，自然會想到進於縣的制度而更有立州之説了。

　　以上四端（一、不定數的州；二、自方而州；三、九丘與九州；四、自縣而州），皆就春秋時的情狀推想九州説之所由起，雖以材料缺少，無法證實，亦無從判別其理由的强弱，但總當有十之二三的可能性。以下再推論九州説在戰國時的發展經歷。

六　種種具體的九州説

　　我們今日在古書裏看得到的具體性的九州説，凡有四種。禹貢列在尚書裏，它的權威最大。它的州名、疆界及次序如下：

　　（一）冀州。
　　（二）濟、河惟兗州。
　　（三）海、岱惟青州。
　　（四）海、岱及淮惟徐州。
　　（五）淮、海惟揚州。

（六）荆及衡陽惟荆州。

（七）荆、河惟豫州。

（八）華陽黑水惟梁州。

（九）黑水、西河惟雍州。

　　不知在什麼時候出了一篇職方，這篇書被收爲逸周書的第六十二篇，也收入周官中的夏官。它開頭説"職方氏掌天下之圖……辨九州之國"，好像是從職方氏所掌的圖録裏鈔出來的。它裏邊的州名和州次很多和禹貢不同：

（一）東南曰揚州。

（二）正南曰荆州。

（三）河南曰豫州。

（四）正東曰青州。

（五）河東曰兗州。

（六）正西曰雍州。

（七）東北曰幽州。

（八）河內曰冀州。

（九）正北曰并州。

這比了禹貢，減少了徐和梁而增加了幽和并。

　　爾雅，也不知是什麼時候出來的。它在釋地篇的"九州"裏又另有一種説法：

（一）兩河間曰冀州。

（二）河南曰豫州。

（三）河西曰雝州。

（四）漢南曰荆州。

（五）江南曰揚州。

（六）濟、河間曰兗州。

（七）濟東曰徐州。

（八）燕曰幽州。

（九）齊曰營州。

這比較禹貢，缺去了青和梁而多出了幽和營，比較職方，缺去了并而多出了營。

　　著作年代最清楚的是呂氏春秋，它是秦始皇八年（西元前二三九）作成的。其中有始覽説：

（一）河、漢之間爲豫州，周也。

（二）兩河之間爲冀州，晉也。

（三）河、濟之間爲兗州，衛也。

（四）東方爲青州，齊也。

（五）泗上爲徐州，魯也。

（六）東南爲揚州，越也。

（七）南方爲荆州，楚也。

（八）西方爲雍州，秦也。

（九）北方爲幽州，燕也。

因爲它不想冒充什麽老古董，所以它老實把那時的國家分配了九州。

　　除了以上四説之外，劉向的説苑辨物篇中也有一個大同小異的九州説：

（一）兩河間曰冀州。

（二）河南曰豫州。

（三）河西曰雍州。

（四）漢南曰荊州。

（五）江南曰揚州。

（六）濟、河間曰兗州。

（七）濟東曰徐州。

（八）燕曰幽州。

（九）齊曰青州。

這一段話除了末一句之外與爾雅之文全同。但就是末一句，爾雅說"齊曰營州"，說苑說"齊曰青州"，青或營之名雖異，而其爲齊地則還是相同的。

把以上諸說比較起來，梁州爲禹貢所獨有，幽州爲禹貢所獨無；并州爲職方所獨有；營州爲爾雅所獨有。雖其州數總是九，但合起來卻有了十二個州名。

此外，鄒衍還有一種大九州說，其州名和這些不同，但和本文的關係甚淺，暫不討論。

七　戰國時人建設具體的
九州說的消息

春秋時有九州說，我們已不否認。但我們敢說：那時人只有這一個虛浮的觀念而已，決沒有九個州的具體的地位和名稱。九個州的具體的地位和名稱乃是戰國時人的建設。這消息的透露就在以下的幾點上。

第一，五行的學說是戰國時起來的。荀子非十二子所云"案往舊造說，謂之五行，甚僻違而無類，幽隱而無說，閉約而無解，……子思唱之，孟軻和之”，雖不知道究竟是怎麼一回事，但五行之説出於新造，這一個事實是顯而易見的。其後鄒衍之徒更推演其説，使得歷代、四時、五方、五色……無不受此規範。照五行説，東方之色爲青。現在禹貢裏稱山東半島爲青州，這是很明白的應用五行説立州名了。

第二，春秋時中原與西南的交通，至巴而止。蜀立國雖久，但因山林險阻，與諸夏隔絶，正如李白蜀道難詩所謂“蠶叢及魚鳬，開國何茫然！爾來四萬八千歲，乃與秦塞通人烟”者。直至秦惠文王後九年（前三一六），他垂涎蜀的富饒，遣張儀和司馬錯伐蜀，把她滅了，那地纔成了秦的郡縣而爲中原。現在禹貢裏有梁州，正是蜀境，這又顯然爲張儀滅蜀後的記載。

第三，在春秋時，魯之南有徐，徐之南有吳，吳之南有越。雖其疆界不甚明瞭，且雜有群舒、鍾吾諸小國，但大體説來，徐與吳以淮爲界，吳與越以太湖爲界。（昭三十年吳滅徐後，吳與魯遂接壤。）如果九州之名由春秋時人定了，則徐國爲徐州，徐州之南應爲“吳州”纔是。到哀二十二年（前四七三），越滅吳，越遂奄有江、淮流域。史記越世家云：“勾踐已平吳，乃以兵北渡淮，與齊、魯諸侯會於徐州。……以淮上地與楚，歸吳所侵宋地於宋，與魯、泗、東方百里。當是時，越兵橫行於江、淮，東諸侯畢賀，號稱霸王。”因爲越與魯毗連了，所以哀二十七年（前四六八），魯哀公不堪三桓的壓迫，想要借了越兵打掉他們，事機不密，給三桓知道，起兵攻他，他就逃到越了。現在禹貢裏，徐州之南爲揚州，這“揚”字怎麼來的呢？按“揚”與“越”爲雙聲，所以兩字可以通用。詩經裏，大雅江漢云“對揚王休”，周頌清廟云“對越在天”，同樣是答稱尊上的意思。又越亦稱“於越”，春秋經定五年“於越入吳”，定十四年，“於越敗吳於檇李”是也。杜預注説“於”是“越”的發語聲。蓋一字緩言之，即成二音，如“寺人披”（僖五）之作“寺人勃鞮”（僖二十五）是。於、越、揚皆同組，故

"越"可稱"揚"，"於越"亦可稱"揚越"，戰國策秦策三"吳起⋯⋯
南攻揚越"，史記南越列傳"秦時已並天下，略定揚越"，是也。
揚和越的關係這樣的密切，所以禹貢裏的揚州無異説是"越州"。
而淮水以南之地爲越，這是春秋後的事情，那時離"西狩獲麟"已
八年了，離孔子卒已六年了。當孔子的時候，只知道魯國的南面
是吳國，決不會想到那邊應該叫作揚州的，何況堯、禹呢！

　　第四，孟子中説"今海内之地方千里者九"，這是最明顯的具
體的九州説的成因。是怎樣的九個方千里之地？考當日國際間最
大的事情是九國相繼稱王——先爲梁、齊會徐州相王（西元前三
三四），繼宋（前三二八）、秦、韓（前三二五）稱王；後五國相王
（前三二三，五國是韓、魏、趙、燕、中山）；楚則自來稱王。古
者只王畿有千里，詩商頌玄鳥："邦畿千里，惟民所止。"孟子也
説，"天子之地方千里"（告子）；又説："夏后、殷、周之盛，地
未有過千里者也。"（公孫丑）但到戰國時，諸侯疆域既甚廣大，而
又均稱王，於是"千里"遂成了王國的代稱。孟子似乎不反對諸侯
稱王，而且口頭常稱道及之，如上云"方千里者九"即是一例；下
云"齊集有其一"，説齊只是九個王國中的一個，更爲顯明。又如
齊伐取燕，諸侯將謀救之，宣王以問於孟子，孟子對曰："臣聞
七十里爲政於天下者，湯是也；未聞以千里畏人者也"（梁惠王）。
然而齊地實不止千里，國策載蘇子説宣王語，即爲"齊地方二千
里"（齊一）。由此看來，孟子所謂"方千里"者，即指稱王之國而
言，而不是王國的固定面積。禹貢作者當即此時之人，因取數於
稱王之九國，而依當時地理知識所及的山川形勢，劃分九州。固
然作者的心理不必完全受此影響，然而要不失爲一有力的暗示。
（此段爲錢穆、王樹民兩先生説，取自禹貢札記選鈔。）

　　第五，呂氏春秋有始覽説："何謂九州？河、漢之間爲豫州，
周也。兩河之間爲冀州，晉也。河、濟之間爲兗州，衛也。東方
爲青州，齊也。泗上爲徐州，魯也。東南爲揚州，越也。南方爲

荆州，楚也。西方爲雍州，秦也。北方爲幽州，燕也。"這把九州之制爲按照戰國時國界而定的一個事實，説得再明白也没有了！禹的時候還没有這些國家，哪裏來的這些州！（衛和魯不是王國而被録者，因爲兖州與徐州没有適當的大國可用。）

　　除了禹貢的九州之外，還有吕覽、職方、爾雅釋地所共有的幽州，又有職方所獨有的并州，釋地所獨有的營州，也可連帶一考。

　　營州最不成問題。禹貢的青州本來就是齊地，而齊太公都營丘。禹貢名之爲青州，取於五行思想。爾雅名之爲營州，取於地理沿革。但與其名爲青，不如名爲營，因爲青是東方之色，齊固可名青州，徐州亦可名青州（看職方之青即爲禹貢之徐可知），倘使改稱營州，那正似雍爲秦都而稱河西爲雍州一樣，有了固定的地方，不易流轉了。所以營與青只是一地的異名，而不是可以對立的。自從鄭玄爲了湊成十二州之故，説爲"越海據遼東"（見下十二州章），而北魏和唐遂真在遼東或遼西立起營州來，豈非大誤！至營丘所在，本有二説。應劭以爲即漢之北海郡營陵縣，他道："陵，亦丘也。"臣瓚以爲即漢之齊郡臨淄縣，他道："今齊之城中有丘，即營丘也。"（均見漢書地理志）無論這二説哪一個對，總之都在濰和淄二水之間，没有説是海外的。

　　禹貢的冀州本來很大，約當今之山西和河北兩省。但職方就不然了，它把這兩省的北部另立一州而名之爲并州。這名詞是怎樣來的，我們查不出。但把吕氏春秋的"兩河之間爲冀州，晉也"來看，則這并州是晉國北面的地方。晉北之國，以代和中山爲最大。代國滅得早，在趙襄子元年（西元前四七五）。中山國亡得遲，在趙惠文王四年（前二九五）。而且中山國也曾盛過一時，在亡國的前二十八年（前三二三）稱了王。在戰國策裏，中山策也佔有一卷。所以我疑心，并州的由來有兩種可能：不是把趙的拓地至代和中山爲其背景，就是把强盛的中山國本身爲其背景。

　　燕國在齊北，春秋時不知何故，不甚與中原交通。燕國的地，在禹貢中也屬冀州。但到戰國中期，他們闢地很廣，冀州就不足以容了。史記匈奴列傳云："燕有賢將秦開爲質於胡，胡甚信之。歸而襲破東胡，東胡卻千里。燕亦築長城，自造陽至襄平，置上谷、漁陽、右北平、遼西、遼東郡以拒胡。"經過一次戰爭就闢了五郡之地，這真是燕國的大勝利，從此他們也具備了一州的資格了。可惜史記的記載太脱略，這樣一件大事竟没有記在燕世家和六國表裹，使我們不知其在何年。據匈奴列傳序述此事於趙武靈王破林胡、樓煩之後，李牧守邊之前，又據六國表燕昭王元年當趙武靈王十五年（前三一一），燕的國勢亦以昭王世爲最盛，疑破東胡即在此時。當作禹貢時，或因燕尚未拓境，東北方面没有獨立爲一州的需要，或因蜀的重要，必須記及梁州，但"九州"久已爲一成語（自齊侯鐘至昭王時已二百四十餘年），既不可減之爲八，亦不容增之爲十，故有梁而無幽。呂氏春秋則與禹貢適反，它去梁州而增幽州，且説明之曰："幽州，燕也。"幽與燕以雙聲而通借，正和揚與越以雙聲而通借一樣。所以名爲幽州，其實只是"燕州"。梁州何以被裁？想來只因雍州爲秦，梁州亦爲秦，如以國數來分，則提了雍就足以包梁了。

　　綜合以上所説，把戰國時大事分年列爲一表如下：

　　　　前四七三——越滅吴——"淮、海惟揚州。"
　　　　前三二三——中山稱王——并州（？）
　　　　前三一六——秦滅蜀——"華陽黑水惟梁州。"
　　　　約前三〇〇——燕破東胡——"北方爲幽州，燕也。"
　　　　前二九五——趙滅中山——并州（？）

看了這個表，我敢説：九州的名詞及其具體的説明都是西元前四世紀至三世紀的事。禹貢和職方等書的著作，只能後於這個時代而不能早於這個時代。

八　十二州説及其解詁

古書中説到“州”的制度的，只有九分制，没有十二分制。就是鄒衍的大九州説，推廣爲八十一州，也是九的自乘數。但堯典中竟有“肇十有二州”，“咨十有二牧”之語，這是什麽緣故呢？又禹貢明白説是九州，禹治水是在堯、舜時，爲什麽堯典的州數竟與禹貢不同呢？依我想來，這是秦皇、漢武拓地開疆的反映。他們所拓之地太遠了，不是九州所能容，所以只得開放“九”禁了。漢書地理志云：“武帝攘卻胡、越，開地斥境，南置交阯，北置朔方之州，兼徐、梁、幽、并，夏周之制，改雍曰凉，改梁曰益，凡十三部，置刺史”，這就是十二州的背景的最好的説明。左傳哀七年云：“十二，天之大數也”，這就是他們取用十二數的理由。

西漢人對於這事的解釋，我們已看不見了。我們所看見的最早的解釋，要算班固的漢書地理志序論。他説：“昔在黃帝……方制萬里，畫野分州。……堯遭洪水，懷山襄陵，天下分絶爲十二州；使禹治之。水土既平，更制九州，列五服，任土作貢。”他以爲十二州是在洪水中的自然分絶，黃帝時的州制不是如此，水土既平之後的州制也不是如此。他以爲禹貢是水土既平後的制度，這時的州數凡九個。至于黃帝分州直至洪水之前的州數有多少，他没有提起。他所以説十二州爲一時的變態之故，由於谷永的話。漢書谷永傳載建始三年冬日食地震，詔舉直言極諫之士，永待詔公車，對曰：“堯遭洪水之災，天下分絶爲十二州，制遠之道微而無乖畔之難者，德厚恩深，無怨於下也。”可是我們從堯典裏看，“肇十有二州”一語在舜巡守四岳，日覲岳牧，望秩山川之後，絲毫没有洪水的意味。而且看這"肇"字含有創制之義，並不是被洪水所分絶的。谷永之説既爲曲解，班固演述的話自然也靠不住了。

　　第二種解釋是馬融作的，他恰恰站在班固和谷永的反面。他説："禹平水土，置九州。舜以冀州之北廣大，分置并州；燕、齊遼遠，分燕置幽州，分齊爲營州：於是爲十二州，在九州之後也。"（史記五帝本紀集解引）。班固説禹平水土以前爲十二州，後來併作九州，馬融卻説禹平水土以後更分九州爲十二州；谷永説天下被洪水分絶爲十二州，馬融卻説舜嫌冀、燕、齊之地廣大而分置爲十二州：這是何等的衝突呵！

　　究竟是先十二而後九呢，還是先九而後十二呢？究竟是天然的分畫呢，還是人工的分畫呢？雙方都没有真憑實據，這種官司是永遠打不清的。

　　可是，給馬融一講，十二州的名目已出來了。這些名目是在禹貢的"冀、兗、青、徐、揚、荆、豫、梁、雍"之外再加上"并、幽、營"。我們已在上邊説過，營州與青州是同實而異名，所以馬融的十二州實際上只有十一州，其一州是有名而無實的。

　　起來彌補這個缺陷的，是他的弟子鄭玄。他説："舜以青州越海而分齊爲營州；冀州南北太遠，分衛爲并州，燕以北爲幽州：新置三州，並舊爲十二州，更爲之定界"（史記五帝本紀集解引）。這樣一解，把營州送到青州隔海的遼東和朝鮮去，似乎兩下並不衝突。可是營州之名由營丘來，營丘並没有遷到青州隔海去呵！爾雅説"齊曰營州"，齊國也不會立國於遼東和朝鮮間呵！

　　況且冀州之名的由來，實因晉地有名冀者。因爲冀是晉地，故冀州即指晉的全境。職方雖別冀與并爲二，然曰："河内曰冀州，其山鎮曰霍山。……正北曰并州，其山鎮曰恒山……"可見作者的意思，以今山西省之南部爲冀州，其北部爲并州：他仍以冀州爲晉地，而以并州轄代國和中山國諸地。馬融説的"舜以冀州之北廣大，分置并州"，除了這"舜"字外原與職方一致，不能算錯。現在鄭玄說"冀州南北太遠，分衛爲并州，燕以北爲幽州"，"燕以北爲幽州"雖不誤，但"分衛爲并州"則大誤了。禹貢云："濟、河惟兗州。"水經云："濟水出河東垣縣王屋山，其下流東北入海。"王屋山在今山西陽城縣與河南濟源縣之間，濟水出於是，其故道本過黃河而南，東流至山東，與黃河並行入海。兗州在河、濟之間，衛國在其西端，故有始覽曰："河、濟之間爲兗州，衛也。"衛地至漢屬河内郡，司隸校尉所轄，既不屬兗州，也不屬并州。鄭氏乃說"分衛爲并州"，試問衛地如何可以把恒山作爲它的鎮山呢？這不但和禹貢、呂氏春秋、職方不合，也和他的老師馬融的話不合，不但和馬融的話不合，也和兩漢的制度不合。

　　呂氏春秋和爾雅都說"兩河間曰冀州"，和禹貢相同。漢分州時，把太原、上黨兩郡屬於并州，已使冀州偏在東隅，失其得名之實。現在鄭氏更以衛屬并州，使并州的境界再往東擴張，實在有些不對。但他所以這樣說也是有來歷的。春秋元命苞云："營室流爲并州，分爲衛國。州不以衛水爲號，又不以恒山爲稱，而云并者，蓋以其在兩谷之間也"（晉書地理志引）。原來他相信的是讖緯，他用了讖緯來補師說呵！（漢書地理志講到分野，未嘗不說"衛地，營室東壁之分野也"，但下面說"今之東郡及魏郡黎陽、河内之野王朝歌，皆衛分也"，則屬於衛分的只有兗州之東郡、冀州之魏郡及司隸之河内郡而已，沒有和并州發生關係。可見元命苞之說尚是班固以後所産生的。）其後晉書地理志亦祖述其說，云："舜以冀州南北闊大，分衛以西爲并州，燕以北爲幽州。周人因焉"（冀州條）。經了他們一鼓吹，從此舜的并州遂奄有了禹的冀州的大一半了。

　　自馬融、鄭玄之說起，把十二州名分配停當，於是後來注堯典的，依聲學舌，代代相承。如僞孔傳云："禹治水之後，舜分冀州爲幽州、并州，分青州爲營州，始置十二州。"陸德明經典釋文云："十有二州，謂冀、兗、青、徐、荆、揚、豫、梁、雍、并、幽、營也。"蔡沈書集傳云："十二州，冀、兗、青、徐、荆、揚、豫、梁、雍、幽、并、營也。中古之地但爲九州，曰冀、兗、青、徐、荆、揚、豫、梁、雍。禹治水作貢，亦因其舊。及舜即位，以冀、青地廣，始分冀東恒山之地爲并州，其東北醫無閭之地爲幽州，又分青之東北遼東等處爲營州。而冀州止有河内之地，今河東一路是也。"舜的十二州，就這樣的被勘定了！他的州制和漢武帝大概相同，只是多了一個營州，短了朔方、交趾兩刺史部。

不幸作尚書疏的孔穎達太滑稽了，他把舜的十二州的由來和盤託出。他説："禹貢治水之時猶爲九州，今始爲十二州，知禹治水之後也。……知分冀州爲幽州、并州者，以王者廢置理必相沿，周禮職方氏九州之名有幽、并，無徐、梁，周立州名必因於古，知舜時當有幽、并。職方幽、并山川於禹貢皆冀州之域；知分冀州之域爲之也。爾雅釋地九州之名，於禹貢無梁、青而有幽、營，云'燕曰幽州，齊曰營州'。孫炎以爾雅之文與職方、禹貢並皆不同，疑是殷制，則營州亦有所因，知舜時亦有營州。齊即青州之地，知分青州爲之。"大好一座璀璨的七寶樓臺，經這樣一分析，原來別無根據，只是這一扯，那一拉，如此雜湊而成的。他們從"王者廢置理必相沿"一個前提之下，決定凡古書中所見的州名都從堯、舜之世傳下來，恰好把禹貢、職方、釋地三篇比較一下，其中的州名是十二個，於是不管它們的互相牴牾，或者異名同實，就都算做舜的州制了。夫漢人之視三代，亦猶今日之視唐、宋。就説禹貢九州確是夏制，釋地九州確是殷制，職方九州確是周制，他們可以就夏、殷、周之州制而推出虞之州制，然則我們亦何嘗不可曰，王者廢置理必相沿，唐、宋之州名必因於古，遂據唐之二百九十四州，宋之二百五十州，而推出虞之州制亦當如是呢？所以我們既知道這十二州名的由來不過是些妄意的猜測，就可把馬、鄭以來的傳統解釋根本推翻，絲毫不容疑惑。

我們看了這個問題，可以知道他們之所以這樣"無中生有"，為舜立下這個州制，只為不肯説一聲"堯典十二州無可徵證"和不肯説一聲"禹貢、釋地、職方的九州名目互相衝突"之故。無可徵證的，他們偏要證明它；互相衝突的，他們偏要講得它不衝突；於是把這三篇硬屬於夏、商、周三代，而把它們的不同處集合起來，一切歸之於舜。這樣，表面上似乎已整理清楚，但實際上卻增加了一重很厚的疑雲，舊問題沒有解決，新問題又産生了許多。這種整理方法最是漢人的長技，所以他們傳給我們的糾紛也特別多。不知道我們要到哪一年纔可把它們完全弄個明白？

九　漢以前的大山觀念

州的變相大概如上面所説，現在再回到嶽上。

我們一提到大山，大家一定先想到五嶽。五嶽是東嶽泰山、南嶽衡山、中嶽嵩山、西嶽華山、北嶽恒山——這是二千年來一致承認，沒有發生過問題的。

但這個觀念卻是禹貢裏所沒有的，故它但稱霍山曰"岳"，或曰"太岳"。在職方裏，這觀念也是沒有的，故但稱汧山曰"嶽"。這兩座山都是有了五嶽之説以後所不算作嶽的。山海經中稱大山為"冢"，如西山經云："華山，冢也"，中次十二經云："夫夫之山，即公之山，堯山、陽帝之山，皆冢也"，它雖分天下名山為南、西、北、東、中五經，但並沒有定出南、西、北、東、中五嶽。五嶽觀念是怎樣的來得遲呵！

又，禹貢但說"九山刊旅"，沒有說是哪九個山。所以僞孔傳云"九州名山已槎木通道而旅祭矣"，他但用了"九州名山"釋"九山"而不加以指實。呂氏春秋有始覽就不這樣，它說："土有九山。……何謂九山？會稽、太山、王屋、首山、太華、岐山、太行、羊腸、孟門。"把九山指實了。但拿了它的九州來分配，則會稽在揚州，太山在青州及徐州，王屋、首山、太行、羊腸、孟門都在冀州，太華在豫州或雍州，岐山在雍州。這分配很不均匀，荆、幽諸州都沒提起，而冀州則特多。淮南子地形訓文全與之同。如作淮南子時已有強烈堅固的五嶽觀念，則必不容其鈔襲呂氏春秋。淮南王安是死於武帝元狩元年（前一二二）的，淮南子的著作必在武帝初年或景帝之世，足證那時對於山的觀念也是這樣的尋常。

上面這些話還是偏在學說方面的，我們再就史實看，也是這樣。商、周兩代的史料傳下的不少，哪裏見到商、周之王到五嶽去祭祀的記載。秦始皇統一天下之後，祭天下名山大川。要是五嶽制早就有了，他一定受着些影響。但史記封禪書說："秦並天下，令祠官所常奉天地名山大川鬼神可得而序也。於是自殽以東，名山五，大川祠二：曰太室（太室，嵩高也）、恒山、太山、會稽、湘山；水曰濟、曰淮。……自華以西名山七，名川四：曰華山、薄山（薄山者，襄山也）、岳山、岐山、吳岳、鴻冢、瀆山（瀆山，蜀之汶山也）；水曰河，祠臨晉；沔，祠漢中；湫淵，祠朝邤；江水，祠蜀。"可見秦代的山的祠典只有十二山而沒有五嶽，後來認作南嶽的天柱山和衡山且不在名山之列。秦國起自西方，故所祀西方的山多於東方的山。其所舉東方的五名山：太室、恒山、太山是後來被收在五嶽裏的；湘山不大著名，惟始皇二十八年（前二一九）南巡時是去過的；會稽頗重要，只因它偏在東南，故後來排五嶽時就輪不到它。至於其所舉西方的山，以瀆山（岷山）爲最西，如果五嶽制度由秦人去排，瀆山一定會做西嶽的了。南嶽呢，大概湘山也有希望。

禹貢裏，兗、揚二州不言山，有始覽裏，兗、荆、幽三州不言山，而且有山的州一州或有四五個山，多寡很不均匀。就是秦始皇的十二山，東方西方的多寡也不均匀。到了職方，就另創了一個新局面。它道："揚州，其山鎮曰會稽；荆州，其山鎮曰衡山；豫州，其山鎮曰華山；青州，其山鎮曰沂山；兗州，其山鎮曰岱山；雍州，其山鎮曰嶽山；幽州，其山鎮曰醫無閭；冀州，其山鎮曰霍山；并州，其山鎮曰恒山。"各州各有了一個山鎮，格式上是非常的整齊了。但如果把這些山鎮稱爲嶽，則應爲九嶽，仍不能説是五嶽。

一○　五嶽制的確定

泰山，詩經和論語都稱爲"泰山"，禹貢則稱爲"岱"，字雖異而音同，絶没有稱爲"嶽"的。當封禪説起來之後，七十二代的帝王皆在傳説中封禪於泰山，秦始皇又實行封禪於泰山，它的地位這等高，但仍稱爲泰山而不稱爲嶽。第一個稱泰山爲"嶽"的是堯典（依我的假定，今本堯典作於漢武帝時，説見尚書研究講義），這一篇裏面有四岳之官，又有天子巡狩四岳之制，而云"歲二月，東巡守，至于岱宗，柴，望秩於山川……。五月，南巡守，至于南岳，如岱禮。八月，西巡守，至于西岳，如初。十有一月，朔巡守，至于北岳，如西禮"，則四岳中只有東岳是實定爲泰山的，其餘不過指點了方向。作者爲什麽不舉出山名？只因新式的嶽的觀念正在醖釀之中，還不知道應當定的是些什麽山呀！

當漢武帝時，有一個方士申公説："天下名山八而三在蠻夷，五在中國。中國：華山、首山、太室、太山、東萊"（史記封禪書）。這很有指實五個名山作五嶽的趨向了，但這五個山都在黃河流域，並不是按照漢家疆域分派的。漢武帝元封元年詔曰："朕用事華山，至于中嶽，獲駮麃，見夏后啟母石。翌日，親登嵩高"（漢書武帝紀），這是嵩高爲中嶽的確定。及元封四年南巡狩，"登禮潛之天柱山，號曰南嶽"（封禪書），又是潛山爲南嶽的確定。他對於西嶽和北嶽似尚沒有規定的明文。（封禪書云："常山王有罪遷，天子封其弟於真定以續先王祀，而以常山爲郡，然後五岳皆在天子之邦。"當可認其已以恒山爲北嶽。至于西嶽是哪一山還成疑問。華山固然偏西，但終在京師之東，能不能稱爲西嶽呢？如用職方作者的眼光來看，華山決做不得西嶽。因此，這是應當斟酌一下的。）

直到宣帝時，修武帝故事，方纔完全確定了五嶽的位置。郊祀志說："改元爲神爵，制詔太常……自是五嶽四瀆皆有常禮：東嶽泰山於博；中嶽泰室於嵩高；南嶽潛山於潛；西嶽華山於華陰；北嶽常山於上曲陽；河於臨晉；江於江都；淮於平氏；濟於臨邑界中。"這是向來流動的觀念的凝固。

自有此事，就把後人弄糊塗了。班固在郊祀志開頭說："虞書曰：'……歲二月，東巡守，至于岱宗。──岱宗，泰山也。……五月，巡守至南嶽。──南嶽者，衡山也。八月，巡守至西嶽。──西嶽者，華山也。十一月，巡守至北嶽。──北嶽者，恒山也。……中嶽，嵩高也。'"他忘記了堯典只有四嶽而沒有五嶽，更哪裏想得到堯典中的四嶽只規定了一個東嶽呢！（封禪書也有這種話，似乎司馬遷就如此說。但史記這部書給後人修改得太多了，說不定這段話即是用了漢書之文竄入的，終以存疑爲是。）

不知何時把南嶽的祀典移到了衡山，於是又把後人弄糊塗了。齊召南漢書考證云："案南嶽，衡山也。自元封五年巡南郡，至江陵而東，登禮潛之天柱山，號曰南嶽，於是南嶽之名移於潛山，而長沙湘南之衡山自古稱南嶽者反無祠矣。""衡山自古稱南嶽"，這證據從哪裏來？

　　我們若拿禹貢中的山來説，這裏面最北的是恒山，最南的是衡山；後人以二山爲南、北兩嶽，自無不可。就是漢宣帝之後，去掉灊山而以衡山爲南嶽，亦以此故。東邊，禹貢只説了泰山而沒有提到勞山，故在這篇裏看，泰山亦可爲最東的山。這東、南、北三嶽，都可算得和禹貢相合。但中嶽，禹貢中的嵩山（外方）是不占重要的，而冀州卻有太岳。以王畿之山鎮爲中嶽之義言之，則這太岳確有爲中嶽的可能；故孫詒讓即云："霍山，虞、夏時以爲中嶽，禹貢謂之太岳"（周禮正義職方冀州）。然則班固在堯典"北巡守"之後插上一句"中嶽，嵩高也"；水經禹貢山水澤地所在云"嵩高爲中嶽"，即以舊觀念言，亦不能不説爲大誤。至于西嶽，則就禹貢中看來萬無定在華山之理。禹貢華山之西有岐山，有汧山，有嶓冢，有朱圉，有鳥鼠，有西傾，有岷山，最西至積石而止，西邊可以做嶽的多着呢！況以禹貢版圖的全面積看，華山離嵩高甚近，離太岳亦不遠，爲什麼中嶽與東、南、北三嶽相去甚遠，而與西嶽乃密邇呢？再説漢武帝元鼎四年，他西踰隴坂，登空同，司馬遷跟他去了一次，聽得那邊的人講述黄帝的故事，以爲黄帝是到過那邊的，後來作史記時就在五帝本紀中寫道："黄帝……西至于空桐。"然則這空同山也大有做得西嶽的資格。又汧山向來名嶽，爲什麼輕易捨掉這現成的西嶽呢？依我想，這件事的規定有兩種可能性。其一，五嶽之説由祭山來，祭山爲方士專業，而方士皆東方人，在他們的眼光裏，華山已在西邊了。再要他們往西去，或已不勝跋涉之勞了。其二，託古改制爲當時人之長技，五嶽之説也必使於古有徵，必使古帝王已經這樣方好。於是他們説："昔三代之君皆在河、洛之間，故嵩高爲中嶽，而四嶽各如其方。……至秦稱帝，都咸陽，則五嶽皆并在東方。"（封禪書）表明三代沒有不以嵩高爲中嶽的。嵩高可爲中嶽，則華山在嵩高西，自不妨列爲西嶽。於是華山爲西嶽，正因其不合於漢制而反可以説爲古制了。（華山在長安之東，自漢制言必不能定爲西；山在京兆尹轄境，則大可定爲中。）所以，嵩山之得爲中嶽是僥倖，華山之列爲西嶽是錯誤，華山在職方裏看，在漢的版圖裏看，它是最有做中嶽的資格的。

從禹貢的没有主山到職方的每州一個山鎮，是變了一種樣子。從職方的九個山鎮到堯典的四嶽，又是變了一種樣子。從没有主名的四嶽到各具主名的五嶽，又是變了一種樣子。變得多了，看的人眼花撩亂了，於是漢武帝、漢宣帝們的五嶽就升到數千年前而成爲堯和舜的五嶽。

禮記王制云："五嶽視三公，四瀆視諸侯。"就從這一點看，這書的時代也够後了。中庸云："載華嶽而不重"，則著作時必在華山已成爲西嶽之後亦可知。

爾雅釋山裏有兩種五嶽説。一云："河南，華；河西，嶽；河東，岱；河北，恒；江南，衡。"這一個系統是用江、河來分列的，彷彿把華山看成了中嶽，因此把汧山重行提出，這説不定和職方的"豫州，山鎮曰華山；雍州，山鎮曰嶽山"有關係。一云："泰山爲東嶽；華山爲西嶽；霍山爲南嶽；恒山爲北嶽；嵩山爲中嶽。"則完全承受了漢宣帝所定的制度。爾雅這部書出於西漢後期，這也是一個鐵證。

水經之末附了一篇禹貢山水澤地所在，論理應當把禹貢裏的地名加上解釋才是，但它開首即云："嵩高爲中嶽，在潁川陽城縣西北。泰山爲東嶽，在泰山博縣西北。霍山爲南嶽，在廬江灊縣西南。華山爲西嶽，在弘農華陰縣西南。恒山爲北嶽，在中山上曲陽縣西北。"不必説五嶽觀念決不存在於禹貢，試問禹貢裏所没有的霍山爲什麼要放在禹貢山……所在？試問禹貢稱爲外方的爲什麼要改稱爲嵩高？

許多問題常不在材料的本身而在他種材料的牽纏，這也是一例。

一一　結論

綜合上文的九州事實，我敢説：當西周時尚没有九州的觀念，更不必説殷和夏。自西周之末到春秋時，在今河南省的西部和陝西省的東南部，有個姜姓民族的居住地，唤做九州。大約在春秋中葉，把這小區域的九州放大爲禹跡的九州，奄蓋當時的天下，但没有確定這九個州名及其疆界。到戰國時，因吞併的結果，小國之數日減，僅存幾個强國（如秦、楚）或古國（如周、衛）約略與九州相當，遂使九州之説益臻具體化，而有禹貢等分州之書出現。這些州名，有的直取國名（如徐），有的取於國的異名（如荆），有的取於國的同音字（如揚、幽），有的取於國的都邑（如雍、冀、營），有的取於水名（如兖），有的取於五行的方位（如青）。後來又因地域的擴張和九州名目的不一致，放大爲十二州。但創立這一説的人没有把十二州的個别之名寫下來，徒勞經學家的猜測。

嶽呢？我以爲最先有姜戎的先祖“四嶽”，而後有堯典的大官“四岳”及天子巡狩的“四岳”。有禹貢的不指名的“九山”，而後有有始覽的指名的“九山”，而後有職方的分州的“九山鎮”。有“四嶽”和“九山鎮”兩個觀念相配，加之以五行的思想，於是有“四嶽”的放大和“九山鎮”的縮小，而發生了“五嶽”的制度。這制度是創於武帝而成於宣帝的，所以像周官大宗伯所謂“以血祭祭社稷五祀五嶽”等話，都不足信。

古史中地域的擴張[*]

夏代的歷史，我們固然得不到實物作證據，但即就書本上的材料看來，那時的國都有説陽城的，有説陽翟的，又有説帝丘的、晉陽的、安邑的，反正離不了現在河南省的北部和山西省的南部，帶着一點兒河北省的南端。因此，史記吳起列傳裏説：

> 夏桀之居，在河、濟，右太華，伊闕在其南，羊腸在其北。

這個疆域不過佔有了黄河下游一段地方。他們的敵國和"與國"，如窮、寒、鬲、仍、斟灌、斟尋等等都在山東省，又可知那時與夏朝交通的只有濟水流域爲繁密。

商民族大約起自東北（説見傅斯年先生東北史綱），滅夏而佔有中原；比較夏代的疆域，惟有東北方是添出來的，所以相土會得"海外有截"，王亥會得游牧到有易，箕子會得退保朝鮮，而殷虚中掘出來的東西有鹹水貝和鯨魚骨。其它方面，並没有進步。因此，商頌雖誇言武功，然而説到"邦畿"，仍只有"千里"。至於"與國"，西邊多出了氐、羌。但商是被西方的周民族所滅的，周民族與姜姓民族是累世的婚姻，而姜與羌實爲一字，所以與其説商的勢力西展至羌，毋寧説羌的勢力東展至商。

---

* 原載 1934 年 3 月 16 日禹貢半月刊第一卷第二期。

　　到了周人入主中原之後，疆域又寬廣了些。左傳昭九年，記周景王之言曰：

　　　我自夏以后稷，魏、駘、芮、岐、畢，吾西土也。及武王克商，蒲姑、商、奄，吾東土也。巴、濮、楚、鄧，吾南土也。肅慎、燕、亳，吾北土也。

這裏所説的，東土是夏商時的中原，北土是商增於夏的境域，西土是周人的老家，惟有南土是新開闢的。我們看左傳上説的"昭王南征而不復"，大雅裏説的"江漢之滸，王命召虎，式辟四方"（江漢），及"整我六師，以修我戎；既敬既戒，惠此南國"（常武），可知當時對於開闢南疆是怎樣的努力。然而巴、濮、楚、鄧，周亦不能有，這句話只表示其聲威所及之遠而已。實際上，周的南境不過到申、吕、許，就是今河南省的南部。因爲這樣，所以孟子提到三代，只説：

　　　夏后、殷、周之盛，地未有過千里者也。

這句話固然説得籠統些，三代的疆域是不相等的，周比了夏恐要大上兩三倍，但孟子時的古史地域没有擴張，即此可以作證。
　　到了戰國，各强國竭力的"辟土地，充府庫"，中原的小國家既盡爲所吞併，向日没有來往的蠻夷之地亦莫不爲所侵略，"方千里"就算不了一回事。七國之中，尤以秦楚爲大。荀子彊國篇云：

　　　秦……威彊乎湯、武，廣大乎舜、禹。……曷謂"廣大乎舜、禹"也？曰：古者百王之一天下，臣諸侯也，未有過封内千里者也。今秦南乃有沙羨與俱，是乃江南也；北與胡、貉爲鄰；西有巴、戎；東在楚者乃界於齊，在韓者踰常山乃有臨慮，在魏者乃據圉津，去大梁百有二十里耳，其在趙者劌然有苓而據松柏之塞，負西海而固常山：是地遍天下也。……此所謂“廣大乎舜、禹”也。

他所説的是秦未滅六國時的疆域。拿現在的地方説來，是他們有了陝西和四川兩省（“北與胡、貉爲鄰，西有巴、戎”，又那時秦已滅蜀了），又湖北省的南部（漢書地理志，沙羨縣屬江夏郡），河南省的北部（漢志，河內郡有隆慮縣，臨與隆同紐通假），山東省的西部（圉津，楊倞注：“圉，當作圍，漢書‘曹參渡圍津’，顏師古曰：‘在東郡’”），河北省的南部（苓，楊倞注：“未詳所在。或曰：苓與靈同；漢書地理志，常山郡有靈壽縣，今屬真定”）。地方固然不小，但除了陝西和四川外，都是些零星小塊。荀子於此已詫爲“廣大乎舜、禹”，然則舜、禹之地將狹小到怎樣程度呢？即此可見到了戰國末年，還不曾把古代的地域放大。

其後始皇二十六年，成了統一的功業，丞相王綰等上帝號議云：

> 昔者五帝地方千里，其外侯服夷服諸侯或朝或否，天子不能制。今陛下興義兵，誅殘賊，海內爲郡縣，法令由一統，自上古以來未嘗有，五帝所不及。

講到五帝的國土，還不過“方千里”，遠不及始皇疆域之廣；始皇的疆域是“自上古以來未嘗有”的。

始皇三十四年，置酒咸陽宮，僕射周青臣進頌道：

> 他時秦地不過千里；賴陛下神靈明聖，平定海內，放逐蠻夷，日月所照，莫不賓服。以諸侯爲郡縣，人人自安樂，

無戰爭之患，傳之萬世：自上古不及陛下威德。

這又是說的"自上古不及陛下威德"。秦始皇之地至於"日月所照，莫不賓服"，他是何等地可以驕傲！

因爲他有了這樣的驕傲，所以他巡行所及，常常令群臣刻石頌秦功德。當二十八年，他登琅邪時，刻石道：

> ……普天之下，摶心揖志，器械一量，同書文字。日月所照，舟輿所載，皆終其命，莫不得意。……六合之內，皇帝之土，西涉流沙，南盡北戶，東有東海，北過大夏：人跡所至，無不臣者。功蓋五帝，澤及牛馬。……

這更清清楚楚地把他的疆域四至表示出來。在舉出了這四至之後再來一句"功蓋五帝"，見得他所有的確已超過了他們。

讀者應當記着：中國的疆域由夏到秦，是這樣一次一次放大的，在秦始皇之前不曾有過這樣廣大的版圖。

然而一班學者不願意始皇專美於後，於是他們裝飾始皇以前的帝王，使他們的疆域各各和始皇同樣地廣大，或者還超過了他。

我們先看淮南子，主術訓云：

> 昔者神農之治天下也，……其地南至交趾，北至幽都，東至暘谷，西至三危，莫不聽從。

又云：

> 紂兼天下，朝諸侯，人跡所及，舟楫所通，莫不賓服。

氾論訓云：

> 夏桀、殷紂之盛也，人跡所至，舟車所通，莫不郡縣。

泰族訓云：

> 紂之地，左東海，右流沙，前交趾，後幽都。

再看大戴禮記中的五帝德，它說顓頊是：

> 乘龍而至四海：北至于幽陵，南至于交趾，西濟于流沙，東至于蟠木。……日月所照，莫不砥礪。

說到帝嚳，是：

> 日月所照，風雨所至，莫不從順。

說到帝堯，是：

> 四海之內，舟輿所至，莫不說夷。

說到帝舜，是：

> 南撫交趾、大、教；（西）鮮支、渠庾、氐、羌；北山戎、發、息慎；東長、鳥夷、羽民。

說到禹，是：

巡九州，通九道，陂九澤，度九山，……據四海，平九州，戴九天。……四海之內，舟車所至，莫不賓服。

再看禹貢，它舉出的東西二至是：

東漸于海，西被于流沙。

再看堯典，是：

分命羲仲，宅嵎夷，曰暘谷。……申命羲叔，宅南交。……分命和仲，宅西，曰昧谷。……申命和叔，宅朔方，曰幽都。

再看鄭玄禮記王制注，是：

禹承堯、舜，……要服之內地方七千里。……夏末既衰，夷狄內侵，諸侯相并，土地減，國數少。殷湯承之，更制中國方三千里之界，亦分爲九州。……周公復唐、虞之舊域……其要服之內亦方七千里。

再看賈公彥周禮職方疏，是：

自神農以上有大九州，柱州、迎州、神州之等。至黃帝以來，德不及遠，惟於神州之內分爲九州，故括地象云“崑崙東南萬五千里名曰神州”是也。

我們不必再引什麼了！現在就把他們兩方面的說話比較一下罷。

本來夏桀之國不過從河濟到華山的，現在則“人跡所至莫不

爲郡縣”了。本來商人自己説“邦畿千里”的，現在則殷湯制中國
方三千里之界”了。本來周的聲威所及不過今河南、河北、陝西、
山西、山東、湖北幾省，現在則要服之内已方七千里，連要服外
算來就方萬里了。孟子所説的“夏后、殷、周之盛，地未有過千
里者也”，荀子對於未統一時的秦已詫歎爲“廣大乎舜禹”，這不
是全未讀書嗎？儒家的兩位大師，爲什麼他們的眼孔會這等小？

　　本來“以海内爲郡縣”是秦始皇的創舉，現在則夏桀、殷紂時
“舟車所通莫不爲郡縣”了。本來“西涉流沙，東有東海”是秦始皇
的疆域，現在則不但禹的地方如此，就是紂的地方也如此了。本
來“日月所照，莫不賓服”是秦始皇時的情形，現在則不但顓頊、
帝嚳、堯、禹都已如此，就是紂時也已如此了。本來“五帝地方
千里”，秦始皇的功業是“五帝所不及”，現在則“神農以上有大九
州”，自黃帝以來雖因德衰而只有大九州中的一州，然而也已有
“萬五千里”了。於是就證明了秦始皇的無聊的驕傲！不知道他爲
什麼不去讀一讀堯典和五帝德？

　　不但在地域方面他完全鈔了五帝三王的老文章，就是政治方
面也是如此。“器械一量”，不是他在琅邪刻石上自己稱贊的嗎？
然有堯典上早有“同律度量衡”之語了！我真不明白他爲什麼要燒
書，要把“偶語詩、書”的棄市，要把“以古非今”的族誅？我們拿
了堯典和秦始皇本紀合讀，除了焚書坑儒之外，他封禪也照做
了，巡狩也照做了，分州(郡)也照做了，各種的統一的政令也照
做了，他真是復生的堯、舜，而他的一班輔佐也盡是些“法先王”
的人了。這樣的一個復古的人，爲什麼生怕別人引用了古書來議
論他？

　　古史中地域的擴張是這樣來的。我們不必攻擊傳説，我們且
去尋出它的背景。

　　　　　　　　　　　　　　　　廿三，三，二。

漢代以前中國人的世界觀念與
域外交通的故事 *

　　在世界交通未大開的時候，一地的人類往往就把他們所居住的地方看作世界，這在地球上的民族差不多都是這樣的。所以印度人有印度的世界，日本人有日本的世界，希臘人有希臘的世界，羅馬人有羅馬的世界，歐洲中世紀人也有所謂中世紀的世界；直至最近幾十年來，歐洲人編纂世界史的還往往把遠東一隅屏諸世界之外，可見這種狹隘的觀念確是世界上人類的通病。說起我們中國的疆界來，在地理上本來就是一個獨立的區域：往西面去有高山，往北去有大沙漠，往東、南兩面去又是大海，四邊的牆壁這樣森嚴，怎不使人不信在中國以外還有什麼很大的世界！

　　在春秋以前，中國的內部到處都是獨立的國家和部落。所謂華夏文明只限於現在的河南、陝西、山東、山西、河北的幾省裏；這個區域就是當時所謂的“中國”，在這個區域以外的就是他們所稱的“蠻方”，這蠻方在那時的中國人觀念裏，已經是很遠，不必十分理會的所在了。

　　最古的人實在是把海看做世界的邊際的，所以有“四海”和“海內”的名稱。（在山海經裏四面都有海，這種觀念實在是承受

---

　　* 本文與童書業合著，原載 1936 年 4 月 16 日禹貢半月刊第五卷第三至四期合刊。

皇古人的理想。）尚書君奭篇説：

> 海隅出日罔不率俾。（從鄭讀）

立政篇也説：

> 方行天下，至於海表，罔有不服。

這證明了西方的周國人把海邊看做天邊。詩商頌説：

> 相土烈烈，海外有截。（長發）

這證明了東方的商國（宋國）人也把"海外有截"看做不世的盛業。左傳裏記齊桓公去伐楚國，楚王派人對他説：

> 君處北海，寡人處南海，唯是風馬牛不相及也；不虞君之涉吾地也。（僖四年）

齊國在山東，楚國在湖北和河南，已經是"風馬牛不相及"的了。齊桓公所到的楚國境界還是在河南的中部，從山東北部到河南中部，已經有"南海"、"北海"之別了，那時的天下是何等的小！（孔子登東山而小魯，登太山而小天下，這個天下確是春秋時人觀念裏的天下。）

周朝人把宇宙看做是禹所平定的，所以當時有"禹蹟"的名稱，如云：

> 其克詰爾戎兵，以陟禹之跡。（書立政）
> 豐水東注，維禹之績（蹟）。（詩文王有聲）

天命多辟，設都於禹之績。（詩殷武）

丕顯朕皇祖受天命，鼏宅禹賫（蹟）。（秦公殷銘）

這"禹蹟"是廣被當時的天下的。他們又以爲禹曾把天下分做九個區域，就是所謂"九州"。楚辭天問説：

> 伯禹腹鯀，夫何以變化？……洪泉極深，何以實（填）之？地方九則，何以墳之？……九州安錯？川谷何洿？

這是説禹把洪水填平了以後，在地上造成了九州，給後來的人居住。古金文上記着説：

> 虩虩成唐（湯），……尃受天命，……咸有九州，處禹之堵。（齊侯鐘銘）

這是説成湯受了天命，便享有了禹的九州，住在禹的地方。九州就指湯的天下。這九州又名"九有"，"九圍"。詩商頌云：

> 方命厥后，奄有九有。（玄鳥）
> 湯降不遲，聖敬日隮，……帝命式于九圍。（長發）
> 武王（湯）載斾，……九有有截。（仝上）

逸周書嘗麥解也説："蚩尤乃逐帝，爭於涿鹿之河，九隅無遺"（逸周書雖不甚可靠，但這段話似還保存着原始神話的意義）。這"九隅"與"九有""九圍"互相發明。九州既可名爲九有（圍）、九圍、九隅，可見就是九方（東、南、西、北、東南、西南、東北、西北、中央）的別稱，這"九州"實在是個很空泛的名稱。

　　自春秋迄戰國各大國努力開闢土地的結果，把中國越推越遠，把天下也越放越大，於是中國人的世界觀念便換了個樣子。就在那時，有一種具體的地方制度的九州出來；記載這種理想制度的書籍比較可靠的是呂氏春秋，我們且把它的話鈔出來看看：

> 河漢之間爲豫州，周也；兩河之間爲冀州，晉也；河濟之間爲兗州，衛也；東方爲青州，齊也；泗上爲徐州，魯也；東南爲揚州，越也；南方爲荆州，楚也；西方爲雍州，秦也；北方爲幽州，燕也。（有始覽）

看了這段話，九州制度出來的背景很是顯明，可以不待繁言而自喻了。越爲揚州，燕爲幽州，是字的聲轉；楚爲荆州，是沿用舊名；秦爲雍州，是因雍爲秦都（晉公蠶銘有"□攻雝都"的話，指晉襄公敗秦的事，"雝都"與"雍州"更是一音之轉）；齊爲青州，是因齊在東方，東方色青，以青州名齊是五行説盛行後的玩意兒（五行説的起源地即在齊國）；這種州名決不是春秋以前所能有的。這個九州的疆域包括現在河南、山西、山東、江蘇、浙江、湖北、湖南、江西、安徽、陝西、甘肅、河北、遼寧一帶的地方，比殷、周時的"中國"放大了一倍有餘了。九州的州名除見於呂氏春秋的以外，還有梁州，見於禹貢；并州，見於周官和逸周書的職方解；營州，見於爾雅釋地。禹貢説"華陽黑水惟梁州"，梁州就是指現在陝西南部和四川一帶的地域。職方説"東北曰幽州，河内曰冀州，正北曰并州"，并州是指現在河北、山西之間一帶的地方（并州的州名似是暗射中山國的）。爾雅説"齊曰營州"，則營州就是青州的變名。拿梁州并州的地域來補呂氏春秋九州的疆域，便添出了北部一隅同四川一省，這個疆域已經差不多有宋明的中國領土的四分之三了。

　　四極有實在地點，這種觀念在戰國以前人是没有的。楚辭裏所保存的較早神話對於四方的觀念還是很渺茫，我們且看看招魂和大招兩篇書裏所說的四方的情形：

　　　魂兮歸來，東方不可以託些！長人千仞，惟魂是索些！
十日代出，流金鑠石些！……
　　　魂兮歸來，南方不可以止些！雕題黑齒，得人肉以祀，
以其骨爲醢些！蝮蛇蓁蓁，封狐千里些！雄虺九首，往來儵
忽，吞人以益其心些！……
　　　魂兮歸來，西方之害，流沙千里些！旋入雷淵，靡散而
不可止些！幸而得脫，其外曠宇些！赤蟻若象，玄蠭若壺
些！五穀不生，藂菅是食些！其土爛人，求水無所得些！彷
徉無所倚，廣大無所極些！……
　　　魂兮歸來，北方不可以止些！增冰峨峨，飛雪千里
些！……（招魂）
　　　東有大海，溺水浟浟只！螭龍並流，上下悠悠只！霧雨
淫淫，白皓膠只！魂乎無東，湯谷宗寥只！
　　　魂乎無南，南有炎火千里，蝮蛇蜒只！山林險隘，虎豹
蜿只！鰅鱅短狐，王虺騫只！魂乎無南，蜮傷躬只！
　　　魂乎無西，西方流沙，漭洋洋只！豕首縱目，被髮鬤
只！長爪踞牙，誒笑狂只！魂乎無西，多害傷只！
　　　魂乎無北，北有寒山，逴龍赩只！代水不可涉，深不可
測只！天白顥顥，寒凝凝只！魂乎無往，盈北極只！（大招）

他們看四方真都是螭魅罔兩的世界。説到東方，是溺水浟浟，螭
龍上下，有七百丈長的長人要把人的魂靈索了去（王注：“七尺曰
仞”），有十個太陽接連着出來，連金石都會被融化了。説到南
方，是炎火千里，有雕畫了頭額，塗黑了牙齒的人要把人肉當做
祭品，把人的骨頭做成了醬，又有雄蛇長着九個腦袋，往來的找
人當點心。説到西方，是流沙千里，有像象一般大的紅色螞蟻，

有像壺一般大的黑色的蜂，又有長着猪的腦袋，直的眼睛，披着頭髮，伸着長的手爪，露着鋒利的牙齒的怪人住在那裏。説到北方，是增（層）冰峩峩，有寒山，又有紅色的逴龍（燭龍）在那裏，那地方連天都會凍得發白。像這種地方當然同天上地下一樣，不是人類所能居住的了。

　　戰國晚年以來交通大開，一般人的地理智識進步了，於是就有一種"四極"的觀念出來。所謂"四極"，就是在當時的世界裏東南西北四方各尋出一個最遠的地點作爲那一方的極。這種"四極"説有許多不同的説法，這是因爲各時代各地各人觀念不一樣的緣故。最早的四極説似乎要推孟子所記舜罪四凶的地點。孟子萬章篇載萬章説：

　　　　舜流共工于幽州，放驩兜于崇山，殺（竄）三苗于三危，殛鯀于羽山，四罪而天下咸服。（今本堯典襲此文。）

流放凶人當然在最遠的地方，所謂"投諸四裔以禦螭魅"，用近代的話説起來，就是"發配極邊充軍"；可見這四個所在是極遠的地方了。但是幽州就是燕，在現在河北省的北部；崇山，據舊説在湖南一帶；三危，禹貢列在雍州，當也不出現在陝西甘肅兩省的地面；羽山，禹貢列在徐州，據舊説在現在海州一帶：這個四極的地點都在中國，實在並不甚遠（禮記王制説："西不盡流沙，南不盡衡山，東不盡東海，北不盡恒山"，是與孟子差不多的四極觀念）。

　　呂氏春秋爲欲篇記着第二種四極：

　　　　北至大夏，南至北户，西至三危，東至扶木。

大夏在現在山西北部一帶，北户據舊説在現在安南北部（?），扶

木就是扶桑，在遼東一帶，這個四極除大夏三危外，比孟子的四
極遠了：因爲當時的地域觀念又擴張了！（楚辭大招篇説："北至
幽陵，南交阯只，西薄羊腸，東窮海（？）只"；淮南子主術訓説：
"南至交阯，北至幽都，東至暘谷，西至三危"；大戴禮記五帝德
説："北至于幽陵，南至于交阯，西濟于流沙，東至于蟠木"；是
同呂氏春秋一樣的四極觀念。）

在禹貢裏，我們看見第三種四極：

東漸于海，西被于流沙，朔南暨。

"朔南暨"者，朔亦至于流沙，南亦至于海也（禹貢"導黑水……入
于南海"，可證）。流沙是指西北方的大沙漠。史記始皇本紀載始
皇琅邪碑説："皇帝之德，存定四極。……六合之內，皇帝之土，
西涉流沙，南盡北戶，東有東海，北過大夏，人跡所至，無不臣
者"。又載始皇使將軍蒙恬北擊胡，略取河南地；發諸嘗逋亡人
等略取陸梁地，爲桂林、象郡、南海；又西北斥逐匈奴，自榆
中，並河以東，屬之陰山：這才真能北至流沙，南至南海。所以
禹貢所載的四極實在是秦始皇的四極啊！

在堯典裏，我們看見了第四種四極：

分命羲仲，宅嵎夷，曰暘谷。……申命羲叔，宅南
交。……分命和仲，宅西，曰昧谷。……申命和叔，宅朔
方，曰幽都。……

這個嵎夷就是朝鮮（與禹貢嵎夷不同），南交就是交阯，西就是西
域，朔方就是漢武帝所立的朔方郡（在今河套）。這個四極是漢武
帝的四極（説見顧頡剛所著堯典著作時代考）（本集卷八──編者），
在儒家的四極説中要算是最遠的一種了。

爾雅是一部拉雜鈔成的書，釋地篇中有"四極""四荒""四海"
等名目，其文云：

東至於泰遠，西至於邠國，南至於濮鉛，北至於祝栗，
謂之"四極"。

觚竹、北戶、西王母、日下，謂之"四荒"。

九夷、八狄、七戎、六蠻，謂之"四海"。

岠齊州以南戴日爲丹穴，北戴斗極爲空桐，東至日所出
爲太平，西至日所入爲大蒙。

爾雅裏的四極説，我們費了好多的考據功夫，到底摸不着它的頭
腦。泰遠、邠國、濮鉛、祝栗，郭注只説了句很含渾的話，"皆
四方極遠之國"。邢疏説"泰遠、邠國、濮鉛、祝栗，此四方極遠
之國名也"。依舊是莫明其妙。據邵晉涵説濮鉛就是百濮，則在
今四川雲南一帶地；祝栗是涿鹿的轉音，則在今察哈爾；泰遠邠
國連邵晉涵也不知道實在是什麼地方了。觚竹就是孤竹，在今河
北盧龍縣、熱河朝陽縣一帶地方；西王母更是神話裏的名字（説
詳下）；日下也不知究竟在那裏。至夷、狄、戎、蠻則都是些泛
名，並無實指。空桐本是西方的地名，大約在今甘肅東部，它把
它搬到北方去，不知派在什麼所在；大蒙就是蒙汜，與丹穴同是
神話裏的地名；太平也不知在何處。這四極、四荒、四海等，更
看不出究竟是那個最遠。這篇書中弄到有四種四極説，無非是雜
鈔結果罷了。

以上所述"九州"、"四極"的觀念，大致還是依據實際地
理智識建立的。此外戰國、秦、漢人還有一種但憑想像而建立
的世界觀念，代表這種世界觀念最完整的説法便是鄒衍的"大九
州"説。

鄒衍是齊國人，大約生於耶穌紀元前三、四世紀。齊國人因

爲住在海邊，所以很能説"海話"，莊子逍遥篇説的大鵬的寓言就是引的"齊諧"。齊諧説：鵬飛往南冥時，它在水面上一拍就是三千里，它在雲中盤旋一下就是九萬里，一飛就要六個月歇一歇。這真是孟子上所説的"齊東野語"了！鄒衍的著述，史記上説有十餘萬言，可惜都失傳了，只有在史記上的一篇小傳裏的還保存下來。這篇傳裏説他是喜歡從小物推到極大的，譬如看見一杯水，就可把它放大，放大，放成了一個海。他會從當世推到極古，從中國推到極遠。從當世推到極古的一項，現在暫時不談（説見頡剛所著五德終始説下的政治和歷史）。從中國推到極遠的一項，史記上記他：

> 先列中國名山大川通谷，禽獸水土所殖，物類所珍；因而推之，及海外，人之所不能睹。

這似乎就是山海經的來源。山海經五藏山經所記就是"中國名山大川通谷，禽獸水土所殖，物類所珍"；海外經以下所記就是"海外人之所不能睹"。（山海經是不是全出鄒衍，這當然是有問題的，這問題當然不是現在所能解決。）史記上又記他：

> 以爲儒者所謂中國者，於天下乃八十一分居其一分耳。中國名曰赤縣神州；赤縣神州內自有九州，禹之序九州是也；不得爲州數。中國外如赤縣神州者九，乃所謂九州也；於是有裨海環之，人民禽獸莫能相通者，如一區中者，乃爲一州。如此者九，乃有大瀛海環其外，天地之際焉。

這種大九州説分明是從禹的九州推了兩次推出來的。照他説來，禹的九州裏的一州僅僅占着全世界的七百二十九分之一了。這種世界觀念真不能不説是一種很大膽的猜想！

鄒衍的大九州的州名，在史記裏我們除了赤縣神州一名以外，便不能知道什麼；但在淮南子裏還記着很整齊的一套大九州的州名。地形訓説：

> 東南神州，曰農土；正南次州，曰沃土；西南戎州，曰滔土；正西弇州，曰并土；正中冀州，曰中土；西北台州，曰肥土；正北泲州，曰成土；東北薄州，曰隱土；正東陽州，曰申土。

這是否就是鄒衍“大九州”説裏的“中九州”的州名呢？假若是的話，則我們可以説，他們所以把神州——中國——放在東南者，是因爲他們知道東南兩面有海（裨海）的緣故；他們所想像的西北海不知在那裏哩！“小九州”中有冀州，“中九州”中也有；小九州中的冀州在北面，中九州中的冀州卻在中土，這是什麼道理呢？這個原因，我們放在下面再談。泲州的泲，分明就是河、泲的泲（濟）字；原來中九州裏也有泲水哩！薄州的薄也就是亳字；台州的台恐怕即是邰字，邰是西北方的一個國名（詩生民“即有邰家室”）；小九州裏的東北和西北的兩個地名，也可以做中九州的州名，這是雜湊到什麼程度？至陽州之名，大約是因近太陽而立，或許就是暘谷的化身。弇州之名，大約是崦嵫之變（“崦嵫”一作“崵嵫”）。

在緯書的河圖括地象裏也記着一種九州説。它説：

> 東南神州，曰晨土；正南卬州，曰深土；西南戎州，曰滔土；正西弇州，曰开土；正中冀州，曰白土；西北柱州，曰肥土；北方玄州，曰成土；東北咸州，曰隱土；正東揚州，曰信土。（後漢書張衡傳注引）

這與淮南子不同的，除晨土，深土，揚州，信土，或因字形字聲字義的相近而傳誤外；至卬州、白土、柱州、玄州、咸州，似乎都是有意義的改變。正南所以作卬（卭）州者，因四川有邛水也。冀州所以曰白土者，因禹貢冀州"厥土惟白壤"也。西北所以作柱州者，因崑崙爲天中柱也。正北所以作玄州者，因北方色黑也。東北所以作咸州者，因日出湯谷浴乎咸池也。

河圖括地象裏還有一段記載説：

> 崑崙之墟下洞含右，赤縣之州是爲中則，東南神州，正南卬州，西南戎州，正西弇州，正中冀州，西北括州，正北濟州，東北薄州，正東陽州。（初學記引）

赤縣神州本來是一個整個的名字，它把它腰斬了，拿赤縣之州作爲中則（則就是疇，天問説"地方九則"。在這裏實在是拿赤縣同縣圍合一了，他們是把崑崙山看做天地的中央的），拿神州作爲東南的州。括州當是柱州的形誤，濟州就是沛州的今文（或作營州，則大九州説又偷取了小九州説裏的一個州名），薄州、陽州也還保存着淮南子裏的州名，但是九州已變成十州了。

此外我們在周官賈疏裏還能看見兩個大九州的州名。賈疏道：

> 自神農以上有大九州，桂州、迎州、神州之等；至黃帝以來，德不及遠，惟於神州之內分爲九州。

這桂州、迎州，據馬培棠先生説，桂州即柱州之形誤，迎州爲卬州之筆增（淮南九州之前身後影，本刊第三卷第五期）。則這兩個新出的州名仍舊不能算數。

緯書的龍魚河圖裏還有兩個洲名：

　　玄洲在北海中，地方三千里，去南岸十萬里。

　　流洲在西海中，地方三千里。（太平御覽五十九及三百

四十四引）

這玄洲是否就是"北方玄州"的玄州呢？流洲則確是個新出的洲

（州）名，大約就是流沙的化身罷？（十洲記也有這兩個洲名，當

是取於此書，而改變其意義。）

　　王充論衡說：

　　　　鄒衍之書言天下有九州，禹貢之土，所謂九州也，禹貢

　　九州，所謂一州也，若禹貢以上者九焉。禹貢九州，方今天

　　下九州也，（案：這是王充拿禹貢九州比較鄒衍九州的話，

　　不是鄒衍書中引有禹貢。史記"禹貢九州"作"儒者所謂中

　　國"，"禹之序九州"，可證）在東南隅，名曰赤縣神州。復更

　　有八州，每一州者四海環之，名曰裨海；九州之外更有瀛

　　海。（案：王充實未見鄒衍的書，這裏敘述拿史記對勘，有

　　誤！）此言詭異，聞者驚駭，然亦不能實然否，相隨觀讀，諷

　　述以談，故虛實之事并傳世間，真偽不別也；世人惑焉，是

　　以難論。

這段話與史記所記的稍有出入，大致還相合。看他說赤縣神州在

東南隅，可見淮南子裏所記九州的州名，就是鄒衍的九州說。王

充是不大信有這種九州的人，他接着根據山海經和淮南子地形訓

來打破這種九州說（但王充對鄒衍的大世界觀念是大致承認的，

說見下）。但他說：

　　　　淮南王劉安召術士伍被左吳之輩充滿宮殿，作道術之

　　書，論天下之事；地形之篇，道異類之物；外國之怪，列三

十五國之異，不言更有九州。（談天篇）

這真是奇怪了！淮南子地形訓裏明明記載着鄒衍的九州説（至少
"東南神州"一語是王充所承認的鄒子之説），怎説"不言更有九
州"呢？這不是今本淮南子曾經後人的竄亂，便是王充讀書太粗
心了（此節請參看補遺）。

我們順便把大（中）九州説裏的冀州來源談一談：在墨子裏我
們看見一種奇怪的冀州，兼愛篇説：

> 古者禹治天下：西爲西河漁竇，……北爲防原泒，……
> 以利燕、代、胡、貉與西河之民。東方漏之陸，……以楗東
> 土之水，以利冀州之民。南爲江、漢、淮、汝，……以利荆
> 楚、干越與南夷之民。

這個冀州是東土的代稱。到了後來，這個冀州一面變成禹貢裏的
冀州，遷到北方去（這個原因很複雜，容另論）；一面竟變做中國
的代稱了。楚辭九歌云：

> 覽冀州兮有餘，橫四海兮焉窮？（雲中君）

淮南子覽冥訓説：

> 往古之時，四極廢，九州裂，……於是女媧，……斷鼈
> 足以立四極，殺黑龍以濟冀州，……蒼天補，四極正，淫水
> 涸，冀州平。（注："冀，九州中，謂今四海之内"。）

拿四海四極同冀州對舉，這冀州當然是指中國。（吕氏春秋本味
篇説："高泉之山，其上有湧泉焉，冀州之原"，注："冀州在中

央。"逸周書嘗麥解説："是威厥邑，無類於冀州"。這冀州也是中國的代稱。)這個中國的冀州，後來一面在儒家的傳説裏變做豫州的代稱，如穀梁傳桓五年説：

> 鄭，同姓之國也，在乎冀州。

鄭在豫州，怎説在冀州呢？楊士勛疏云：

> 冀州者，天下之中州。

那末這個冀州實在是豫州了。另一方面則爲鄒衍一派人所取，作爲中九州中的一州，但是仍以"中土"屬之。

冀州之外還有一個齊州，也是中國的代稱。例如爾雅所説：

> 岠齊州以南戴日爲丹穴，北戴斗極爲空桐，東至日所出爲太平，西至日所入爲大蒙。

僞列子湯問篇也説：

> 湯又問曰："四海之外奚有"？革曰："猶齊州也"。湯曰："汝奚以實之"？革曰："朕東行至營，人民猶是也，問營之東，復猶營也；西行至豳，人民猶是也，問豳之西，復猶豳也；朕以是知四海四荒四極之不異是也"。（按此一段全用爾雅）
>
> 吳楚之國，有大木焉，其名爲櫾，碧樹而冬生，實丹而味酸，食其皮汁已憤厥之疾，齊州珍之。
>
> 禹之治水土也，迷而失塗，謬之一國，濱北海之北，不知距齊州幾千萬里。

這個齊州就是指全中國而言。（湯問篇又有中州之名，即是齊州。）黄帝篇又説：

> 黄帝……畫寢而夢，游於華胥氏之國。華胥氏之國在弇州之西，台州之北，不知斯齊國幾千萬里。

齊國就是齊州，也就是中國。（周穆王篇也説：“四海之‘齊’，謂中央之國”。）史記封禪書説：

> 齊所以爲齊，以天齊也。

索隱云：“顧氏案解道彪齊記云：‘臨菑城南有天齊泉，五泉並出，有異於常，言如天之腹臍也。’”“天齊”就是天的腹臍，齊之所以爲齊又是以天齊，則齊當然是中國了（以上略本劉盼遂先生齊州即中國解，禹貢第一卷第五期）。這分明是東方人的觀念。爾雅釋言：

> 殷，齊，中也。

殷齊都是東方的大邦，又都是文化之區，在東方人看來，自然可爲天下之中了。（爾雅釋地把岱岳看做中央，也是這個觀念的表現。）齊州之名是起於東方的，冀州（指代表東土和中國的冀州）之名大約也起於東方。冀州齊州或是一名之變，所以大九州説裏有了冀州，就不要齊州了。

　　“大九州説”的起來，據我們的推測，大約有四項來源：第一是“四海”的觀念。一般人都叫“四海”，但是實際上只有東、南兩海，這不叫人懷疑中國到西北海之濱還有很大的地方嗎？第二是航海事業的發展。戰國時燕、齊一帶航海事業很發達，當然有發

見海外島嶼的事，那時又有所謂"三神山"的傳說（敘述見下），
"大九州説"的成立至少要受到一些這一方面的影響。第三是"小
九州説"的擴張。這一點在上面已提過了。第四是哲學家玄妙一
派的宇宙觀念。莊子上説："計四海之在天地之間也，不似礨空
之在大澤乎？計中國之在海內，不似稊米之在太倉乎？"（秋水）這
種充其量的猜想，竟把四海與中國想得極小，"大九州説"似乎受
到了這種大宇宙觀的影響而建立的。

　　"大九州説"以外，同時還有一種"大四極説"來同"大九州説"
配對。天問裏開始問道：

　　　　東西南北，其修孰多？南北順橢，其衍幾何？

這是對於四極究竟有多少大的疑問。第一個答復這個問題的是山
海經五藏山經篇末記着道：

　　　　禹曰："……天地之東西二萬八千里，南北二萬六千里；
　　出水之山者八千里，受水者八千里"。

這個里數還不大，不够分配大九州。呂氏春秋有始覽也記着道：

　　　　凡四海之內，東西二萬八千里，南北二萬六千里；水道
　　八千里，受水者亦八千里。

原來山經裏所記的東西南北的里數只是四海之內的里數（這比王
制裏所説"四海之內方三千里"，皋陶謨所説"弼成五服，至于五
千"的里數已大到了好幾倍），不是天地之間的里數，山經的作者
記錯了。至於天地之東西南北的里數到底有多少呢？有始覽
又説：

> 凡四極之內，東西五億有九萬七千里，南北亦五億有九
> 萬七千里。

四極之內的里數要比四海之內的里數大到二十幾倍呢！海外東經
又説道：

> 帝命豎亥步自東極至于西極，五億十選（郭注：選，萬
> 也）九千八百步。……一曰"禹令豎亥"，一曰"五億十萬九千
> 八百步"。

這裏五億下有十萬，則這個"億"不是"十萬曰億"的"億"了；如是
"萬萬曰億"的"億"，則自東極至于西極的里數要比自東海至于西
海的里數大到四十九倍多，就是有一百三十八萬九千一百九十四
里弱，這種數字真要把人駭昏了！

大概是這些數目字報得太大了些罷？出於漢初的淮南子在地
形訓裏便改作：

> 禹乃使太章步自東極至于西極，二億三萬三千五百里七
> 十五步；使豎亥步自北極至于南極，二億三萬三千五百里七
> 十五步。

可是步走這樣的里數，若不是太章、豎亥們有着神性的人物，也
就辦不到了。緯書河圖括地象又載一説道：

> 極廣長南北二億三萬一千五百里，東西二億三萬三千
> 里。（據宋本周禮疏引文）

這是本淮南子之説而少變其文。

自從天地和四海和四極有了實在的里數以後，於是統治天下的古帝王的疆域也便有了實在的里數了。春秋命歷序上記着説：

> 皇神農始立地形，甄度四海遠近，山川林藪所至，東西九十萬里，南北八十一萬里。（太平御覽七十八引）

河圖括地象説：

> 夏禹所治四海内地，東西二萬八千里，南北二萬六千里；出水者八千里，受水者八千里。（藝文類聚引，這是根據的呂氏春秋等書的文字）

這樣大的疆域除了皇神農夏禹們能享有外，後世帝王除了元代以外似乎没有能仰攀他們的了。

出於晉代的竹書紀年上還有一條駭死人的記載，它説：

> 穆王（周穆王）東征天下二億二千五百里，西征億有九萬里，南征億有七百三里，北征二億七里。（開元占經引）

這除了一個觔斗就是十萬八千里的孫行者，和"甄度四海遠近"的皇神農，以及"步自東極至于西極""步自北極至于南極"的太章、豎亥之外，也恐怕只有周穆王纔能做出這樣偉大的游歷事業來了！

這"大四極"的觀念是怎樣來的呢？我們以爲有兩個來源：第一便是"大九州説"的暗示。第二是天文學上的計算。我們在這裏順便把戰國秦漢間天文學進步的情形約略説一説。

我們知道古來的人看天是圓的，地是方的，這種説法在古書上證據不知道有多少，例如天問説：

> 圜則九重，孰營度之（天）？……地方九則，何以墳之（地）？

淮南子説：

> 天道曰圓，地道曰方。（天文訓）

周髀算經説：

> 方屬地，圓屬天，天圓地方。（卷上）

這本是很自然的觀察。戰國以來，天文學進步，便有人懷疑地方説的了。大戴禮記曾子天圓篇記：

> 單居離問於曾子曰："天圓而地方者，誠有之乎"？曾子曰："離而聞之云乎"？單居離曰："弟子不察，此以敢問也"。曾子曰："天之所生上首，地之所生下首，上首之謂圓，下首之謂方，如誠天圓而地方，則是四角之不掩也"。……

這當然不是曾子們的説話。這是戰國秦漢間儒家受到了天文學的影響以後，爲舊説彌縫的解釋。但即此可見那時候天文學的進步，和它勢力的廣被。

周髀算經這部書，從前人多認爲周公所作，這當然是不可信的。但這部書究竟出於什麽時候，也無法斷定。近人錢琢如先生（寶琮）考定這書是西漢之作（説見周髀算經考，科學雜誌十四卷一期），然漢書藝文志不載此書，則其時代還以置之東漢爲宜。這部書裏雖還維持着天圓地方的説法，但是其中有幾句特別的話：

> 極下者其地高人所居六萬里，滂沱四隤而下。天之中央
> 亦高四旁六萬里。
> 天象蓋笠，地法覆槃。

趙君卿注道：

> 滂沱四隤而下，如覆槃也。
> （天）隨地穹隆而高，如蓋笠。

槃是種圓的東西（荀子君道篇："槃圓而水圓；……盂方而水方"），笠也是種圓的東西，天好象蓋着的笠一樣，地好像覆着的槃一樣，都是中央高四面低的形勢。這種説法當是從實際推算來的。近人以爲這是地圓説的先驅，也頗有些理由。

周髀算經的説法叫做"蓋天説"（蓋天説也有説地是正方的，像一方棋局一樣），這種"蓋天説"大約是起於戰國秦漢間的。還有一種"渾天説"，不知起於什麼時候，據揚雄法言説漢武帝時落下閎等開始經營渾天儀，東漢時張衡也作"渾天儀"。晉書天文志載渾天儀注道：

> 天如雞子，地如雞子中黃，孤居於天內。天大而地小。
> 天表裏有水，天地各乘氣而立，載水而行。周天三百六十五
> 度四分度之一，又中分之，則半覆地上，半繞地下；故二十
> 八宿半見半隱。天轉如車轂之運也。

天的體渾圓像雞子，地好像雞子中的黃，孤零零的居於天中，天的一半覆在地上，一半繞在地下。這種説法比"蓋天説"更近於近

世科學家的話了。所異者近世科學家把天放得更大，把地縮得更小，把地只看成天中的一粒微塵，太陽的屬員，而古代的"渾天說"則把地看作天的中心，太陽和星辰的主人，這一點大不同。但在古時能有這種"渾天"的説法，自然也是文化史上的一個新紀元了。

最古的人大概是把天地都看作靜的。到戰國時，吕氏春秋才記：

天道圜，……圜周復雜，無所稽留。（注："雜猶匝，無所稽留，運不止也"。）（圜道篇）
極星與天俱游，而天極不動。（有始覽）

莊子也説：

天其運乎？地其處乎？（天運篇）

這是把天看作動的，地看作靜的。自後"蓋天""渾天"等説均記天的運行。大約天動的説法是肇端於戰國時的。到了緯書裏，我們又看見地動之説。尚書考靈曜説：

地有四游，冬至地上行北而西三萬里，夏至地下行南而東亦三萬里，春秋二分其中矣。地恒動而人不知，譬如人在大舟中，閉牖而坐，舟行而人不覺也。（太平御覽三十六引；文選張茂先勵志詩注，初學記引河圖語略同。）

此外春秋元命苞、河圖括地象等書裏也有"天左旋、地右動"等話。這都是細心觀察天文的結果。

在這種天文學進步情況之下，天文家很會用算術去測量天地間的里數，在淮南子、周髀算經等書裏記着這種方法很是詳細，因此我們才明白了山海經等書所記"四極"的里數的來源，它們並不全是隨意杜造的。

我們在這裏附論一則材料，王充論衡談天篇説：

極爲天中，方今天下在禹極之南，則天極北必高多民。禹貢"東漸于海，西被于流沙"，此則天地之極際也；日刺徑千里，今從東海之上會稽、鄞、鄮則察日之初出徑二尺，尚遠之驗也；遠則東方之地尚多。東方之地尚多，則天極之北天地廣長不復訾矣。夫如是，鄒衍之言未可非，禹紀、山海經、淮南地形未可信也。鄒衍曰："方今天下在地東南，名赤縣神州。"天極爲天中，如方今天下在地東南，視極當在西北；今正在北方，方今天下在極南也；以極言之不在東南；鄒衍之言非也！如在東南，近日所出，日如出時其光宜大；今從東海上察日，及從流沙之地視日，小大同也；相去萬里，小大不變，方今天下得地之廣少矣！雒陽，九州之中也；從雒陽北顧，極正在北；東海之上去雒陽三千里，視極亦在北；推此以度，從流沙之地視極，亦必復在北焉。東海流沙，九州東西之際也，相去萬里視極猶在北者，地小居狹，未能辟離極也。日南之郡去雒且萬里，徙民還者，問之，言日中之時，所居之地未能在日南也。度之復南萬里日（乃？）在日之南，是則去雒陽二萬里乃爲日南也。今從雒地察日之去，遠近非與極同也，極爲遠也；今欲北行三萬里，未能至極下也，假令之至，是則名爲距極下也；以至日南五萬里；極北亦五萬里也。極北亦五萬里，極東西亦皆五萬里焉。東西十萬，南北十萬，相承百萬里。鄒衍之言天地之間有若天下者九（案此語有誤，據史記應作"有若天下者八十一"）；案周時九州，東西五千里，南北亦五千里，五五二十五，一州者二萬五千里；天下若此九之，乘二萬五千里，二十二萬五千里。如鄒衍之書，若謂之多，計度驗實反爲少焉。（案鄒衍的大九州如照王充的計算法，當有二百零二萬五千里，已比王充所算出的天地間的里數大了。）

這是一段極重要的材料！王充根據了天文的學説來打破禹貢的世界觀念，並修正鄒衍的世界觀念。他説從東海之上看日初出的景象，可以知道東海之上離日尚遠，東方之地一定還多。這樣證明了大四極觀念與大九州觀念未可非。但是鄒衍説方今天下在地的東南，然而天極爲天中，如果方今天下真在地的東南，那末看起極來當在西北；爲什麼天極在正北方呢？即此可知方今天下實在是在天極的南面（就是在大地的正南）；鄒衍的話不對！又方今天下如在東南，則近日所出的地方，太陽出來的時候其光宜大，爲什麼從東海上同從流沙之地看起太陽來小大是一樣的呢？這樣看來，方今天下所得真正的天下的地是很少的了。而且雒陽是九州之中，從雒陽向北看，天極正在北方；東海之上離開雒陽三千里，看起極來，也在北方；照此推測，從流沙之地看起極來也當在北方了。東海同流沙相去萬里，看天極都在北方者，這是因爲方今天下的地太小了的緣故。又日南名爲“日南”，其實並不能真在日之南，推測過去，應該再向南一萬里，才是真正的“日南”；那就是從雒陽向南二萬里才到太陽的南面。再姑且假定從雒陽北行三萬里可到天極之下，那末就是從天極之下到“日南”（真正的“日南”）有五萬里遠。再拿這個天極以南的里數去推測天極以北的里數，假定它是一樣，那末把極北和極南的里數合起來就有十萬里。再拿這個數目去推測天極的東西的里數，也假定它是十萬里；十萬里同十萬里乘一乘，共有一百萬里；這是假定的四極之間的里數。照鄒衍的九州説算起來，天地之間只有二十二萬五千里（這個數目實在是錯的）；所以鄒衍的天下觀念名爲廣大，實際測度起來，實在還太小哩！在這一段話裏我們可以看出當時人推算天下里數的一種方法。

除了"大九州"、"大四極"的説法以外，在山海經裏還記着許多奇怪的國名。例如海外南經有：結匈國、羽民國、厭火國、載國、貫匈國、交脛國、不死民、岐舌國、三首國、周饒國、焦僥國、長臂國等。海外西經有：三身國、一臂國、奇肱之國、丈夫國、女子國、白民之國、長股之國等。海外北經有：無脅之國、一目國、柔利國、深目國、無腸之國、聶耳之國、博父國、拘纓之國、跂踵國等。海外東經有：大人國、君子國、青丘國、黑齒國、玄股之國、毛民之國、勞民國等。海內南經有：伯慮國、離耳國、彫題國、北朐國、梟陽國、氐人國、開題之國、列人之國等。海內西經有：流黄酆氏之國等。海內北經有：犬封國、鬼國、林氏國、蓋國、姑射國等。海內東經有：墠端璽睰國等。大荒東經有：小人國、蔿國、司幽之國、夏州之國、蓋余之國、困民國、壎民之國、女和月母之國等。大荒南經有：卵民之國、盈民之國、蜮民之國、鼬姓之國、張弘之國等。大荒西經有：淑士國、長脛之國、赤國、先民之國、沃之國、寒荒之國、壽麻之國、蓋山之國、玄人之國等。大荒北經有：胡不與之國、始州之國、儋耳之國、中輪國、賴丘國、牛黎之國等。海內經有：壑市國、氾葉國、朝雲之國、司彘之國、禺中之國、列襄之國、鹽長之國、朱卷之國、玄丘之民、大幽之國、赤脛之民、釘靈之國等。這就是史記鄒衍列傳所説"海外人之所不能睹"的地方了。但看這些國名，已可知當時人對於中國以外的世界想像是怎樣的奇怪？這類國名的組成，大部分是根據神話，如結匈國、羽民國、厭火國等，事實上決不會有這樣的國家的。但似乎也有些實際地理智識在內，例如黑齒國、彫題國當是指南方一帶的民族；釘靈之國恐怕就是匈奴屬國的丁令；墠端璽睰國或者就是敦煌（日本小川琢治説）。我們應該知道實際智識同想像夾雜在一起，這是古代民族各項學問的通例啊！

山海經是表現戰國秦漢人世界觀念最完全的一部書。這部書本來是有圖的，這種圖一定是奇形怪狀，同歐洲中世紀的地圖差不多；可惜遺失了，使我們看不到那時人的具體的世界觀念了。但是我們現在若照了經中所説，仍舊替它畫出一張圖來，雖不能説完全恢復舊觀，至少也可以多明白些那時人的世界觀念。可是這個工作現在還没有人正式去做呢！

在古書上有兩個神秘的地名，這兩個地名實在包含着中國民族東西兩方域外交通的史實，那便是神仙家所盛傳的崑崙山與蓬萊山。“崑崙”這個名字最早出現於山海經同楚辭。山海經西山經説：

> 崑崙之丘，是實惟帝之下都，神陸吾司之：其神狀虎身而九尾，人面而虎爪。是神也，司天之九部，及帝之囿時。……有鳥焉，其名曰鶉鳥，是司帝之百服。……河水出焉，而南流東注於無達；赤水出焉，而東南流注于氾天之水；洋水出焉，而西南流注於醜塗之水；黑水出焉，而西流於大杅。是多怪鳥獸。

崑崙之丘是天帝在下方的都邑，有個神陸吾管着。這個所在是河水、赤水、洋水、黑水發源的地方。海內西經説：

> 海內崑崙之虛在西北，帝之下都。崑崙之虛方八百里，高萬仞，……面有九井，以玉爲檻；面有九門，門有開明獸守之。百神之所在；在八隅之巖，赤水之際，非仁羿莫能上岡之巖。
>
> 崑崙南淵深三百仞，開明獸身大類虎而九首皆人面，東嚮立崑崙上。

崑崙之虛有方八百里大，七萬尺高；每面有九個井，拿玉做着欄杆；每面又有九個門，每門有一個開明獸守着；開明獸是一種身體大到像老虎，長着九個腦袋，人的面孔的怪物。這個地方是百神所在的天宮，不是仁羿就莫要想上岡頂去。大荒西經説：

> 西海之南，流沙之濱，赤水之後，黑水之前，有大山，名曰崑崙之丘；有神——人面，虎身，有文，有尾皆白——處之。其下有弱水之淵環之。其外有炎火之山，投物輒然。有人戴勝，虎齒，有豹尾，穴處，名曰西王母。此山萬物盡有。

這裏出來了“弱水”同“西王母”的名字。這西王母是長着老虎的牙齒，豹的尾巴，居住在山洞裏的怪人。西王母又見於西山經和海內北經。西山經説：

> 玉山，是西王母所居也。西王母其狀如人，豹尾、虎齒，而善嘯，蓬髪，戴勝，是司天之厲及五殘。

這西王母又住在玉山，她管着天上的厲鬼星同五殘惡辰，是個屬鬼的頭兒。海內北經説：

> 西王母梯几而戴勝杖；其南有三青鳥，爲西王母取食，在崑崙虛北。

她仍不脱怪物的氣息。

我們應記着：在山海經裏，崑崙山是個神靈的地名，西王母是個神怪的人物。

楚辭天問裏問道：

崑崙縣（懸）圃，其居安在？增（層）城九重，其高幾里？
四方之門，其誰從焉，西北辟（闢）啟，何氣通焉？

淮南子地形訓裏詳細的答覆這個問道：

禹乃以息土填洪水，以爲名山，掘崑崙虛以下地，中有
增城九重，其高萬一千里一十四步二尺六寸；……旁有四百
四十門，門間四里，里間九純，純丈五尺；旁有九井，玉橫
維其西北之隅；北門開，以內不周之風；傾宮、旋室、縣
圃、涼風、樊桐在崑崙閶闔之中，是其疏圃，疏圃之池浸之
黃水，黃水三周復其原，是謂丹水，飲之不死。河水……赤
水……弱水……洋水……凡四水者帝之神泉，以和百藥，以
潤萬物。崑崙之丘或上倍之，是謂涼風之山，登之而不死；
或上倍之，是謂懸圃，登之乃靈，能使風雨；或上倍之，乃
維上天，登之乃神；是謂太帝之居。

崑崙虛上有層城九重，這九重的層城高有一萬一千里零一百一十
四步二尺六寸；旁邊有四百四十個門，北門開着以納不周之風；
傾宮、旋室、縣圃等統在這崑崙的閶闔之中，這是崑崙山的疏
（蔬？）圃；這疏圃的池子中，有黃水，喝了能叫人不死。至由崑
崙山發源的河水、赤水、弱水、洋水四條水是天帝的神泉，天帝
拿它來調和百藥，滋潤萬物的。從崑崙之丘再上去一倍的路，就
是涼風之山，登了涼風之山就能不死；從涼風之山再上去一倍的
路就是懸圃，登了懸圃人便靈了，便會使風喚雨；從懸圃再上去
一倍的路就是上天了，登了上天，就成了神；這上天是太帝（太
一──上帝）所居住的地方。

　　崑崙虛和懸圃等傳說，據近人徐球先生的研究，同巴比倫懸
園（Gardens suspendus，舊譯空中花園）的傳說有很多類似之點

（説見“黃帝之囿與巴比侖之懸圚”，地學雜誌第十九年第一期）；
這種傳説或許是從西方來的。（但不能因此便斷定中國民族來自
西方，因爲傳説本身是會走路的，例如印度也有類似“大九州”的
世界觀念，或許中國的“大九州”觀念也受到印度的影響，我們豈
能因此便斷定中國民族來自印度？）我們因此想起史記大宛列傳裏
曾説：

> 安息長老傳聞條支有弱水、西王母，而未嘗見。

或許弱水同西王母等傳説也是從西方傳來的罷？即此可證古代東
中西亞交通之盛。山海經五藏山經所記的路綫以西方爲最長，楚
辭招魂也説西方“彷徉無所倚，廣大無所極”，這都足證古代人對
於西方的想像很遠。

崑崙本是個神話傳説裏的地名，西王母本是個神話傳説裏的
人物，我們已在上文證明了。不料到了後來崑崙西王母都變成近
西的實在的國名或地名了。禹貢説：

> 黑水西河惟雍州，……織皮：崑崙、析支、渠搜、西戎
> 即叙。

這崑崙在雍州，與析支、渠搜等都是雍邊西戎的一國。漢書地理
志載金城郡臨羌西有崑崙山祠，馬融王肅們注禹貢便説“崑崙在
臨羌西”（釋文正義引）。崑崙在中國內地的西部，這個説法就這
樣成立了。

逸周書王會解説：

> 伊尹……爲四方令曰：“……正西：崑崙、狗國、鬼親、
> 枳已、闟耳、貫胸、雕題、離丘、漆齒，請令以丹青白旄紕

闢江歷龍角神龜爲獻。"

雕題、漆齒(黑齒)等本是南方的國名，到這裏也與崑崙、狗國等湊成正西九國之數；而這些荒遠的國家對天朝居然也都有一定的貢物了。

荀子大略篇(這是荀子裏最晚出的一篇)説：

　　禹學於西王國。

這個"西王國"疑是"西王母"之誤(但新序亦作"西王國")。如不誤，則西王母的變成國名，時代大約在漢初。大戴禮記少閒篇説：

　　昔虞舜以天德嗣堯，……朔方幽都來服，南撫交趾，出入日月莫不率俾，西王母來獻其白琯。

這西王母與幽都、交趾等並列，確是一個國名了。(淮南子地形訓説："西王母在流沙之瀕"，這個西王母也似一個國名或地名。)爾雅釋地説：

　　觚竹、北户、西王母、日下，謂之"四荒"。

西王母又被實定爲西方的"荒"了。

史記大宛列傳説：

　　漢使窮河源，河源出于寘，其山多玉石；採來，天子(武帝)案古圖書名河所出山曰崑崙云。

崑崙山本是一個不可究詰的所在，但是自從漢使窮了河源，因爲河源所出的山多出產玉石，與傳說中的崑崙相合，於是天子便案古圖書名河所出的山爲崑崙了。天子所案的是什麽古圖書呢？我們現在知道一部是山海經，還有一部叫做禹本紀。大宛列傳贊說：

> 禹本紀言"河出崑崙，崑崙其高二千五百餘里，日月所相避隱爲光明也，其上有醴泉、瑤池"。今自張騫使大夏之後也，窮河源，惡睹本紀所謂崑崙者乎？故言九州山川，尚書近之矣；至禹本紀、山海經所有怪物，余不敢言之也。

太史公覺得張騫們所窮的河源與禹本紀等書所記的崑崙不符，於是便對這些記載大起懷疑；連天子所定的崑崙山之名也爲他所不信。他只肯抱着一本禹貢認爲古代的真實記載，不知道真實的禹貢正從不真實的禹本紀一類書脫化而出的啊！

從漢代到魏、晉，一面神話裏的崑崙山開始有了實在的地點，一面神話裏的西王母也漸漸的人化了。在史記趙世家裏記着一件故事道：

> 繆王（周穆王）使造父御，西巡狩，見西王母，樂之忘歸。

這是周穆王與西王母的第一次發生關係。這件故事在漢末三國時已被譙周否認了。

史記索隱引他的話道：

> 余嘗聞之，代俗以東西陰陽所出入，宗其神謂之王父母（東王公與西王母，東王公詳下）；或曰地名，在西域，有何

據乎？

這是根據了原始的神話來打破晚出的人話的。但是出於晉代的竹
書紀年同穆天子傳卻對於周穆王見西王母的故事着實描寫了一
番。竹書紀年記穆王：

> 十七年西征崑崙丘，見西王母；西王母止之，曰：有鳥
> 䳲人。（穆天子傳注引）
> 西王母來見，賓於昭宮。（仝上）

原來不但周穆王西行去見過西王母，西王母也曾東行來見過周穆
王哩！穆天子傳記穆王：

> 升於崑崙之丘，以觀黃帝之宮，而封□隆之葬，以詔後
> 世。……北升於舂山之上，以望四野，……曰：舂山之澤，清
> 水出泉，温和無風，飛鳥百獸之所飲食，先王所謂縣圃。……
> 曰：天子五日觀於舂山之上，乃爲銘跡於縣圃之上，以詔後
> 世。……至于西王母之邦。……吉日甲子，天子賓於西王
> 母，乃執白圭玄璧以見西王母，好獻錦組百純，□組三百
> 純，西王母再拜受之。……天子觴西王母于瑤池之上，西王
> 母爲天子謠曰：“白雲在天，山陵自出，道里悠遠，山川間
> 之。將子無死，尚能復來”？天子答之曰：“予歸東土，和治
> 諸夏，萬民平均，吾顧見汝。比及三年，將復而野”。西王
> 母又爲天子吟曰：“徂彼西土，爰居其野，虎豹爲群，於鵲
> 與處。嘉命不遷，我惟帝女；彼何世民，又將去子。吹笙鼓
> 簧，中心翔翔，世民之子，唯天之望。”天子遂驅升於弇山，
> 乃絕名跡於弇山之石，而樹之槐，眉曰西王母之山。

周穆王崑崙之丘也升過了，黃帝之宮也觀過了，縣圃也到過了，西王母也見過了，瑤池的酒也喝過了，不知道爲什麼沒有成仙，也没有向西王母討些不死之藥來？西王母原來是帝女，並不是什麼“司天之厲及五殘”的怪神。她並不“善嘯”，她會唱歌。她同周穆王倆真是一往情深，一個中心翔翔，希望他復來，一個也希望三年後再來見她；這樣的一個美麗的故事，真爲我們民族交通史上增光不少啊！可是奇怪：戰國時的魏史對於周穆王征崑崙見西王母的故事記載得這樣詳細，而山海經的作者會不知道有這件事似的，竟一字不提。連記載故事最豐富的天問裏也只泛泛的説了“穆王巧梅，夫何爲周流；環理天下，夫何索求”幾句話；天問的作者也不知道周穆王有西征崑崙和見西王母的事。魏國的史官的學問何其博，山海經和天問作者的學問又何其陋？

西方有個奇怪的山叫做崑崙，東方恰巧也有一個奇怪的山叫做蓬萊的來同它配對。蓬萊也見於山海經，海内北經説：

> 蓬萊山在海中。

史記封禪書記：

> 自（齊）威、宣、燕昭使人入海求蓬萊、方丈、瀛州。此三神山者，其傳在勃海中，去人不遠，患且至，則船風引而去。蓋嘗有至者，諸僊人及不死之藥皆在焉；其物禽獸盡白，而黃金銀爲宮闕。未至，望之如雲；及到，三神山反居水下，臨之，風輒引去；終莫能至云。世主莫不甘心焉。

據它説：渤海裏有三座神山，叫做蓬萊、方丈、瀛州。這三座山上有金銀造成的宮殿，許多仙人和不死之藥都在那裏。這個地方是去人不遠的，就是可惜人坐了船去，沒有到的時候，望過去像雲彩一般，將要到時，這三座神山便沈到水底下去了，把船靠攏去，又被神風吹開，總是不能接近。所以這個地方雖說有人到過，世主也常常的派人去尋，但是不死之藥始終不能傳到中原來。

自從齊國的威王、宣王和燕國的昭王開始派人到海裏去找那三神山，沒有找到。到了秦始皇統一天下，方士徐巿們又去獻殷勤，說三神山是可到的，一定要帶了童男童女才能找到。於是始皇就派徐巿們帶了幾千個童男女到海裏去找尋三神山；那裏知道找了幾年依舊是毫沒結果。方士們又有些逃走了，引得始皇發了憤怒，把許多儒士方士都在咸陽坑了。但是後來他還是上了方士的當，爲了避死去射海神，死沒有避成，他自己倒真死了。這一場求仙的結果，弄到了一個很壞的散塲。到了漢代，漢武帝不戒秦始皇的覆轍，又聽了方士的話派他們去尋蓬萊山（蓬萊山是三神山中最有名的一座，說了蓬萊山就可包括三神山了），也是沒有結果而散。但是蓬萊山這個名詞經過方士們幾番劇烈的宣傳以後，便也變成一個實有的地方。我們現在知道蓬萊山實在是沒有這個地方的，然而這個名詞的後面卻藏着一件古代域外交通的史實。

在西方的神話傳說裏有個西王母，在東方的神話傳說裏也有一個與她配對的人，那便是東王公。神異經（神異經也是一部綜錄古代神話的書，服虔左傳注已引神異經，則此書當是魏、晉以前之作）說：

東荒山中有大石室，東王公居焉，長一丈，頭髮皓白，人形，鳥面，而虎尾，戴一黑熊，左右顧望。恒與一玉女投壺，每投千二百矯；設有入不出者，天爲之囓噓，矯出而脫悞不接者，天爲之笑。（東荒經）

西王母住在西荒的山穴中，東王公住在東荒山中的大石室裏；西王母蓬髮，如人，虎齒，豹尾，戴勝；東王公頭髮皓白，人形，鳥面，虎尾，戴一黑熊：他們倆真是天生地設的一對啊！神異經又說：

> 崑崙之山……下有回屋，方百丈，仙人九府治之。上有大鳥，名曰希有，南向，張左翼覆東王公，右翼覆西王母；背上小處無羽，一萬九千里。西王母歲登翼上，會東王公也。……其鳥銘曰："有鳥希有，碌赤煌煌，不鳴不食，東覆東王公，西覆西王母，王母欲東，登之自通；陰陽相須，惟會益工。"（中荒經）

崑崙山上有一隻大鳥名字叫做希有，它的左翼覆着東王公，右翼覆着西王母；它的身子大有一萬九千里。西王母每年上這隻鳥的翼上去一次，爲的是要到東王公那裏去，以便陰陽相會，而得到"益工"的效果；這似乎是把牛郎、織女鵲橋相會的故事渲染成的。

我們要明白，周穆王與西王母相會的故事，它的背景至少有一部分就是這個東王公與西王母相會的故事啊！

總結上文，我們可以說：戰國以前中國人的世界觀念是非常狹小的，他們不大理會四邊的情形；在那時只有一種空泛的"九州"和渺茫的"四方"的世界觀念。到戰國後才有具體的"九州"和"四極"說出現，這種"九州"和"四極"所包括的世界約同宋、明兩代的中國差不多大。直到戰國晚年，才産生出理想的大世界說——"大九州說"和"大四極說"與"海外三十六國"等記載——來，那是受了域外交通和哲學思想，以及天文學等的影響而成立的。古代的域外交通以東西兩方爲盛，因域外交通而構成了崑崙和蓬萊兩個神話裏的地名，更因此而反映出上古西方交通的一件大故事——周穆王西游的故事——來。這便是本文的簡略的結論。

　　讀者們讀了上面這一篇海闊天空的話，一定會發生許多疑問。第一先要質問我們這篇文章的題目只是"漢代以前中國人的世界觀念與域外交通的故事"，爲什麽不相干的瞎扯了許多漢以後的説話？我們的答復是：現在許多的先秦古書都經過漢以後人的編定，嚴格的先秦故事的叙述是不可能的。又古書裏所記先秦的故事大半殘缺不完，許多地方若不把漢代以後的記載來校補它，對勘它，便没法看出它的時代性同整個的意義來。第二讀者們一定要質問我們這篇文章裏叙述多而考證少，許多古書古事怎能很自由地排定它的時代呢？我們的答復是：我們在寫這篇文章以前，對於文中所述各項古書古事已有大略的時代估定。這種考證的話都載在作者們的別篇文章裏，若一齊録入本文，不是太嫌喧賓奪主了嗎？例如堯典、禹貢我們都有專書專文考證它的著作時代，這兩篇書的出於秦代以後，我們是認爲無疑問的。又如晉本竹書紀年和穆天子傳，作者們不久也將有考訂的專文發表；這兩部書的成於晉代，我們也是認爲無疑問的（這兩部書裏當然確有一部分是先秦的古文）。還有山海經、楚辭等書制成的時代雖然也不甚早，但是作者們認爲它的材料大致是不很晚的（我們也有專文考證）。至于十洲記等書，則連材料也是很晚的了，"十洲"的洲名等記載一部分是從緯書等書裏雜湊來的（如玄洲、流洲、瀛洲等洲名），一部分則全是杜撰，時代太晚了，作者們只好割愛。此外本文因問題聯帶的關係，叙述到範圍以外去的地方還很多，這確是没法的事情。至于範圍以内應叙的問題和材料的遺漏，以及文中叙述的錯誤，那是因作者們的學力有限同撰稿時間短促的緣故；謹在這裏向讀者們道歉，並請讀者們指教！

廿五，三，四，草成。

補遺：淮南子地形訓云：“九州之大純方千里；（案：淮南或取鄒衍大九州之州名作爲小九州，故王充説淮南不言大九州。）九州之外乃有八殥，亦方千里，……凡八殥八澤之雲是雨九州。八殥之外而有八紘，亦方千里，……凡八紘之氣是出寒暑，以合八正，必以風雨。八紘之外乃有八極，……凡八極之雲是雨天下，八門之風是節寒暑，八紘八殥八澤之雲以雨九州而和中土”。這又是一種大世界觀念。這種世界觀念共有四層：最裏一層是九州，九州之外是八殥，八殥之外是八紘，八紘之外是八極。八殥有八澤，八極有八門，八殥八澤八紘八極八門等内容的名字都是從各種書裏湊來，加上一部分杜撰而造成的（參看高注及山海經等書自明）。

　　　　　　　　　　　三，三十，記。

九州之戎與戎禹[*]

　　禹與九州，自來即有不可分離之關係。長發之詩曰："洪水芒芒，禹敷下土方。"雖未明言分州，而海內經則爲補足之曰："洪水滔天……禹卒布土以定九州。"禹貢一篇，以"禹敷土"始，以"九州攸同"終，更暢演海內經未盡之意。齊侯鐘，春秋齊靈公時器也，亦以"咸有九州，處禹之堵"頌湯之德。信乎此一觀念深入古人之心目中也！

　　今進而溯其由來，提出一問題曰：禹與九州何以發生關係？此雖現存之材料不多，不足以資解決，然尚有可以作猜想者；科學不避臆說，許人假定，敢爲斷之曰：是殆與戎族之移徙有因緣。試申論之：

　　春秋時，戎族分布於中國內地：在東方者，有魯西之戎；在北方者，有居今河北、山東、山西三省間之北戎、山戎，及無終氏之戎；在西方者，有居今陝西省之犬戎、驪戎等；至于居今河南省者，最早則有伊雒之戎。左氏僖十一年傳云：

　　　　揚拒、泉皋、伊雒之戎同伐京師，入王城，焚東門，王子帶召之也。秦晉伐戎以救周。秋，晉侯平戎於王。

　　* 原載 1937 年 6 月 20 日禹貢半月刊第七卷第六、七合期，又收入古史辨第七册。

杜預注云：

> 揚拒、泉皋皆戎邑，及諸雜戎居伊水、雒水之間者。

由此一事，知東周王室鄰近之戎類爲強暴，非賴秦晉勤王之師，則驪山之禍固已重演，而春秋之世亦必以尊王攘夷之業不成，使霸主失其依據，而另換一番局面矣。

爲戎之摯悍而難御也，故越十一年，秦晉即遷陸渾之戎於伊川，蓋以藩衛王室爲名，用蠻夷（顧棟高説，見春秋大事表卷三十九）。左氏僖二十二年傳云：

> 初，平王之東遷也，辛有適伊川，見被髮而祭於野者，曰：“不及百年，此其戎乎？其禮先亡矣！”秋，秦晉遷陸渾之戎於伊川。

陸渾之戎何自來乎？杜預云：

> 允姓之戎居陸渾，在秦晉西北，二國誘而徙之伊川，遂從戎號。至今爲陸渾縣也。

據杜氏説，是陸渾本爲秦晉西北之地，允姓之戎自秦晉西北而遷於伊川，乃將此地名挾以俱來。然則陸渾舊地在何處乎？賴“允姓”一詞，可於左氏昭九年傳中窺見之：

> 周甘人與晉閻嘉爭閻田，晉梁丙張趯率陰戎伐穎。王使詹桓伯辭於晉曰：“……先王居檮杌於四裔以禦魑魅，故允姓之姦居于瓜州。伯父惠公歸自秦而誘以來，使偪我諸姬，入我郊甸，則戎焉取之？……”

其所舉遷戎事實與僖二十二年傳同，知陸渾舊地在瓜州。然不沿其舊稱"陸渾之戎"而名之曰"陰戎"者，又何也？則以所遷之地在"陰地"故也。陰地者何？杜預注云：

　　陰地，河南山北，自上雒以東至陸渾。（哀四年）

是則自今陝西商縣至河南嵩縣一帶地，伊、雒二水之流域，皆稱爲陰地。所謂"山"者，今之秦嶺山脈也。水南曰陰，山北亦曰陰，陸渾之戎居於河南山北兩陰之地，故時人易其名曰陰戎也。

　　陸渾之戎爲舊稱，而陰戎爲新稱，名稱之變由其居地之異。陰地之名既得其實，然則其所由遷之瓜州爲今何地乎？杜預注云：

　　瓜州，今敦煌。

杜預此注蓋有所本，漢書地理志敦煌縣下云：

　　杜林以爲古瓜州，地生美瓜。

水經禹貢山水澤地篇注亦云：

　　杜林云，燉煌，古瓜州也。州之貢物，地出好瓜，民因氏之。瓜州之戎，并於月氏者也。

杜林爲東漢初人，少游西州，知敦煌出瓜，因立此説。顧此説可信乎？欲究此問題，又須合左氏襄十四年傳之文而共論之：

　　（晉）將執戎子駒支，范宣子親數諸朝，曰："來，姜戎氏！昔秦人迫逐乃祖吾離于瓜州，乃祖吾離被苫蓋，蒙荆棘，以來歸我先君。我先君惠公有不腆之田，與女剖分而食之。今諸侯之事我寡君不如昔者，蓋言語漏洩，則職女之由。詰朝之事，爾無與焉；與將執女！”對曰：“昔秦人負恃其衆，貪於土地，逐我諸戎；惠公蠲其大德，謂我諸戎是四嶽之裔胄也，毋是翦棄，賜我南鄙之田，狐狸所居，豺狼所嗥，我諸戎除翦其荆棘，驅其狐狸豺狼，以爲先君不侵不叛之臣，至于今不貳。……”

按此傳所陳事實大足補僖二十二年傳之缺遺。當時秦人逐戎，晉人誘戎，乃得除翦荆棘而居於周郊與晉鄙。然范宣子所數之戎不曰“允姓”而爲“姜戎”，何以陸渾之戎既姓允又姓姜乎？杜預知其不易解，乃強爲之説曰：

四嶽之後皆姓姜，又別爲允姓。

彼以允姓爲姜姓之別支，姜與允蓋同爲一族。此種想象之辭，未必符合事實。按後漢書西羌傳用古本竹書紀年語，周宣王時，“戎人滅姜侯之邑”，或瓜州本姜戎所居，允姓之戎滅之，因相雜處乎？姜與允明分兩姓，於諸戎中自爲二族；且被遷之後，姜戎居於晉之南鄙，允姓則居於王之郊甸（伊川在晉惠公時尚未屬晉），亦爲二地也。姜與允之糾紛既明，斯可進而論瓜州。

　　案兩杜氏之所以定瓜州於敦煌者，原未嘗有確據，祇以詹桓伯之言，“先王居檮杌於四裔以禦螭魅”，諒四裔爲四方極遠之地，而周秦西北極遠之地在漢以來之中國境者無逾於敦煌（今甘肅燉煌縣），乃即以瓜州當敦煌耳。若云地出美瓜，則出美瓜之地多矣，晉有瓜衍之縣，何嘗不可取以爲説？夫秦都於雍，即今陝西鳳翔，離敦煌三千餘里，所謂“風馬牛不相及”者，秦以何種需要而勞師迫逐之？且其間雜居戎族至多（史記匈奴列傳云：“自隴以西有縣諸、緄戎、翟豲之戎”），秦又安得越界而迫逐之？果有越界迫逐之舉，則秦自鳳翔抵敦煌，大軍東來，姜戎亦當西竄今哈密等地，何以反東向秦都而逃遁，入於戰勝者之腹地，乃從容爲晉惠公所“誘以來”耶？竊意瓜州當在今鳳翔之東，實居秦晉之間，故秦人得而迫之，晉人得而誘之耳。

又有一事足以補證瓜州之必不甚遠者，左氏莊二十八年傳云：

> 晉獻公……娶二女於戎：大戎狐姬生重耳，小戎子生夷吾。

此二戎女，左氏一著其姓曰姬，一則未著。杜預注云：

> 小戎，允姓之戎；子，女也。

苟杜氏此注確有所據，則是時秦人尚未逐戎，而瓜州誠在敦煌則離晉四千餘里，晉獻公安得娶妻若是其遠。且如杜氏説，晉惠公既爲允姓之戎所出，則當因其外家爲秦所逼，故遷其民而保護之；愛屋及烏，遂並遷姜氏之戎也。即此一端，亦足證瓜州之不在秦西而在晉西，故得通婚媾於晉，與獻公之伐驪戎而納驪姬，其道路爲略同也。

此外戎族居今河南省者，尚有所謂蠻氏，蓋在今臨汝縣之地，汝水流域之戎也。左氏成六年傳云：

> 晉伯宗、夏陽説，衛孫良夫、寧相，鄭人，伊雒之戎，陸渾蠻氏侵宋。

頗疑此蠻氏屬陸渾種，故冠"陸渾"於"蠻氏"之上，而亦爲晉人之力所左右也。蠻氏又稱戎蠻子，左氏昭十六年傳云：

> 楚子聞蠻氏之亂也，與蠻子之無質也，使然丹誘戎蠻子嘉殺之，遂取蠻氏，既而復立其子焉。

"蠻氏"稱"戎"，其爲陸渾之種更得一證矣。

　　河南山北之間，先有揚拒、泉皋、伊雒之戎，其後晉惠公遷戎，乃有陸渾允姓之戎，有姜戎氏，有蠻氏，種類甚複雜矣。然其名號之雜出猶未已也。左氏昭二十二年傳云：

> 晉籍談、荀躒帥九州之戎及焦、瑕、溫、原之師以納王于王城。

又哀四年傳云：

> 楚人既克夷虎，乃謀北方。……單浮餘圍蠻氏，蠻氏潰，蠻子赤奔晉陰地。司馬起豐析與狄戎以臨上雒，……使謂陰地之命大夫士蔑曰："晉楚有盟，好惡同之！……"……士蔑乃致九州之戎，將裂田以與蠻子而城之，且將爲之卜。蠻子聽卜，遂執之……以畀楚師於三戶。

此兩處"九州之戎"乃爲後起之名，杜預注云：

> 九州戎，陸渾戎。（昭二十二年）
> 九州戎，在晉陰地陸渾者。（哀四年）

九州戎爲晉之陰地大夫所統屬，説爲陸渾自合。且楚人圍蠻，而蠻子奔晉陰地，蓋即圖與同種之戎相結合以自衞也。

　　九州之戎，其名何自來乎？何以稱之爲“九州”乎？吾人不當不一稽考之。按：通常皆以九州爲天下或中國之異稱，然推溯其初，則實爲一固定之區域。此區域之廣袤，可於左氏昭四年傳中見之：

　　　　楚子……使椒擧如晉求諸侯。……晉侯欲勿許，司馬侯曰：“不可！……”公曰：“晉有三不殆。其何敵之有！國險而多馬，……”對曰：“四嶽、三塗、陽城、大室、荆山、中南，九州之險也，是不一姓。冀之北土，馬之所生，無興國焉。恃險與馬，不可以爲固也，從古以然。……”

晉侯恃險與馬欲不許楚子之求，司馬侯諫之曰：以九州之多險，然而今已不一其姓矣；以冀北之多馬，然而未嘗有興國焉：是皆不可恃也。此所稱九州，即九州之戎之所在地。在此區域中，有四嶽、三塗、陽城、太室、荆山、中南諸險。諸險之地望定，則九州區域之廣袤亦可定矣。

　　按此諸險中，三塗在今河南嵩縣，陽城、太室俱在今河南登封縣，中南在今陝西武功縣自來無甚異説；獨四嶽與荆山則爲説頗殊。荆山，禹貢有二：云“荆及衡陽惟荆州”及“導嶓冢至于荆山”者，南條荆山也，其地在今湖北保康縣；云“荆岐既旅”及“導岍及岐至于荆山”者，北條荆山也，其地在今陝西富平縣。舍此二者之外，尚別有一荆山。史記封禪書云：

　　　　黄帝採首山銅，鑄鼎於荆山下。鼎既成，有龍垂鬍髯下迎黄帝。……後世因名其處曰鼎湖。

此荆山之所在，水經注河水篇曾説明之，曰：

　　湖水又北逕湖縣東而北流入於河。魏土地記曰："弘農湖縣有軒轅黃帝登仙處。"

漢之湖縣爲今河南閿鄉縣，與在今山西永濟縣之首山相隔一水，故傳説中之黃帝可以採銅於彼而鑄鼎於此。以予觀之，上述三荆山以湖縣之山爲最近於司馬侯所言，以其在河南山北，當三塗中南之中道，且爲九州之戎所居地也。

　　四嶽一名，杜預注謂：

　　東嶽，岱；西嶽，華；南嶽，衡；北嶽，恒。

此但以漢武宣以來所定之五嶽去中嶽而言之耳，古代無是説也。古代之四嶽乃爲一個種族之所出，上引戎子駒支之言"謂我諸戎是四嶽之裔胄"，是其一證。駒支，姜戎氏也，則四嶽爲姜戎之祖先，亦即姜姓一族所共有之祖先。故國語周語下云：

　　昔共工氏棄此道也。……欲壅防百川，墮高堙庳，……皇天弗福，……共工用滅。……其後伯禹念前之非度，釐改制量；……共工之從孫四嶽佐之，高高下下，疏川導滯。……皇天嘉之，……祚四嶽國，命以侯伯，賜姓曰姜，氏曰有呂。……申呂雖衰，齊許猶在。

在此段文中，可見四嶽爲共工之從孫，佐禹治水者，其姓曰姜，其氏曰呂，申呂齊許皆爲其後。稱其人曰四嶽者當以其封國包有四嶽之地之故。姜戎雖未完全華化，與齊許諸國異，而其爲四嶽之裔胄，則與齊許諸國同。然則申呂齊許者，戎之進於中國者也；姜戎者，停滯於戎之原始狀態者也。抑申呂齊許者，於西周之世東遷者也；姜戎者，於東周之世東遷者也：由其入居中國之先後，遂有華戎之判別，是則後遷者之不幸耳。

四嶽又稱爲"太嶽"，左傳中有兩處道及之：

> 夫許，太岳之胤也。（隱十一年）
> 姜，太嶽之後也，山嶽則配天。（莊二十二年）

既讀周語之文，即知太嶽與四嶽是一非二。何以有此異稱，則無證以明之，或四嶽其全稱而太嶽其偏稱乎？

四嶽何以稱四？由山海經觀之，則當時蓋有東、西、南、北四嶽。然欲明此事，必先屛除漢以下五嶽分布全國五方之成見，乃得其實。按海內經云：

> 北海之內，……伯夸（夷）父生西岳，西岳生先龍，先龍是始生氐羌。

此西岳自是四嶽之一。以國語鄭語之文證之：

> 姜，伯夷之後也。

誠所謂斠若畫一。姜之與羌，其字出於同源，彼族蓋以羊爲圖騰，故在姓爲姜，在種爲羌。傅孟真先生（斯年）於所作姜原（國立中央研究院歷史語言研究所集刊第二本第一分）中謂"羌、姜"與鬼方之"鬼"在殷虛文字從"人"或從"女"者相同，其說是也。又大荒西經云：

> 南嶽娶州山女，名曰女虔。

此以後世之眼光視之，自必定爲衡霍。然南嶽何以不列於南經而反列於西經，則知其仍爲西方之山也。猶有可以助證者，楚辭天問云：

> 吳獲迄古，南嶽是止。

此中所道故事今雖已不可知，而南嶽與吳有關則可知。吳者何？吳岳也，亦即岍山也，周官與爾雅謂之嶽山者也（説詳下）。又北山經云：

> 又北二百里，曰北嶽之山。

此似即恒山矣，然細按之則又不然。據北山經文，屢道其水"西流注于泑澤"（杠水、匠韓之水、敦薨之水），且於敦薨之山説明之云："出於崑崙之東北隅，實惟河原。"按西次三經云："泑澤，河水所潛，其源渾渾泡泡。"箋注之家俱定爲鹽澤，即今新疆羅布淖爾。則北山經之水，必由甘肅以入新疆無疑，安得東敷於汾澮西河間乎！又北嶽之山之北五百十里，有北鮮之山，云：

> 北鮮之山，是多馬，鮮水出焉，而西北流注于涂吾之水。

證以括地志（史記夏本紀正義引）云：

> 合黎水一名羌谷水，一名鮮水。

及漢書武帝紀云：

> （元狩）二年……夏，馬出余吾水中。（應劭注："在朔方

北也。"）

是則鮮水在今寧夏界内，涂吾水在今綏遠河套内，雖方向容有誤記，而取以證在其南之北嶽實居秦、隴間，不屬太行，則優足判明。是知北嶽與南嶽西岳，蓋峰巒相望者。觀海内經記西岳而云在"北海之内"，可知矣。

　　由山海經與楚辭之提示，知最早之四嶽乃西方之四山，雖以年代久遠，記載缺乏，甚難確指其地，要必萃於一方，非若漢武五嶽之遼隔也。然其後以四嶽裔胄之遠遷，此"嶽"名亦遂漸被於他山。齊，姜姓也，而居東海之濱，故即以"太岳"之名名"泰山"，而又稱之曰"東嶽"。山經，西北之人所作，茫昧於東南，故於東山經云：

　　　　又南三百里曰嶽山，……灤水出焉。
　　　　又南三百里（嶽山之南九百里）曰泰山。

誤析嶽山與泰山為二，而即此可知彼時"泰"與"嶽"二名蓋俱行者，是即姜姓之族挾舊習之名以冠其新居。左襄二十九年傳云：

　　　　慶封……入伐内宮，弗克，反陳于嶽。

杜注以嶽為里名，是亦齊人念念不能忘嶽之一證也。
　　書禹貢云：

　　　　冀州……既修太原，至于岳陽。
　　　　導岍及岐，至于荆山，逾于河；壺口雷首，至于太岳。

此"岳"與"太岳"在河東，今名霍太山，在山西南部，其地當殷周間亦戎之區域也。後漢書西羌傳注引竹書紀年云：

> 太丁二年，周人伐燕京之戎，周師大敗。

燕京之戎何在乎？淮南子墜形云：

> 汾出燕京。

高誘注：

> 燕京山，山名也，在太原汾陽。

水經汾水注云：

> 汾水出太原汾陽縣北管涔山。……十三州志曰：出武州之燕京山，亦管涔之異名也。

西羌傳注又引竹書紀年云：

> 太丁四年，周人伐余無之戎，克之。周王季命爲殷牧師。

徐文靖竹書統箋以爲余無之戎即余吾及無皋二戎之合稱，云：

> 左傳閔二年：晉申生伐東山皋落氏。上黨記：東山在壺關縣城東南，今名無皋。成元年：劉康公敗績於徐吾氏。上黨記：純留縣有余吾城，在縣西北四十里。

洵如諸家之説，是燕京之戎居於太岳之北，余無之戎居於太岳之東。此"太岳"之名即齊許諸國所自出之"太岳"也，然則種種之戎雖史書未留其姓，而其爲姜戎一大族中之分支，從可知矣。

唐叔受封，"疆以戎索"（左定四年傳），其日與戎族相周旋可知。至于西周之末，"晉人敗北戎于汾隰"（西羌傳注引紀年）。至于春秋，諸戎漸同化於晉矣，而成元年尚有"王師敗績于茅戎"之事。左傳紀其事云：

> 單襄公如晉拜成，劉康公徹戎，……遂伐茅戎。三月癸未，敗績于徐吾氏。

由此可見彼時河東之戎尚不弱。"太岳"之名之移植，蓋與齊之嶽山不甚先後；然其後以未受方士儒生之鼓吹，亡也忽焉，反不若太室之得稱爲中嶽，斯亦遭際之有幸有不幸矣。

上述齊晉二嶽出於四嶽之分化，其所以分化由於戎族之移徙，此爲題外之文。今回復於四嶽問題，問四嶽果在今之何地乎？則可按周官爾雅以作答。周官職方氏云：

> 正西曰雍州：其山鎮曰嶽山。

爾雅釋山云：

> 河西，嶽。

鄭玄周官注及郭璞爾雅注並釋嶽爲吴嶽。吴嶽者何？史記封禪書云：

> 自華以西名山七，……曰：華山、薄山……岳山、岐

山、吳岳、鴻冢、瀆山。

此七山中，有岳山，又有吳岳。漢書郊祀志同記此事，而"吳岳"作"吳山"。依其次第，岳山在岐山之東，吳山在岐山之西，故徐廣云"武功縣有……岳山"（史記封禪書集解引），而鄭玄云："吳嶽在汧。"武功固有太白山，然不聞其名岳，蓋徐廣望文臆測之辭。汧者，禹貢云"導汧及岐"，字作"岍"，是職方之嶽即禹貢之岍。故漢書地理志云：

> 右扶風汧：吳山在西，古文以爲汧山，雍州山。

漢之汧縣故城在今陝西西部之隴縣南三里，舊屬鳳翔府；今隴縣西四十里有嶽山，亦作汧山。其地在甘肅六盤山之東南，黃河西道之東。據此以讀北山經，則篇中嚻水、伊水、魚水、洫水俱言"西流注于河"，其方向爲不誤，益知北山經之北嶽亦必爲岍山也。

　　嶽山之地望可略識矣，顧史記既出吳岳，又有岳山，何也？史記夏本紀正義引括地志云：

> 汧山……東鄰岐岫，西接隴岡。

足證其延綿甚廣，不以一山限也。胡渭禹貢錐指亦論之曰：

> 吳嶽，班、酈皆謂即古之岍山。然史記封禪書……又析吳嶽與嶽山而爲二，……隴州志則以州西四十里之吳山爲岍山，州南八十里之嶽山爲吳嶽。諸説互異，未知孰是。愚竊謂吳山，漢志雖云在縣西，而岡巒綿亙，延及其南，與嶽山只是一山。自周尊岍山曰嶽山，俗又謂之吳山，或又合稱吳

嶽，史記遂析嶽山與吳嶽爲二山，而岍山之名遂隱。其實此二山者，周禮總謂之嶽山，禹貢總謂之岍山，當以漢志爲正。（卷十一上）

胡氏所以謂"周尊岍山爲嶽山"者，實非確有所據，蓋彼既信禹貢爲夏時書，職方爲周時書，斯禹貢有岍無嶽，知夏不名嶽，職方有嶽無岍，遂忖度爲周尊岍爲嶽耳。自今日視之，則禹貢職方同出於戰國秦漢之際，與夏、周無與，而四嶽之名起源甚早，禹貢特未用之耳，非著作禹貢之時代尚未有其名也。至於胡氏謂吳山嶽山，岡巒綿亘，只是一山，藉以説明四嶽爲相近之四山，固甚愜合。

四嶽與荆山之地望定，斯可進而推測當時九州之區域。其地蓋始自今陝西之極西部，或今甘肅之東南部，北由隴山（四嶽），南抵秦嶺（中南）；及逾潼關，則北暨崤函（荆山），南及熊耳之東（三塗），以迄於今河南中部之嵩山（陽城、太室），包有渭、雒、伊、汝諸水之流域。安得如杜林設想，以瓜州爲在敦煌哉！此九州者，自潼關以西爲陸渾戎之舊居，其東曰陰地，則爲晉人遷陸渾戎之新居，而亦即揚拒、泉皋、伊雒之戎之舊居。此等地既皆包羅於九州一名之下，則九州者其本爲戎之區域，而與諸夏相盪相摩於是者乎？故戎之名稱，以九州戎爲最廣，合全部而言之；次則陰戎，單舉晉屬；又次則陸渾戎，著其舊居；又次則姜戎，著其一姓。司馬侯謂"九州……不一姓"，觀是而可知矣。又九州是否爲九個州，抑但爲多數之稱而非固定之序，今已不可知；所可知者，則瓜州當爲九州中州名之僅存者也。

陰地爲九州之一部，故墨子尚賢上篇云：

禹舉益於陰方之中，授之政，九州成。

前人以未嘗推考此問題，故視九州爲天下之異名，而陰方卒不詳其所在。自今觀之，則陰方者陰地之異名，而九州即今河南之西部及陝西之中部。雖墨子著作時代容已轉變其意義，而溯其傳説所由來，則必當如是也。

豈特陰方之與九州有不可分離之關係，即禹與九州亦復若是。按禹之由來雖不可詳，而有興於西羌之説。史記六國表云：

> 禹興于西羌。

吴越春秋越王無余外傳云：

> 鯀娶于有莘氏之女，名曰女嬉，……産高密（禹），家於西羌，曰石紐。

後漢書戴良傳云：

> 大禹出西羌。

新語術事篇云：

> 大禹出于西羌。

史記集解引皇甫謐云：

> 孟子稱禹生石紐，西夷人也。傳曰："禹生自西羌。"

甚疑禹本爲羌族傳説中之人物。羌爲西戎，是以古有"戎禹"之稱。太平御覽八十二引尚書緯帝命驗云：

修紀……生姒戎文命禹。

其注云：

姒，禹氏。禹生戎地，一名文命。

潛夫論五德志亦云：

修紀……生白帝文命戎禹。

此固皆漢人之文，其可信據之程度甚低下；然任何一傳説皆非無因而來，禹與戎族之關係必有可資探討者。試更就詩書之文而推論之：

詩商頌長發篇云：

濬哲維商，長發其祥，洪水芒芒，禹敷下土方，外大國是疆，幅隕既長，有娀方將，帝立子生商。

夫"禹敷下土"而"有娀方將"，按以鬼方稱媿之例，娀即戎也，此亦禹與戎有關之一證。簡狄者，受玄鳥之貽而生商者也，以其出於有娀，故亦謂之"娀簡"（見尚書中候、潛夫論五德志，及禮記月令鄭注）。娀簡一名，正與戎禹絶相似。

書吕刑一篇爲吕國之遺文，吕爲姜姓，故其所道之苗民故事足以保存姜姓之族之神話。文云：

王曰："若古有訓：蚩尤惟始作亂，延及于平民，罔不寇賊，鴟義姦宄，奪攘矯虔。苗民弗用靈，制以刑，惟作五虐之刑曰'法'，殺戮無辜，爰始淫爲劓刵椓黥，越兹麗刑并

制，罔差有辭。民興胥漸，泯泯棼棼，罔中于信，以覆詛
盟。虐威庶戮方告無辜于上，上帝監民罔有馨香德，刑發聞
惟腥。

　　"皇帝哀矜庶戮之不辜，報虐以威，遏絕苗民，無世在
下。乃命重黎絕地天通，罔有降格。

　　"皇帝清問下民，鰥寡有辭于苗：'群后之逮在下，明明
棐常，鰥寡無蓋（自"群后"至"無蓋"，今本呂刑在"皇帝清問
下民"語上，今據墨子引文移正），德威惟畏，德明惟明。'乃
命三后恤功于民：伯夷降典，折民惟刑；禹平水土，主名山
川；稷降播種，農殖嘉穀：三后成功，惟殷于民。……"

在此呂王（呂侯稱王，彝器銘文中其證甚多）之一篇演說辭中，暢
言苗民制作刑法以亂世，鰥寡籲求上帝降神以恤民，上帝允之，
乃降伯夷、禹、稷三后於下以成其地平天成之大業。伯夷者何？
鄭語固言之矣，曰："姜，伯夷之後也"，是姜姓之族之宗神也。
稷者何，周人之始祖，姜嫄之所生，姬姓之族之宗神也。苗者
何？即被竄於三危之三苗，禹貢紀其事於雍州之域，曰："三危
既宅，三苗丕叙"，三危者雍州西部黑水之所經也。作亂之民定
居西方，恤功之后亦降西方，述其事者又出於西方之族之王者，
則此整篇故事必全以西方爲其背景可知也。禹在此故事中佔有重
要之地位，證以禹出西羌之説，其爲戎族之先人審矣。

　　何況禹者征苗之主帥也，呂刑雖未言而墨子則道之，非攻下
篇云：

　　　昔者三苗大亂，天命殛之，……高陽乃命禹於玄宮，禹
　　親把天之瑞令以征有苗。……禹既已克有三苗，焉歷爲山
　　川，別物上下，鄉制四極，而神民不違，天下乃靜。

禹之受天命而殛苗，猶其受天命而恤民。殛苗之後，遂平水土而有天下。墨家之傳說由於姜姓之族所傳播，讀此可知，——蓋“禹……歷爲山川，……神民不違”亦即商頌所謂“禹敷下土方，……有娀方將”之義也。

三苗原據之疆域，依錢賓四先生（穆）古三苗疆域考（載燕京學報第十二期）所說，有如下之結論：

> 古者三苗疆域，蓋在今河南魯山、嵩縣、盧氏一帶山脈之北，今山西南部諸山，自蒲坂、安邑以至析城、王屋一帶山脈之南，夾黄河爲居，西起蒲潼，東達滎鄭，不出今河南北部、山西南部廣遠數百里間也。

三苗既爲禹克之後，古籍皆謂已遠竄三危，然則信已全竄乎？抑尚有留居中原者乎？錢先生續論之曰：

> 近人章炳麟檢論序種姓謂今之苗古之髳也，與三苗異。然余考春秋河東有茅戎，“茅”“髳”同字，則茅亦在北方。又有陸渾蠻氏，亦稱戎蠻子，杜云：河南新城縣東南有蠻城。“蠻”“茅”一音之轉，蠻即茅，亦即苗也。楚人篳路藍縷以啓荆蠻，此所謂蠻者，亦在河南汝水上流一帶山中，……自屬古者三苗遺裔。而髳與三苗，亦未見其必爲二也。尚書吕刑言及苗民制刑，亦以吕國河南南陽，其先本苗土，故引以爲誡。

此説甚是，從可知苗族與驅苗之族皆雜居於河東河南一帶。司馬侯曰：“九州之險，是不一姓”，固不但陸渾之戎中有允姓、姜姓之異，而征服者與被征服者亦同蒙於“戎”之一大名下也。至于范曄於後漢書中作西羌傳，乃云：

西羌之本，出自三苗，姜姓之別也。

且以三苗爲姜姓矣。於以知種族之混同必由雜居來，而征伐者雜居之先導也。

又有一事可連類而及之者，則嵩山之稱爲中嶽及其與鯀禹之發生關係是也。詩大雅崧高云：

崧高維嶽，駿極于天。維嶽降神，生甫及申。

此所謂甫，即呂也（古呂甫同音，故書呂刑、禮記表記引作甫刑）。既讀周語之文，即知此爲"祚四嶽國，氏曰有呂"之故事。申與呂皆姜姓之國，故尹吉甫於周宣王封申伯於南土之際，作崧高之詩以送之，推其源而頌之：曰"崧高維嶽"者，形容嶽山之奇偉也；曰"維嶽降神"者，稱揚其先人四嶽之靈異也。崧者，山大而高，見毛詩故訓傳及爾雅釋山。其後以陸渾戎之被遷於伊川，此四嶽之故事亦遂接踵而至，於是太室被稱爲中嶽，又別稱爲嵩高。此未見於春秋戰國時書，而初見於漢武帝之詔。漢書武帝紀云：

元封元年……春正月，行幸緱氏，詔曰："朕用事華山，至于中嶽，……見夏后啟母石，……翌日親登嵩高。……其令祠官加增太室祠，……以山下戶三百爲之奉邑，名曰崇高。"

自是以後，九州中之太室遂正其名曰嵩高，而推厥由來則在尹吉甫之詩，但將形容詞易爲名詞耳。此則最後出之嶽也。"嵩高"，漢書地理志作"崇高"。此"崧""嵩""崇""崇"諸名，其異同爲何如乎？王念孫論之曰：

　　　　“以山下户三百爲之奉邑，名曰崇高”，師古曰：“謂之
崇者，示尊崇之。”又郊祀志“以山下户凡三百封崈高，爲之
奉邑”，師古曰：“崈，古崇字耳。以崇奉嵩高之山，故謂之
崈高奉邑。”念孫案：“崇高”，即“嵩高”。師古分“崇”“嵩”爲
二字，非也。詔曰：“翌日親登崇高”，志曰：“以山下户凡
三百封崈高”，則崇高本是山名而因以爲邑名，非以崇奉中
嶽而名之也。古無“嵩”字，以“崇”爲之，故説文有“崇”無
“嵩”。經傳或作“嵩”，或作“崧”，皆是“崇”之異文。地理志
潁川郡崈高下云：“古文以崈高爲外方山”，周語：“融降于
崇山”，韋注：“崇，崇高山也”，是嵩高之“嵩”本作“崇”
也。……後世小學不明，遂以“崇”爲泛稱，“嵩”爲中嶽。
（讀書雜志四之一）

知崇山之即爲嵩山，則知鯀與禹自春秋以下皆與此四嶽傳説之新
根據地發生關係。周詩云：

　　　　有崇伯鯀，播其淫心。

是鯀爲崇伯也。逸周書世俘云：

　　　　乙卯，籥人奏崇禹生開，三終，王定。

崇禹生開，即樂章之名而可見故事之一斑。“開”即啟，啟生於嵩
山，故漢武至中嶽而見夏后啟母石（應劭注：啟生而母化爲石）；
禹稱“崇禹”，則謂彼繼鯀而爲崇伯矣。至于“禹辟舜之子於陽城”
（孟子萬章）及“禹都陽城”（漢書地理志潁川郡陽翟下臣瓚注引紀
年）諸説，由是以觀之，疑皆遷戎之後所孕育者也。

　　由戎居之九州，演化而爲天下之代稱之九州，更演化而爲堯之十二州。由戎之先人所居之四嶽，演化而爲平分四方之四嶽，更演化而爲漢武帝之五嶽。由戎之宗神禹，演化而爲全土共戴之神禹，更演化而爲三代之首君。州與嶽隨民族之疆域之擴大而擴大，"禹跡"又隨州與嶽之擴大而擴大：此皆向所視爲純粹之華文化者，而一經探討，乃胥出於戎文化。且姬姜者向所視爲華族中心者也，禹稷伯夷者所視爲創造華族文化者也，今日討探之結果乃無一不出於戎，是則古代戎族文化固自有其粲然可觀者在，豈得牢守春秋時人之成見，蔑視其人爲顓蒙檮昧之流乎？夫戎與華本出一家，以其握有中原之政權與否乃析分爲二；秦漢以來，此界限早泯矣，凡前此所謂戎族俱混合於華族中矣。不幸春秋時人之言垂爲經典，後學承風，長施鄙薄，遂使古史真相沈霾百世。爰就九州之戎一事尋索禹之來源，深願後之人考論華戎毋再牽纏於不平等之眼光也。

　　四年前，曾作州與嶽的演變一文，載於燕京大學史學年報第一卷第五期。此數年中，時有新獲，欲增入前文，而事務苦煩，未能如志。茲值童丕繩先生編本刊古代地理專號，在其所集得之文中頗有討論夏與禹者，不禁見獵心喜，爰就九州之戎一題先草此篇，藉供鄙見於諸方家。至於"州與嶽"全文，問題既複雜，材料尤多而且亂，非短時間所能整理就緒，將來有暇必當重撰，俾古史中地理區畫一門可勉強求得一約略之定論也。

　　　　　　　　　　廿六年五月廿五日，頡剛附記。

附

童書業跋

禹傳説來源之問題，最早即提出於顧頡剛師。在古史辨第一册中，師主張禹爲南方民族傳説中之人物，其主要之理由爲：

1. 楚詞天問對於鯀、禹有很豐富的神話。

2. 越國自認爲禹後，奉守禹祀。

3. 傳説中禹有會於塗山娶於塗山的故事，塗山在今安徽。

4. 禹致群神於會稽，禪於會稽，道死葬會稽，會稽山在今浙江，春秋時爲越都。

5. 會稽有大禹陵。

6. 古代夏族看南方人爲蟲種，禹名從"虫"，恐亦此例。

7. 東南方爲水潦所歸，人民有平定水土的需要，因之產生禹的神話。

有以上七條强證，説禹爲南方民族神話中之人物，在當時自足成爲一種最近情理之假定。然自今日觀之，楚詞本爲古代神話之總集，其中商、周之傳説包羅亦極多，非僅"對於鯀、禹有豐富的神話"也。越國自認爲禹後，乃戰國以後之事。越本芈姓，墨子非攻篇云："越王緊虧（無餘）出自有遽"，孫詒讓以有遽即楚熊渠。國語鄭語云："芈姓夔越"，世本云："越爲芈姓，與楚同祖"（漢書地理志注臣瓚引）。史記楚世家云："熊渠……立其……少子執疵爲越章王。"則越爲熊渠之子越章王之封地，其證甚明，越焉得爲禹後耶？塗山即會稽（塗山疑即嵩山附近之三塗，其名由姜姓民族攜至東方者），本在山東，楊拱辰先生（向奎）證之甚明，見所著夏民族起於東方考。蓋禹之傳説由越人啟土山東（見竹書、史記等書）而攜至越地；會稽之傳説則又由越民族之傳播而北上（塗山乃泰山下山，及會稽傳説北上，乃與塗山并合爲一）。故不能以禹與塗山會稽之關係證禹之傳説發生於南土也。禹名從"虫"，亦即"勾龍"，龍之傳説與實物非必南方獨有。史記封禪書記秦文公夢黃虵自天下屬地，作鄜畤，郊祭白帝。山海經注引開（啟）筮云："鯀死三歲不腐，剖之以吳刀，化爲黃龍也。"黃龍與黃虵同類，然則水中動物龍蛇之類西方固有之，是又不能以禹名從虫證其爲南方傳説中之人物矣。蓋中國之西北方地勢高低不平，一逢水潦即成州之形狀，故九州之傳説即起於此地，治水之傳説亦産生於此；"降丘宅土"，非必南方民族特有之情形也。

綜上所論，禹起南方之説似不如禹起西方之説爲可能。顧師此文從九州四岳之原在地，推測禹傳説之起源，立證確而闡發精，禹與西方民族有關，自有此文，蓋爲定論矣！抑有進者，鯀、禹傳説之産生於西方，尚有他證，試補論之：

鯀即共工之説，經友人楊寬正、陳夢家諸先生及顧師與余之考證，殆無疑義。而共工古有伯九州之説：國語魯語云："共工氏之伯九有也，其子曰后土，能平九土"，"九有""九土"禮記祭法並作"九州"，是共工爲古九州之伯，即鯀爲古九州之伯；后土能平九州，即禹能平九州。有崇伯鯀及崇禹之説殆與此有關，則鯀、禹與古九州之關係又從可知矣。又山海經海內經云：

黃帝生駱明，駱明生白馬，白馬是爲鯀。

而大荒北經云：

黃帝生苗龍，苗龍生融吾，融吾生弄明，弄明生白犬，白犬有牝牡，是爲犬戎。肉食，有赤獸，馬狀無首，名曰

“戎宣王屍”。

是犬戎與鯀同出西方傳説中人物之黄帝（弄明與駱明疑爲一人之分化），所謂“馬狀無首”之“戎宣王”或即指“白馬”之“鯀”，亦未可知。然則“鯀化爲黄熊以入羽淵”，“鼈靈屍隨江水上至郫”，殆亦本於戎族之傳説耶？

共工爲姜戎之祖，鯀爲戎族，則禹傳説之出於戎族，此亦一證也。再鯀所殛之地舊謂在東方，然山海經中山經云：

> 青要之山，實維帝之密都：北望河曲，是多駕鳥；南望埠渚，禹父之所化。

水經伊水注云：“禪堵水，水上承陸渾縣東禪堵，渚在原上，陂方十里；……即山海經所謂‘南望禪堵，禹父之所化。’”然則禹父所化之處，正在陸渾之戎區域之中。據此以言，鯀、禹之爲戎族宗神，蓋無疑問！至若左定四年傳所云：“啟以夏政，疆以戎索”，則夏戎爲混處之族。鄭語云：“申繒西戎方强”，韋注：“申，姜姓；繒，姒姓；申之與國也。西戎亦黨於申。周衰，故戎狄强。”史記周本紀載“申侯與繒、西夷、犬戎攻幽王”。然則姜姒等族原爲戎種，與周雜處。禹之由姜戎之神化而爲夏人之祖，其因殆在此乎？不敢臆斷，姑縷陳之以質高明。

二十六年，五月，三十日，童書業識於故都。

寫在藪澤表的後面 [*]

　　看了上面的一篇文和一張表，禁不住把自己的一些意思吐出來。

　　中國古代對於藪澤是最注意的，所以然之故，就爲這是生產的大本營，在農業不甚發達的時候，只有倚賴天然的力量。澤是衆流所歸的大湖泊；藪是卑墊之地。湖泊中産有蕈魚之類固不必説，藪則當每年水長的時候，也盛滿了水，和澤没有分別；等到水退，留下了沈澱物作肥料，就很能生長草木，連帶着繁殖禽獸，天然的生産品比了澤中還要多。昭二十年左傳記晏子之言曰：

> 山林之木，衡鹿守之。澤之萑蒲，舟鮫守之。藪之薪蒸，虞侯守之。海之鹽蜃，祈望守之。

杜注：“衡鹿、舟鮫、虞侯、祈望，皆官名也。”這可見當時對於藪澤立有專職的官，是用國家的力量去管理經營的。襄二十五年傳又云：

> 楚蒍掩爲司馬，子木使庀賦，數甲兵。甲午，蒍掩書士田，度山林，鳩藪澤，辨京陵，表淳鹵，數疆潦，規偃豬，

＊　原載 1934 年 3 月 16 日，禹貢半月刊第一卷第二期。

町原防，牧隰皋，井衍沃，量入修賦，賦車籍馬，賦車兵、
徒兵、甲楯之數。

這些都是國家財賦之所由出，而其中"藪澤"、"疆潦"、"偃豬"、
"隰皋"四項就是湖泊或低地。堯典上説：

> 帝曰："疇若予上下草木鳥獸？"僉曰："益哉！"帝曰：
> "俞，咨益，汝作朕虞！"

這就是舜命益去管理山林藪澤的出産的記載，"上"指的是山陵，
"下"指的是藪澤。周禮中有山虞、澤虞之官，漢書地理志中有陂
官、湖官、雲夢官、涯浦官，也就是管的這類事。

上面這個表裏，共有二十個名目；若再在左傳等書中輯録起
來，一定還有不少。這二十個名目中，大陸和鉅鹿實是一藪（大
與鉅同義，陸與鹿同音），呂覽作者錯分爲二，淮南承之。震澤、
具區爲一澤之異名，前代學者早有定説。五湖與具區，大家雖很
願把它們分開，但究竟找不出具區以外的五湖，所以也只得合併
爲一。"海濱"就是沿海一帶的通名，並非澤名；不過照晏子的話
看來，海與澤藪同有官守，所以一例待遇罷了。除開了這種重復
的與混入的，一共有十六個澤。

這十六個澤，在河水流域的有三：豬野、焦穫、大陸。在渭
水流域的有二：弦蒲、楊紆。在汾水流域的有一：昭餘祁（汾渭
也可併入河水流域中）。在濟水流域的獨多，有六：滎播、圃田、
菏澤、雷夏、大野、孟諸。這六澤都在今河南東部和山東西部方
三百餘里之中，足見那地的文化所以特別興盛的原因。還有一個
在山東半島上的，是貕養。在江水流域的有三：彭蠡、震澤、
雲夢。

現在，河、濟、渭、汾一帶以及半島上的湖泊差不多全枯涸

了，只有江水流域的幾個依然很浩淼，這個原因應當請地質學家說明。我曾經去請教丁文江先生，他引了葛拉普（A. M. Gtabau，北大地質學系教授）的話，說恐怕和漢代的溝洫之政很有關係，因爲那時新開的溝渠太多了，水多爲上流所截留，流下來的便潴積不起了。除了這層意思之外，我還聽說西北的沙漠漸漸向關內移動，華北已日趨于沙漠化。上面蒙文通先生所講的氣候的變化，就是這個事實的表現。

這十六個澤，爲禹貢所獨有的是豬野、雷夏、菏澤、彭蠡；爲職方所獨有的是貕養、弦蒲；爲釋地所獨有的是焦穫。（職方兗州："其浸盧維"，鄭玄注曰："盧維，當爲雷雍，字之誤也"，則彼以爲盧即雷夏。）菏澤等本是小澤，缺去不足奇；彭蠡這澤何等廣大，何以除了禹貢外全不記載呢？即此可見江西開化之遲，爲了那地與中原的關係少，所以那時講地理的人都忽略了。再有，大陸也是一個大澤，而職方作者記冀州的澤藪時乃記一若存若亡的楊紆而不記它，且把秦藪誤爲冀藪，也不可解。

從上面這個表裏，可以知道爾雅釋地之作實在淮南地形之後。本來地形是鈔有始而略加改變的：有始說"吳之具區"，地形說"越之具區"；有始說"梁之圃田"，地形說"鄭之圃田"。現在釋地也說"鄭有圃田"，足證其襲淮南；而云"吳越之間有具區"，足證其有意調和呂覽與淮南之不同。呂覽與淮南都以"晉之大陸"與"趙之鉅鹿"對舉，釋地作者知道是錯的，乃去鉅鹿而增"魯有大野"，又足證其對此二書有訂正之功。何況"九府"之文全襲淮南，更是有確證的呢。

釋地獨出"焦穫"，蓋據小雅六月之文而補的。作者既說"秦有楊陓"，又說"周有焦穫"，秦周對舉，其非一地可知。而郭璞之注，於楊陓云"今在扶風汧縣西"，於焦穫云"今在扶風池陽縣瓠中"，同一扶風之澤，何以此稱爲秦，彼稱爲周？錢賓四先生在周初地理考（燕京學報第十期）裏說焦穫即濩澤，漢河東郡有濩澤縣，即今之山西陽城縣，我覺得這是很對的。俟將來討論到獫狁侵略時再細談。

二十三，三，五。

附

楊毓鑫：禹貢等五書所記藪澤表

禹貢	職方	有始	地形	釋地	今地及現狀
豬野（雍）					寧夏與甘肅間之白亭海，一名魚海子。
	弦蒲（雍）				今涸。在陝西隴縣西。
	楊紆（冀）	陽華（秦）	陽紆（秦）	陽陓（秦）	説不同，大約在陝西華陰縣東。澤已不存。
大陸（冀）		大陸（晉）	大陸（晉）	大陸（晉）	古澤甚廣，今淤斷爲二，北曰寧晉，南曰大陸。今大陸澤在河北任縣東北。
		鉅鹿（趙）	鉅鹿（趙）		即大陸。河北鉅鹿縣在今大陸澤之東，寧晉泊之南。
	昭餘祁（并）	大昭（燕）	昭余（燕）	昭余祁（燕）	今名鄔城泊，時涸時溢。在山西祁縣、平遙、介休縣界。
				焦穫（周）	説不同，大約即山西陽城縣西之濩澤。今深闊僅盈丈。
雷夏（兗）					今涸。在山東濮縣東南。
大野（徐）	大野（兗）			大野（魯）	元末爲河水所決，遂涸。在山東鉅野縣北。

禹貢	職方	有始	地形	釋地	今地及現狀
海濱 (青)		海隅 (齊)	海隅 (齊)	海隅 (齊)	即山東海邊一帶。一説申池，在山東臨淄縣西。
	貕養 (幽)				今涸。在山東萊陽縣東。
孟豬 (豫)	望諸 (青)	孟諸 (宋)	孟諸 (宋)	孟諸 (宋)	今涸。在河南商丘縣東北。
菏澤 (豫)					今涸。在山東菏澤縣。
滎播 (豫)	滎(豫 州川)				自西漢後塞爲平地。在河南滎澤縣治南。
	圃田 (豫)	圃田 (梁)	圃田 (鄭)	圃田 (鄭)	今涸，略有遺蹟。在河南中牟縣西。
彭蠡 (揚)					今江西鄱陽湖。
震澤 (揚)					今江浙間之太湖。
	具區 (揚)	具區 (吳)	具區 (越)	具區(吳 越之間)	今江浙間之太湖。
	五湖 (揚)				
雲夢 (荊)	雲瞢 (荊)	雲夢 (楚)	雲夢 (楚)	雲夢 (楚)	今湖北東南部及湖南北部之湖泊之總名。 今湖北安陸縣南有雲夢縣。

説丘 [*]

一 "九丘"

從古代的地名上可以見出古人的地理觀念，如州、里、丘、陵、都、邑，都是。現在就先從"丘"説起。

左傳昭十二年，記楚靈王狩於州來，使蕩侯等帥師圍徐以懼吳，自己停在乾谿以爲後援。靈王靠着自己的武力，驕傲得很，嘻吹了一頓；右尹子革只管將順他。那時有人私下責問子革："你爲什麼不加匡救呢？"他答道："你等着罷！"一忽兒，王出來，恰巧左史倚相趨過，王指了他向子革道：

> 是良史也，子善視之！是能讀三墳、五典、八索、九丘。

子革道："他不算什麼，我曾問他祈招之詩，他答不出呢！"（祈招之詩，是祭公謀父爲了周穆王欲肆其心，要使天下都有自己的車轍馬跡而作的。）靈王問他："你背得出嗎？"子革就背了出來，慚

---

* 1934 年 3 月 21 日作。原載 1934 年 4 月 16 日禹貢半月刊第一卷第四期。

愧得靈王幾天没有喫飯睡覺。

在這一段故事裏，出來了一個"九丘"之名，與三墳、五典並列，杜預注云："皆古書名"，説得浮泛得很。賈逵注云：

> 九丘，九州亡國之戒。（左傳疏引）

他所以這樣説，李貽德在左傳賈服注輯述（卷十六）裏替他作了一個説明：

> "九"是九州之數，九州者，禹貢之九州冀、兗、青、徐、揚、荆、豫、梁、雍也。知爲亡國之戒者，楚辭哀郢"曾不知夏之爲丘兮"注，"丘，墟也"，是亡國者爲丘墟矣。

由我想來，賈逵這話恐怕是受了揚雄十二州箴的影響來的。總之，無論是否亡國之戒，九丘與九州必有關係。

這不僅是賈逵個人的設想如此，馬融也説：

> 九丘，九州之數也。（左傳疏引）

劉熙的釋名也説：

> 九丘：丘，區也，別九州之土氣教化所宜施者也。（釋典藝）

僞孔安國的尚書序也説：

> 九州之志謂之九丘：丘，聚也，言九州所有，土地所生，風氣所宜，皆聚此書也。

照他們的話，九丘簡直是禹貢和職方的放大本。因此，孔穎達的疏説：

> 別而言之，土地所生，若禹貢之厥貢厥篚也；風氣所宜，若職方其畜若干，其民若干男若干女是也。

九丘即九州之志，就這樣地決定了。但"丘"本是土高之名，只有小地名是用它的，爲什麽九州之志要用它來作代表呢？

還有一個問題，就是左傳中這段文字是不見於史記的。左傳這部書，在司馬遷時叫什麽名字，是另一問題，但司馬遷是一定看見過的，史記裏引它的文字不知有多少。楚靈王次于乾谿以及向子革誇口的一段話，史記楚世家裏全有，單單靈王誇獎倚相及子革微詞託諷的話則一字没有。在周本紀裏，也没有祭公謀父諫勸穆王的祈招之詩，這是什麽緣故呢？説是司馬遷删削罷，在子革是"曲終奏雅"，爲什麽偏把雅的删掉？而且"三墳、五典、八索、九丘"既是古書，是何等重要的古史材料，他又如何忍心删削？

説到這兒，又牽涉了今古文問題。我以爲這段文字是劉歆重編左傳時加入的。這裏所謂"三墳、五典"，正和周官外史"掌三皇、五帝之書"相映照。所謂"九丘"正和古文尚書的"帝釐下土，方設居方，别生分類，作……九共九篇"相映照。他在群書中埋伏了證據，好作左右的掩護。這些古書名，在司馬遷時代還没有哩！

但我雖不信古時真有九丘一書，而深信"丘"爲古代地理的重要名詞。劉歆所以拿這字來代表古地理，確自有其歷史的意義。

二　春秋及左傳中的"丘"

我們現在就從春秋和左傳二書中，看春秋時以丘名地的有多少。固然這一定很不完備，但也未嘗不可看出一個約略。

一，晉地：

1. 邢丘（左傳宣六年："赤狄伐晉，圍懷及邢丘。"又昭五："晉侯送女于邢丘，子產相鄭伯會晉侯于邢丘。"）

2. 苕丘（經成十六年："晉人執季孫行父，舍之于苕丘。"按公羊傳作"招丘"。）

3. 瓠丘（傳襄元："晉以宋五大夫在彭城者歸，寘諸瓠丘。"）

4. 英丘（傳哀二十三："齊人取我英丘。君命瑤……治英丘也。"）

二，衛地：

1. 犬丘（傳隱八："宋公……衛侯……遇于犬丘。"經作"垂"。）

2. 桃丘（經桓十："公會衛侯于桃丘。"）

3. 楚丘（傳閔二："封衛于楚丘。"又經僖二："城楚丘。"）

4. 帝丘（經僖三十一："衛遷于帝丘。"又傳昭十七："衛，顓頊之虛也，故爲帝丘。"）

5. 清丘（經宣十一："晉人宋人衛人……同盟于清丘。"）

6. 平丘（經昭十三："公會劉子晉侯……于平丘。"）

三，齊地：

1. 葵丘（傳莊八："齊侯使連稱管至父戍葵丘。"）

2. 貝丘（傳莊八："齊侯……遂田于貝丘。"）

3. 牡丘(經僖十五："公會齊侯宋公……盟于牡丘。")

4. 郪丘(經文十六："公子遂及齊侯盟于郪丘。"按公羊經作"犀丘"，穀梁經作"師丘"。)

5. 句瀆之丘(傳襄十九："執公子牙于句瀆之丘。"又襄二十一："執公子買于句瀆之丘。"又襄二十八："賈在句瀆之丘。")

6. 重丘(經襄二十五："諸侯同盟于重丘。"又傳襄二十八："重丘之盟未可忘也。")

7. 廩丘(傳襄二十六："齊烏餘以廩丘奔晉。"又定八："公侵齊，攻廩丘之郛。"又哀二十："會于廩丘。"又哀二十四："臧石帥師會之，取廩丘。")

8. 渠丘(傳昭十一："齊渠丘實殺無知。")

9. 豐丘(傳哀十四："豐丘人執之以告。")

10. 犂丘(傳哀二十三："戰于犂丘，齊師敗績。")

四，莒地：

1. 渠丘(傳成八："申公巫臣如吳，假道于莒，與渠丘公立于池上。"又成九："楚子重自陳伐莒，圍渠丘。")

五，魯地：

1. 中丘(經隱七："城中丘。"又隱十："公會齊侯、鄭伯于中丘。")

2. 祝丘(經桓五："城祝丘。"又莊四："夫人姜氏享齊侯于祝丘。")

3. 咸丘(經桓七："焚咸丘。")

4. 乘丘(經莊十："公敗宋師于乘丘。")

5. 戾丘(傳文十五："一人門于戾丘。")

6. 巢丘(傳成二："齊侯伐我北鄙，……取龍。遂南侵，及巢丘。")

7. 泉丘(傳昭十二："泉丘人有女，……奔僖子。")

六，邾地：

1. 於餘丘（經莊二：“公子慶父帥師伐於餘丘。”按杜注謂是國名，公、穀則俱謂邾地。）

2. 虛丘（傳僖元：“虛丘之戍將歸者。”）

3. 閭丘（經襄二十一：“邾庶其以漆、閭丘來奔。”）

七，曹地：

1. 重丘（傳襄十七：“衛孫蒯田于曹隧，飲馬于重丘。”）

2. 黍丘（傳哀七：“築五邑于其郊，曰黍丘、揖丘……。”）

3. 揖丘（見上）

八，宋地：

1. 楚丘（經隱七：“戎伐凡伯于楚丘。”又傳襄十：“宋公享晉侯于楚丘，請以桑林。”）

2. 穀丘（一作“句瀆之丘”。經桓十二：“公會宋公燕人盟于穀丘。”傳作“公及宋公盟于句瀆之丘”，“穀”蓋“句瀆”之合音也。）

3. 梁丘（經莊三十二：“宋公齊侯遇于梁丘。”）

4. 葵丘（經僖九：“公會宰周公、齊侯、宋子……于葵丘。”又“九月戊辰，諸侯盟于葵丘。”）

5. 長丘（傳文十一：“宋武公……敗狄于長丘。”）

6. 幽丘（傳成十八：“鄭伯……會楚子伐宋，取幽丘。”）

7. 犬丘（傳襄元：“鄭子然侵宋，取犬丘。”）

8. 商丘（傳襄九：“陶唐氏之火正閼伯居商丘。”又昭元：“遷閼伯於商丘，主辰，商人是因。”）

9. 赭丘（傳昭二十一：“與華氏戰于赭丘。”）

10. 老丘（傳定十五：“鄭罕達破宋師于老丘。”）

11. 雍丘（經哀九：“宋皇瑗帥師取鄭師于雍丘。”）

九，鄭地：

  1. 桐丘(傳莊二十八："子元伐鄭，鄭人將奔桐丘。"又哀二十七："晉荀瑤帥師伐鄭，次於桐丘。")

  2. 頃丘(傳哀十二："宋、鄭之間有隙地焉，曰彌作、頃丘……")

 十，陳地：

  1. 壺丘(傳文九："楚侵陳，克壺丘。")

 十一，楚地：

  1. 陽丘(傳文十六："楚大饑，戎……伐其東南，至于陽丘。")

  2. 宗丘(傳昭十四："楚子使然丹簡上國之兵于宗丘。")

以上所舉，以丘名地的以宋爲最多，得十一；次齊，得十；又次魯，得七；又次衛，得六；又次晉，得四；又次曹與邾，皆得三；又次楚，得二；最少爲莒與陳，皆得一。總共四十八名，宋與齊都超過五分之一。只有渭水流域的秦和江、湖間的吳、越，一個都沒有。

三　對於上列現象的解釋

  看了上面這個表，我們可以清楚知道，"丘"這個名字是和水患有關係的。當"秋水時至"之時，或"山洪暴發"之日，只有住在高丘上的人能穀免於水患，所以"丘"就給當時人所注意了。晉的南境當黃河的下游；衛則正在河、濟兩大流之間；齊當濟水的下游；魯則以濟爲西界，濟水所瀦的大野澤在魯境内；邾在魯的南首，與魯有相同的利害；曹在南濟與北濟之間；宋在南濟與睢水之間。這一帶地方正是平原廣野，又兼河、濟挾着百川入海，其勢汹湧，又自滎澤以東，觸處瀦水成澤，一年一度的水患(也就是水利，因爲它挾着沈澱物俱來，可以作肥料）是不可免的，所以多的是丘了。我們只要翻開楊守敬的春秋列國地圖的南二卷"中"與"西一"來，就可以在這尺幅之中見到多少個丘名。

其實，禹貢中已經透露了這消息。這一帶地方（除晉外）在禹貢中是屬於兗、青、徐、豫四州的。兗州章云：

> 九河既道，雷夏既澤。……桑土既蠶，是降丘宅土。厥土黑墳。

青州章云：

> 厥土白墳，海濱廣斥。

徐州章云：

> 大野既豬，東原底平，厥土赤埴墳。

豫州章云：

> 榮波既豬，導菏澤，被孟豬。厥土惟壤，下土墳壚。

這四州中盡多河的支汊和湖泊，而很少山。（兗豫二州完全没有山，青僅有岱，徐僅有蒙、羽、嶧等小山。）提到"土"，都有一個"墳"字，這是其它五州所没有的，大概這就是所謂"丘"吧？至于"桑土既蠶，是降丘宅土"，這説得更明顯了。關於這一句，僞孔傳的解釋是：

> 地高曰丘。大水去，民下丘居平土，就桑蠶。

孔穎達疏是：

> 宜桑之土既得桑養蠶矣；洪水之時，民居丘上，於是得
> 下丘陵，居平土矣。……計下丘居土，諸處皆然，獨於此州
> 言之者，鄭玄云：“此州寡於山而夾川兩大流之間遭洪水，
> 其民尤困。水害既除，於是下丘居土，以其免於厄尤喜，故
> 記之。”

鄭玄之說很近情理，足以說明河、濟兩大流之間所以多“丘”的地
名的緣故，也就足以證明把“九丘”代表九州的緣故了。

　　關於這個問題，還有好些意思要說，只以限于本刊的篇幅，
待下次續論吧。

禹跡圖説 *

　　本刊本卷所用封面爲禹跡圖，原圖高廣各三尺四寸二分，僞
齊（劉豫）阜昌七年（宋紹興七年，金天會十五年，西元一一三七）
四月刻石，没有寫明在哪裏刻。但碑陰有一華夷圖，和它同樣大
小，是阜昌七年十月刻的，卻寫明"岐學上石"，即此可以推測這
圖也是岐學刻的。大約是那裏學校當局得了這二圖，先後刻給學
生看。這石現在保存於陝西省城碑林裏，雖已經過八百年，卻還
不甚損壞。本刊封面所用，是根據一個較舊的拓本。

　　中國地圖是很古就有的。尚書洛誥裏説周公定東都，"伻來，
以圖及獻卜"，可見西周初年已有洛邑的圖。其它如荆軻使秦獻
督亢地圖，蕭何入秦收取圖書，漢武帝案古圖書名河所出山曰崑
崙，後漢明帝賜王景禹貢圖，陶潛"流觀山海圖"而作讀山海經
詩，裴秀自製禹貢地域圖十八篇，可見地圖的製作和流傳是不曾
斷過。不幸中國的兵亂太多，所有的古地圖都失傳了。現在存留
的最古的地圖，要算這幅禹跡圖了！看這幅圖，開方計里，海岸
綫的屈曲有度，河流的粗細有別，足徵那時製圖術已很進步。一
比了明清間刻的禹貢圖和當代圖，就反映出近數百年的退化
來了。

　　這幅地圖有人定爲賈耽作的。這因唐書賈耽傳裏説他"又圖
海內華夷，廣三丈，縱三丈三尺。以寸爲百里。中國本之禹貢，

---

　　* 原載 1935 年 3 月 1 日禹貢半月刊第三卷第一期。署桂薑園。

外夷本班固漢書。古郡國題以墨，今州縣題以朱"，而這一幅禹
跡圖，橫方五十二，豎方七十三，每方折地百里，上端又寫"禹
貢山川名，古今州郡名，古今山水地名"三行，似乎即是縮小的
賈耽作品。但唐書裏説的賈耽圖，是打方格的華夷圖，而岐學的
華夷圖卻無方格，有方格的乃不名華夷而名禹跡，也不完全適
合。華夷圖上有説明云："四方蕃夷之地，賈魏公圖所載數凡數
百國；今取其著聞者載之。又參考傳記以叙其盛衰本末。"可見他
們畫圖，取資於賈耽則有之；若謂即是賈耽的圖，還是臆測之
辭。而且把高廣各三丈的圖縮在高廣各三尺的圖裏，以古人工具
的不精良，除了大删汰之外再有什麼法子？既經大删汰，就不可
算作原圖了。

　　關於這幅圖，畢沅關中金石記（卷七）曾有考證。他説："考
宋毛晃禹貢指南，稱先儒所刻禹跡圖，黑水在雍州西北而西南
流，至雲南之西南乃有黑水口，東南流而入南海，中間地里闊
遠。今此圖黑水與毛説合，是爲宋以前相傳之舊也。"他又批評它
所論定的禹貢山水，得嶓冢、漢（潛）、黑水、漆沮五條，鈔出
如下：

　　（一）"案圖，嶓冢山在秦州東南，深合漢以來相傳之説。考
水經禹貢山水澤地所在言嶓冢在隴西氐道，班固地理志言在隴西
西縣：漢氐道及西縣治皆在今秦州。自魏收地形志以嶓冢山爲在
華陽郡嶓冢縣，括地志、元和郡縣志並承其誤，山乃移今之寧羌
州矣。然唐人猶兩存其説。據魏收以駁班固，自胡渭禹貢錐指
始"。

　　（二）"案圖，西漢水出秦州，南至涪州入江；東漢水出興元
府，東至漢陽入江：亦合於班固地理志之説。其圖西漢水不通於
東漢則不合於古。何則？余嘗謂禹貢言'嶓冢導漾'，是言水之在
今甘肅秦州者也。'東流爲漢'，是言水之在今陝西漢中府者也。
'又東爲滄浪之水'，則言水之在今湖北省者也。西漢至寧羌州西

北，有水通於東漢，班固所云‘東漢水首受氐道水’，郭璞爾雅音義謂之‘潛水’，水經注謂之‘通谷水’，括地志謂之‘復水’，云‘出利州綿谷龍門山，今俗以爲燕子河也’。其水于圖，當自興元府南承東漢水，流自利州，北合于西漢；而殊未之及。今四川廣元縣是唐宋利州治，寧羌州是其東北境，龍門山在州北百五十里，即李吉甫所云‘利州東北有龍門山’者也。樂史又云‘龍門山下有燕子谷’，或水之所以名矣。郭璞既稱舊云‘即禹貢沱潛’，缺之非也。”

（三）“案圖，黑水是三危之黑水。黑水實有二。余考‘華陽黑水惟梁州’，孔安國言‘東據華山之南，西距黑水’。張守節史記正義，‘案括地志，黑水源出梁州城固縣西北太山’，以此釋梁州黑水，較長。酈道元案諸葛亮牋，稱‘朝發南鄭，暮宿黑水’，即此。諸家解書以二黑水爲一，非也。今水在漢中府城固縣西北五里。”

（四）“案圖，漆沮之洛至同州南入於河。古説皆入渭，是洛自宋金時改流入河也。近韓邦靖著朝邑縣志，云‘洛水，明成化改流入河’，不察之甚矣。”

（五）“案圖，無漆沮。蓋洛即漆沮。孔安國書傳，水經（見史記注晉灼所引，今本無之），闞駰，皆言是也。李季卿三墳記石刻亦云‘漆沮泛溢，馮翊昏墊’，是唐人猶存其説矣。漢人言漆縣西有漆水入渭，在今麟游縣，合雍入渭者，爲詩‘自土沮漆’之漆，是古但有兩漆水耳。水經注洛水下又有漆水，又遁甲開山圖‘長安西有漆渠’，俱非禹貢之漆。然自樂史宋敏求以來，所在多漆水矣。”

畢氏據了這幅圖來推定唐宋人的禹貢説，當然很對；但他批評這圖不是的地方卻頗可商。爲什麼？因爲禹貢作者對于山川，有的目覩，有的傳聞，其傳聞的當然不一定對。而且二千餘年來，水道變遷的很多，就是我們去實地勘查，也不易斷定禹貢的是非。更不幸的，就是以前講禹貢的人但憑書本，加以臆説，説法一多，就無法得到確定的結論。例如黑水，固然可如畢氏之説爲二水，但何嘗不可如蔣廷錫的説爲三水，也何嘗不可如禹跡圖的説爲一水？彼此都没有充分的證據，彼此想像中都有一個比較近于情理的推測，而所謂比較近情理實在只是主觀的見解！所以我們如果要畫禹貢圖在一幅上，而每一個地名只許定在一個地方，則除了用獨斷的態度表示其爲"一家言"之外更無別法。然而既爲一家言，則"此亦一是非，彼亦一是非"，又有什麽法子可以罷訟？所以我們將來畫起禹貢圖來，應當一個地名畫一幅，凡是關于這一地名的異説統統整理起來，先分爲幾説，再依時代的先後而定甲乙的次序，有幾家説法的就在圖上作幾個注記。我們不想在這紛紛之説中得着定論，我們只想弄清楚這些説法的本身的演變！這固然是一個没奈何的辦法，但已是唯一的客觀整理的辦法了。

　　禹跡圖，除了長安的一片石外，還有一個在山西稷山縣。光緒山西通志金石記（卷九七，頁四六）云："禹跡圖石志，今在稷山縣關帝廟。稷山縣志：'石志在保真觀。石横二尺五寸，爲方七十一；豎三尺，爲方八十一：共方五千七百五十一。每方折地百里。志禹貢山川名，古今州郡名，山川地名。刊刻極精。'今移砌關帝廟。"又注云："案關中金石記有此圖，爲僞齊阜昌年所刻。……此石志不詳爲何代所刻，疑亦關中之摹本也。惟彼圖方廣各三尺餘，此石旁緇，非得墨本，不能別其同異也。"那麽，這一石是長方形的，與長安一石作正方形的不同。這圖的拓本，我們尚未得到，希望山西朋友就近替我們找一找！

　　　　　　　　　　　　　　　　　廿四，二，十六。

河南葉縣之長沮桀
溺古蹟辨跋 [*]

　　趙肖甫先生這篇文章，送來已半年了；只因我有一點意見，想寫出一篇跋附在後面，而這數個月中老找不到一天的空閒，遂至壓擱到了今天，這真是極端抱歉的事。

　　這篇文章把千餘年前造成的長沮桀溺的古蹟根本打消，斷說道："沮溺本無其人！孔子本無此事！論語亦初無此文！"這是何等痛快的事？我敢借此提出一個口號：凡是古蹟都是靠不住的！——這當然是充類至盡的話，有些過火；但是憑我的良心說，靠不住的古蹟總要佔到百分之九十以上。這是我敢堅持的一點意見！

　　記得我幼年在家鄉，游虎丘，見唐貞娘墓，是一個圓頂的大石，我就很奇怪：難道貞娘是葬在石頭裏面的嗎？她的靈柩怎麼抬得進去？回過頭來，又看見一塊石頭，劃然中分，這是吳王的試劍石。後來游常熟的虞山，又見吳王試劍石，就引起了我的疑惑：為什麼吳王鑄了一把劍，既不在工廠裏試，又不在王宮裏試，卻是這樣不憚煩的跑到名山去砍一下，讓後人來賞鑒呢？

　　十餘年來治古史之學，看見古人的生地葬地常常錯出，例如舜在山東、山西、浙江、湖南諸地都有他的遺跡，起初也不免像劉知幾所懷疑的，以為舜崩蒼梧是給禹所趕走，湘竹斑斑乃是二

---

* 原載 1936 年 6 月 1 日禹貢半月刊第五卷第七期。

妃生離之痛的遺痕。後來弄了孟姜女故事，看她既是陝西人，又是江蘇人，又是湖南人，既死在榆關，又死在同官，纔知道故事是會得走路的，走了路是會給各地的民衆留住的；齊國人拉住了舜不放，楚國人又把他的靈魂招去了。所以我們如果瞭解了故事演變的方式，再來看古史古蹟，它們那些錯亂矛盾的癥結就打開了，變得平淡無奇了。

　　前年，我們游綏遠，一路上看見的和聽得的王昭君墓共有三座，難道她的軀體會分葬在三處嗎？這也無非是這位美人的名望太大了，吸引人們的同情心太強了，所以各地的人樂得拉她去點綴風景了。我們從没有聽見匈奴單于有墓，爲什麼閼氏倒有墓呢？我們從没有聽見别的閼氏有墓，爲什麼王昭君墓卻多呢？歸化城南這一個，我是去了的，高十餘丈，廣十數畝，頂上方平，實在不像一個墓；我想漢武帝出塞外，曾登單于臺，也許這是單于瞭望臺的遺跡吧？現在蒙古人死了，便給禽獸喫了，叫做"天葬"；就使葬在地裏，也是要給數十百匹馬踏平了的。當時匈奴風俗或者也是如此。成吉思汗死了，他的金棺至今没有葬，放在伊克昭盟的蒙古包裏。當時匈奴人如對於王昭君的飾終典禮特別隆重，也許如此辦的。所以昭君當年的葬禮如何，我們固然不能知道，但我敢説：現在的昭君墓——所謂"青冢"——決是後人附會出來的。

　　説到墳墓，我再舉一個例。六七年來，我游過戰國時的燕都（易縣）、齊都（臨淄）、趙都（邯鄲），覺得這些故城中有一個一致的現象，便是平地上有不少土阜，有獨峙的，也有叢連的。在燕下都中，稱這土阜爲"臺"，有所謂老母臺、九子臺等等；這種臺名固是後起的，但稱之爲臺，表明這是古建築的遺跡，原没有錯。可是在齊故城中，就不稱爲臺而稱爲"冢"，於是有齊桓公冢、齊景公冢、管仲冢、晏子冢，還有大的土阜叫黔敖冢，表示他是一個有産階級的人物，還有三個相連的土阜叫三士冢，表示他們同年同月同日死的勇氣和高情。凡是經書子書上的幾個齊國有名人物，完全可以見着他們的墳墓。將來經考古家發掘之後，黔敖冢裏當然會發現當年"爲食于路"的簞筥盤壺，三士冢裏也會找出當年自刎的三把劍和兩個未爛的桃核來了。這豈不是古人傳下來的幾種書本上的記載已記盡了當時齊國的事實？可惜易縣的人士太樸實了，不然，燕王噲和子之不但可以各分一個冢，而且可以有受禪臺了！——易縣也有一個奇怪的古蹟，便是"荆軻塔"，原來荆軻歌蕭蕭易水的時候已有了七級浮屠了，這真是佛教東來史上的一件奇蹟！

邯鄲的趙王城中的土阜，那邊的人既沒有題臺名，也沒有分配給誰，他們在古蹟的點綴上不免太寂寞了。（大清一統志卷三十一引舊志云："故城……雉堞猶存，中有一臺，疑即殿廷之所"，這是合理的猜測；但不止一臺，這裏說得太少了。）可是明嘉靖間築的新城（在故城東北約八里）中卻有"迴車巷"，令人慨想起當年的廉藺風範，知道他們二人乃是在郊外碰見的，這也可說是一個新發見。我們游到邯鄲之南的磁縣，那邊有藺相如的故里；游到定縣之西的曲陽，又見了藺相如的故里；說不定別處還有呢？如果我們要替它作解釋，只有說：他做了趙相，要各處去巡行，所以某一處是他的真正老家，而別處的則都是他的公館。

這種事情，一時也說不了。泰山上有"孔子小天下處"一碑，難道是孔子說了這句話之後就吩咐從人立碑的？倘使不然，後人怎能知道他是恰恰站在這裏說了這句話？嚴州的嚴子陵釣臺是築在臨江的山頂上，不知道他的釣絲有多麼長？嚴州有一種小魚像鯢魚似的，叫做"子陵魚"，店裏發賣，一個玻璃瓶裏裝幾千條，不知道他釣的是不是這種魚？如其是的，那麼他不但"緣木求魚"，而且是登山釣小魚，這種大本領簡直可以塞住孟子的嘴！

現在就手頭的方便，舉出幾個前人已辨過的古蹟來說一說，見得我們不是存心反對這些。

　　其一是文王所囚的羑里。按河南湯陰有羑里城，甘肅文縣也有羑里城，這兩城都在山阜之上，四面臨巖，只有一條小徑可以出入，式樣是很相像的。但文王一個人哪會被囚在兩處羑里，所以後人就想出了一種彌縫的說法，說道：“當日紂以文王西夷之人，仍當囚之西夷之遠，故議及陰平，欲投諸遐荒者，初念也；又慮遠則疏虞，不若就近便於禁錮者，轉念也。”（見康熙陝西通志藝文類載明蕭籍羑里辨）這樣一解釋，於是兩個羑里城就都有存在的理由了。他們那裏知道文王囚於羑里這一件事便是根本不可信的，崔東壁先生早已在豐鎬考信錄裏辨得明明白白（卷二，文王下），這是誤用了後世君臣的眼光來分別當時的大邦小國之君，而不知那時紂的力量原達不到周。然則“皮之不存，毛將焉附”，世間紛紛對於羑里城的聚訟，豈不可笑。

　　其二是王羲之修禊的蘭亭。浙江山陰有蘭亭古蹟，說是王羲之修禊的原址。實際那個蘭亭乃是明永樂二十七年姓沈的知府所建，他看見那塊地的鄰近有兩個池子，便在上面造了一座亭子，築起溝來，引田水灌入，來摹做“曲水流觴”的典故，於是他的假蘭亭就成了王右軍的真蘭亭了。到萬曆三年，又有人在另一處造了一個亭子，他說這纔是真正的古蘭亭，大家也相信了。後來張岱去實地探訪蘭亭古蹟，纔把這兩處西洋鏡拆穿（辨見瑯嬛文集卷三）。但他自己仍要在荒草叢木之中，選出一個最勝處而定它爲真蘭亭，活見鬼地在那裏幽賞了許久。我們若問起他所以定此地爲蘭亭的證據，也不過因“此地有崇山峻嶺，茂林修竹，又有清流激湍”，與王羲之所作的那篇序有些相同而已。其實滄海桑田，那有千餘年不變的竹木清流；至于“崇山峻嶺”則是山中所必見的景象，有什麼證據可言！唉，文人好事，後人上當，這就是一個顯明的例子！

　　其三是澹臺滅明的墓。春秋土地名中說泰山南武城縣有澹臺滅明墓，陳留風俗傳中又說陳留縣有澹臺滅明墓，而江西南昌的東湖上也有他的墓。他和王昭君一樣，葬身之處有三座了。據畢亨説，江西的一座始於宋漕使高述的題碑（九水山房文存卷上），大約他是因史記裏有澹臺滅明南游至楚的記載而附會上去的（畢氏以爲這是漢會稽經師澹臺敬伯的墓，也只是一種揣測而已）。陳留與泰山的澹臺墓也至少必有一處是偽的。澹臺既是魯國人，爲什麼要葬在陳國（陳留於春秋屬陳）？但即此泰山的墓也未必可信，或許後人讀論語，見子游爲武城宰，孔子問他所得的人才，子游以澹臺滅明對，從這一段上附會出來的。澹臺滅明在當時並不是一個十分有名的人物，古代墓上又没有立碑的制度，他的墓址怎能流傳到數百千年之久而不誤呢？

其四是魯仲連的射書臺。史記裏載燕將攻下齊的聊城，畏讒不敢歸燕，把城守住，齊田單反攻歲餘不下；魯仲連寫了一封信，勸他退讓，縛在箭上射進城去，燕將得書便自殺了，田單乘勢攻下聊城。因爲有了這一件故事，後人便在聊城城外指出一座射書臺來。哪知聊城的故城並不在今治，現在的聊城是已經第三次遷徙的了，如何魯仲連會到那邊去射書？現有的魯連射書臺乃是明萬曆三十五年陸夢履所建的，和魯仲連絲毫不生關係。水經注載聊城故城東門有層臺秀出，是魯仲連卻聊城之衆的地方，這個説法雖未必真確，尚可説是較早的古蹟。自從陸夢履的新射書臺出現，這個水經注的舊射書臺就逼得改稱爲顓頊冢了。（以上考證見畢亨九水山房文存卷下。）偽中出偽，糾葛如此！

上面所舉的四項古蹟，一里，一亭，一墓，一臺，都是後人隨意編造出來的。這種造偽和辨偽的實例，只要多翻幾部地方志，保你滿載而歸。所以我們就使充量地説一切古蹟都不可信，也不爲過。因爲古人的一舉一動，哪能都爲人所注意；等到人家注意的時候，這人和他的同輩早已化爲異物，訊問不出來了。以數十百千年之後的人的猜測，算做數十百千年之前的人的真蹟，哪會有對的道理！

　　僞古蹟之外還有僞地名，遠的如漢武帝案古圖書而定黄河所出的山爲崑崙，漢代經師隨意解釋禹貢九河而有具體的九條河可指；近的如湖北通城縣志根據誤説杜造出通城的九宮山和羅公山（説見本刊第四卷第十一期，及第五卷第五期童書業先生通訊）；最近的如根據辭源改岷江爲白龍江（説見本刊第四卷第六期趙貞信通訊）。將來我們所記載的如有錯誤，當地人依據了禹貢半月刊而僞造地名，那麼我們就對社會負罪了！所以我們的工作人員千萬要當心，不要害將來的人費掉多少考辨的工夫才好！

　　這類僞古蹟和僞地名若一一加以辨證，至少可以做出一部數百萬言的大著作。史地學裏未開發的園地尚多，這也是其中的一部分；本刊的讀者中如有高興專作這一件事的，請照趙先生的樣子去作罷！工作的結果，既可爲將來的方志刊芟葛藤，又可爲國立的古蹟古物保存會分出進行的緩急來，即就實用上言也是很好的事，更不須説在史地學上的貢獻了。

　　　　　　　　　廿五年五月二十一日，顧頡剛記。

兩漢州制考[*]

一　漢書地理志述西漢州制的矛盾説

　　事情有似乎没有問題而實在蕴蓄着很重大很繁複的問題的；有記載似乎很豐富，時代也不算很古，然而竟難明其究竟的。這種事情到處可見，秦的郡制是一例，漢的州制也是一例。

　　漢書武帝紀元封五年：

　　　　初置刺史，部十三州。

又百官公卿表云：

　　　　武帝元封五年，初置部刺史，掌奉詔條察州，秩六百石，員十三人。

---

* 原載慶祝蔡元培先生六十五歲論文集，中央研究院歷史語言研究所，1935 年 1 月。

這是漢代立州制的初見。司馬遷作史記在太初元年（據王靜安先生太史公繫年考略所定），已是武帝置了十三州刺史的第三年了，但史記裏對於這個很重要的制度毫未提及，煞是可怪。這也説不定司馬遷已記於今上本紀中，後來亡失了。（漢書司馬遷傳云："十篇缺，有録無書。"顏師古引三國時張晏注云："遷没之後，亡景紀、武紀。"）最不幸的，史記裏有河渠書，又有貨殖列傳，已做了些零碎的地理記載，卻想不到做一篇完整的地理書。假使有這一篇，我們的古代史和漢代史裏不知可以減去多少問題。（史記天官書中，有分野的一段，説"角、亢、氐，兗州。房、心，豫州。尾、箕，幽州。斗、江、湖。牽牛、婺女，揚州。虚、危，青州。營室至東壁，并州。奎、婁、胃，徐州。昂、畢，冀州。觜觿、參，益州。東井、輿鬼，雍州。柳、七星、張，三河。翼、軫，荆州"。這段文字如出於司馬遷的手筆，或他鈔自別的天文學家之書，則必在元封五年之後，因爲已把梁州改爲益州。但他雖分周天爲十三野，而於禹貢和職方之外多出的兩部乃是三河與江湖，三河爲畿輔，江湖仍爲揚州，與武帝的十三部制不相應。）其後州郡之制經過王莽的改變，光武帝的改變，當時也都没有很清楚的記載流傳下來。

　　直至東漢明帝時，班固始在武帝紀及百官公卿表中寫了上面這兩條。他又在地理志的序論上説：

　　　　至武帝攘卻胡越，開地斥境，南置交趾，北置朔方之州，兼徐梁幽并，夏周之制，改雍曰涼，改梁曰益，凡十三部，置刺史。

這句話原是説得很明白的。禹貢（所謂夏制）的九州爲"冀、兗、青、徐、揚、荆、豫、梁、雍"，現在"改雍曰涼，改梁曰益"，是武帝的十三州中有"冀、兗、青、徐、揚、荆、豫、益、涼"九州了。職方(所謂周制)的九州是"揚、荊、豫、青、兗、雍、幽、冀、并",比較禹貢缺少了徐、梁,而多出了幽、并;現在兼採周制,是武帝的十三州中又有"幽、并"二州了。再加上了攘卻胡、越的結果,"南置交趾,北置朔方之州",又多出了這二州。"冀、兗、青、徐、揚、荊、豫、益、涼、幽、并"十一州是襲舊的,"交趾、朔方"二州是創新的,總凡十三州。這當然沒有發生問題的餘地。

不幸班固在地理志中不曾以州爲綱,以郡爲目,使得讀者對於州郡的轄屬沒法一目了然。又不幸班固在若干郡名之下記了所屬之州,而這些州名卻不能與其序論所述的完全脗合。更不幸的,班固沒有把一百零三個郡國所屬之州完全記出,使得學者們枉費許多精力去推敲西漢州郡的分配。他雖好意寫了兩卷地理志,但傳給我們的乃是一篇糊塗賬!

現在把地理志中記着的若干郡國所屬之州完全鈔出,按照了志中的次序加上數目字,如下:

(一)云"屬司隸"的有兩個,是:

    (8)河內郡　　　　　(9)河南郡

(二)云"屬冀州"的有九個,是:

    (22)魏郡　　(23)鉅鹿郡　　(24)常山郡

    (25)清河郡　　(84)趙國　　(85)廣平國

    (86)真定國　　(87)中山國　　(88)信都國

(三)云"屬并州"的有九個,是:

    (6)太原郡　　(7)上黨郡　　(62)上郡

    (63)西河郡　　(64)朔方郡　　(65)五原郡

    (66)雲中郡　　(67)定襄郡　　(68)雁門郡

(四)云"屬幽州"的有十個,是:

    (26)涿郡　　(27)勃海郡　　(69)代郡

    (70)上谷郡　　(71)漁陽郡　　(72)右北平郡

(73)遼西郡　　(74)遼東郡　　(75)玄菟郡
(76)樂浪郡

(五)云"屬兗州"的有八個，是：

(10)東郡　　(11)陳留郡　　(19)山陽郡
(20)濟陰郡　　(31)泰山郡　　(94)城陽國
(95)淮陽國　　(97)東平國

(六)云"屬青州"的有六個，是：

(28)平原郡　　(29)千乘郡　　(30)濟南郡
(32)齊郡　　(33)北海郡　　(34)東萊郡

(七)云"屬徐州"的有四個，是：

(35)琅邪郡　　(36)東海郡　　(99)楚國
(101)廣陵國

(八)云"屬豫州"的有五個，是：

(12)潁川郡　　(13)汝南郡　　(21)沛郡
(96)梁國　　(98)魯國

(九)云"屬揚州"的有五個，是：

(17)廬江郡　　(18)九江郡　　(38)會稽郡
(39)丹陽郡　　(40)豫章郡

(一○)云"屬荊州"的有七個，是：

(14)南陽郡　　(15)南郡　　(16)江夏郡
(41)桂陽郡　　(42)武陵郡　　(43)零陵郡
(103)長沙國

(一一)云"屬益州"的有八個，是：

(44)漢中郡　　(45)廣漢郡　　(46)蜀郡
(47)犍爲郡　　(48)越嶲郡　　(49)益州郡
(50)牂柯郡　　(51)巴郡

(一二)云"屬交州"的有六個，是：

(77)南海郡　　(78)鬱林郡　　(79)蒼梧郡

  (80)交趾郡　　(81)合浦郡　　(83)日南郡

據上表看來，比較敘論所説，多出了一個"司隸"，缺少了一個"朔方"，至于"朔方郡"則是不屬於朔方部而屬於并州的；又"涼州"一名也不曾提起。爲什麼他一個人的話會這樣地參差呢？

  班固所記的屬於某州的郡國一共七十九個，此外没有記的尚有二十四個，列舉如下：

  (1)京兆尹　　(2)左馮翊　　(3)右扶風
  (4)弘農郡　　(5)河東郡　　(37)臨淮郡
  (52)武都郡　　(53)隴西郡　　(54)金城郡
  (55)天水郡　　(56)武威郡　　(57)張掖郡
  (58)酒泉郡　　(59)敦煌郡　　(60)安定郡
  (61)北地郡　　(82)九真郡　　(89)河間國
  (90)廣陽國　　(91)菑川國　　(92)膠東國
  (93)高密國　　(100)泗水國　　(102)六安國

猜想他所以没有寫明的緣故，似乎並無什麼重要理由，而只由於一時的脱漏或傳鈔的佚失。例如廣陽國於高帝時爲燕國，當然屬幽州。又如臨淮郡在東海郡之南，廣陵國之北，當然屬徐州；九真郡在交趾郡之南，日南郡之北，亦當然屬交州。但爲什麼做的人要脱漏，鈔的人要佚失，爲了他們的粗心害我們得不到正確的智識呢？

  晉司馬彪作續漢書郡國志，以州爲綱，以郡爲目，記東漢一代的州郡制度非常清楚。凡漢書所脱漏的屬州，拿他的書一比較就明白了。今補記如下：

  (一)屬"司隸"的五個——京兆尹、左馮翊、右扶風、弘農郡、河東郡。

  (二)屬"冀州"的一個——河間國。

  (三)屬"涼州"的十個——武都郡、隴西郡、金城郡、天水郡（永平十七年更名漢陽郡）、武威郡、張掖郡、酒泉郡、敦煌郡、安定郡、北地郡。

（四）屬“幽州”的一個——廣陽國（和帝更爲郡）。

（五）屬“青州”的三個——甾川國、膠東國、高密國（三國省屬北海國）。

（六）屬“徐州”的兩個——臨淮郡（永平十五年更名下邳國）、泗水國（建武中省入廣陵郡）。

（七）屬“揚州”的一個——六安國（建武十三年省入廬江郡）。

（八）屬“交州”的一個——九真郡。

這一筆西漢州郡的賬既這樣地弄清楚了，似乎該得開一個總清賬出來。因此，南宋初吕祖謙的大事記（解題卷十二）就説：

漢孝武皇帝元封五年，……初置刺史部十三州。……

司隸校尉部——京兆、扶風、馮翊、弘農、河內、河南、河東——凡七郡。

豫州刺史部——潁川、汝南、沛郡；梁、魯國——凡三郡二國。

冀州刺史部——魏、鉅鹿、常山、清河郡；趙、平于（原注：宣帝改曰廣平）、真定、中山、信都、河間國——凡四郡六國。

兗州刺史部——陳留、山陽、濟陰、泰山、東郡；城陽、淮陽（原書此二國作“任城、濟北”，乃係東漢制，誤；兹據王應麟通鑑地理通釋所引改）、東平國——凡五郡三國。

徐州刺史部——琅邪、東海、臨淮郡；泗水、廣陵、楚國——凡三郡三國。

青州刺史部——平原、千乘、濟南、北海、東萊、齊郡；甾川、膠東、高密國——凡六郡三國。

荆州刺史部——南陽、江夏、桂陽、武陵、零陵、南郡；長沙國——凡六郡一國。

揚州刺史部——廬江、九江、會稽、丹陽、豫章郡；六安國——凡五郡一國。

益州刺史部——漢中、廣漢、武都、犍爲、越嶲、益州、牂柯、蜀郡——凡八郡。

涼州刺史部——隴西、金城（原注：昭帝置）、天水、武威、張掖、酒泉、敦煌、安定、北地——凡九郡。

并州刺史部——太原、上黨、西河、朔方、五原、雲中、定襄、雁門、上郡——凡九郡。

幽州刺史部——勃海、上谷、漁陽、右北平、遼西、遼東、玄菟、樂浪、涿、代郡；廣陽國——凡十郡一國。

交州刺史部——南海、鬱林、蒼梧、交趾、合浦、九真、日南——凡七郡。

這一篇賬原是把漢書地理志和續漢郡國志合在一起看時所必應有的結果。只有兩點和我們上邊開的不同：其一，缺了一個巴郡，所以百三郡國變成百二。這大約是他一時的脫漏。其二，武都郡不入涼州而入益州。這卻有個原因在。武帝紀元鼎六年，"定西南夷，以爲武都、牂柯、越嶲、沈黎、文山郡"。武都之地既在西南夷的範圍裏，當然應與牂柯、越嶲等郡都屬益州，爲什麼要單單把它隸屬涼州呢？

當呂祖謙開出這篇總清賬時，原想揭露武帝時的州郡的真面目的。所以他把廣平國改書"平于"，下注云"宣帝改曰廣平"，又於金城郡下注云："昭帝置"，見得凡是沒有加注的都是武帝時的原樣。可見武帝平朝鮮置四郡，爲什麼只記了玄菟和樂浪而忘卻了真番和臨屯呢？平南越置九郡，爲什麼只記了南海等七郡而忘卻了珠厓和儋耳呢？還有平西南夷後所立的文山郡乃是到宣帝時纔取消的，爲什麼也不記上呢？這種地方，可說他進退失據。

可是，自從呂祖謙有了這樣的排列，其後徐天麟作西漢會要，王應麟作通鑑地理通釋，以至於清，顧祖禹作讀史方輿紀要（歷代州域形勢），錢坫作漢書地理志集釋，沒有不照樣寫的。這個單子竟成了八百年來的定論！

我們現在就拿了這個"差不多成爲定論"的單子來比較漢書地理志的序論中"沒有發生問題的餘地"的十三州制，於是衝突立刻起來了：

其一：序論中並沒有提到"司隸"而此有"司隸校尉部"。考漢書百官公卿表，司隸校尉爲武帝征和四年所置，察三輔（京兆、馮翊、扶風），三河（河内、河南、河東）和弘農。置刺史部十三州事在元封五年，前於置司隸十六年。司隸既應爲十三州之一，然則置刺史時尚没有司隸，爲什麼不爲十二州而爲十三州？

其二：序論中明云"武帝攘胡，北置朔方之州"，爲什麼在這個單子上不見有"朔方州"（或朔方部）而但見有朔方郡？又爲什麼這個朔方郡乃是屬於并州的？朔方郡既屬於并州了，然則序論中說的"兼徐、梁、幽、并，夏、周之制"，早已將朔方郡包括在裏面，爲什麼又要說"北置朔方之州"？

其三：序論中說"南置交趾之州"，而此有"交州"，那麼，這一州應當喚作交趾呢，還是交州呢？

這第三問題僅關名稱，可視爲不很重要。至第一、二問題則關於實際的地理區畫，而班固一人的話，漢書地理志一篇的文字竟會如此衝突，這不够人疑惑嗎？然則武帝時的十三州究竟有司隸呢，還是有朔方呢，還是兩者都有或都無呢？都有，就成了十四州；都無，就成了十二州：這都不合於十三之數。所以我們可以斷說：二者之間必僅有其一。

二　對於上述矛盾説的解釋四種

從前的學者有一個癖性，是喜歡爲古人"圓謊"。他們覺得，古人是沒有不對的，只是後世的學者領會不到他的真意思而已。所以，他們只要把古人説話的不可通處委曲宛轉地講通了，就算捉住了這個真意思了。這固然是一番好意，但從此是非不明，而且增加了許多葛藤，爲學術界貽下無窮之累。因此，他們對於西漢州制的問題，雖和我們同樣地感到班固的話的牴牾，然而永不肯公然責備班固，只想替他設法解釋，希望把這些牴牾化成了不牴牾。現在試就我們所能找到的材料順了年代寫下去。

第一，是唐初所編的晉書地理志。它在總叙中説：

> 改雍曰涼，改梁曰益，又置徐州，復夏舊號，南置交趾，北有朔方，凡爲十三部。（頡剛案：涼、益、荆、揚、青、豫、兗、徐、幽、并、冀十一州，交趾、朔方二刺史部，合十三部。所以云"又置徐州"者，周制職方無徐州也。）

這是很明顯地取了班固的第一説。但它於并州條則云：

> 漢武帝置十三州，并州依舊名不改，統上黨、太原、雲中、上郡、雁門、代郡、定襄、五原、西河、朔方十郡。又別置朔方刺史。

那麼，它又取了班固的第二説，把朔方郡歸入并州了。不過這位作者也覺得內容有些衝突，乃作一調停之説曰"又別置朔方刺史”。試問朔方郡屬了并州，已有并州刺史去監察了，還要這個朔方刺史幹什麽？若説一位并州刺史，一位朔方刺史，同監這朔方一郡或數郡，試問他們的權限又將如何劃分？

第二，是顔師古的漢書注。漢書平當傳云：“坐法，左遷朔方刺史。”顔注云：

> 武帝初置朔方郡，別令刺史監之，不在十三州之限。

他所以這樣説，一來是爲漢志朔方郡下明明有“屬并州”之文，不能自立爲一州；二來是爲班固的第二説中已有司隸湊足十三州之數，更插不下朔方了。顔師古注漢書，人稱爲“班氏功臣”，而對於這一點也無法辦，足見這個問題的棘手。

紹述顔師古之説的，有王鳴盛。他在蛾術編三十八漢十三部條説：

> 冀、兗、青、徐、揚、荆、豫、梁、雍、幽、并、營，此唐虞之十二州也。
>
> 漢無營州，其十一州皆有之，但改梁名益，改雍名涼，而又南置交趾，北置朔方之州，凡十三部，一部刺史員十三人，此見於地理志、百官表及師古所引胡廣記者也。據文，似十一州外添交州、朔方爲十三部。但河内、河南二郡注云“屬司隸”，而各郡國無屬朔方者。百官表：“司隸校尉，武帝征和四年置，察三輔、三河、弘農”。三輔是京兆、馮翊、扶風，三河是河内、河南、河東，續郡國志此六郡與弘農正屬司隸。東漢如此，西漢可知。……且地理志叙首雖云“置朔方之州”，而朔方刺史果亦在員數之内，則朔方郡宜專屬之矣；今乃注云“屬并州”，則知所謂十三部者，實是於舊十一州外添交州與司隸爲十三，朔方不數。平當傳：“當以丞

相司直坐法左遷朔方刺史。"師古曰："武帝初置朔方郡，別令刺史監之，不在十三州之限"，是也。

其後连鶴壽校釋蛾術編，又於"省并朔方"條下説：

> 建武……十一年，省減朔方刺史，并入并州。蓋朔方郡本屬并州部內，因地方遼闊，故別置刺史以糾察之。則知此一刺史本不在十三部之內，故雖大員可以省減也。

看了顏師古的話，朔方刺史只監朔方一郡。看了连鶴壽的話，則因并州地方遼闊所以有兩刺史。但是，爲了一郡而設置一刺史，這位刺史豈不成爲監察這郡太守的專官，太守何太苦？刺史何太閒？況且郡國百三，何以特設刺史的只有這一郡？至於地方遼闊，并州遠不及幽、涼、益諸州；若并州設兩刺史，幽、涼諸州豈不要設三四個刺史？而且如嫌地廣，盡可別分爲州，何以不分州而但分刺史？若説朔方一郡太大了，故須特置刺史，然則比了他郡，會稽、豫章、南海都特大，爲什麼揚交等州不再別置刺史？若依王鳴盛之言，"東漢如此，西漢可知"，西漢的沒有朔方一州可藉東漢制而證明，這話又嫌太顢頇。東漢與西漢既不同時，爲什麼不容改變州制呢？

第三，是唐杜佑的通典。他在州郡序目中説：

> 漢興，……開越攘胡，土宇彌廣，改雍曰涼，梁曰益，又置徐州，復禹舊號，南置交趾（初爲交趾，後爲交州），北有朔方（初爲朔方，後爲并州），凡爲十三部刺史（司隸、并、荆、兗、揚、豫、冀、幽、青、徐、益、交、涼），而不常所理。至哀平之際，凡新置郡國六十三焉。

可見他也根據了班固的第二説，以司隷爲武帝定州制時的一州，而以朔方郡爲西漢時（哀平前）併入并州的，以交趾部爲西漢時改名交州的。這樣，似乎對於班固的第一説也不算衝突。但哀平以前，何年改交趾爲交州？何年併朔方於并州？在朔方未併入并州時，與司隷並立，何以不云十四州而云十三州？這種問題不知他想怎樣地解決。如其一起推説爲史書的脱誤，那麼，未免脱誤得太多了吧！（其後鄭樵的通志，馬貴與的文獻通考，都祖述了杜佑之説，於是這個解釋也就很占勢力了。）

　　第四，是宋吕祖謙的大事記。他開了那篇西漢州郡清賬，已完全承受了班固的第二説，但於"司隷校尉部"下又注道：

　　　　按前漢志，司隷校尉，武帝征和四年初置，察三輔、三河、弘農，則今年初置十三部，尚未有司隷校尉也。

可見他也心知這篇清賬是不很伏貼的。但他以爲從征和四年起，這篇賬是不錯的了。所謂"十三州"，乃是征和四年的制度而不是元封五年的制度。然則何以解於朔方之有刺史呢？他道：

　　　　胡廣記云："漢分雍州，置朔方刺史"，雍州即漢涼州也。以廣之言考之，則涼州疆域闊遠，分朔方諸郡，別置刺史察之，是涼州有兩刺史也。

他引了胡廣的話，以爲朔方是從雍州裏分出來的，雍州即涼州，朔方既有刺史，可見涼州一部中設有兩刺史。照他所講，是當西漢時，刺史部有十三，刺史員有十四。可是胡廣的話是可以這樣解釋的嗎（理由詳下第五章）？而且既把朔方定在涼州了，又何以解於漢志所説的"朔方郡，屬并州"呢？

　　王應麟的通鑑地理通釋卷二"十三部"下完全採取了吕氏的兩

説，但他覺得呂氏的第一説只能適用於征和四年之後，與"元封五年，初置刺史，部十三州"的話不能恰合，於是作一轉圜之説曰：

> 漢十三部：關中三河，司隸自察之。刺史所以有十三員者，征和以前，司隸所統亦有刺史察之也。

他以爲在征和以前，關中三河也設刺史，這刺史是十三部之一；征和以後，關中三河始設司隸校尉，這司隸仍是十三部之一。即此可見他還堅持班固的第二説，只因嫌兩説的衝突，故在元封五年至征和四年之間添上了一位監察關中三河的刺史。事情固然很好，可是證據在哪兒？

连鶴壽的態度和王應麟略同。雖然他確守漢志之説，謂朔方郡屬并州而不屬雍州，在這一點上和王氏有異，但他説：

> 征和以前未有司隸，則三輔、三河、弘農必專設一刺史以糾察之，逮征和四年乃改爲司隸校尉耳。……三輔爲京畿重地，豈有不專設一刺史者。……三輔刺史部京兆等七郡。……自征和四年始，司隸校尉一人察京兆等七郡。刺史十二人察十二州。……惟朔方郡……添設一刺史以糾察之，不在十三人之内。（蛾術編卷三十八"漢十三部"條按語。）

這是把王氏猜測的話實定了。我們倘肯不問證據，這個問題也算有了完滿的解決了。

至於交趾或交州的名稱問題，王應麟雖也引胡廣記，説"置交趾刺史別於諸州"，但又説：

> 兼夏周之制爲十一州，新置交州，並司隸所領爲十

三部。

可知他也已承認了漢武帝時即名交州的。

綜合以上所言，則王應麟意想中的元封五年十三部，是：（一）關中三河刺史部（後改司隸校尉部），（二）豫州刺史部，（三）冀州刺史部，（四）兗州刺史部，（五）徐州刺史部，（六）青州刺史部，（七）荆州刺史部，（八）揚州刺史部，（九）益州刺史部，（十）涼州刺史部（別置朔方刺史部），（十一）并州刺史部，（十二）幽州刺史部，（十三）交州刺史部。這果然合於顏師古的"朔方不在十三州之限"的一義，但終不能合於班固的"北置朔方之州"的第一説以及"朔方郡屬并州"的第二説。

以上四種解釋，都由於班固的話自相牴牾而來。綜括起來，爲下列諸説：

（一）晉志既承認朔方爲一刺史部，而又以朔方郡屬并州。

（二）顏師古以爲朔方刺史不在十三州之數。

（三）通典既承認有朔方交趾二刺史部，而以爲自漢武帝以來即將朔方屬并州，交趾稱交州，合司隸爲十三部。

（四）吕祖謙以爲涼州之地有涼州和朔方兩刺史。

（五）王應麟以爲漢武帝初於關中三河置刺史，後改司隸。

朔方究竟是獨立的一州，還是它州的附庸？如其是附庸，究竟是附庸於并州，還是涼州？武帝定州制時的十三部中，究竟把關中三河放進去呢，還是不放？如其放進去，這監察的人員是刺史呢，還是司隸？這種種問題，看了這種種解釋，不但不了然，反而更增加了混亂的程度。他們枉費了許多氣力，而對於西漢州制的實際情形依然無法明白。這不能不責備他們立於"調人"的地位，用了"圓謊"的方法，以致把事情弄僵。假使他們肯早説一聲"班固的話是自相矛盾的"，這些問題也就早解決了！

　　除了以上數說之外，還有一個獨立的解釋，老實說西漢是十二州而非十三部。主張這一說的，是唐許嵩。他在建康實錄上說：

　　　　漢武帝……始放虞舜置一十二州刺史，以領天下諸郡，則虞書所謂"咨十有二牧"；揚州是其一焉（卷一）。

能觳這樣，倒也爽快，只是可惜没法壓没證據！

三　漢書地理志郡國記載的時代分析

　　要批評漢書地理志中的州制的是非，先須研究那些郡國是什麼時候的制度。郡國的時代既定，我們始可有一個標準去量度注文所說的"屬某州"的話是出於什麼時代的。

　　依照一般讀者的眼光，似乎這些郡國盡是漢武帝立州制時所有的。稍微嚴格一點，也不過像呂祖謙的指出廣平國和金城郡兩條而已。現在我們要用了更嚴格的眼光對待它。十三州制既爲武帝元封五年所創，則這些郡國除掉在這年之前設立的可以不計外，看有哪些是出於這年之後的。下面分爲更改、新置、罷併三類去把這些事實排比起來：

　　（甲）更改：

　　　　（1）武帝時：

　　　　　　a. 京兆尹——先爲右内史，太初元年更名，見志。

　　　　　　b. 左馮翊——先爲左内史，太初元年更名，見志。

　　　　　　c. 右扶風——先爲右内史，太初元年更名，見志。

　　　　（2）宣帝時：

a. 廣陽國——高帝時爲燕國，昭帝元鳳元年爲廣陽郡，宣帝本始元年更爲國，見志。

b. 高密國——故齊；文帝十六年別爲膠西國，本始元年更爲高密國，見志。

c. 廣平國——武帝征和二年置爲平于國，宣帝五鳳二年復故，見志。

d. 東平國——故梁國，景帝中六年別爲濟東國，武帝元鼎元年爲大河郡，宣帝甘露二年爲東平國，見志。

e. 信都國——景帝二年爲廣川國，宣帝甘露三年復故，見志。

f. 楚國——高帝置，宣帝地節元年更爲彭城郡，黃龍元年復故，見志。

（乙）新置：

（1）武帝時：

按據地理志，張掖、酒泉兩郡開於太初元年，武威郡開於太初四年，敦煌郡則後元元年分酒泉置，事皆在元封五年後。但據武帝紀，則元狩三年云："秋，匈奴昆邪王殺休屠王，并將其衆，合四萬餘人來降，置五屬國以處之，以其地爲武威、酒泉郡"，又元鼎六年云："遺浮沮將軍公孫賀出九原，匈河將軍趙破奴出令居，皆二千餘里不見虜而還，乃分武威酒泉地置張掖、敦煌郡，徙民以實之"，然則四郡之設皆在元封前。紀中所言，有事可據，自較地理志爲可靠。故今不錄。

（2）昭帝時：

a. 金城郡——始元六年，取天水、隴西、張掖郡各二縣置，見紀及志。

（丙）罷併：

 （1）武帝時：

  a. 沈黎郡——天漢四年罷，併入蜀郡，見後漢書西南夷傳。

 （2）昭帝時：

  a. 儋耳郡——始元五年罷（併入珠厓），見紀。

  b. 真番郡。

  c. 臨屯郡——上二郡皆始元五年罷，併入樂浪、玄菟，見後漢書東夷傳。

  d. 象郡——元鳳五年罷，分屬鬱林、牂柯，見紀。

 （3）宣帝時：

  a. 文山郡——地節三年罷，併入蜀郡，見紀。

 （4）元帝時：

  a. 珠厓郡——初元三年罷，見紀。

現在漢書地理志中，於武帝所罷的沈黎郡，昭帝所罷的儋耳諸郡，已一概不記上，而於昭帝所置的金城郡，宣帝所更改的廣陽諸國，則一概都有，足見班固是把西漢末年的地方制度作爲他的標準的。序論中雖把漢武帝置十三部刺史的事做了結束，但他並不想做武帝時的地志。所以他在京兆尹下記了平帝“元始二年”的戶口數，見得全篇所記的戶口數都是那一年的，於是全篇的地方制度也分明根據的是那一年的版籍了。

班固根據的是西漢之末的版籍，他確實有心做成一部西漢的地理志。所以光武帝所併省的郡縣，他不併省。光武帝和明帝所改名的郡縣，他不改名。例如東郡壽良縣，光武帝因他的叔父名良，改名壽張（見應劭注），但班固仍作壽良。避諱的尚且如此，何況不是避諱的呢！

不幸他終究是一個東漢人，耳濡目染，易爲習俗所移，不能嚴格保守這個“西漢末年”的標準，因此，往往於不知不覺之間，把東漢的地方制加進去了。今舉數例：

　　(一)續漢郡國志云："零陵郡：夫夷，……故屬長沙"，是則此縣在西漢時當屬長沙國。現在地理志裏，夫夷也在零陵郡。

　　(二)地理志汝南郡慎陽縣，顔師古注云："'慎'，字本作'滇'，音真，後誤爲'慎'耳。……闞駰云：永平五年失印更刻，遂誤以'水'爲'心'。"如闞氏之説果實，則滇陽的改作慎陽，乃是東漢明帝時事。

　　(三)郡國志"代郡"下引古今注曰："建武二十七年七月，屬幽州"，可見此郡在西漢時是不屬幽州的。按代與雲中、雁門等郡，都是趙武靈王新闢之地，雲中等屬并州，則代亦當屬并州。然而地理志竟云"代郡，屬幽州"！

　　(四)郡國志於"魯國"下注云："本屬徐州，光武改屬豫州"，可見此國在西漢時是屬徐州的。然而地理志竟云"魯國，屬豫州"！

這是他把東漢制溷入西漢制的最顯著的證據！我們既知道他有這些錯亂，就可把上面所舉的自相衝突的兩説審查一下。

　　我們看了續漢百官志説：

　　　　司隷校尉，……孝武帝初置，……成帝省。建武中復置，并領一州。

於是可以斷然説：司隷雖是西漢的官，但其"并領一州"乃是"建武中"的制度！同樣，看了後漢書光武帝紀説：

　　　　(建武十一年)省朔方牧，并并州。

當然又可以斷然説，朔方牧(朔方刺史)的取消，以及朔方諸郡的

隸屬於并州，乃是"建武十一年"的新制！這兩件事既已弄明白，
就可知道朔方刺史部是設於武帝而廢於光武帝的；司隸雖也設於
武帝，但其管領一州則是始於光武帝的。又可知道，班固的第一
説爲西漢制，第二説爲東漢制。西漢的十三部，有朔方，無司
隸，不就切實證明了嗎？武帝"南置交趾，北置朔方之州"，朔方
雖爲一州而不以"州"爲名，交趾自然也不以"州"爲名了。到光武
時，朔方諸郡屬於并州而稱州了，剩下一個交趾自然也只得稱
"交州"了。所以，前面纏繞不清的十三部問題和交趾名稱問題，
得此時代的分析，而後連環可解。我們只須把東漢的制度從西漢
的地理志裏清出去，便已盡了研究史學的責任，正不必爲班固設
法圓謊！

四　撥除塵障後對於西漢
州制的推測

　　我們既已知道漢書地理志糅雜兩代制度，又知道除此之外更
無記載西漢地理的專書，那麼，既有爲我們所能發見的，自必有
爲我們所不能發見的，完全而真實的西漢制度將無法得着。我們
現在只有推測一個大概。

　　我覺得，西漢的分州，漢志叙論的話是不錯的。這十三
部是：

　　　　(1)冀州刺史部　　　(2)兗州刺史部
　　　　(3)青州刺史部　　　(4)徐州刺史部
　　　　(5)揚州刺史部　　　(6)荆州刺史部
　　　　(7)豫州刺史部

　　　　　以上七部，大致爲禹貢的舊地，故沿用禹貢的舊

名。（所不同的，是冀州但有禹貢冀州的東南部，而將西部讓給并州，北部讓給幽州，南部讓給王畿；又揚州的東部移至江南而將淮南讓與徐州；兗州的東北部讓與青、幽二州；豫州的北部讓與王畿，南部讓與荊州。）

(8)涼州刺史部　　(9)益州刺史部

以上二部，雖亦禹貢所有而廣狹迥異，故不用禹貢的舊名。（涼州的西北部新闢於漢武帝，非禹貢的雍州所有。益州的西南部亦新闢於漢武帝，非禹貢的梁州所有。）

(10)幽州刺史部　　(11)并州刺史部

以上二部，大致爲戰國時所已闢，其名不見於禹貢而見於職方。（幽州爲燕所闢地，并州爲趙所闢地。惟并州所屬之太原、上黨二郡原在禹貢之冀州，又幽州所屬之朝鮮四郡則爲漢武帝所闢。）

(12)朔方刺史部　　(13)交趾刺史部

以上二部，非禹貢及職方所有，亦非戰國時所闢；乃初闢於秦始皇，不久放棄，繼闢於漢武帝者。（這兩個只稱爲部，不加州名，故應劭漢官儀云："交、朔獨不稱州。"）

元封五年的十三州，應當如此分列。但亦有不可解的，就是那時分部的標準究竟是什麼。若説是地域的廣狹，那麼，現今山西、陝西、甘肅、綏遠四省，在當時分爲并州、涼州、朔方三刺史部及畿輔之地，而今四川、貴州、雲南三省和陝西的南部則當時只合置了一個益州，爲什麼大、小相距會這樣遠？若説是漢、夷管理方法的不同，那麼，北方的匈奴、朝鮮，南方的南粵、西南夷，同樣是蠻夷，何以於朔方、交趾特爲分治而於涼、益、并、幽則又與諸夏合治？又名稱上何以對於涼、益等州會得創立新的

州名，而朔方和交趾則不名爲州，致使十三州的稱謂有這樣的
參差？

對於這些問題，勞榦先生有兩個很好的解釋。他說：

漢代所以特設交趾、朔方者，因胡、越二者早已爲漢大
患，武帝用不少武力，始得奪此二地於胡、越之手，自然對
之特別注意，蓋國之重鎮也。益州之地雖廣，但得自西南夷
未費大力；且重山爲阻，未若朔方之可以通車騎，交趾之可
以用樓船也。

西漢對於部刺史，並不稱“州”而只稱“部”，故成帝鴻嘉
四年詔，“謂關東流冗者眾，青、幽、冀部尤劇”。稱“州”者
不過沿襲載籍舊名，非行政上有“州”之一種制度也。（如益
州郡即可稱“州”，郡可稱“州”，部自亦可稱“州”。西漢之凉
州部、揚州部，亦猶後世之凉州府、揚州府，與“州”字並無
關係。）故交趾、朔方之不稱“州”，殊不足怪。至翟方進儒生
好古，始改刺史爲州牧，後人遂因此追稱前漢之“部”曰
“州”。

我覺得這些解釋是我們應當接受的。至於疆域廣狹，本難一齊，
例如禹貢中有至狹的濟、河間的兗州，又有至廣的黑水、西河間
的雍州；現在有面積三十二萬八千方里的浙江省，又有五百五十
萬方里的新疆省。我們正不必對於漢制懷疑。

記載這個十三州制較清楚的，就現在所知，似乎只有三處：
一是王隆的漢官篇，二是班固的地理志敘論，三是應劭的漢官
儀。班固的話已見前。應劭是東漢末年人，他道：

孝武皇帝南平百越，北攘戎狄，置交趾朔方之州，復
徐、梁之地，改雍曰涼，改梁曰益，凡十三州。所以交朔獨

不稱州，明示帝王未必相襲，始開北方，遂交南方，爲子孫基阯也。（太平御覽卷一五七引）

他把"始開北方"來釋朔方字義，"遂交南方，爲子孫基阯"來釋交阯字義，固然想入非非，表現他是一個東漢的學究，但他前面一段話卻不曾錯：朔方是在十三州之內的，交、朔是不稱州的。王隆是光武建初中的新汲令，他做的漢官篇是一種小學讀本，爲東漢中葉人胡廣所注，名曰漢官解詁（見後漢書文苑傳及隋書經籍志。解詁，即顏師古等所引的"胡廣記"）。此書原本已佚，幸北堂書鈔和太平御覽引用了不少，清孫星衍又加輯集（刻入平津館叢書），我們可以讀得一個大概。文云：

十有三牧，分土食焉。……京畿師外，十有三牧分部，馳郡行國，督察在位，〔敷〕奏以言，録見囚徒，考實侵冤，退不録（稱）職。（北堂書鈔卷七十二設官部）

冀：趙常山。（胡注：經曰"冀州既載"。居趙國，今治常山。）

兗：衛濟河。（經曰"濟河惟兗州"。〔居〕衛國，今治山陽。）

青：齊海岱。（經曰"海岱惟青州"。居齊國，今治焉。）

徐：魯淮沂。（經曰"海岱及淮惟徐州"，又曰"彭蠡既渚"，居吳國，今治九江。）

荊：楚衡陽。（經曰"荊及衡陽惟荊州"。居楚國，今治武陵。）

益：庸岷梁。（經曰"華陽黑水惟梁州"。漢改梁州爲益州，今治廣漢。）

涼：邠黑水。（經曰"黑水西河惟雍州"。漢改雍州爲邠（涼）州，〔邠〕國，右扶風栒邑縣，屬司隸部，不復屬州。今治漢陽。）

　　雍別朔方。（漢別雍州之地，置朔方刺史。）

　　交趾：南越。（漢平南越之地，置交趾刺史，列（別）諸州，治蒼梧。）

　　幽：燕朝鮮。（經無幽州而周官有焉，蓋冀之別也。居燕國，今廣陽是。）

　　并：代晉翟。（經無并州而周官有，蓋冀州之別也。居燕國，今廣陽是。）（以上太平御覽卷一五七州郡部。并州下"居燕國，今廣陽是"係誤文；應云"居晉國，今太原是"。）

在這篇歌括裏，分明說在"京畿"之外分爲"十有三牧"。這十三牧的次序，以禹貢九州居先（誤脫一個豫州），朔方和交趾次之，幽和并又次之。魯國還列在徐州，代郡還列在并州，更分明其爲西漢的制度。王隆是東漢初年人，當他作這篇書的時候，朔方還是一個獨立的刺史部，朔方和交趾都不加上"州"字的。胡廣時代較遲，故他於"邠"下注云"屬司隸部"，已把東漢制溷入西漢制了，但他還說"不復屬州"，看州和司隸部終是有別。這種觀念，都足以糾正後人的誤解。

　　王畿何以不列在州内，這個理由很簡單。王畿是中央政府直轄之地，是國家的本幹，外州則是分枝。禮記王制云：

　　凡四海之內九州，州方千里。……八州，州八百一十國。天子之縣内 …… 凡九十三國。…… 千里之外設方伯。……二百一十國以爲州，州有伯。八州，八伯。

尚書大傳的虞夏傳云：

　　維元祀，巡守四嶽八伯。

他們在假想的九州制中，以一州爲"天子之縣"，八州爲方伯所治。在天子的一州中，制度與其它八州有別。這正是中央與地方應有的不同。所以秦有内史，有郡；元有中書省，有行省；明有兩京，有布政司。西漢的王畿不列於十三部之内，原是很合理的制度。

五　朔方刺史部的屬郡問題

朔方既是一個獨立的刺史部，然則它統轄的是哪幾個郡呢？關於這個問題，錢大昕找出了兩個很確切的證據。他說：

> 按元帝元封五年置十三部刺史，并與朔方各自爲部，未嘗屬并州也。朔方之屬并乃光武建武十一年事耳。上郡亦屬朔方郡，故馮野王爲上郡太守，朔方刺史蕭育奏封事薦之。（廿二史考異卷七）

就朔方刺史薦上郡太守一事上證明上郡屬於朔方部，這是很可信的。他又說：

> 後漢書郡國志"右并州刺史部郡九"下注"古今注曰：'建武十一年十一月，西河上郡屬魏'"。
>
> 按光武紀，建武十一年"省朔方牧，并并州"。此西河上郡必朔方刺史所部，至是始屬并州耳。班史，馮野王爲上郡太守，朔方刺史蕭育奏封事薦之，是上郡屬朔方部之證也。注文當有脱漏，又因下引"魏志"而衍一"魏"字耳。（廿二史考異卷十四）

這因續漢志所引古今注之文而推定西河郡於建武十一年與上郡同屬朔方部，亦極確當。據錢氏之説，則西漢的朔方刺史部當有朔方郡，上郡，西河郡三郡。按朔方郡當今河套地，最在北；西河郡在其南；上郡當今陝西北部安定、榆林諸地，又在西河郡的西南：這三郡正相銜接。除此之外，全祖望以爲五原郡亦當屬朔方郡。他説：

> 五原郡：當云"故秦九原郡，漢初入匈奴。武帝元朔二年開，屬朔方"。五原與朔方同置，知漢初尚無九原郡，非但更名而已。朔方五原既歸中國而後河西得闢，故別爲州。（漢書地理志稽疑卷二）

五原在朔方的東面（五原當今鄂爾多斯左翼後旗，朔方當今鄂爾多斯右翼後旗），壤地相接。按武帝紀云：

> （元朔二年）匈奴入上谷漁陽，殺略吏民千餘人。遣將軍衛青李息出雲中，至高闕，遂西至符離，獲首虜數千級，收河南地，置朔方五原郡。

然則這二郡非但同年所置，且爲一地所分。關係如此密切，當然應屬於一部。又看後漢書明帝紀云：

> （永平八年）郡國中都官死罪繫囚，減死一等，勿笞，詣度遼將軍營，屯朔方五原之邊縣。
> （永平九年）詔郡國死罪囚減罪，與妻子詣五原朔方，占著所在。

可見這二郡在東漢時還保存它們的特殊關係，全祖望的推測是很合理的。這樣，朔方部就有了朔方、五原、西河、上郡四個郡了。漢書地理志中屬於并州的郡國，本有：

太原郡	上黨郡	上郡	西河郡
朔方郡	五原郡	雲中郡	定襄郡
雁門郡			

九個。現在依了錢、全二家的考證，我們可以説：在西漢時屬於并州的只有太原、上黨、雲中、定襄、雁門五郡。

按漢志：太原、上黨、上、雲中、雁門五郡爲秦置，定襄郡爲高帝置，俱爲舊有。（定襄郡未必爲高帝置，説見王靜安先生漢郡考上，觀堂集林卷十二。但此郡當由雲中所分，則地爲舊有。）朔方、五原二郡爲武帝元朔二年置，西河郡爲元朔四年置，俱爲新闢。（此三郡雖即秦之九原郡及上郡地，但因久没匈奴，至武帝而復得，故仍可視爲新闢。）舊有的屬并州，新闢的屬朔方部，這是很自然的事。至於上郡本舊有而歸之朔方者，這是地理上的關係。從三河以北，是太原、上黨；又北爲雁門、定襄、雲中：這是并州。從三輔以北，是上郡、西河；又北爲五原、朔方：這是朔方部。

朔方部的屬郡還有一個很重大的問題。揚雄并州箴云："雍別朔方"；王隆漢官篇把這句鈔了進去；因此胡廣就注道："漢別雍州之地，置朔方刺史。"他們三人既都説朔方由雍州分出，而雍州即涼州，然則朔方與涼州哪能没有關係。故吕祖謙云："涼州有兩刺史。"全祖望又云：

> 金城郡：當云"昭帝始元六年分天水、隴西、張掖各二縣置，屬朔方。……"
>
> 武威郡：當云"故匈奴休屠王地，武帝元狩二（按當作三，下同）年開，屬朔方"。
>
> 張掖郡：當云"武帝元鼎六年分武威置，屬朔方"。

酒泉郡：當云"故匈奴昆邪王地，武帝元狩二年開，屬朔方"。

敦煌郡：當云"武帝元鼎六年分酒泉置，屬朔方"。

依此說，朔方部的屬郡尚有金城、武威、張掖、酒泉、敦煌五個。由揚雄們所說的看來，固有其相當的理由。而且這五郡本皆胡地，把漢志敘論所謂"武帝攘胡，北置朔方之州"的話來量度也是對的。

可是，朔方分自雍州之說實在只是古典主義下的產物。禹貢云："黑水西河惟雍州"，則凡西河以西皆屬於雍。朔方之地，照禹貢講當在雍州之域，所以禹貢雍州有渠搜而漢於朔方郡亦置渠搜縣。但漢制是只有涼州而無雍州的，將從何分起？且禹貢雍州之域所謂"涇屬渭汭，漆沮既從，灃水攸同；荊岐既旅，終南惇物"大都在漢三輔中，三輔是不屬涼州的。若更將涼州西北諸郡歸於朔方，則涼州所部但有隴西、天水、安定、北地四郡，就是加上武都還不及如今甘肅一省之地，這一州無乃太小？而且在事實上有必不可通的。凡是一州，地方必聯貫得起來。現在朔方五原諸郡在東，武威酒泉諸郡在西，中間爲北地安定二郡所隔絕。若朔方刺史巡行所部，自東徂西，或自西徂東，俱必越界穿過涼州而後可，這未免不合理吧？

我們須知道，漢代的復古，並不是真的恢復古制，而實在是創立新制。漢武帝時，所以要在郡國之上更立十三部刺史，原由他四方拓地，疆域太廣了的緣故，禹貢和職方不過是他的表面文章。所謂兼周制而有幽州者，實兼有燕之本國廣陽、涿，及燕將秦開所闢之上谷、漁陽、右北平、遼東、遼西，加以新闢之眞番、臨屯、樂浪、玄菟耳。所謂兼周制而有并州者，實兼有趙之本國太原、上黨，及趙武靈王所闢之代、雲中、雁門耳。其"改梁曰益"者，非真改梁州之名爲益州也，乃在梁州（巴、蜀、漢

中、廣漢)之外更新闢了一個益州(犍爲、牂柯、越嶲、沈黎、文
山、益州)。其"改雍曰涼"者，亦非真改雍州之名爲涼州也，乃
在雍州(隴西、天水、安定、北地)之外更新闢了一個涼州(酒泉、
武威、張掖、敦煌)。懂得了這個，就可知道當時若沒有新立的
酒泉等郡，涼州便可不立，也許要把朔方等數郡併合隴西天水而
稱爲雍州了。

　　而且，再有兩個重要的證據。平帝時，王莽以經義正十二州
名及分界，涼州仍復古名爲雍州，朔方就併入并州了。揚雄因
此，便在所作的并州箴中説：

　　　　北辟獯鬻，南界涇流。畫兹朔土，正直幽方。

當漢武帝時，并州在河東，不能以涇水爲界；朔方在河西，不能
與幽州相值。這時已把朔方併入并州了，所以并州的界，東可至
幽州，西南可至涇水。若朔方舊有酒泉等數郡，那麼，這時新定
的并州之界豈不將西展至玉門關了嗎？然而揚雄的雍州箴道：

　　　　隴山以徂，列爲西荒。……并連屬國，一護攸都。

是知這時把隴山以西之郡，連同匈奴屬國，西域都護，一齊列爲
雍州之地的。自金城至敦煌五郡，是從隴山到西域的必經之道，
當然包括在内。既已在内，則這五郡那能東屬并州？再看光武帝
紀所謂"省朔方牧，并并州"一語，可知朔方牧所轄的郡還是併入
并州而非併入涼州(即雍州)的。這五郡只該屬於涼州，從這種種
關係看來，可以算作確定了。

　　因爲有了以上這些理由，所以我以爲全祖望的推金城等五郡
屬朔方是由於讀了"雍別朔方"之文，錯認古典爲時制。朔方部所
屬郡，現在雖無法知道清楚，然而推斷的結果，有朔方、五原、

西河、上郡這四郡，這是應當認爲可信的。

六　漢代刺史制度的衍變

我們要知道西漢時的司隸校尉是否領有一州，先須明白它的職權如何以及它和刺史的職權有怎樣的不同。要明白這一個問題，又須先明白刺史制度是怎樣來的又怎樣變的。

漢書百官公卿表云：

> 監御史，秦官，掌監郡。漢省；丞相遣使分刺州，不常置。

按史記秦始皇本紀，二十六年，"分天下以爲三十六郡，郡置守、尉、監"，是每郡中，守掌民政，尉掌軍務，監掌監察。畿輔之地，稱爲"内史"（漢地理志），所以別於監郡御史。（惟張蒼傳云："秦時爲御史，主柱下方書"，則御史也有在京師的。想來這個機關略等於清代的都察院，有監察中央的六科給事中，又有監察地方的分道監察御史；不過清的御史不出國門，與此有異而已。）蕭相國世家云："秦御史監郡者與從事常辯之"，又云："秦御史欲入言徵何，何固請得毋行"，這是史書中秦代監郡御史的僅見。那時的監郡制度，今已不可得而詳。漢初，這官就裁掉了。

百官表既云"丞相遣史分刺州，不常置"，可見漢初已有臨時的刺史。通典職官十四云：

> 惠帝三年，又遣御史監三輔郡，察詞訟，所察之事凡九條，二歲更之；常以十月奏事，十二月還監。其後諸州復置

監察御史。文帝十三年，以御史不奉法，下失其職，乃遣丞相史出刺，并督察御史。

這條文字不知根據的什麼書（"惠帝三年，相國奏遣御史監三輔"，見書鈔設官部引漢官解詁），想來當是唐後亡佚的漢代舊籍。如其可信，則惠帝時已有監三輔（但惠帝時只有内史，並無三輔）的御史，文帝時又有遣出刺御史的丞相史。這就是百官表所説的"丞相遣史分刺州"。當時尚未立州部，而百官表已云"分刺州"，通典又云"諸州置監察御史"，書鈔設官部引漢官儀，又云"漢興，海内未定，令刺史舉州事"，這或是用了後語記前制，或是當時已略有分州的雛形，均未可知。

衛宏漢舊儀云：

丞相初置吏員十五人，皆六百石，分爲東西曹：東曹九人，出督州，爲刺史；西曹六人，其五人往來白事東廂，爲侍中，一人留府，曰西曹，領百官奏事。

丞相刺史常以秋分行部，御史爲駕四封乘傳，到所部郡國，各遣吏一人迎界上，得載別駕，自言受命移郡國，與刺史從事盡界罷行，載從者一人，得從吏所察六條。刺史舉民有茂材，移名丞相；丞相考召。……

日食，即日下赦曰："制詔御史：其赦天下！自殊死以下，及吏不奉法，乘公就私，凌暴百姓，行權相放，治不平正，處官不良，細民不通，下失其職，俗不孝弟，不務於本，衣服無度，出入無時，衆彊勝寡，盗賊滋彰，丞相以聞！"於是乃命刺史出刺，并察監御史。元封元年，御史止不復監。

這樣看來，是漢初本承秦制，以御史監郡；後更以丞相史監御史，所以稱爲“刺史”。到武帝元封元年，索性廢了監郡御史，直以刺史監郡。到元封五年，又將監郡之刺史變作固定的。這固然和百官表的記載有些衝突，但也很近情。更看“東曹九人，出督州，爲刺史”之語，似乎立十三部前曾有過九州制。這不知道對不對？

　　西漢的刺史所轄之境僅爲督察區域而非行政區域，故不另設專名，僅稱之爲“部”而已。因爲所督的郡每有六七，不能一一兼稱，所以就沿襲了古書中的州名以名其部。朔方交趾不稱州的緣故，只爲在古書裏找不出這二州之名，至于在“部”的意義上還是與其它的十一州一例的。看交朔不稱州而郡中的益州郡反蒙“州”名，就可知道這正和清代的貴州省、廣州府、肇州廳一樣，注重的不是上一字而是下一字。

　　因爲刺史是監察官而不是行政官，所以轄境雖比太守大了若干倍，而太守的俸是二千石，刺史則只有六百石，還不到三分之一。當時的地方制度，仍只有郡（或王國）和縣（或侯國）兩級。其後刺史行使的職權愈來愈擴大，到西漢之季而漸有憑陵太守之勢，所以當成帝綏和元年：

　　　何武爲大司空，又與丞相方進共奏言：“古選諸侯賢者以爲州伯。書曰“咨十有二牧”，所以廣聰明，燭幽隱也。今部刺史居牧伯之位，秉一州之統；選第大吏，所薦位高至九卿，所惡立退，任重職大。春秋之義，用貴治賤，不以卑臨尊。刺史位下大夫，而臨二千石，輕重不相準，失位次之序。臣請罷刺史，更置州牧，以應古制。”奏可。（漢書朱博傳）

這一變真變得利害，從此刺史成了正式的地方行政長官，州也成了最高的行政區域了。拿近年的話來講，彷彿一群監察院的監察委員驟然變了省政府的主席或政治分會的主任了，這是何等的升遷！過了三年（哀帝建平二年），御史大夫朱博又翻舊案，奏言：

> "……部刺史奉使典州，督察郡國，吏民安寧。故事，居部九歲，舉爲守相。其有異材功效著者，輒登擢。秩卑而賞厚，咸勸功樂進。前丞相方進奏罷刺史，更置州牧，秩眞二千石，位次九卿。九卿缺，以高第補。其中材則苟以自守而已。恐功效陵夷，姦軌不禁。臣請罷州牧，置刺史如故。"奏可（同上）。

這兩位大臣，一個是學理派，主張"春秋之義，不以卑臨尊"；一個是經驗派，主張"秩卑而賞厚，咸勸功樂進"。其實他們的異趣，與其謂爲古今制之爭，毋寧謂爲地方制的二級與三級之爭。

後來王莽依據經義正了十二州，堯典的十二牧當然復活。光武帝建武十八年，復爲刺史。到靈帝中平五年，又改一部分的刺史爲牧。後漢書劉焉傳云：

> 靈帝政化衰缺，四方兵寇。焉以爲刺史威輕，既不能禁，且用非其人，輒增暴亂，乃建議改置牧伯，鎮安方夏，請選重臣居其任焉。……州任之重自兹而始。

漢代刺史所督地域本屬臨時，故隨擇一名，本無深意。不料堯典中有了"肇十有二州""咨十有二牧"之語，遂使翟方進、王莽、劉焉之徒根據了這個，把刺史制一改再改三改。究以州牧之權過重，故時設時廢。到了漢末，竟造成了藩鎮的局面。不過中平時的州牧，僅以"重臣"爲限，其非重臣則仍稱刺史。例如獻帝初平元年，"孫堅殺荊州刺史王叡"，三年，"黃巾擊殺兗州刺史劉岱"，四年，"袁術殺揚州刺史陳溫"，興平元年，"前益州刺史种劾戰歿”(後漢書獻帝紀)，都是刺史而非牧。我們可以説：東漢末年的地方制度，是三級與兩級的混合的制度。

七　司隸校尉的職權及其
　　與畿輔的關係

漢制，御史大夫是監察的領袖，“外督部刺史，內領侍御史員十五人，受公卿奏事舉劾按章”(百官表)，在侍御史中，“有繡衣直指，出討姦猾，治大獄；武帝所制，不常置”(同上)。

“武帝元狩五年，初置司直，秩比二千石，掌佐丞相舉不法”(同上)，可見這又是一個監察官。(漢舊儀云：“司直……職無不監。”)其實，就是丞相自己也負有監察的責任。漢書張湯傳云：

> 會有人盜發孝文園瘞錢，丞相青翟朝，與湯約俱謝。至前，湯念丞相以四時行園，當謝；湯無與也，不謝。

即此可證三輔之地，丞相在四時中都要去巡查的。

當時三輔太守以郡守高第者選任，可以奉朝請(書鈔引漢官解詁)，可以與朝廷大議(張敞傳)，且同治長安中(趙廣漢傳)，自有丞相、御史大夫、司直們監察，無庸更遣史督察。至若三河，因在畿內，亦由郡守高第遷(召信臣傳)，他們的監察者是丞相的官屬。史記田叔傳云：

> 仁爲郎中，數歲爲二千石丞相長史，失官；其後使刺舉三河。……上遷拜爲司直。

褚少孫補云：

> 以田仁爲丞相長史。田仁上書言"天下郡太守多爲姦利，
> 三河尤甚；臣請先刺舉三河。三河太守皆内倚中貴人，與三
> 公有親屬，無所畏憚，宜先正三河以警天下姦吏"。……仁
> 已刺三河，三河太守皆下吏誅死。仁還奏事，武帝説……拜
> 仁爲丞相司直。

這兩段記載雖有些衝突，但田仁先爲丞相長史，後爲丞相司直，
中間有刺舉三河之事，則是一樣的，可見監察畿輔自爲丞相官屬
的責任，不必再設部刺史或和部刺史相類的機關。

在周禮的秋官中有下面一節：

> 司隸，掌五隸之法，辨其物而掌其政令，帥其民而搏盜
> 賊，役國中之辱事。……

可知司隸是一個軍官，其職任等於現在的剿匪司令或衛戍司令：
他督率一大群奴隸捉拿盜賊和作勞苦的工役。荀綽晉百官表
注云：

> 征和中，陽石公主巫蠱之獄起，乃依周置司隸。（後漢
> 書百官志劉昭注引）

然則武帝的設置此官由於搜查巫蠱而來，其性質是臨時的，和繡
衣直指正相類。百官公卿表云：

> 司隸校尉，周官，武帝征和四年初置，持節。從中都官
> 徒千二百人。捕巫蠱，督大姦猾。後罷其兵，察三輔、三

河、弘農。元帝初元四年，去節。成帝元延四年，省。綏和
二年，哀帝復置，但爲司隸，……屬大司空。……

征和四年，已是武帝在位的倒數第三年了。表说"後罷其兵，察
三輔、三河、弘農"，這個"後"不知要後到何時？大約決不會是
武帝時的事情了。

　　司隸校尉，官雖不高而權卻重。漢舊儀（北堂書鈔設官部
引）云：

　　　　司隸校尉，統皇太子三公以下，旁州郡無所不統也。

又云：

　　　　御史中丞督司隸；司隸督丞相；丞相督司直；司直督刺
　　史；刺史督二千石，下至墨綬。

這記載固和百官表所説不合，但巫蠱之獄常發生於宮闈貴戚之
間，既已因事設官，給以較大的督察權也是可能的。照它所記，
司隸一官直可淩轢丞相。（四庫本漢官舊儀，録自永樂大典，此
條文云："御史中丞督司隸；司隸督司直；司直督刺史二千石以
下至墨綬"，無"司隸督丞相"之文，未詳孰是。）大概當時的天子
要使臣下互相牽制，所以造此奇突的系統。蓋寬饒傳云：

　　　　宣帝嘉之，……擢爲司隸校尉，刺舉無所廻避，小大輒
　　舉，所劾奏衆多。……公卿貴戚及郡國吏繇使至長安，皆恐
　　懼莫敢犯禁，京師爲清。

其威嚴如此。

宣帝以前，文法吏儒生並用，本不相謀，自可互制。及後文法吏同於儒生，而元帝復專任儒生，牽制之法窮，遂不得不寵外戚，重宦官，以與儒生對抗，司隸之權從此被抑。那時諸葛豐爲司隸校尉，竟以得罪外戚許章而"去節"，於是這個官不能內督大臣，僅能外督郡國。然而畿輔以外的郡國已有刺史，司隸無所事事，故在罷兵之後僅能"察三輔、三河、弘農"。這是光武帝使司隸領郡的由來。從這時起，司隸簡直是一州了，到魏便改名爲司州了。

現在我們回到前邊討論的問題上，試舉出幾個反證，證明司隸校尉不統一州。昭帝紀云：

> 始元元年……有司請河內屬冀州，河東屬并州。

倘使那時已把三輔三河弘農立爲一州而使司隸領了，有司還會這樣地奏請嗎？又成帝紀云：

> 鴻嘉元年春二月，詔曰："……方春生長時，臨遣諫大夫理等舉三輔三河弘農冤獄。公卿大夫部刺史明申敕守相，稱朕意焉。……"

可知那時平反三輔三河弘農的冤獄之官是臨時派遣的，並無專職。這種事情，在外州原是刺史辦的。三輔三河弘農是王畿，十三部是漢帝的統治區域，王畿的制度不必與地方制相同，所以十三部設了刺史而王畿可以不設。但王畿內一樣地需要斷治冤獄，所以成帝就臨時派了諫大夫理等去巡視。假使那時王畿之內已有司隸校尉去行部了，或者如王應麟所說也設置了一個刺史了，又何必多此一舉？（成帝時固嘗罷司隸校尉官，但這是元延四年的事，在鴻嘉元年之後十一年呢。）

　　司隸既不與部刺史同職，畿輔亦不視作一州，所以在武帝征和四年置司隸校尉之前是十三部，在征和四年置了司隸校尉以後還是十三部。試看溝洫志：

　　　　哀帝初，平當使領河隄，奏言……宜博求能浚川疏河者。下丞相孔光，大司空何武，奏請部刺史，三輔三河弘農太守，舉吏民能者；莫有應。

即此可見到了哀帝之世，三輔、三河、弘農，還不曾有一個總名，且沒有一個總轄的官員，故惟以十三部刺史對七太守。又有平帝紀：

　　　　（元始元年）大司農部丞十三人，人部一州，勸農桑。

司隸校尉雖於成帝末省，已於哀帝時復置，然而大司農的勸農桑之使，人部一州，還只有十三人而不是十四人，這不是司隸校尉不領一州的很明白的證據嗎！

八　王莽的十二州制

　　王莽是一個很泥古的人，他在堯典上讀得"肇十有二州""咨十有二牧"之文，就在攫得政權之後實行堯舜的制度。平帝紀云：

　　　　（元始四年）更……十二州名，分界。郡國所屬，罷置更易，天下多事，吏不能紀。

他在奏書裏説明這個原因道：

> 臣又聞聖王序天文，定地理，因山川民俗以制州界。漢家地廣二帝三王，凡十二州（應作十三，後人誤寫），州名及界多不應經。堯典十有二州，後定爲九州。漢家廓地遼遠，州牧行部遠者三萬餘里，不可爲九。謹以經義正十二州名分界，以應正始。（王莽傳上。按此事莽傳載於元始五年，與平紀差一年，未詳孰是。）

他眼中有的是“經義”，所以要改“不應經”的州“名”及“界”。他的定名和分界如何，漢書裏没有提起。地理志中雖有許多王莽所改的郡縣名，但没有州名，不知道班固爲什麽只留心了小的，反把大的遺忘了。千幸萬幸，揚雄留了一篇十二州箴與我們。

揚雄的州箴並没有記上他的著作年月。漢書本傳贊云：

> 及莽篡位，談説之士用符命稱功德獲封爵者甚衆，雄復不侯。……其意欲求文章成名於後世。以爲經莫大於易，故作太玄；……箴莫大於虞箴，作州箴。

似乎這篇文章是在王莽篡位之後作的。但看他的交州箴云：

> 交州荒裔，水與天際。越裳是南，荒國之外。爰自開闢，不羈不絆。……大漢受命，中國兼賅。南海之宇，聖武是恢。稍稍受羈，遂臻黄支；杭海三萬，來牽其犀。

文云“大漢受命”，足見其時漢尚未亡。他又提到越裳和黄支，這都是平帝初年的事。平帝紀云：

元始元年春正月，越裳氏重譯獻白雉一，黑雉二；詔使三公以薦宗廟。群臣奏言"大司馬莽功德比周公"，賜號安漢公。

二年春，黃支國獻犀牛。（應劭注："黃支在日南之南，去京師三萬里。"）

又王莽傳上云：

莽復奏曰："太后秉政數年，恩澤洋溢，和氣四塞，絕域殊俗靡不慕義：越裳氏重譯獻白雉，黃支自三萬里貢生犀。"

讀此，可知這兩件事是王莽秉政之初的最偉大的德化南夷的感應。交州箴中也這樣説，分明作於平帝元始二年（西元二）之後。其稱"大漢"，則在王莽始建國（西元九）之前。這六年之中，應當歸在哪一年雖不可知，但元始四年或五年（西元四或五）王莽就以經義更定十二州了，揚雄受了這個新制度的刺戟，爲這十二州作上十二箴，是很可能的。所以，我們可以説：揚雄作箴的十二州即是王莽在平帝時改定的十二州，他作箴的時候當在平帝的末年。

這十二州的名目和次序，依古文苑（卷十四）爲：

(1)冀州　　(2)兗州　　(3)青州　　(4)徐州
(5)揚州　　(6)荊州　　(7)豫州　　(8)益州
(9)雍州　　(10)幽州　　(11)并州　　(12)交州

依藝文類聚（卷六，州部）則爲：

(1)冀州　　(2)揚州　　(3)荊州　　(4)青州
(5)徐州　　(6)兗州　　(7)豫州　　(8)雍州
(9)益州　　(10)幽州　　(11)并州　　(12)交州

不知道哪一個對。但藝文類聚是類書，把一篇文字拆成若干條而分隸於作者的系統下是很尋常的事，所以古文苑的次序較爲可信。在這一個次序中，上面九個全依禹貢，惟梁州仍從漢名爲益州，再補以職方的幽幷二州，而把古籍所未見過的交州坐了末位。

王莽的十二州比了漢武帝的十三部確是不同了：

第一，併畿輔之地於雍、豫、冀三州之中。——雍州箴說："上侵積石，下礙龍門"，積石在塞外，龍門則在左馮翊夏陽。豫州箴說："郁郁荆河，伊雒是經；滎播梟漆，惟自攸成"，伊與雒所經是河南、弘農兩郡，滎播在河南郡滎陽。冀州箴說："岳陽是都，島夷皮服"，岳即霍太山，在河東郡彘縣。即此可以推知，王莽把三輔屬雍州，河南、弘農屬豫州，河東、河内屬冀州。這是"以經義正"的，因爲在禹貢裏，龍門本屬雍州，伊、雒、滎播本屬豫州，岳陽本屬冀州。

第二，太原上黨二郡改屬冀州。——冀州箴云："洋洋冀州，鴻原大陸"，"鴻"與"大"通，"大""太"古今字，所以鴻原即是太原。漢制，太原屬幷，而依禹貢則在冀，所以他也就用經義正了。太原既屬冀，則在其南面的上黨當然也屬於冀了。

第三，南陽郡改屬豫州。——禹貢豫州，北以河爲界，南以荆山爲界；此豫州箴亦云"郁郁荆河"。荆山在南郡臨沮，南陽郡則在南郡之北；豫州既以荆爲南界，南陽郡當然屬豫。

第四，併朔方部於幷州，使本有的十三部縮成了十二州。——幷州箴說："雍別朔方，河水悠悠。北辟獯鬻，南界涇流。畫兹朔土，正直幽方"，可知朔方已併於幷。其所以併爲一部者，大約因朔方只有四郡，幷州去太原上黨只存三郡，地方都不大的緣故。如照全祖望之說，朔方所屬遠至酒泉、敦煌，則統轄過遠，便不能併了；即使要併，也只能併入雍州而不能併入并州了。

第五，北地、安定二郡改屬并州。——漢制，北地、安定屬涼州。但并州箴云："北辟獫鬻，南界涇流"，上一句指的是朔方五原，下一句則是指北地、安定，因爲涇水是出於安定而經北地的。（這一條尚有考慮的餘地，記此待商。）

第六，改涼州之名仍曰雍州。——這當然也是以經義正的。雍州箴云："黑水西河，橫截崑崙，邪指閶闔，畫爲雍垠。"按崑崙爲地軸，閶闔爲天門（見淮南子及河圖括地象），是當時將雍州之地擴至無窮遠了。這因漢代向西開拓，愈走愈遠，不能窮其究竟，所以只得用了神秘性的地名作爲它的限界。

第七，改交趾部之名爲交州，使十二州的名稱畫一。——堯典云"宅南交"，是"交"字已可獨立。王莽取之，這也是以經義正。

這七點都是從十二州箴中鉤稽出來的。只恨文人的歌詩不能即看作那時的圖志，所以終有許多不能斷定的問題，也終有許多不能找到的材料。這真是無可奈何的缺憾！

那時的州制，還有一點問題。王莽傳中，始建國四年，授諸侯茅土，下書曰：

予之受命，……州從禹貢爲九，爵從周氏爲五。

又天鳳元年，下書曰：

九州之內，縣二千二百有三。……在九州之外，是爲惟藩。

似乎他的州數乃是九而非十二，這怎麼講呢？譚其驤先生道：

> 案同傳，天鳳三年有并州牧宋弘，禹貢無并州，則不得謂元始制定之十二州，至始建國而從禹貢更爲九也。元始五年，莽奏立十二州之言曰：“……漢家廓地遼遠，州牧行部遠者三萬餘里，不可爲九；謹以經傳正十二州名及界以應正始。”豈即位而後，又有改九之議而未曾見諸實行乎？（新莽職方考，燕京學報第十五期）

九　光武帝時之州制

州、郡、縣的制度，王莽時罷置更易，天下多事，甚至吏不能紀。從各地起兵到光武帝成統一之業，擾攘約二十年，更混亂了。後漢書劉玄傳云：

> 諸將出征，各自專置牧守，州郡交錯，不知所從。

可以想見當時武人自由變更區域的狀況。光武帝紀：

> （更始元年）更始至洛陽，迺遣光武以破虜將軍行大司馬事。十月，持節北渡河，鎮慰州郡。所到部縣，……除王莽苛政，復漢官名。

官名既復西漢之制，地方制度當然也跟着光復。但也有一時將就的。後漢書（卷三十一）郭伋傳云：

世祖即位，拜雍州牧。

雍州是王莽的州名，他還没有改回爲涼州。但以後他一定把地方制度清理了一次，於是并州和朔方分開，雍州仍稱涼州，交州仍稱交趾。這事雖失載於史書，而可信爲應有的。

那時還在軍政時期，他感覺行政經費的浩繁，要減政裁官了。帝紀云：

(建武六年)六月辛卯詔曰："夫張官置吏，所以爲人也。今百姓遭難，户口耗少，而縣官吏職所置尚繁。其令司隸州牧，各實所部省減吏員。縣國不足置，長吏可并合者，上大司徒、大司空二府。"於是條奏并省四百餘縣，吏職減損，十損其一。

這一年只是裁"縣"而已。過了四年之後：

(建武十年)是歲省定襄郡，徙其民於西河。
(十二年)是歲省金城郡，屬隴西。
(十三年二月)省併西京十三國：廣平屬鉅鹿，真定屬常山，河間屬信都，城陽屬琅邪，泗水屬廣陵，淄川屬高密，膠東屬北海，六安屬廬江，廣陽屬上谷。(章懷注云："據此惟有九國，云十三，誤也。")
(二十年)是歲省五原郡，徙其吏人置河東。

這是裁到"郡國"了。又：

(建武十一年)是歲省朔方牧，并并州。

這是裁到"州"了。他因爲朔方部是曾被王莽併省過的，是曾被王莽併入於并州的，所以當這減政裁員的潮流之中，便舊事重提，把朔方牧省去了。如此，在光武帝時又成了十二州，制度很與王莽的相像。

後來天下平定，他又把州郡制從新整理一下。光武帝紀云：

> （建武十八年）是歲罷州牧，置刺史。

續漢百官志五云：

> 建武十八年，復爲刺史，十二人各主一州；其一州屬司隸校尉。……豫州部郡國六，冀州部九，兗州部八，徐州部五，青州部六，荆州部七，揚州部六，益州部十二，涼州部十二，并州部九，幽州部十一，交州部七，凡九十八。其二十七，王國相；其七十一，郡太守。

又百官志四云：

> 司隸校尉一人，比二千石，……持節察舉百官以下及京師近郡犯法者。……建武中復置，并領一州。……司隸所部郡七。

到了建武十八年（西元四二），距元封五年（西元前一○六）已一百四十七年了，距征和四年（西元前八九）也一百三十年了，司隸校尉纔確實領有一州，與州刺史有相等的職權。這制度，刺史部十二，司隸部一，還可算是十三部。至於十二州的名稱，有依王莽的，如交州；有不依的，如涼州。至於所屬郡國多寡，亦因併省和增益，和西漢有些不同。（見下章。）

從此以後，王畿與外州地位相等，司隸與刺史職權相等，所以在後漢書的帝紀裏有下列諸條文字：

"二千石曾不承奉，恣心從好；司隸刺史訖無糾察。"（和帝紀，永元五年詔）

秋七月庚寅，勑司隸校尉部刺史曰："夫天降災戾，應政而至。……"（殤帝紀）

稟司隸、兗、豫、徐、冀、并州貧民。（安帝紀，永初五年）

勑司隸校尉，冀并二州刺史，"民訛言相驚，弃捐舊居。……"（同上）

六月，彭城泗水增長逆流，詔司隸校尉部刺史曰："……其令所傷郡國種蕪菁以助人食。"（桓帝紀，永興二年）

二月，司隸冀州飢，人相食，敕州郡賑給貧弱。（桓帝紀，永壽二年）

司隸豫州飢死者什四五。（桓帝紀，延熹九年）

這種"司隸、刺史"和"司隸、某州"的並用的方式，在前漢書裏是找不到的。

一〇　續漢郡國志中的東漢州制 及其與西漢州制的比較

續漢郡國志是依據了順帝永和五年的簿籍作的（觀河南尹下記"永和五年"的户口數可知），尚在東漢的中葉。這是一部很有秩序的著作，和班固的隨便編排的不同。所以我們可以不費什麼力氣，就鈔出下面的東漢州郡制的單子來：

（1）司隸校尉部——河南尹、河內郡、河東郡、弘農郡、京兆尹、左馮翊、右扶風——凡七郡。

（2）豫州刺史部——潁川郡、汝南郡、梁國、沛國、陳國、魯國——凡二郡、四國。

（3）冀州刺史部——魏郡、鉅鹿郡、常山國、中山國、安平國、河間國、清河國、趙國、勃海郡——凡三郡、六國。（汲古閣本作"河間郡"。）

（4）兗州刺史部——陳留郡、東郡、東平國、任城國、泰山郡、濟北國、山陽郡、濟陰郡——凡五郡、三國。

（5）徐州刺史部——東海郡、琅邪國、彭城國、廣陵郡、下邳國——凡二郡、三國。

（6）青州刺史部——濟南郡、平原郡、樂安國、北海國、東萊郡、齊國——凡三郡、三國。

（7）荊州刺史部——南陽郡、南郡、江夏郡、零陵郡、桂陽郡、武陵郡、長沙郡——凡七郡。

（8）揚州刺史部——九江郡、丹陽郡、廬江郡、會稽郡、吳郡、豫章郡——凡六郡。

（9）益州刺史部——漢中郡、巴郡、廣漢郡、蜀郡、犍爲郡、牂柯郡、越巂郡、益州郡、永昌郡、廣漢屬國都尉、蜀郡屬國、犍爲屬國——凡九郡、三國。

（10）涼州刺史部——隴西郡、漢陽郡、武都郡、金城郡、安定郡、北地郡、武威郡、張掖郡、酒泉郡、敦煌郡、張掖屬國、張掖居延屬國——凡十郡、二國。

（11）并州刺史部——上黨郡、太原郡、上郡、西河郡、五原郡、雲中郡、定襄郡、雁門郡、朔方郡——凡九郡。

（12）幽州刺史部——涿郡、廣陽郡、代郡、上谷郡、漁陽郡、右北平郡、遼西郡、遼東郡、玄菟部、樂浪郡、遼東屬國——凡十郡、一國。

(13)交州刺史部——南海郡、蒼梧郡、鬱林郡、合浦郡、交趾郡、九真郡、日南郡——凡七郡。

——凡郡國一百〇五。

拿來比較漢書地理志，別州都有些改動，只有并州和交州沒變。交州僻在南服，和揚、荊、益諸州都有山嶺的間隔，自成一個獨立的區域，當然沒有改變的必要。至於并州，則在三輔三河之北，密邇京畿，人事自甚複雜，爲什麼也會"仍舊貫"呢？然則漢書中的并州是東漢的制度，藉此又可加上一重證明了。

把兩漢的郡國制度相較，其不同處如下：

(甲)郡國互易者：

    (1)沛郡爲沛國(豫)

    (2)常山郡爲常山國(冀)

    (3)清河郡爲清河國(冀)

    (4)琅邪郡爲琅邪國(徐)

    (5)廣陵國爲廣陵郡(徐)

    (6)濟南郡爲濟南國(青)

    (7)北海郡爲北海國(青)

    (8)齊郡爲齊國(青)

    (9)長沙國爲長沙郡(荊)

    (10)廣陽國爲廣陽郡(幽)

(乙)郡國改隸州者：

    (1)魯國，自徐而豫——續志曰："魯國，本屬徐州，光武改隸豫州。"

    (2)勃海郡，自幽而冀。——和帝紀，永元六年，"詔以勃海郡屬冀州。"

    (3)代郡，自并而幽。——續志引古今注曰："建武二十七年七月，屬幽州。"

（丙）更名者：

(1)河南尹，本河南郡，光武帝建武十五年更名。（司隸。續志；下同）

(2)陳國，高帝置爲淮陽，章帝章和二年更名。（豫）

(3)安平國，故信都，明帝名樂成，安帝延光元年更名。（冀）

(4)彭城國，高帝置爲楚國，章帝更名。（徐）

(5)下邳國，武帝置爲臨淮郡，明帝永平十五年更名。（徐）

(6)樂安國，高帝置爲千乘郡，和帝永元七年更名。（青）

(7)漢陽郡，武帝置爲天水郡，明帝永平十七年更名。（涼）

（丁）省併者：

(1)廣平國，光武帝建武十三年省入鉅鹿郡。（冀。續志；下同）

(2)真定國，建武十三年省入常山國。（冀）

(3)河間國，世祖（紀作建武十三年）省入信都國。（和帝永元元年——紀作二年——復故）（冀）

(4)城陽國，建武中（紀作十三年）省入琅邪國。（兗）

(5)泗水國，建武中（紀作十三年）省入廣陵郡。（徐）

(6)菑川、高密、膠東三國，建武十三年省入北海國。（青）

(7)六安國，建武十年省入廬江郡。（揚）

(8)廣陽郡，世祖（紀作建武十三年）省入上谷郡。（明帝永平八年復）（幽）

(9)定襄郡，建武十年省。（未知何時復）（并紀，下同）

(10)五原郡，建武二十年省。（未知何時復）（并）

(11)金城郡，建武十二年省入隴西郡。（十三年復置）
（涼）

(戊)增設者：

(1)永昌郡，明帝永平二年分益州置。（益。續志，下
同）
按明帝紀録此事於永平十二年，云："春正月，益州
徼外夷哀牢王相率内屬，於是置永昌郡，罷益州西
部都尉。"西南夷傳又云："罷益州西部所領六縣，合
爲永昌郡，置哀牢博南二縣。"

(2)任城國，章帝元和元年分東平置。（兗）
按郡國志後序云"章帝置郡國二"，尚有一，未詳。

(3)濟北國，和帝永元二年分泰山置。（兗）
按和帝紀，永元二年云："夏五月，庚子，分太山爲
濟北國，分樂成、涿郡、勃海爲河間國。"濟北國即
此，河間國見前省併類，然云"分樂成、涿郡、勃
海"，則非析自信都者。事實究如何，尚待考。又按
郡國志後序云"和帝置三"，則尚有一，未詳。

(4)吳郡，順帝（紀作永建四年）分會稽置。（揚）

(5)犍爲屬國，故郡南部都尉；安帝永初元年以爲屬國
都尉，別領二城。（益）

(6)廣漢屬國都尉，故北部都尉，屬蜀郡；安帝時（紀作
永初二年）以爲屬國都尉，別領三城。（益）

(7)蜀郡屬國，故屬西部都尉；安帝延光元年（紀作二
年）以爲屬國都尉，別領四城。（益）

(8)張掖屬國，武帝置屬國都尉，以主蠻夷降者；安帝
時別領五城。（涼）

(9)張掖居延屬國，故郡都尉；安帝時別領一郡（涼）。

(10)遼東屬國，故邯鄉西部都尉；安帝時以爲屬國都

尉，別領六城。（幽）

　　按郡國志後序云："安帝又命屬國別領比郡者六。"具如上。

在上面的比較裏，我們又得到一點新證據。這三個改隸州的郡國，兩個在光武時改的，班固已插入地理志中；只有勃海郡改隸冀州在班固之後，故地理志仍注道"屬幽州"。這是不是更可以確定漢書中所記的"郡國"爲西漢制，而所記的"州"爲東漢初年制？

一一　交趾與交州的名稱問題

　　東漢的州制似乎可以不生問題了，但問題畢竟還來。這問題就出在"交州"的名稱上。

　　東漢初年，班固於地理志叙論上説："武帝攘卻胡越，南置交趾之州。"東漢中葉，胡廣作漢官解詁，説："漢既定南越之地，置交趾刺史，別於諸州，令持節治蒼梧"（顏師古地理志注引，與上文所引御覽文略有不同）。東漢末年，應劭著漢官儀，説："所以交朔獨不稱州，明示帝王未必相襲。"西漢時稱南越之地爲"交趾"而不爲交州，稱那一部刺史爲"交趾刺史"而不爲交州刺史，可無疑義。

　　王莽依據了經義改定十二州名，揚雄有交州箴，文中又云："交州荒裔"，是當時改交趾爲"交州"，稱交趾牧爲"交州牧"，亦可無疑義。

　　班固作地理志，用了東漢初年的制度來分西漢郡國，因將南海等郡説爲"屬交州"。晉司馬彪根據了順帝永和五年的圖籍作續漢書郡國志，而云"右交州刺史部郡七、縣五十六"；其百官志又云"交州部〔郡〕七"。然則東漢一代亦名之爲"交州"而不爲交趾，與王莽同而與西漢異，也不成問題。

可是，後漢書光武帝紀上云：

（建武五年十二月）交阯牧鄧讓率七郡太守遣使奉貢。

又岑彭列傳云：

（建武四年，彭）引兵還屯津鄉，當荆州要會，喻告諸蠻夷，降者奏封其君長。初，彭與交阯牧鄧讓厚善；與讓書，陳國家威德。……於是讓與江夏太守侯登……等相率遣使貢獻，悉封爲列侯。……江南之珍始流通焉。

於是站在我們對方的人可以反問：那時光武帝的勢力未及荆湘以南，這裏所謂交阯牧鄧讓是王莽任命的，豈不是王莽時仍稱爲"交阯"而不稱爲交州？

又後漢書南蠻傳云：

（建武十六年）交阯女子徵側及其妹徵貳反，……略六十五城，自立爲王。交阯刺史及諸太守僅得自保。

又順帝紀：

（永和三年六月）九真太守祝良、交阯刺史張喬慰誘日南叛蠻，降之；嶺外平。

又冲帝紀：

冬十月，日南蠻夷攻燒城邑，交阯刺史夏方招誘降之。

又靈帝紀：

（光和四年夏四月）交阯刺史朱儁討交阯合浦烏滸蠻，破之。

（中平元年六月）交阯屯兵執刺史及合浦太守來達，自稱柱天將軍；遣交阯刺史賈琮討平之。

在這些證據之下，對方又可反問：自從光武至於靈帝，全稱其地曰"交阯"，稱其官曰"交阯刺史"，這不足證明東漢一代也没有稱過交州嗎？

而且，在晉書地理志的"交州"條裏，有一個最顯著的證據：

元封中，……置交阯刺史以督之。……順帝永和九年，交阯太守周敞求立爲州；朝議不許，即拜敞爲交阯刺史。……建安八年，張津爲刺史，士燮爲交阯太守，共表立爲州；乃拜津爲交州牧。

又苗恭交廣記說：

漢武帝元鼎中，開拓土境，北開朔方，南置交阯刺史。建安二年，南陽張津爲刺史，交阯太守士燮表言："伏見十二州皆稱曰'州'，而交獨爲交阯刺史，何天恩不平乎？若普天之下可爲十二州者，獨不可爲十三州？"詔報聽許，拜津交州牧，加以九錫、彤弓、彤矢。禮樂征伐，威震南夏，與中州方伯齊同，自津始也。（藝文類聚卷六州部引）

這更可以反問道：兩書裏既說得這樣清楚（甚至於引有表文），交阯的改爲交州，乃是建安二年（或八年）的事，已到東漢之末，第一任的州牧爲張津，這難道還不足以打破王莽至東漢時都稱交州之説嗎！

這話固然説得有理，但我們不能不抗辨。我們的抗辨是站在下面的許多理由上：

第一，後漢書諸帝紀中，關於改變郡國的名目和界畫的事件都記載得很詳細。假使建安二年（或八年）真有把交阯改爲交州的事，其事豈不比了郡國的移易爲尤重要，何以在獻帝紀中竟一字不提？

第二，西漢時交阯部雖無州名，但未嘗不視爲一州，看武紀"初置刺史，部十三州"可知。東漢時即使仍沿用交阯之名，其視爲一州的觀念當然不改。乃晉書云"順帝永和九年，交阯太守周敞求立爲州；朝議不許，拜敞爲交阯刺史"，好像直到順帝之世，交阯還只是没有總名的七個郡而不是一個州。這斷然不是事實。而且，周敞求立爲州，朝議不許，然則他的刺史之官是從那裏來的呢？没有州而爲刺史，這正如没有郡而爲太守，叫他幹什麽？何況晉書本文云"元封中，置交阯刺史以督之"，作者已承認前有刺史之制了，然則何待於周敞的求立爲州而始置此官呢？

第三，太平寰宇記（卷一百七十）引南越志（沈懷遠作，見隋書經籍志）云："順帝永和二年，周敞爲交州刺史，採龍山之木爲州門鼓，下分一鼓給桂林郡，上分一鼓給交阯郡，……擊一鼓則二鼓皆鳴"，這是明説周敞在順帝永和二年已任交州刺史，還用得着他到永和九年纔求立爲州嗎？

第四，順帝永和僅六年，無九年。自永和六年後推下三年，爲建康元年，這一年順帝卒，冲帝即位。後漢書冲帝紀於是年記云："冬十月，日南蠻夷攻燒城邑，交阯刺史夏方招誘降之。"然則這一年的交阯刺史並非周敞，乃是夏方！這不夠推翻晉書地理志的記載嗎？

第五，張津士燮表立爲州，晉書説是建安八年，交廣記説是建安二年，已相衝突。交廣記記其表文，有"若普天之下可爲十二州者，獨不可爲十三州?"之語，這尤不合事實。無論司隸校尉亦領一州，東漢時明有十三州，而且獻帝興平元年(前於改元建安二年)六月，分涼州河西四郡(金城、酒泉、敦煌、張掖)爲雍州，見於帝紀，是當時實有十四州，就算把交趾除開還有十三州，何得云"十二"! 這不夠推翻交廣記的表文嗎?

第六，三國志士燮傳云："朱符死後，漢遣張津爲交州刺史；津後又爲其將區景所殺"(吳志卷四)，並沒有共表立爲州及以張津爲州牧的事。又同傳云："(士燮)其先本魯國汶陽人，至王莽之亂，避地交州。……後舉茂材，除巫令，遷交趾太守。……董卓作亂，壹(燮弟)亡歸鄉里。交州刺史朱符爲夷賊所殺，州郡擾亂，燮乃表壹領合浦太守。"照這上面講，其地在王莽時已名"交州"了；董卓之亂是獻帝初平二年事，早於改元建安且四年，那時朱符即任"交州刺史"了；朱符死後，張津又即繼任"交州刺史"了。然則何必待至建安八年或二年纔表立爲州呢?

第七，三國志孫策傳注云："臣松之案，太康八年，廣州大中正王範上交廣二州春秋：建安六年，張津猶爲交州牧"，這不足以打破晉志建安八年表立爲州之說嗎?(交廣春秋這部書也不甚可信，見下文，舉此以見其互相牴牾而已。)

第八，九錫是怎樣重大的一種典禮，必有王莽曹操這樣的地位和慾望乃能得到。張津是一個刺史，職位不算很高，又沒有什麼大功績，爲什麼他一做了交州牧，朝廷上就要"加以九錫、彤弓、彤矢"? 這真是"齊東野人之語"了!

因爲有了這些理由，所以我們可以斷說，晉書及交廣記的話乃是一種傳說，決不是史實。交廣記的作者原採本地傳説作記，並未考之史書，故有此誤。晉書又沿用之，一誤便成再誤。試舉一個相類的地方傳說。續漢郡國志武陵郡條注引先賢傳云：

晉代太守趙厥問主簿潘京曰："貴郡何以名武陵?"京曰："鄙郡本名義陵，在辰陽縣界，與夷相接，爲攻破。光武時移東出，遂得見全，先識易號。傳曰'止戈爲武'，高平曰'陵'，於是改名焉。"

這好像是一件真事實。然而劉昭注道：

前書本名武陵，不知此對何據而出？

西漢時早就名武陵了，而武陵的土著偏説是光武時改的。爲什麼呢？只爲武陵郡裏有個義陵縣，武陵義陵，弄糊塗了，以致造出這段故事來。

地方傳説的不足憑信，事例甚多。即以交州論，續漢郡國志注於"交州刺史部"下引王範交廣春秋云：

交州治贏陵縣(武英殿本後漢書考證曰："贏應作贏，前書孟康曰：'贏，音蓮'，則作贏字非也")。元封五年，移治蒼梧廣信縣。建安十五年，治番禺縣。

元封治蒼梧，建安治番禺，固然不誤，但前於元封的"交州治贏陵縣"卻大誤了。在元封以前，何嘗有"交州"！既沒有交州，又怎能"治贏陵縣"！推其所以致誤之由，只因贏陵是交趾太守治(水經葉榆水注："中水又東逕贏陵縣南，交州外域記曰：'縣本交趾郡治也'")；交趾太守治、交趾刺史治，又弄糊塗了。王範糊塗一回不打緊，元封五年之前竟有了"交州"，豈非奇談。交廣記把交州之名移到建安二年(西元一九七)，太遲了。交廣春秋又把它拉在元封五年(西元前一○六)之前，太早了。同樣記載交廣的事情，竟會參差到三百餘年之久，再有什麼可説的！

　　我想，交趾與交州所以糾纏不清的原因，只由於舊名的沿用不改。交州本稱交趾刺史部，這個名字用了一百餘年，生了根了。正如"北京"和"南京"都是明代的京名，自明宣德以來，順天已稱京師了，而口頭上仍用北京。清朝來了，"京師順天府"之稱沿用在文書上，俗話仍稱"北京"；南京之名廢，應天改做江寧，而口頭上改不了"南京"。到民國十七年國民政府定都南京，依然沿用了舊名。北京，現在正式的文告已改爲北平了，但仍不能廢去口頭習用的稱謂。可見一個名詞既已"約定俗成"，要改變它總是非常困難的。王莽和光武帝雖改交趾爲交州，但這只是中央政府和地方政府文書往來的名稱而已，人民説話或寫字時滿不是這樣的。因此，"交趾牧"和"交趾刺史"這類話就屢見而不一見了。

　　至於交廣記所載的張津故事，我以爲有一半可靠。當建安初年，袁術據了淮南，孫策據了江東，中央政府的勢力早已不及於交州。那時的州牧，正等於現在占有一省或數省的軍閥。所以劉焉作了益州刺史，就造作乘輿。公孫度自立爲平州牧，就於襄平城南郊祀天地，乘鸞輅九旒。袁紹兼督冀、青、幽、并四州，就有人勸進，説"赤德銷盡，袁爲黃胤，宜順天意"。袁術兼領了徐、揚二州，就自以爲合於讖書裏的"當塗高"，公然稱帝。（均見後漢書一○四──一○五諸列傳中。）其後鼎峙的三國皇帝莫不從州牧起家。交州物産富饒，又僻處海濱，免於擾攘，在那邊作軍閥的當然惟意所欲。因此，士燮做了交趾太守，就可令他的弟壹做合浦太守。張津做了交州牧，就可加九錫、彤弓、彤矢。這九錫何嘗是漢朝皇帝賜與他的，也不過和劉焉的乘輿，公孫度的鸞輅一樣自製的罷了。別人想過皇帝癮，他總算客氣，只要享盡人臣的榮華。然則所謂"威震南夏"云者，只是表示其欺騙民衆的成功而已。

　　不過交廣記和晉書地理志既説得這樣確鑿，一定"事出有因"。我們以爲靈帝中平五年，劉焉請改置牧伯，選重臣居其任

（見第六章），凡未任重臣的州官當然還稱刺史，而交州是其一個。大約在建安初年，交州刺史張津曾經援例請改爲牧，當時朝廷爲要羈縻遠方，就答應了，他接到詔書，就大擺起排場來；或者朝廷雖未允，他也竊"牧"號以自娛：都説不定。民衆聽了他的宣傳，以爲朝廷怎樣的尊寵他；卻又未辨部與州，刺史與州牧的分別，就以爲這是他"表立爲州"的成功。一再誤傳，就有了他請立爲州的表文。這真所謂"俗語不實，流爲丹青"呵！

一二　曹操的九州制

州制到了東漢之末，又有一番大變動。後漢書獻帝紀云：

> （建安十八年）春正月，庚寅，復禹貢九州。

章懷注引獻帝春秋曰：

> 時省幽并州，以其郡國并於冀州。省司隸校尉及涼州，以其郡國并爲雍州。省交州，并荆州、益州。於是有兗、豫、青、徐、荆、揚、冀、益、雍也。九數雖同，而禹貢無益州，有梁州；然梁益亦一地也。

根據經書來改變地方制度，這已是第二次。單看這兩段文字，真是離離和盛之音，似乎虞廷揖讓之容忽見於叔季之世了。

究竟爲什麼要這樣分？請看獻帝起居注（續漢百官志五劉昭注引）中的一個州郡名單：

建安十八年，三月庚寅，省州并郡，復禹貢之九州。

冀州得魏郡，安平、鉅鹿、河間、清河、博陵（頡剛案：水經滱水注："質（桓）帝……追尊父翼陵曰博陵，因以爲縣，又置郡焉；漢末罷還安平"，則此郡由安平析置）、常山、趙國、勃海、甘陵（郡國志云："清河國，……桓帝建和二年改爲甘陵"）、平原、太原、上黨、西河、定襄、雁門、雲中、五原、朔方、河東、河内、涿郡、漁陽、廣陽、右北平、上谷、代郡、遼東、遼東屬國、遼西、玄菟、樂浪——凡三十二郡。

省司隸校尉，以司隸部分屬豫州、冀州、雍州。省涼州刺史，以并雍州。〔雍州〕部郡得弘農、京兆、左馮翊、右扶風、上郡、安定、隴西、漢陽、北地、武都、武威、金城、西平（元和郡縣志卷三十九鄯州，"金城郡，……後漢獻帝分置西平郡"）、西郡（郡國志注："張掖郡……獻帝分置西郡"）、張掖、張掖屬國、酒泉、敦煌、西海（郡國志注："張掖居延屬國，……獻帝建安末立爲西海郡"）、漢興（郡國志注引魏志，"曹公分關中，置漢興郡"）、永陽（郡國志注引獻帝起居注："初平四年……分漢陽上郡爲永陽"）、東安南（錢大昕廿二史考異卷十四："東安南一郡無可考，疑本作'南安'而衍'東'字耳。秦州記，'中平五年分漢陽置'"。按秦州記文見郡國志注引）——凡二十二郡。

省交州，以其郡屬荆州。荆州得交州之蒼梧、南海、九真、交趾、日南，與其舊所部南陽、章陵（按後漢南陽郡有章陵縣，則此郡由南陽析置）、南郡、江夏、武陵、長沙、零陵、桂陽——凡十三郡。

益州本部郡有廣漢、漢中、巴郡、犍爲、蜀郡、牂柯、越嶲、益州、永昌、犍爲屬國、蜀郡屬國、廣漢屬國，今并得交州之鬱林、合浦——凡十四郡。

豫州部郡本有潁川、陳國、汝南、沛國、梁國、魯國，今并得河南、滎陽都尉（錢大昕考異卷十四：“按東漢始以屬國都尉領城，比於郡守，嗣後内地分置都尉亦得稱郡。晉泰始初置滎陽郡，蓋因魏之滎陽都尉也。”按滎陽爲河南尹屬縣，則此郡由河南分）——凡八郡。

徐州部郡得下邳、廣陵、彭城、東海、琅邪、利城（三國志魏武帝紀，建安三年：“分琅邪、東海、北海爲城陽、利城、昌慮郡”。按利城縣原屬東海郡，則北郡由東海析置）、城陽（按郡國志，建武中省城陽國，以其縣屬琅邪國，是此郡由琅玡析置）、東莞（按東莞縣舊屬琅玡國，則此郡亦由琅邪析置）——凡八郡。

青州得齊國、北海、東萊、濟南、樂安——凡五郡。

（按：兗、揚二州未言，當係脫漏。）

這個單子，只要一望，就感覺其不平均。冀州一州，會兩倍餘於荆益二州，四倍於豫徐二州，而六倍餘於青州！這是什麽道理？翻開獻帝紀，即可明白：

（建安九年）秋八月，戊寅，曹操大破袁尚，平冀州，自領冀州牧。

説什麽復古九州，除了擴大自己的地盤之外還存什麽好意！至於荆益諸州，本不在他的勢力範圍之内，做做陪客而已。可笑的，是“省交州，以其部屬荆州”，荆州得蒼梧等五郡，又益州亦“并得交州之鬱林、合浦”，此豈非“慷他人之慨”乎？

曹操作冀州牧是建安九年的事，爲什麽遲至十八年纔復禹貢九州呢？魏志荀彧傳云：

九年，太祖拔鄴，領冀州牧。或説太祖宜復古置九州，則冀州所制者廣大，天下服矣。太祖將從之，或言曰："若是則冀州當得河東、馮翊、扶風、西河、幽、并之地，所奪者衆（按此所言之冀州與禹貢等書所言之冀州不同，當是指中土言。冀爲中土，日知録卷二"惟彼陶唐"條已詳言之。又關羽伐曹操，後漢書稱之曰"威震華夏"，此必沿襲當時語，亦以中土爲華夏。此"冀州"與"華夏"俱爲中土之古典名詞。傅斯年先生説。）前日公破袁尚，禽審配，海内震駭，必人人自恐，不得保其土地，守其兵衆也。今使分屬冀州，將皆動心。且人多説關右諸將以閉關之計，今聞此以爲必以次見奪，一旦生變，雖有善守者轉相脅爲非，則袁尚得寬其死，而袁譚懷貳，劉表遂保江漢之間，天下未易圖也。願公急引兵先定河北，然後修復舊京，南臨荆州，責貢之不入，則天下咸知公意，人人自安。天下大定，乃議古制，此社稷長久之利也。"太祖遂寢九州議。

可知若無荀彧之諫，此事便當提前九年。到建安十八年時，曹操的權力已很鞏固了，荀彧所説的"天下大定，乃議古制"到了時候了，所以這個新制度就出現了。

趙翼在二十二史札記（卷七）"漢復古九州"條説：

蓋是時幽并及關中諸郡皆已削平，操自爲張本，欲盡以爲將來王畿之地故也。觀於是年之前，已割蕩陰、朝歌、林慮、衛國、頓丘、東武陽、發干、廮陶、曲周、南和、〔廣平〕、任城、襄國、邯鄲、易陽以益魏郡，是年又以冀州之河東、河内、魏郡、趙國、中山、常山、鉅鹿、安平、甘陵、平原十郡封操爲魏公，可見復九州正爲禪代地也。

他的話是確實的，從曹操復九州到加九錫僅隔四個月，到曹丕受禪也不過七年了。

“以經義正州名”，是怎麼一句好聽的話。王莽根據的是堯典十二州，曹操根據的是禹貢九州，即此可見尚書一經影響之大，也可知道所謂“經”也者的效用乃如此。莊子胠篋說得好：“諸侯之門而仁義存”；又道：“并與其聖知之法而盜之。”追想漢武帝立十三部刺史的初意，哪裏知道徒然成全了權臣，就在這一個制度之上結束了漢家的天下呢！

十三　結論

九州本是戰國人的理想制度；只因他們斟酌地形，用了高山大川來分界，故有實現的可能性。當漢武帝時，鉅大的王國俱已削滅，又因國勢強盛，南北東西都新闢了很廣的疆土，所以他就採用了這個理想的制度來區劃他的天下。他在王畿之外分作十三部，其中依禹貢和職方的舊有州名立了十一部；尚有極南極北的兩部，因古書中無可依據，就給以特別的名號。這本來是監察區域，慢慢地變成了行政區域。王莽覺得“十三”不是一個成數，州名不整齊也不好，他改立了十二州。光武中興，採用王莽的制度而略加修改，又把王畿放了進去，亦爲十三州。這等三翻四覆地變花樣，把一位專門史家班固弄糊塗了，以致一篇漢書地理志裏，忽而西漢制，忽而東漢制。後世的學者看了莫名其妙，既覺得他不全對，又不敢說他錯，大家用了猜謎的方法去解釋，猜了近二千年。

班固的自身衝突原只有三點：(1)有無司隸部？(2)有無朔方部？(3)交趾與交州孰爲正名？但經過了猜謎式的解釋之後，又激起許多新問題了：（1）朔方是一刺史部，還是一郡？（2）朔方刺史是附庸於并州還是涼州？（3）關中三河在未設司隸時是否有刺史？設了司隸時是否即與刺史同權？（4）朔方屬并州始於何時？（5）交趾稱交州始於何時？（6）朔方部的轄郡是哪幾個？在這種問題之下，不知有多少衝突牴牾的説話，令人看了眼花。

　　現在我們拿這許多説法整理了一回，把他們所以衝突牴牾的原因各給以説明，覺得已有一貫的史實可求。我們獲得的事實很簡單，就是：（1）西漢時有獨立的朔方刺史部，刺史轄有五原等四郡；（2）西漢時的司隸校尉和部刺史的職權完全不同，所以與十三州無涉；（3）王莽時把朔方部併入并州；（4）光武帝也把朔方部併入并州，又以王畿爲一州而使司隸校尉領之；（5）西漢時的交趾部，到王莽和東漢時改作交州。

　　除了這些之外，還有一個問題待考。武都郡，從立郡的原意看來，無疑地應如呂祖謙之説，列在益州。但這一郡是居於益州諸郡的北端，涼州諸郡的南端，本來具有兩屬的資格。漢書地理志雖沒有注明屬於哪一州，但看班固把志分成兩卷，上卷以益州諸郡終，下卷自涼州諸郡始，而武都郡是第二卷的第一個郡，與涼州諸郡駢接而與益州諸郡分離，可知班固的意思是把它放在涼州的。續漢郡國志明白列此郡於涼州。曹操復古九州，改涼爲雍，武都又爲雍州之郡。就是拿現在的省界看，此郡之地爲甘肅的武都，文、成、徽及陝西的寧羌等縣，居於兩省的南端，和四川分界，尚是漢代的涼與益分州的界綫。在這種種證據之下，此郡是應屬於涼州的。固然説不定班固又用了東漢制來弄亂西漢制，但在沒有發見確實的證據的時候，我們還只能保守這個信念。

一四　西漢州郡圖

地理論文，必須與圖同讀方得明曉。不幸我國歷史地圖尚無適當的本子。在本文開始寫作時，原擬附入四圖：（一）西漢十三部圖，（二）王莽十二州圖，（三）東漢十三州圖，（四）曹操九州圖。只因其中問題尚多，必非倉卒所能畢工，故今但作一極簡單的西漢州郡圖，使讀者得一較清醒的印象。王莽以下，可就此推之。至於詳細地圖，將來定當製出發表；但願這文所提出的問題，所假設的結論，能得讀者深切的討論，使將來製圖時不至再有很多的疑難。

附識

當民國二十年秋間，我研究堯典的著作時代，以爲其中"肇十有二州"之文即是漢武帝立十三部刺史的反映；又承呂祖謙以來之説，以爲去掉司隷部即是十二州。譚其驤先生見了，反對我的後一説，他説西漢時没有司隷領一州的制度，朔方自爲一州，交州實爲交趾。往復討論，他的話愈顯得真確，我當然修改我的主張。牟傳楷先生見了這論稿，也爲尋出不少的證據。我們不但把這三個原則證明，連許多枝節問題也解決了。廿一年夏間，我住在妙峰山之麓，把這些稿件整理了一下，草成長文。下山之後，人事紛紜，直到今年寒假始得重寫一過。敬持此爲子民先生壽，並向譚牟兩先生道謝。

　　至於"肇十有二州"爲漢武帝十三部的反映，這一義並不因這回的討論結果而失敗，因爲我們已尋得其顯然竄改的證據。而且"羲叔宅南交，和叔宅朔方"，更分明是漢武帝立交趾朔方兩部的記載。過幾年寫堯典著作時代考時，當細論之。

　　本文作成後，承傅斯年先生及勞榦先生指正數點，並給予許多材料。即此可見任何研究工作，都不是某一個人所能完全担負的。現在除把兩先生所告的散入篇中外，並將部刺史及司隸兩章改作，其中收入勞先生的材料尤多，謹記此以表極度的感謝。

　　民國二十三年一月十八日開始重作，三月九日改畢。顧頡剛記。

春秋時代的縣[*]

我國何時設立郡縣？普通人對於這個問題的解答是不假思索的，正和萬里長城一樣，說是秦始皇，因爲在中小學歷史教科書裏都這樣說了。例如日本那珂通世的支那通史（這是現在一切的中國中小學歷史教科書的祖本）"始皇之政"一章中便說：

> 丞相王綰等言："燕、齊地遠，不置王無以鎮之，請立諸子。"皇帝下其議，廷尉李斯曰："周武王所封子弟同姓甚眾，後屬疏遠，相攻擊爲仇讐。今海内賴陛下神靈，一統皆爲郡縣，……天下無異意，則安寧之術也。置諸侯不便！"皇帝曰："……廷尉議是！"以郡縣敷治，北帶治關内及二十七郡，中帶置六郡，後踰南嶺取南帶地，置三郡，凡三十六郡，郡置守尉監。……二十八年，皇帝東行郡縣。

這固然都有根據，但按其語意看來，豈不使讀者覺得郡縣制是始皇平定六國後懲封建之弊而創立的？其實這種觀念不必說一般人存着，就是去周秦甚近而以史學傳家的班固亦復如此。漢書地理志在把禹貢講夏地理，把職方講周地理，把孟子之言講周封建之後，便接着說：

---

* 原載 1937 年 6 月 1 日禹貢半月刊第七卷第六、七合期。

> 秦……并兼四海，以爲周制微弱，終爲諸侯所喪，故不立尺土之封，分天下爲郡縣；盪滅前聖之苗裔，靡有孑遺者矣。

也是説這許多郡縣是始皇突然間建置起來的。

但也有不信這一説的，他們讀書多，可以依據書本的材料推得很早。如山海經南次二經云：

> 長舌之山……有獸焉，其狀如禺而四耳，其名長舌，其音如吟，見則郡縣大水。

> 堯光之山……有獸焉，其狀如人而彘鬛，……其名曰猾褢，……見則縣有大繇。

山海經相傳是禹、益作的，禹、益是唐、虞時人，所以可以説：郡縣制在唐、虞時已有了。再看淮南子氾論篇云：

> 夏桀、殷紂之盛也，人跡所至，舟車所通，莫不爲郡縣。

即此可見夏、商時也有郡縣，所以更可以説：郡縣制是有史以來就有的，而且在我國的歷史裏不曾間斷過。因此，畢沅在山海經新校正中便説道：

> 郡縣之名，夏、殷有之，不獨周矣。世俗以此疑經（山海經），非也！（南次二經長舌山條）

其實要説郡縣制很早就有，不必求之於山經、淮南，就是在最尊貴的書經堯典裏也可以尋到暗示。堯典説“肇十有二州”，又説“咨十有二牧”，是那時分天下爲十二州，每州設一個牧。十二州牧是最高的地方行政長官，他們當然要統率一班低級的地方官，那麼，因其轄區之廣，州之下自該分郡，郡之下自該分縣了。

不過，到了現在，這種材料在我們的理智裏已失卻了信仰。我們既不能信遲至秦始皇説，也不能信早至唐、虞、夏、商説，只有盡我們的本分，從真實的記載裏重尋郡縣制的演進史。

春秋時代有郡縣制的存在，是很清楚的。固然這種制度也許在西周時已有，像逸周書作雒篇所説：

> 制郊甸方六百里，因西土爲方千里，分以百縣，縣有四郡，郡有四鄙。大縣立城方王城三之一，小縣立城方王城九之一，都鄙不過百室，以便野事。

似乎周公時就制定的。但逸周書的材料很有問題，不便充分相信，而且在西周的金文裏不曾見到西周時有縣（東周的金文裏便有縣的記載），在可靠的東周記載裏又不曾見王畿有縣，所以很難使我們把這段文字看作事實。我們爲謹慎起見，只能説：郡縣制在春秋初期確實有了。

現在我們便從金文、左傳、國語、史記等書裏搜集春秋時的郡縣制材料（因爲所得的材料，關於郡的太少，所以在本文題目裏單舉了縣），分國叙述。

甲　楚國

楚武王是一個享國很久的人，從春秋前十八年一直到魯莊公

七年(公元前七四〇—前六九〇)。不知在哪一年,他滅了權國。左傳莊十八年追記其事,説:

> 初,楚武王克權,使鬬緡尹之。以叛,圍而殺之。遷權於那處,使閻敖尹之。

在這段文字裏,雖没有説明滅權以爲縣,但他設置"尹"的官,和此後楚的"縣尹"一樣,則實是他建立權縣的證明。這是從左傳的記載中找尋出來的第一個縣。可見在春秋初期,楚已有縣制;而且滅了一國建立一縣,縣的面積甚爲廣大。

在楚文王(前六八九—前六七七)的手裏,滅了申(未詳何年)、息(在魯莊十至十四年,前六八四—前六八〇)、鄧(魯莊十六、前六七八)諸國。左傳雖没有在當時説明他立縣,但在哀十七年傳中記楚子穀的話道:

> 彭仲爽,申俘也,文王以爲令尹,實縣申、息。

可見他也是滅了一國就建立一縣的。所以左傳莊三十年(楚成王八,前六六四)説:

> 楚公子元歸自伐鄭而處王宮,……秋,申公鬬班殺子元。

杜預注:

> 申,楚縣。楚僭號,縣尹皆稱公。

要討論這個名稱問題,請先看下面一段材料。左傳昭二十年:

費無極言於楚子曰：“奢（伍奢）之子材，若在吳必憂楚國；盍以免其父召之？……”王使召之曰：“來，吾免而父！”棠君尚謂其弟員曰：“爾適吳，我將歸死！”

杜預注云：

棠君，奢之長子尚也，爲棠邑大夫。

何以棠邑大夫稱做“棠君”？其實也與“申公”和“縣尹”一般無二。“君”與“尹”本是一字，所以公、穀春秋經隱三年“尹氏卒”，左氏經作“君氏卒”。“君”和“公”又同屬於見紐，可以通用，所以楚辭惜往日中提起晉文公，云“文君寢而追求”；莊子外物篇提起宋元公，云“宋元君夜半而夢”（詳見日知錄卷二十三“稱王公爲君”條）。傅孟真先生（斯年）論所謂五等爵（國立中央研究院歷史語言研究所集刊第二本第一分）從聲音上證這幾個名詞的關係，説“公”以淺喉發音，淺喉收音；“君”以淺喉發音，舌頭收音；“尹”以深喉發音，舌頭收音；似皆一名的分化。按現在福州人讀“君”正和“公”同音，恐在古代只是一字。

楚莊王十六年（前五九八），他爲了陳國有夏徵舒之亂，率諸侯伐陳。左傳宣十一年記其事云：

遂入陳，……因縣陳。……申叔時使於齊，反，復命而退。王使讓之曰：“……諸侯、縣公皆慶寡人；女獨不慶寡人，何故？”對曰：“……諸侯之從也，曰討有罪也。今縣陳，貪其富也。……”

“縣公”和“諸侯”並列，這可見楚國的排場之大了。

隔了一年，楚莊王又破鄭。左傳宣十二年記其事云：

鄭伯肉袒牽羊以逆，曰："孤不天，不能事君，……若惠顧前好，……使改事君，夷於九縣，君之惠也。……"

這裏出來了"九縣"一名，怎麼解呢？杜預注云：

楚滅九國以爲縣。

哪九國呢？陸德明經典釋文替他數道：

九縣：莊十四年滅息，十六年滅鄧，僖五年滅弦，十二年滅黃，二十六年滅夔，文四年滅江，五年滅六、滅蓼，十六年滅庸。傳稱"楚武王克權，使鬭緡尹之"，又稱"文王縣申、息"。此十一國不知何以言九？

孔穎達左傳正義又加推敲，説：

楚滅諸國見於傳者，哀十七年稱文王縣申、息，莊六年稱楚滅鄧，十八年稱武王克權，僖五年滅弦，十二年滅黃，二十六年滅夔，文四年滅江，五年滅六又滅蓼，十六年滅庸，凡十一國見於傳。僖二十八年傳曰："漢陽諸姬，楚實盡之"，則楚之滅國多矣。言九縣者，申、息定是其二，餘不知所謂。蘇氏、沈氏以權是小國，庸先屬楚，自外爲九也。

從左傳中看，在宣十二年之前楚所滅國共有十一個，而此間只道九縣，到底有哪兩國不在內，這真使注釋家躊躇了。其實九數本是虛數，古人常用"三"稱較多的東西，用"九"稱很多的東西，汪中釋三九一文（述學）中已經講清楚。所以鄭襄公説楚有九縣，不過表示楚縣很多而已，決不是指定某九個縣。如若不信，可舉一證。申和呂在西周時同封南陽，同爲大國，後來又同爲楚滅，同列於楚縣，所以子重“請取於申、呂以爲賞田”；雖呂的被滅或在春秋之前（按詩王風中猶有“不與我戌甫”之語，甫即呂，王風如確爲東周詩，則呂國之滅未必定在春秋之前），但當時人哪裏會知道該有以魯隱公元年開始的一個春秋時代，當然把申、呂兩縣連在一起說的，這豈不是又多出了一縣？何況還有許多被楚蠶食的“漢陽諸姬”呢！

楚共王六年（前五八五），楚兵伐鄭。左傳成六年說：

> 晉欒書救鄭，……遂寢蔡。楚公子申、公子成以申、息之師救蔡，禦諸桑隧。趙同、趙括欲戰，請於武子（欒書），武子將許之。知莊子、范文子、韓獻子諫曰：“不可！……成師以出而敗楚之二縣，何榮之有焉！若不能敗，爲辱已甚，不如還也！”乃遂還。

楚國申、息兩縣的兵力已足和一個霸國開戰，楚縣的大而且富於此可知了。

下一年左傳追記楚莊王十九年（前五九五）的事道：

> 楚圍宋之役，子重請取於申、呂以爲賞田，王許之。申公巫臣曰：“不可！此申、呂之所以邑也，是以爲賦，以御北方。若取之，是無申、呂也，晉、鄭必至于漢！”王乃止。

巫臣是申的縣公，他不贊成把那地用作大夫的食邑，可見楚的縣是直隸於君主的，沒有封建的成分在內。這便是完全打破封建制度的秦始皇的郡縣制的先聲了。

左傳襄二十六年（前五四七、楚康王十三）又記着一件“上下其手"的故事：

> 楚子秦人侵吳，……遂侵鄭。……穿封戌囚皇頡，公子
> 圍與之爭之，正於伯州犂。伯州犂曰："請問於囚！"乃立囚。
> 伯州犂……上其手曰："夫子爲王子圍，寡君之貴介弟也。"
> 下其手曰："此子爲穿封戌，方城外之縣尹也：誰獲子？"

這是"縣尹"一名的正式見於記載，與宣十二年的"縣公"可以
並存。

楚靈王七年(前五三四)，又滅陳爲縣。左傳昭八年道：

> 楚公子棄疾帥師……滅陳，……使穿封戌爲陳公。

昭十一年(前五三一)左傳記晉叔向的批評道：

> 楚王奉孫吳以討於陳，曰："將定而國"，陳人聽命而遂
> 縣之。

到這年冬天，靈王又把蔡國滅了，左傳云：

> 冬十一月，楚子滅蔡。……楚子城陳、蔡、不羹，使棄
> 疾爲蔡公。

楚靈王十一年(前五三〇)，他到州來閱兵，很驕傲地對他的右尹
子革說道：

> 昔諸侯遠我而畏晉，今我大城陳、蔡、不羹，賦皆千
> 乘，……諸侯其畏我乎？

子革對道：

> 畏君王哉！是四國者專足畏也，又加之以楚，敢不畏君
> 王哉！（左傳昭十二年。按"四國"，國語楚語上作"三國"。）

杜預注云：

> 四國：陳、蔡、二不羹。（按二不羹爲東、西不羹。）

這四個大縣的軍賦都有千乘之多，楚的一縣真可和當時的一個次
等國家（如魯，春秋之世始終只有千乘，故詩閟宮頌僖公云"公車
千乘"，左傳昭八年云"大蒐于紅，革車千乘"）相比並了。

楚國到底有多少縣，我們現在已無從知道。

乙　秦　國

秦國設立郡縣也不遲。史記秦本紀云：

> （武公）十年（前六八八），伐邽、冀戎，初縣之。
> （武公）十一年（前六八七），初縣杜、鄭。

秦武公十年當魯莊公六年，可見秦國至少在那時已有縣制了，比
楚國不相先後。他們每滅掉一國就建立一縣，也極和楚制相像。

國語晉語二云：

> 公子夷吾……退而私於公子縶曰："……亡人苟入掃宗

廟，定社稷，亡人何國之與有！君實有郡縣。且入河外列城
五，豈謂君無有，亦爲君之東游津梁之上無有難急也。……"

這是晉惠公和秦國的交換條件。他説：秦如送他入晉，雖然秦已
有了好些郡縣，並不希罕晉的土地，但他還願割讓河外列城五個
酬謝他們的好意。在這條材料裏，使我們知道，秦不但有縣，而
又有郡。可惜郡和縣的統屬關係如何，這裏没有説出。

　　秦國在春秋時有多少郡縣，我們也無法知道。但看他們以一
國爲一縣，縣數必然是不多的。

　　到秦孝公時，商鞅把縣制整理了一回，史記中揭曉了縣的數
目。秦本紀云：

　　　　十二年(前三五〇)，……并諸小鄉聚，集爲大縣；縣一
　　令：四十一縣。

但商君列傳則云：

　　　　集小都鄉邑聚爲縣，置令丞，凡三十一縣。

六國年表亦云：

　　　　初取小邑爲三十一縣。

"三十"與"四十"字異，未詳孰是。又這是秦縣的總數呢，還是只
是新設的縣的數目，也不詳其究竟。好在這已是春秋後百餘年的
事了，在這裏用不着討論。

丙　晉國

晉的有縣也早，但我們找到它的材料時已到晉襄公元年（前六二七）了。左傳僖三十三年記晉師破白狄，大將郤缺獲白狄子，郤缺是胥臣薦的，所以：

> 反自箕，襄公以……再命命先茅之縣賞胥臣。

杜注：

> 先茅絕後，故取其縣以賞胥臣。

杜說如確，可見當春秋初期先茅在世時晉已有縣。但晉的縣是拿來做卿大夫的食邑的，和秦、楚的直隸君主的縣根本不同。

晉景公六年（前五九四），晉將荀林父滅赤狄潞氏，荀林父前有罪時爲士伯奏免，所以左傳宣十五年云：

> 晉侯賞桓子（荀林父）狄臣千室，亦賞士伯以瓜衍之縣。

這瓜衍當是地名。

晉厲公三年（前五七八），使呂相絕秦。左傳成十三年記其語云：

> 入我河縣，焚我箕、郜。

這"河縣"不知是一個縣名，還是近河的縣？

晉平公十一年（前五四七），蔡臣聲子對楚令尹子木説：

> 椒舉娶於申公子牟，子牟得戾而亡。君大夫謂椒舉：
> "女實遣之！"懼而奔鄭。……今在晉矣，晉人將與之縣，以
> 比叔向。（左傳襄二十六年）

別國的亡臣可以得到晉國的縣，晉君的賞賜似乎太慷慨了。下面
一件事也是這樣。左傳昭三年（前五三九，晉平公十九）云：

> 初，州縣，欒豹之邑也。及欒氏亡，范宣子、趙文子、
> 韓宣子皆欲之。文子曰："温，吾縣也！"二宣子曰："自郤稱
> 以别三傳矣，晉之别縣不唯州，誰獲治之？"文子病之，乃舍
> 之。……及文子爲政，趙獲曰："可以取州矣！"文子曰：
> "退！……余不能治余縣，又焉用州，其以徼禍也！"……豐
> 氏故主韓氏，伯石之獲州也，韓宣子爲之請之，爲其復取之
> 之故。

州縣本從温縣裏邊分出，而温屬趙家，州初屬郤家，後屬欒家。
欒氏亡了之後，趙文子要想拿還州縣，叵耐范、韓二家不答應，
只得放棄。後來鄭君到晉，公孫段（伯石）相禮相得好，韓宣子替
他一請求，他就享有了州縣了。

過了四年（前五三五、晉平公二十三），公孫段死了，左傳昭
七年云：

> 子產爲豐施（公孫段子）歸州田於韓宣子，曰："日君以
> 夫公孫段爲能任其事而賜之州田，今無禄早世，不獲久享君
> 德，其子弗敢有，不敢以聞於君，私致諸子！"……宣子受

之，以告晉侯。晉侯以與宣子。宣子爲初言，病有之，以易原縣於樂大心。

樂大心是宋大夫，原縣本是晉君賜給他的。韓宣子爲了先前阻止趙文子取州縣，現在自己也不好意思收下，所以晉君把州縣賜給他時，他一轉手就把它向樂大心換得了原縣。溫、原都是晉的大邑，而國君可以隨便封賞，不但可給本國大夫，也可以給別國大夫，大夫又可以互相交換，這便見出晉君權力下移的由來了。

提起溫縣和原縣，使我們想起了左傳定八年（前五○二、晉定公十年）晉與衛的糾紛：

> 晉師將盟衛侯于鄟澤，趙簡子曰："群臣誰敢盟衛君者?"涉佗 成何曰："我能盟之!"衛人請執牛耳，成何曰："衛，吾溫、原也，焉得視諸侯!"

可見溫、原之富抵得衛的一國，等於楚靈王時的陳、蔡二縣，怪不得晉的臣子會這等驕傲。又楚的申、呂是"是以爲賦，以御北方"的，溫、原二縣在晉的南部（溫在今河南溫縣，原在今河南濟源縣），也可以説"是以爲賦，以御南方"，和楚的申、呂有同等的効用；如果沒有了它們，楚國的勢力就會北侵到太行山之北了。

我們又從溫、原上想起了晉國得着這些地方的由來。左傳僖二十五年（前六三五、晉文公二年），記晉文公平王子帶之亂，迎襄王入於王城之後：

> 戊午，晉侯朝王，王饗醴，命之宥。請隧，弗許，曰："王章也! 未有代德而有二王，亦叔父之所惡也!"與之陽樊、溫、原、攢、茅之田，晉於是始啟南陽（杜注："在晉山南河

北，故曰南陽"，這恰和陰地相反）。……趙衰爲原大夫，狐
溱爲溫大夫。……晉侯問原守於寺人勃鞮，對曰："昔趙衰
以壺飱從徑，餒而弗食。"故使處原。

周襄王愛面子而捨得土地，這一賞就給晉國添了好些土地。但晉
文公剛用右手收受了周王的溫、原，便左手送給趙衰、狐溱們去
了。我們知道了溫、原是縣，可知周王所賞的田大抵是都給晉君
立爲縣的。這些管領縣的人，稱爲某縣大夫，亦稱爲某縣守。從
此推上去，則左傳閔元年（前六六一、晉獻公十六年）所記：

> 晉侯作二軍，公將上軍，太子申生將下軍，趙夙御戎，
> 畢萬爲右，以滅耿，滅霍，滅魏。還，……賜趙夙耿，賜畢
> 萬魏，以爲大夫。

這也許即是晉的縣制的開端。如果真是這樣，那麼，晉之有縣也
不算遲了。

晉國共有多少縣，左傳裏倒有材料可找。晉平公二十一年
（前五三七），晉侯嫁女於楚，楚靈王驕傲得很，想把送女來的晉
上卿韓起刖了足做閽人，上大夫羊舌肸割了勢做司宮，借以辱
晉。楚大夫薳啟彊忙勸靈王不可造次。左傳昭五年記他的話道：

> 韓賦七邑，皆成縣也。羊舌四族，皆彊家也。晉人若喪
> 韓起、楊肸，五卿八大夫輔韓須、楊石，因其十家九縣，長
> 轂九百，其餘四十縣，遺守四千，奮其武怒以報其大恥，其
> 蔑不濟矣！

韓起一族有七家，每家一邑都是"成縣"（大縣），羊舌肸（叔向）一
族有四家，共佔二縣，總數是十一家九縣（左傳之文求句子的整

齊，所以舉成數而言，稱十一家爲"十家"）。這九縣各有長轂（兵車）百乘，便是九百乘。加上別的四十縣，又有四千乘兵車。倘使韓起和羊舌肸被楚王刑辱，晉國起了傾國之師來報復，那就了不得了。所以在薳啟彊的話裏，可知那時晉國全國的大縣共有四十九個，大縣每縣有一百乘的兵力，每一個世家大族可以有數縣的食邑。但小縣（所謂"別縣"）有多少，還没法知道。

到晉頃公十二年（前五一四），殺祁盈及楊食我，滅掉祁氏和羊舌氏。左傳昭二十八年記滅了兩族之後的事道：

> 秋，晉韓宣子卒，魏獻子爲政，分祁氏之田以爲七縣，分羊舌氏之田以爲三縣：司馬彌牟爲鄔大夫，賈辛爲祁大夫，司馬烏爲平陵大夫，魏戊爲梗陽大夫，知徐吾爲塗水大夫，韓固爲馬首大夫，孟丙爲盂大夫，樂霄爲銅鞮大夫，趙朝爲平陽大夫，僚安爲楊氏大夫。謂賈辛、司馬烏爲有力於王室，故舉之。謂知徐吾、趙朝、韓固、魏戊，餘子之不失職，能守業者也。其四人者（司馬彌牟、孟丙、樂霄、僚安），皆受縣而後見於魏子，以賢舉也。魏子謂成鱄："吾與戊也縣，人其以我爲黨乎？"對曰："……昔武王克商，……其兄弟之國者十有五人，姬姓之國者四十人，皆舉親也，……唯善所在。……"

這很分明：魏獻子當國，他册命一班縣大夫，其意義等於武王時的封國，表示出十足的封建色彩。在這一段記事裏，我們得着十個晉的縣名。依杜預説，鄔、祁、平陵、梗陽、塗水、馬首、盂，是分祁氏之田的七縣；銅鞮、平陽、楊氏，是分羊舌氏之田的三縣。説到這裏，就激起一個問題。從上面引的薳啟彊的話來，羊舌氏本只有兩縣，爲什麼到了這裏會分作三縣？大概是分縣愈多便愈適於分臟，爲安置許多餘子及有功者起見，縣的區域只該逐漸縮小了。

晉定公十九年（前四九三），趙鞅圍范、中行氏，鄭軍替齊人轉送糧餉給晉的亡臣范氏，趙鞅帶兵與鄭軍在鐵地開戰。左傳哀二年記他的誓師詞道：

> 克敵者，上大夫受縣，下大夫受郡，士田十萬。

在這句話裏，知道晉國也有郡制，但比縣卻下一等。這便使我們想起了逸周書作雒篇中的"千里……百縣，縣有四郡"的話來，覺得這話或許表現了春秋時的制度。晉國的以縣轄郡，和戰國時的以郡轄縣恰恰相反。爲什麼會這樣？這個問題等將來考戰國的郡縣制時再討論罷。

戰國策記趙襄子四年（前四五四），知過勸知伯破趙之後，封韓、魏之臣。趙策一云：

> 知過曰："魏宣子之謀臣曰趙葭，韓康子之謀臣曰段規，是皆能移其君之計。君其與二君約，破趙則封二子者各萬家之縣一，如是則二主之心可不變而君得其所欲矣。"

在這段文字的前面，記知伯請地於韓、魏，韓、魏各"致萬家之邑一於知伯"，可見"邑"與"縣"是通稱的。在那時，晉的一縣可以有萬家之多，戶口也着實不少了。

丁　齊國

國語記齊桓公時（前六八五—前六四三），管仲治齊，定出很整齊的都鄙制度，其第三級爲縣。齊語云：

> 制鄙三十家爲邑，邑有司；十邑爲卒，卒有卒帥；十卒
> 爲鄉，鄉有鄉帥；三鄉爲縣，縣有縣帥；十縣爲屬，屬有大
> 夫。五屬故立五大夫，各使治一屬焉；立五正，各使聽一屬
> 焉。是故正之政聽屬，牧政聽縣，下政聽鄉。……五屬大夫
> 於是退而修屬，屬退而修縣，縣退而修鄉，鄉退而修卒，卒
> 退而修邑，邑退而修家，是故匹夫有善，可得而舉也，匹夫
> 有不善，可得而誅也。

這是一條極緊的連繫索子。照這樣説，一縣共九千家，與戰國時
的"萬家之縣"相差無幾。齊國共有五屬，就是共有五十縣。但在
金文裏看，便不是這樣了。

齊侯鐘是齊靈公（前五八一——前五五四）時人叔夷作的，其
銘云：

> 公曰："夷，……女肇敏于戎功，余錫女釐都贅劘，其
> 縣三百。余命女嗣辝釐邑，造國徒四千，爲女敵寮。……"

孫詒讓古籀拾遺卷上云：

> 釐都蓋齊之大都（"釐"，疑即"萊"，故萊國。……"來"
> "釐"古音同，經典多通用）。叔及（剛案：舊釋"乃"爲"及"，
> 今釋"夷"）蓋爲釐大夫，故以其屬縣爲采邑。下文亦云"嗣治釐
> 邑"，又云"錫釐僕二百又五十家"，並其證也。"贅劘"，……
> 蓋釐都所屬縣名。……"敵寮"者，猶言徒屬。

以屬縣爲采邑，這正和晉制相同。在這銘中有一件極奇怪的事：

齊靈公一賞叔夷，便是"其縣三百"，然而三百個縣卻跳不出一個
鼇邑！拿齊語中的管子制度來比較，那邊一縣中卻有三百個邑。
究竟是一縣包有三百邑呢，還是一邑包有三百縣呢？又何以這兩
條齊縣的材料會得這樣衝突呢？這真使得我們舌撟而不能下了！

　　大概齊國的縣鄙制度分得極細，齊語所說恐怕是戰國人的
話，所以結句帶有很重的尚賢色彩，不如齊侯鐘銘爲可信。"縣"
與"邑"大約是可以通稱的，一個大邑可以包括三百個小邑。所以
論語憲問說：

　　　　問管仲，曰："人也，奪伯氏駢邑三百，飯蔬食，沒齒
　　無怨言。"

這"三百"大約是三百個小邑（何晏論語集解引僞孔論語注云，"伯
氏食邑三百家"，以金文證之，疑非）。三百個小邑同隸於駢邑一
個大名之下，正和三百個縣同隸於鼇邑一個大名之下相合。所以
子仲姜寶鎛銘也說：

　　　　鼇叔又成襲于齊邦，侯氏（齊侯）錫之邑二百又九十又九
　　邑，與鄩之民人都鄙（鄙）。侯氏从諆之曰："枼萬至于辝
　　（予）孫子，勿或俞（渝）改"。

管仲一奪就是三百邑，鼇叔一受就是二百九十九邑，猜想起來，
這種邑一定是很小的。按論語公冶長云：

　　　　子曰："十室之邑必有忠信如丘者焉，不如丘之好
　　學也。"

一邑如只十家，那麼三百邑不過三千家。又左傳成十七年云：

施氏之宰有百室之邑。

如果平均每邑得百家，三百邑便是三萬家了。

但齊國的縣也有較大的。晏子春秋七云：

景公謂晏子曰：“昔吾先君桓公予管仲狐與穀，其縣十七，著之於帛，申之以策，通之諸侯，以爲其子孫賞邑。”

管仲爲齊桓公時功勞最大的人，然而封他的縣只有十七個，可見這些縣不會很小。又說苑臣術篇云：

晏子方食，君之使者至，分食而食之，晏子不飽。使者返，言之景公，景公曰：“嘻，夫子之家若是其貧也！……”令吏致千家之縣一於晏子。

晏子是景公時的大臣，然而封縣只有一個，一縣就有千家，雖說比了晉國的“萬家之縣”還差得遠，但比了那“十室之邑”和“百室之邑”卻總算大得多了。（按晏子春秋雜下篇和說苑同記一事，而云“使吏致千金與市租”，這“千家之縣”或係“千金”之傳誤，亦未可知。）

齊國的縣也是供封建用的，與晉國同，這是無疑問的事實。但齊國的縣制是很特別的，爲什麼要分得這樣瑣碎，我們無從知道；我們只敢說，齊縣還沒有脫離鄉鄙制度的規模。

戊　吳國

吳有郡縣，當是通於上國以後模仿來的。左傳襄二十八年（前五四五）記齊慶封奔吳，但云"吳句餘予之朱方"而已。史記吳世家則説：

> 王餘祭三年，齊相慶封有罪，自齊來奔吳，吳予慶封朱方之縣，以爲奉邑，⋯⋯富於在齊。

倘司馬遷確有所據，則朱方是吳的許多縣中的一個。吳國的縣也是用來封建的。封了一個縣就説很富，可知這縣的區域必然不小。

又史記仲尼弟子列傳記吳、魯與齊戰於艾陵之役（前四八四），子貢説吳王夫差救魯伐齊：

> 於是吳王乃遂發九郡兵伐齊。

他們的郡制的大小無法查考。但如果把"縣有四郡"的話來看，那麼九郡不過兩縣多，諒不能打破齊師，或者這些郡要大一點。

我們所能收集到的春秋時的郡縣材料不過這五國，而因史料的來源關係（左傳於晉最詳，其次爲楚，他國俱略），連這五國也不能排列得完整，這真是没法彌補的缺憾。

我們可以從這些材料裏抽出幾條結論來：

1. 春秋時最適宜作侵略行動的國家莫過於晉、楚、齊、秦，

晉向北發展，楚向南發展，齊向東發展，秦向西發展。他們吞滅
弱小，開疆拓土，國境過大，就隨了環境的需要而創立了縣這新
制度。吳國崛起東南，也模仿了。縣是他們本國以外土地的區
畫，也是原有的鄉鄙制的擴大；就因是舊制的擴大，所以有些地
方也和舊制牽混，而縣和鄉鄙可以同義（說詳餘論）。又縣制之
外，在春秋初期，秦國並有郡制；至少到了春秋後期，晉、吳也
都有了郡了。

　　2. 秦和楚的縣最大，大致都是小國所改；晉縣次之，大致多
是都邑所改；齊縣最小，大致是從鄉鄙改的。

　　3. 楚和秦的縣，都直隸於君主；晉、齊、吳的縣，多是卿大
夫的封邑。這兩種不同的制度，便決定了後來他們公室的興亡。

　　4. 那些次等國家（如魯、衛、宋、鄭），他們領土不廣，只須
分定鄉鄙便好管理，用不着設立郡縣。（但他們也不妨有縣的名
目，詳見餘論。）

餘論三則

　　本篇既寫完，但還存着些材料，這些材料有的是和春秋的縣
很有關係但不便編入本篇裏的，有的是僞的材料我們應當說明爲
什麼不把它放進本篇裏的。現在拈出三題，作爲餘論，如下：

一、縣鄙的縣和他種封土制度

　　那些新闢疆土所立的縣和封賜的縣，上面已說過了；但郡縣
以外的縣，我們還沒有說。那些以縣分封的史實，上面也說過
了；但縣以外的分封制度，我們還沒有說。現在且就發表這文的

便利，聯帶講一下。可是這些問題牽涉太廣，我們在短時間中只能在這裏開一個頭而不能作詳細的討論，材料也不能搜集完全。

"鄙"是國都之外的土地的大名，"縣"是鄙中的一種分畫，所以縣和鄙是常常連稱的。如左傳昭十九年云：

> 晉人使以幣如鄭，問駟乞之立。……子產不待而對客曰："……若寡君之二三臣，其即世者，晉大夫而專制其位，是晉之縣鄙也，何國之爲！"

又昭二十年云：

> 晏子曰："……縣鄙之人入從其政，偪介之關暴征其私。……"

在這些話中，"縣鄙"二字都合舉。因爲縣即在鄙中，而且許多國家只有鄙而没有縣，所以國君賞賜卿大夫土田往往稱鄙。例如：

> 公會晉趙武……于澶淵以討衛，疆戚田，取衛西鄙懿氏六十以與孫氏。（左傳襄二十六年）
> 慶氏亡……與晏子邶殿，其鄙六十，弗受。……與北郭佐邑六十，受之。與子雅邑，辭多受少。與子展邑，受而稍致之。（左傳襄二十八年）
> 豎牛取東鄙三十邑，以與南遺。（左傳昭五年）

讀此，可知"鄙"是國都之外的總稱，國都以外有東西南北四方，所以就有東西南北四鄙；從四鄙中再分畫，就有了"縣"和"邑"。又如左傳昭四年云：

大雨雹，季武子問於申豐曰："雹可禦乎?"對曰："……
古者日在北陸而藏冰，西陸朝覿而出之。……山人取之，縣
人傳之，輿人納之，隸人藏之。……其藏之也周，其用之也
遍，則……雷出不震，無菑霜雹。……"

從這段話看，魯國有"縣人"的官，似乎魯也有縣制。但我們在春
秋經和傳記裏從來没見魯國的縣，況且魯的國土不大，没有像
晉、楚的設立郡縣的需要，我們敢說魯是没有縣的。然則這個
"縣"字正和"鄙"字同義，縣人是掌管鄙的事務的一種官吏。

縣者何? 懸也，是附麗於本體的東西。古無懸字，以縣爲
之，故左傳成十二年云："楚子……爲地室而縣焉"。縣是附麗於
國的土地，故"國"與"縣"又爲對文。周語中記周定王派單襄公去
聘楚，假道於陳國，但是陳國什麼都不管，道路難行，弄得他：

　　國無寄寓，縣無施舍，

竟没有歇腳的地方。後來單子還朝，對周王說陳國必亡，周王問
他原因，他說陳國廢棄先王之教；他又説，依照周制應當是：

　　列樹以表道，立鄙食以守路，國有郊牧，疆有寓望。

要這樣幹，纔能使：

　　國有班事，縣有序民。

由單子的話看來，縣是國都外的地方區畫無疑。周和陳在春秋時
都没有縣，分明這裏所說的縣也就是鄙。

　　"縣"和"邑"都屬於鄙，所以從左傳裏看，這兩個名詞是可以

通稱的，如申公巫臣説"此申、吕之所以邑也"，邉啟彊説"韓賦七邑皆成縣也"都是。然而邑是一個大小最無定的地域名稱，有十室之邑（論語），有百室之邑（左傳），有千室之邑（論語），有萬家之邑（趙策），有時稱自己的國家爲"敝邑"（左傳中甚多），簡直一國也可當作一邑看待。春秋時的縣，依我們猜想，大概一個大縣可以有數萬家（如楚的申、息、陳、蔡諸縣），一個小縣也可有百室左右。行中央集權制的國家的縣儘可廣大，所以楚、秦便把一國立爲一縣。但是用作封賜卿大夫的縣則不妨小，所以晉有"別縣"，齊有和小邑同等的縣。因爲縣和邑同是鄙中的一種可大可小的區畫，而許多國家有邑無縣，所以有的國家賜邑和賜縣並行（如齊），有的國家只能賜邑。

　　鄭、宋、衛諸國疆域不大，大約都沒有縣制。左傳中記他們的賜邑，如襄二十六年：

　　　　鄭伯賞入陳之功，……享子展，賜之先路三命之服，先八邑；賜子產次路再命之服，先六邑。子產辭邑，曰："自上以下，隆殺以兩，禮也。臣之位在四，且子展之功也：臣不敢及賞禮，請辭邑！"公固予之，乃受三邑。

子產居第四位，照例應當賜二邑，但鄭伯當他第二位賜了，所以他不敢受；結果酌中取了三邑。又如襄二十七年：

　　　　公（衛侯）與免餘邑六十，辭曰："唯卿備百邑，臣六十矣，下有上禄，亂也，臣弗敢聞！且寧子唯多邑故死，臣懼死之速及也！"公固與之，受其半。

在這一段記載裏，可以知道衛國的卿是該賜一百個邑的，大夫也可以多至六十。杜預在這裏注道：

此一乘之邑，非四井之邑。

這兩種邑該怎麽判別呢？正義云：

> 司馬法："成方十里，出革車一乘"，此一乘之邑，每邑
> 方十里也。論語云："百乘之家"，大夫稱家，邑有百乘，是
> 百乘爲采邑之極。此云"唯卿備百邑"，知所言邑者皆是一乘
> 之邑，非四井之邑也。

按四井之邑見於周官地官小司徒，文云：

> 九夫爲井，四井爲邑，四邑爲丘，四丘爲甸，四甸爲
> 縣，四縣爲都。

這樣整整齊齊的制度不知可信與否。如説它可信，則四井之邑僅
有三十六夫，而一乘之邑有十里見方，真差得懸絶了。不過杜預
用了司馬法的話來定衛國的封邑爲每邑方十里，終使我們不敢信
任。爲什麽？一邑方十里，百邑就方百里了，抵得到一個侯國，
衛的國土能有多大，封一個卿就是方百里之地，封別的卿和大夫
再要多少？衛君自己還要留多少？所以我們覺得三十六夫之邑固
嫌太小，而方十里之邑實在太大，我們不該用了周官和司馬法等
秦、漢人的含有理想的記載來確定春秋時各國的實在制度。
　　又如襄二十七年：

> 宋左師（向戌）請賞，曰："請免死之邑！"公與之邑六十。

左師是執政之官，所以一賞邑就是六十個，這六十個邑想也不會
有方六十里之廣的。

當時還有一種"書社"的制度，比邑分得更小。左傳昭二十五年：

> 公（魯昭公）孫于齊。……齊侯曰："自莒疆以西，請致千社，以待君命！"

又哀十五年：

> 齊爲衛故，伐晉冠氏，喪車五百，因與衛地，自濟以西，禚、媚、杏以南，書社五百。

晏子春秋雜下篇云：

> 昔吾先君桓公以書社五百封管仲。

又云：

> 景公禄晏子以平陰與槀邑，反市者十一社。

荀子仲尼篇云：

> 與之（管仲）書社三百而畜人莫之敢距也。

史記孔子世家云：

> 楚昭王興師迎孔子，……昭王將以書社地七百里（"地"與"里"字俱衍文）封孔子。
> 冉有爲季氏將師與齊戰于郎，克之。……

季康子曰：“孔子何如人哉？”對曰：“……雖累千社，夫子不利也。”

大戴禮千乘篇云：

千乘之國受命於天子，通其四疆，教其書社。

呂氏春秋慎大覽云：

武王勝殷，……諸大夫賞以書社。

又知接篇云：

衞公子啟方以書社四十下衞。

又高義篇云：

越王……謂公上過曰：“子之師（墨子）苟肯至越，請以故吳之地陰江之浦書社三百以封夫子。”（按墨子魯問篇作“故吳之地方五百里”。）

這類材料還很多，等將來再作專論。就上文看來，春秋、戰國間確有這樣的一種地方制度，但一個書社究有多少大呢？杜預左傳注云：

二十五家爲社；千社，二萬五千家。（昭二十五年）
二十五家爲一社，籍書而致之。（哀十五年）

何以知道一社爲二十五家？孔穎達正義替他説明道：

> 禮有"里社"，故特牲"稱唯爲社事單出里"；以二十五家爲里，故知二十五家爲社也。

爲什麼"社"稱爲"書社"呢？司馬貞史記索隱云：

> 古者二十五家爲里，里則各立社。則書社者，書其社之人名於籍，蓋以七百里書社之人封孔子也。（孔子世家）

這樣説來，一個社二十五家，似可成定論。但對於這説也有反對的，金鶚求古録禮説卷九社稷考云：

> 書社當是一甸之社（剛按：周官小司徒云"四丘爲甸"，一甸爲五百七十六家），社有長，民生齒即書名於社之長，故謂之書社。凡言書社幾百者，皆謂幾百户也。……若以二十五家爲一社，五百社計一萬二千五百户，齊與衛地未必如此之大；楚昭王欲以一萬七千户封孔子，更未必然也。

又日本瀧川龜太郎史記會注考證亦於楚昭王將封孔子條注云：

> 蓋書社，書名於里社之籍也，猶曰居民也。書社十，即十户，書社百，即百户。……二十五家爲里，里有社，一社二十五家，百社即二千五百家，千社即二萬五千家，與書社大小懸隔，古人往往混之。

這個説法也覺得很近情理，"書社"和"社"或許確有分别。現在姑且當作一個懸案罷！

我們把以上的材料歸納起來，得着下面的結論：

自國都之外均稱爲鄙，鄙有東西南北之分；縣和邑都是鄙中的區畫，其廣袤大小似没有固定的規制。國君把土地封賜給卿大夫，有縣，有邑，有書社。書社一封就是數百，可知其區畫最小。邑，卿可以受一百，大夫也可有數十，每次加封從兩個起，以二數遞加，大約到八個爲止。縣，依晉國的辦法，一人只可有一個，一個大族也只有幾個，是區畫最大的。没有設縣的國家，只有用邑作封賜；但因他們均有縣鄙，也不妨稱鄙爲縣。

二、周官中的縣

周官是一部很有問題的書，也許裏面確保存了些真材料，但是真僞雜糅，異説紛歧，已經弄得人眼光撩亂，無法判别了。現在我寫這篇，也只得另作記叙，不與本文相溷。

按周官中提到“縣”的有好幾處。天官冢宰云：

> 以九賦斂財賄：一曰邦中之賦，二曰四郊之賦，三曰邦甸之賦，四曰家削之賦，五曰邦縣之賦，六曰邦都之賦，七曰關市之賦，八曰山澤之賦，九曰幣餘之賦。

這九項中除了關市、山澤、幣餘，以種類分列之外，自第一項“邦中”到第六項“邦都”，顯見有由近而遠的層次。在這六層之中，縣居第五層。鄭玄注云：

> 邦中，在城郭者。四郊，去國百里。邦甸，二百里。家削，三百里。邦縣，四百里，邦都，五百里。

照他説法，是去國三百零一里至四百里之間，這塊地方叫做縣。

按禹貢列五服，其甸服的分配是：

> 百里賦納總，二百里納銍，三百里納秸，服；四百里
> 粟，五百里米。

兩兩比較，可見周官的"邦縣之賦"就是禹貢的"四百里粟"一個階
段。又地官載師云：

> 載師：掌任土之法，……以廛里任國中之地，……以宅
> 田、士田、賈田任近郊之地，以官田、牛田、賞田、牧田任
> 遠郊之地，以公邑之田任甸地，以家邑之田任稍地，以小都
> 之田任縣地，以大都之田任畺地。

在這裏，"國中"即冢宰的"邦中"，"近郊"和"遠郊"即"四郊"，
"甸地"即"邦甸"，"稍地"即"家削"（削爲稍之誤文），"縣地"即
"邦縣"，"畺地"即"邦都"。因爲這樣，所以鄭玄注引司馬法道：

> 王國百里爲郊，二百里爲州，三百里爲野，四百里爲
> 縣，五百里爲都。

這三種記載，名稱雖略有差池，但制度是很相同的。從這引文，
可見鄭玄注冢宰之文的里數分配法即是根據的司馬法，不過換上
周官的名詞而已。鄭氏又於載師注云：

> 公邑，謂六遂餘地，天子使大夫治之。……二百里三百
> 里，其上大夫如州長，四百里五百里，其下大夫如縣正，是
> 以或謂二百里爲州，四百里爲縣云。……家邑，大夫之采
> 地。小都，卿之采地。大都，公之采地。王子弟所食邑也。

置，五百里王畿界也。

經他這樣一講，就調和了周官和司馬法的不同，而所謂縣者乃定爲卿的采地，爲下大夫所治理。我們應當記住：在王畿中，國都之外，由距離的遠近分爲五級，每百里爲一級，這五級的名稱是"郊、甸、稍、縣、都"；縣是第四級，居三百里外至四百里內。

但是一個問題的解決必不會讓你很痛快。所謂王國外四百里內爲縣，在周官中只適用於冢宰和載師而已。試看地官縣師：

> 縣師：掌邦國、都鄙、稍、甸、郊、里之地域，而辨其夫家人民田萊之數。……凡造都邑，量其地辨其物而制其域，以歲時徵野之賦貢。

縣師只當管縣，爲什麼他所管的會有邦國呀，都呀，稍呀，甸呀，郊呀，野呀，許多三百里以內和四百里以外的地方呢？因爲講不通了，所以鄭玄就另換了一種説法來注道：

> 名曰縣師者，自六鄉以至邦國，縣居中焉。（序官）
> 郊里，郊所居也。自邦國以至四郊之內，是所主數，周天下也。……野，謂甸、稍、縣、都也。

"三百里爲野，四百里爲縣"，不是司馬法之文嗎？野等於稍，不是已給鄭氏證明了嗎？爲什麼縣師的行使職權要從最內的邦直到最外的都？爲什麼縣師的名義要舉"中"以言？又爲什麼"野"會擴張到"甸、稍、縣、都"？再看秋官縣士：

> 縣士：掌野，各掌其縣之民數……而聽其獄訟。……凡野有大事，則戮其犯命者。

縣士掌管野事等於縣師徵野之賦貢，但這裏卻沒有"邦國郊甸"之文，地方可以縮小一點，所以鄭氏注道：

都、縣、野之地，其邑非王子弟公卿大夫之采地則皆公邑也，謂之縣，縣士掌其獄焉。言掌野者，郊外曰野，大總言之也。獄居近，野之縣獄在二百里上，縣之縣獄在三百里上，都之縣獄在四百里上。

原來從"野"到"都"，這三百里中可以全稱作"縣"的，縣的境域擴大起來了！凡是郊外都可以稱作野，野又成了一個不固定的區域了！

從縣士鄭注看，王畿從二百里以上（由"郊外曰野"一語看則僅一百里以上）到五百里都可以叫做縣。從縣師經文看，簡直王畿的全部都可以叫做縣。這正和禮記王制的文字相合。王制道：

凡四海之內九州，州方千里。州建百里之國三十，七十里之國六十，五十里之國百有二十，凡二百一十國。……八州，州二百一十國。天子之縣內方百里之國九，七十里之國二十有一，五十里之國六十有三，凡九十三國。……八州，八伯。……方伯爲朝天子，皆有湯沐之邑於天子之縣內。

這位作者把天下分作九州，八州完全封國，其一州則稱爲"天子之縣"（案："州"與"縣"相同之説，殆與鄒衍"赤縣神州"一語有關），"縣"就是商頌"邦畿千里"和周官職方氏"方千里曰王畿"的"畿"。凡畿皆爲縣，豈不與縣師之文合？堪笑鄭玄想不出這一點，在王制中注道：

縣內，夏時天子所居州界名也。殷曰畿……周亦曰畿。

他竟因"天子之縣"不名畿而擅定爲夏制，又把"縣内"看作一個名詞了！

　　上面所説，縣有二義：一是限於王畿四面三百零一里至四百里間，一是王畿的全部。縣的含義盡於此嗎？不，周官中的花樣還多着呢！

　　地官小司徒云：

　　　　乃經土地而井牧其田野：九夫爲井，四井爲邑，四邑爲丘，四丘爲甸，四甸爲縣，四縣爲都，以任地事而令貢賦，凡税斂之事。

這裏的"甸、縣、都"已不是冢宰和載師依距國遠近而分的甸、縣、都，乃是一種根據户口數目的多寡而規定的鄉區制度了。鄭玄注云：

　　　　九夫爲井者，方一里，九夫所治之田也。

是九夫爲九個人，即代表九個家。看孟子滕文公上篇云：

　　　　方里而井，井九百畝，其中爲公田；八家皆私百畝，同養公田。

是一井九百畝田由八家耕種，每家一百畝私田，再同耕一百畝公田。周官一井九家，是取消了公田，每家仍一百畝私田。這樣説來，九家爲一井，三十六家爲一邑，一百四十四家爲一丘，五百七十六家爲一甸，二千三百零四家爲一縣，九千二百十六家爲一都。縣居第二級。

　　但就在鄭玄小司徒注裏，他提出了另一種解釋，説道：

司馬法曰："六尺爲步，步百爲畮，畮百爲夫，夫三爲
屋，屋三爲井。井十爲通，通爲匹馬，三十家，士一人，徒
二人。通十爲成，成百井，三百家，革車一乘，士十人，徒
二十人。……"

那麼"夫"就不作人講而作面積講了。雖然對象有異，而一夫還是
一百畮，一井還是九百畮。照此講來，一縣的面積是二千三百零
四頃，合二百五十六井。可是説到家的數目就不同了，十井一通
只有三十家，十通一成只有三百家，然則一縣之中只有七百六十
八家了。比較上一説，一縣中竟減少了一千五百三十六家。

這種差別已夠鬧得人頭昏，然而還不僅此，地官遂人裏再有
一種關於縣鄙的分畫：

遂人：掌邦之野，以土地之圖經田野，造縣鄙形體之
灋：五家爲鄰，五鄰爲里，四里爲酇，五酇爲鄙，五鄙爲
縣，五縣爲遂，皆有地域溝樹之，使各掌其政令刑禁。

照這樣説，又是五家爲一鄰，二十五家爲一里，一百家爲一酇，
五百家爲一鄙，二千五百家爲一縣，一萬二千五百家爲一遂。和
小司徒之文比較起來，鄙略等於甸，遂略等於都，縣多出了一百
九十六家（姑依九夫爲九家説）。爲什麼會這樣不同呢？鄭玄於小
司徒注云：

此謂造都鄙也。采地制井田，異於鄉遂。

表明小司徒記的是采地之制，遂人記的是鄉遂之制。依他的載師
注，采地是在"稍、縣、都"之內的，那麼便可推知，鄉遂是在
"郊、甸"之內的，所以兩種區畫可以不一樣。因此，次在"遂人、

遂師、遂大夫”之下，“鄙師、酇長、里宰、鄰長”之上的“縣正”，可以斷說這個縣是鄉遂的縣了。其文云：

> 縣正：各掌其縣之政令徵比，以頒田里，以分職事，掌其治訟，趨其稼事而賞罰之。

從這些材料裏，可知縣的意義除了前舉兩種之外，又多出了兩種：小司徒的“四甸爲縣”是都的屬別，王畿二百零一里至五百里内的制度（依冢宰鄭注）；遂人和縣正的“五鄙爲縣”是遂的屬別，王畿二百里内的制度。

國家的行政應當正名，如果名不正，其結果會弄得言不順，便惑亂了人們的視聽，於行政上無益有害。現在周官中的縣，大之可包括王畿的全部，中之亦得在國都四面各占百里之地，小之則僅有二百餘井，二千餘家（或僅七百餘家），然則那時的人嘴裏說出一個縣字來，誰知道他指的是大大小小中哪一等的縣呢？所以周官這部書，作者要把搜集來的古代制度加上自己的想像排列得極整齊，結果卻越發弄亂了。這四種縣制中也許保存得一點真的材料，但因爲已弄亂了，我們只好不採，這是很惆悵的。

三、左傳裏兩個僞縣

左傳中的縣制材料，我們已經充分使用在本篇裏了，只有兩個縣沒有用，所以不用的緣故爲的是它們的出現都是不可能的，左傳中所以有這兩個縣名乃是出於僞竄。——這兩個縣，一個是追記的夏代的縣，叫做魯縣；一個是晉國國都中的縣，叫做絳縣。夏代不該已有縣制，所以我們說，在時代上不容有魯縣；國都中不該立縣，所以我們說，在地方上不該有絳縣。

這個斷案太簡單了，當然不能服人之心；我們應該尋索它們的由來，從根源上辨它們的僞。

案左傳昭二十九年云：

> 有夏孔甲擾于有帝，帝賜之乘龍，河、漢各二，各有雌雄；孔甲不能食而未獲豢龍氏。有陶唐氏既衰，其後有劉累，學擾龍于豢龍氏，以事孔甲，能飲食之；夏后嘉之，賜氏曰御龍，以更豕韋之後，龍一雌死，潛醢以食夏后，夏后饗之；既而使求之，懼而遷於魯縣，——范氏其後也。

這裏記的是孔甲時的事，而已有魯縣一名，似乎大可表明夏代已有縣制，作南山經的印證。魯縣，杜預注云："今魯陽也"，是即今河南魯山縣地，在春秋時爲楚邑。

這段文字爲什麼可疑？要明白這件事情，先須看兩條材料。此地既説"范氏其後也"，我們便可從左傳中提到范氏的找去。文十三年云：

> 晉人患秦人之用士會也，……乃使魏壽餘僞以魏叛者，以誘士會。……既濟，魏人譟而還。秦人歸其帑；其處者爲劉氏。

這本來是平平無奇的一件事：士會帶了家屬逃奔秦國，後來晉人記掛他，騙他回來；他一部分的家屬給秦人送還了，又一部分的家屬留在秦國，便改氏爲劉。把劉累故事和此文合看，顯見范氏之後復爲劉氏，不是創新，乃是復古。又襄二十四年記范宣子的話道：

> 昔匄之祖，自虞以上爲陶唐氏，在夏爲御龍氏，在商爲豕韋氏，在周爲唐杜氏；晉主夏盟，爲范氏。（晉語文同。）

這篇范氏的家譜使我們認識了他們的世澤：他們是陶唐氏之後，經過夏、商、周三代，代有名人，是何等可以誇耀！

奇怪！這些記載會常給人懷疑。孔穎達等在左傳正義裏說隋劉炫很不相信這些話：

> 炫於“處秦爲劉”謂非丘明之筆，“豕韋、唐杜”不信元愷（杜預）之言。己之遠祖數自攻訐。（襄二十四年）

劉炫姓了劉，有陶唐、豕韋們做他的祖宗，再好也没有了，但他偏要攻訐，這爲的是什麽？其實，就是譏笑劉炫攻訐遠祖的孔穎達等，他們也不信這套話，所以正義說：

> 伍員屬其子於齊，使爲王孫氏者，知己將死，豫令改族。……士會之帑在秦不顯，於會之身復無所辟，傳說“處秦爲劉氏”，未知何意言此？討尋上下，其文不類，深疑此句或非本旨。（文十三年）

這是真的，即經“秦人歸其帑”，爲什麽又有“其處者”？而且無緣無故，爲什麽要改氏？劉是采邑之名，士會的家屬既不食采於劉，爲什麽要“爲劉氏”？

除開這些不講，就看“在夏爲御龍氏，在商爲豕韋氏，在周爲唐杜氏”這些話，也留有不可掩的錯誤。按詩商頌說：

> 韋、顧既伐，昆吾、夏桀。

韋便是豕韋，被商湯所滅，那麽這定是夏代的國，不會到商纔存在的。何況從昭二十九年傳看，豕韋氏是劉累豢龍後所更替，豕韋在前，御龍在後，爲什麽這裏竟倒了過來？又左傳昭元年說：

遷實沈于大夏……唐人是因，以服事夏、商，……及成王滅唐而封太叔焉。

是唐也是夏、商時的國家，到周已滅。至於杜，是周的畿內之國，墨子等書中記周宣王殺杜伯事可證，如何可與唐合爲"唐杜氏"？杜預也知道其中有矛盾，强爲調和，説道：

周成王滅唐，遷之於杜，爲杜伯。（襄二十四年）

但他没有想，如果確是這樣，那麼該説"在商爲唐氏，在周爲杜氏"才對，爲什麼要説"在周爲唐杜氏"呢？

要明白這個，先須知道左傳這書成立的背景。左傳的材料，無疑是春秋時傳下來而經戰國人編輯的；司馬遷作史記，從這書裏採取得很多，但只稱爲"左丘國語"，不名爲春秋左氏傳。第一個表章這部書而稱爲春秋傳的是劉歆，他説"左丘明好惡與聖人同，親見夫子；而公羊、穀梁在七十子後：傳聞之與親見之，其詳略不同"（漢書劉歆傳），所以他要把左傳提高而把公、穀壓下。他對於左傳，很下過一番整理功夫，漢書本傳中説他"治左氏，引傳文以解經，轉相發明，由是章句義理備焉"，可見他是開始把左氏的書和春秋經合起來的。他在漢哀帝時爲了表章左傳等古文書，和五經博士鬧得很凶，爲諸儒痛恨，只得跑出京城做郡守去。平帝時，王莽柄政，劉歆早年和王莽交誼甚篤，所以王莽就任他爲羲和、京兆尹；後來王莽作皇帝，他又任國師。左傳這部書，平帝時就賴王莽之力而立於學官了。

漢高帝起於平民，既經受了天命就不必再誇耀門第，所以他没有家譜。司馬遷作他的本紀只説"父曰太公，母曰劉媪"，用現在的話翻譯，等於説"他的父親是老太爺，母親是劉老太太"，連父母的名姓也不曾傳下，更不必説高曾祖和始祖。然而承平之後，終有人想把他裝點起來，表明他也是出於閥閱舊家。所以在昭帝時就有人說"漢家，堯後"（漢書眭弘傳）。到了王莽，他想篡取漢的天下，充分利用這一點傳說，表示自己是舜的子孫，舜受堯的天下，所以他也該受漢的禪讓。但是當時人迷信經典，而經典中没有絲毫漢爲堯後的話語，這也使得王莽不痛快。左傳既經由劉歆的表章而立學，新取得經典的地位，而劉歆又是王莽手下的紅人，當然樂於替他宣傳，所以左傳中就不免夾雜了些當時需要的僞品。我們從上面所引三段文字，可以知道陶唐氏的子孫有劉累，劉累的子孫又有士會之帑的劉氏，而陶唐氏爲堯，劉爲堯後，豈非即是漢爲堯後的好證據。所以東漢初賈逵說：

　　五經家皆無以證圖讖明劉氏爲堯後者，而左氏獨有明文。

班固作漢書高帝紀贊，録有高祖頌：

　　漢帝本系，出自唐帝。降及于周，在秦作劉。涉魏而東，遂爲豐公。

這便見出左傳這幾段文字的效力來。孔穎達等在文十三年正義中續說道：

　　漢室初興，損棄古學（古文經典），左氏不顯於世，先儒無以自申。劉氏從秦徙魏，其源本出劉累：插注此辭，將以媚於世。

他們的猜想固然未必盡合，但這些話爲了"媚世"而出現原是無疑的。

我們明白了這個背景，就可知道御龍氏的故事，范宣子的家
譜，以及"其處者爲劉氏"一句話，滿是僞造的。那魯縣一名，自
然是劉歆們忘記了夏代尚没有縣制而誤寫下來的了。

魯縣既了，再看絳縣。左傳襄三十年云：

> 晉悼夫人食輿人之城杞者。絳縣人或年長矣，無子而
> 往，與於食；有與疑年，使之年，曰："臣，小人也，不知
> 紀年。臣生之歲正月甲子朔，四百有四十五甲子矣；其季於
> 今，三之一也。"吏走問諸朝，師曠曰："魯叔仲惠伯會郤成
> 子于承匡之歲也，是歲也，狄伐魯，叔孫莊叔於是乎敗狄于
> 咸，……七十三年矣！"史趙曰："亥有二首六身，下二如身，
> 是其日數也。"士文伯曰："然則二萬六千六百有六旬也。"趙
> 孟問其縣大夫，則其屬也；召之而謝過焉，……遂仕
> 之，……以爲絳縣師，而廢其輿尉。

這段文字有許多可疑之點。那聰明的劉炫也早批評了，他説：

> 傳之叙事自可以魯爲主，若載人語則當如其本言。此師
> 曠，晉人，自道晉事，當云"郤成子會魯叔仲惠伯"。所以云
> "叔仲惠伯會郤成子于承匡之歲"者，丘明意在以魯爲主，遂
> 使此言反耳。丘明尚不免於此，況後解説者乎！

他説左丘明誤記師曠的話，其實他還未達一間。這分明是鈔的春
秋經文十一年"夏，叔仲彭生會晉郤缺于承匡"的一句話，因爲他
鈔了這一句，所以連帶再鈔了下面一句"冬十月甲午，叔孫得臣
敗狄于鹹"。師曠是晉國瞎了眼的樂師，他怎麽會熟讀了魯國史
官所記的春秋？他既然會熟讀魯國的春秋，爲什麽又毫不記得別
國的大事？

　　至於"亥有二首六身"，也是在春秋時不該説的話。孔氏正義對這句話也懷疑了，他説：

　　　　二畫爲首，六畫爲身，……案字書，古字亥字體殊不然。蓋春秋之時亥字有二六之體，異於古制。其説文是小篆之書，又異於此。

　　"古之亥字體殊不然"，是實際的情形；"蓋春秋之時亥字有二六之體"，乃是孔氏們的想像，也是替這段文字遮蓋的遁辭。案：史趙這句話是説亥字上有二畫，下有三個六字。考古金文亥字，簡體的大致作ㄎ或ㄢ或ㄞ，並無二首六身；也有作ㄞ或ㄞ的，雖有二首而並非六身。最繁複奇詭的體作ㄞ或ㄞ或ㄞ，仍不能解作二首六身。這都是周代的文字，是真正的"古制"。可見文字愈古的，亥字筆畫便愈簡，不僅下無六身，亦且上無二首。何況"二"是上，不是二，二是應當兩畫相齊的。説文小篆作ㄞ，才稍具二首六身的形狀。或者漢字方折有作ㄞ的，依籌碼數字，上丁俱爲六，則上爲二萬，下爲六千六百六十，這顯見和説文序所謂"馬頭人爲長，人持十爲斗"是同類的漢人拆字法。這種玩弄文字的小聰明，是春秋時不會有的。

　　爲什麼左傳裏會有這段故事呢？我們以爲這也和劉歆有關。他是一個通數學和曆法的人，在王莽時作羲和之官，管的是曆法。他又曾"作三統曆及譜以説春秋，推法密要"（漢書律曆志）。他推出魯文公十一年是夏正的正月甲子朔，元旦得甲子日也是一件巧事，所以他得要在左傳裏埋伏下這記録，以確定春秋時的曆法，於是就杜造了這位老人和師曠、史趙、士文伯們的説話。

　　他忘記了，春秋之世是一個貴族專政的時代，一個列在皂隸之間的輿人是決没有參預政事的可能的。現在趙孟居然打破了這個成例，肯降低了貴族的身分向一個輿人謝過，又請他做官，這種事情也是在墨家尚賢思想未盛行之前所不會有的。

他又忘記了，在上年（襄二十九年），晉合諸侯之大夫城杞，鄭國的子太叔曾批評晉國道：

> 晉國不恤周宗之闕，而夏肄是屏，其棄諸姬，亦可知也已。諸姬是棄，其誰歸之？……棄同即異，是謂離德。

這是説晉國替夏後築城，反而不幫姬姓諸國的忙，不合親親的道理。本年傳裏，卻記魯使者在晉，聽得趙孟舉絳縣老人做官的事，回去報告諸大夫，執政季武子道：

> 晉未可媮也，有趙孟以爲大夫，有伯瑕以爲佐，有史趙、師曠而咨度焉，有叔向女齊以師保其君，其朝多君子，其庸可媮乎！勉事之而後可！

同是城杞一事，何以前面挨了罵，後邊便會受譽？説到這裏，讀者不免要提出質問，説：城杞可以招罵，但爲了城杞而舉賢則自該被稱贊，有什麼可疑！何況罵晉的是子太叔，譽晉的是季武子，兩人意見不同是常事呢！那麼我將答辨道：這固然是人情，但決不是左傳記述的方法。凡是左傳中所記的事，大致都可信；但所記各人的談話，我們敢説十分之八九只是作者自己的話：他定出了幾種性格，把一部歷史中的人物分配到這幾種性格中去，他替他們説話；他又看某國某人的禍福存亡的結果，於是取了這結果造作豫言，放在前面，算作某幾個標準人物的話語，這樣，一方面可以説明當事人的禍福存亡的由來，藉作勸懲，一方面又可表示出這幾位標準人物的論事的眼光何等正確。所以我們讀左傳，該用看戲的態度來看它，用生旦淨末丑的類型來分配一切春秋史中的人物才對。現在子太叔既説晉國"棄同即異，是謂離德”，這句話就不會白説的，在他説了這句話之後就再不容有季武子説“晉未可媮也，勉事之而後可”的話。如果不信，請瞧瞧這兩個豫言是哪一個應驗的？我們知道，這時晉、楚已結了宋地弭兵之盟，晉國的霸主地位已失掉，被楚人占了上風；而且公室憊憊待盡，儘是些權臣專政，醞釀成三家分晉的局面。對外不能得諸侯，對內不能御卿大夫，這就叫作“離德”，所以子太叔的話確是左氏看了一百多年後晉的結局而替他説的。至於季武子的話則直是“無的放矢”，徒然證明了這是另一個作者一時失檢，忘記了當時國際情勢和左傳前後文而寫下的謬論。

　　再有一個很好的證明。就是這一年，魯叔孫豹會晉趙武等於澶淵，襄三十一年傳記他歸國後的言論：

　　　　穆叔（叔孫豹）至自會，見孟孝伯，語之曰：“趙孟將死矣，其語偷，不似民主。……若趙孟死，爲政者其韓子乎？……晉君將失政矣，若不樹焉，使早備魯，既而政在大夫，……求欲無厭，……魯其懼哉！

這段話正和子太叔的“離德”的批評相呼應：是見左傳作者確是要説“晉可媮”的。試問其間如何容得下季武子的讚美？

　　他更忘記了，在國都中是沒有縣的。爲什麽叫作縣？只爲它是懸掛在國都的地方；國都是主體，縣是附屬品。若國都中而立縣，則要叫它懸掛在什麽地方呢？再有什麽作主體呢？他知道晉的國都在絳，一時粗心，擅立了絳縣一名，在他以爲漢都長安，就是一個縣，春秋時大約也是一樣。他不知道春秋時的縣實在等於秦、漢時的郡，秦分天下爲三十六郡，其本國只稱“内史”而不爲郡，漢分郡更多，而其本國只稱“京兆尹、左馮翊、右扶風”而不爲郡，還保存得古代“國”和“縣”對立的遺意。周官也是由劉歆所表章而立學的，其中有“縣師”一官，所以這兒也説“爲絳縣師"，以相證成。然而縣師的執掌連"邦國"的地域也在內，分明這也是忘記了古代的國和縣的區別而杜造出來的。"作僞心勞日拙"，他作得無論如何細密，也無論騙過多少人，但總有露出馬腳的一天！

　　草本篇時，由童丕繩先生助集材料，且承提示數點，書此致感。又清代學者對於這個問題雖未詳考，但也有很正確的見解發表在短篇論文和札記裏。草本篇時，很得到他們的幫助，記在下面，藉見我的秉承：

　　　　顧炎武郡縣（日知錄卷二十二）

　　　　姚鼐郡縣考（惜抱軒文集卷二）

　　　　洪亮吉春秋時以大邑爲縣始於楚論（更生齋文甲集卷二，春秋十論之一）

　　　　趙翼郡縣（陔餘叢考卷十六）

我個人因爲事務太忙，又爲本刊出版期所限，不能費多少時候去搜集，説不定在別處還有這類的考證。又郡縣的材料，古書所記還多，如月令，如管子，此次都未徵引。將來得暇，當詳考古代的都邑制與鄉鄙制，到那時再收進去罷。

　　　　　　　　　　　二六，六，八，頡剛記。

東漢的西羌 [*]

一　西漢羌禍的追溯

　　兩漢最重大的邊患要算匈奴和西羌。匈奴對於中原的侵擾在
秦、漢以前已經是史不絕書，秦始皇併吞六國之後也曾大舉征
伐，可是只能把他們趕到較遠一點的地方去，並不能作根本的解
決。秦朝滅亡，中國內部經過了幾年的戰爭，讓他們得到休養生
息的機會。後來漢高祖平定群雄，統一中國，但那時的人民已經
筋疲力盡，無力抵抗外患，匈奴人遂又乘隙侵入漢的邊塞。漢高
祖雖能克服和他爭天下的項羽，對於這些北方的異族卻一點也沒
有辦法，整整的在平城被困了七天七夜，還是用了美人計纔得脫
身。從惠帝一直到景帝，都知道這些異族不大好惹，一貫地用了
和親政策拖延下去。到了武帝的時候，漢朝已經經過了六十多年
的休養，國富民饒，兵精馬肥，武帝纔得替他的曾祖大大地吐一
口氣，雪了四代的恥辱。當時的匈奴固然是靠着他們的強悍的武
力來和漢朝作對，但他們還用外交的手段，聯絡西邊的羌人，兩

　　[*]　本文與史念海合著。原載 1939 年 9 月 1 日經世戰時特刊第四七、四八
期合刊。

方共同牽扯漢朝的兵力；西域的一些小國也因爲羌胡的勾結，受到匈奴的種種欺凌。武帝於是開置河西的酒泉、武威、張掖、敦煌四郡，又從長安一直到玉門關外數千里間皆築置亭障，保護了西域諸小國，又隔絶了羌胡的交通。不過武帝雖能一時打斷匈奴的政策，而西方和北方的外患，卻不能就此廓清。

　　説起西羌，他們也有很長的歷史。最早的記載在甲骨文和詩經商頌中就可看見，在那時，羌人就成了商朝的大敵，或是屬邦。周武王出兵伐紂，也帶了若干羌人。羌人姓姜，周的王后大多數是姜姓，許多外戚受封在中原，建立了申、呂、齊、許諸國，那是已華化的；春秋時還有姜戎，那是沒有華化的。這沒有華化的羌人很多，不知分成多少部落，居今陝、甘一帶，春秋、戰國間，秦人崛起關中，要和中原諸侯爭霸，爲了免除後顧之憂，就用兵力把他們更趕到西邊去，他們住居之地直到今青海省境。後漢書西羌傳説：

　　　　自爰劍（秦厲公時之羌酋）後，子孫支分凡百五十種：其九種在賜支河首以西，及在蜀漢徼北，……唯參狼在武都，……其五十二種，衰少，不能自立，分散爲附落，或絶滅無後，或引而遠去；其八十九種唯鍾最強；……發羌、唐旄等絶遠，未嘗往來，氂牛、白馬羌在蜀漢。其種名別號皆不可紀知也。

因爲羌人佔地的廣大，居處的無常，所以他們的種類究竟有多少，實在不容易知道。後漢書雖説有百五十種，恐怕也只是一個估計的數目。我們就歷史的記載裏，可以舉出幾個較大的部落，如燒當、先零、研種、牟姐、卑湳、牢姐、封養、勒姐、吾良、鍾羌等，在當時都是比較有名的，尤其是燒當、先零、研種、參狼等幾個部落常常會和漢朝鬧麻煩。

他們的習俗也和匈奴差不多。後漢書西羌傳留給我們一些材料，使我們知道他們的梗概。傳上説：

> 所居無常，依隨水草，地少五穀，以産牧爲業。其俗氏族無定，或以父名母姓爲種號，十二世後相與婚姻。父没則妻後母，兄亡則納釐嫂，故國無鰥寡。種類繁熾，不立君臣，無相長一，强則分鍾分酋豪，弱則爲人附落，更相鈔暴，以力爲雄。殺人償死，無它禁令。其兵長在山谷，短於平地，不能持久而果於觸突。以戰死爲吉利，病終爲不祥。堪耐寒苦，同之禽獸，雖婦人産子亦不避風雪。性堅剛勇猛，得西方金行之氣焉。

這樣的民衆，什麼寒苦都不怕，出没無定，來去無常，的確煩苦了漢朝。再加上和匈奴交通，更足使漢朝東西受弊。漢武帝看到了這一點，所以他就開發河西土地，打斷他們中間的聯絡。

開置郡縣，列築亭燧，只是武帝的消極辦法。他又命將軍李息討羌，逐至西海（今青海）一帶，不令居住湟中；又置護羌校尉以董理羌中專事。但湟中是一塊肥沃的土地，既宜牧畜，又宜耕田，羌人雖一時西去，終究念念忘不了這塊佳壤，所以在宣帝時他們又偷歸故地，並且時常騷擾漢的邊塞，那時宣帝就命年老的趙充國擔當征羌的巨任，充國到了邊境，發兵擊散叛人，斬其豪酋，於是諸族俯伏，不敢再鬧。到元帝時，又有點小騷擾，仍然經不起漢兵的壓力，不久就歸平定。王莽執政，想誇耀自己的威德以作篡奪漢家江山的準備，他就招誘諸種羌人，教他們獻納土地，稱臣內屬，於是西漢的郡縣就遠達到西海之濱了。

二　東漢初年羌人的内侵及馬援、馬武徙羌人於内地

　　王莽招誘羌人，建設西海郡縣，雖然湊足了當時郡縣中的南海、北海、東海、西海的對稱式子，但這種招誘政策不久便給羌人識破，他們仍然侵入自己舊居的地方，所謂西海郡縣僅僅曇花一現，就成了歷史上的名詞。在王莽篡位後短短的十幾年間，也沒有工夫去究問這些事情，因爲他開置郡縣的目的原爲篡取漢家的江山，目的既已達到，這些點綴品自然可以不再注意了。王莽死後，一班英雄們你爭我奪，都想去吃那一塊肥羊肉，誰也顧不到西方。當時隗囂佔據隴上，他的眼光也只看到中原，後面的羌人他没有管，老實説，他的兵力都調到隴東和光武相爭，再也没有賸餘的精力去問别的事情了。後來，他索性收羅了一班羌民編入他的隊伍之中。等到隗囂滅亡，光武帝的版圖就和羌人接連。羌人是騷擾慣了的，所以雙方的衝突立刻發作起來。光武帝最初對付羌人的政策，是恢復西漢的護羌校尉，暫就招撫方面下工夫。可是雙方的衝突到底不能避免，建武十一年先零羌開頭作亂，刮掠金城(今皋蘭、黄河以北)、隴西(今臨洮)諸地，被來歙和隴西太守馬援先後發兵擊破。當時發生了兩椿問題。第一椿是羌人習性頗易反覆，在漢朝邊備修整兵力增多的時候自然無須顧慮。若是邊防稍微疏忽一點，難保他們不故態復萌，再來擾亂，如今正當羌人破敗之後，應當怎樣處置纔可防止後患？第二椿是涼州在王莽以後，經過隗囂的盤據，人民本難安居樂業，加上羌人的擾亂，兵燹之餘，人民多半逃亡到别處去了，這廣大的邊方又應該怎樣來安集？

當時人們對於第二樁問題的解決方法倒很簡便，他的主張把接近羌人的地方索性棄掉。戰勝而棄地似乎有些笑話，但在兩漢時候這些事情是不足怪的。西漢時因爲一班博士的主張，輕輕捐棄了珠崖，他們的理由是"難治"。如今另有一班人對於近羌的土地也主張棄去，理由是"塗遠多寇"。只因馬援的爭執，纔得保留了下來。馬援傳所載關於這件事的善後，是：

> 援上言："破羌（今樂都縣地）以西，城多完牢，易可依固，其田土肥壤，灌溉流通；如今羌在湟中，則爲害不休，不可棄也。"帝然之。於是詔武威太守令悉還金城客民，歸者三千餘口，使各返舊邑。援奏爲置長史，繕城郭，起塢候，開導水田，勸以耕牧，郡中樂業。

究竟親身經略邊事的大將是要比朝中坐談的卿士好得多了。卿士們一席話中就可斷送一塊肥土，而邊地將士力征經營的結果，卻使荒地一變而爲良田，這對於以後的邊防上一定幫忙的不少。

但是馬援的解決第一樁問題竟給後人添了不少的麻煩。光武本紀下：

> 建武十一年，隴西太守馬援擊破先零羌，徙致天水、隴西、扶風。

這樣把羌人移徙於內地，就是馬援處置降羌的重要辦法。大概他以爲羌民難治，若把他們搬到了內地來，在各方監督之下，他們一定伏伏貼貼過着俘虜的生活，不敢再鬧事了。可是他沒有想到主客的不相容，官吏的安撫不善，使他們時時感着待遇難堪，懷着反抗的心理終究成了心腹的大患。

在馬援的遷羌政策實行之後，暫時得到安靜，一班人都以爲

這是安置降羌的最好方法，接二連三地傚效起來。後來明帝初年
竇固、馬武出兵擊破燒當羌豪滇吾，又把降羌七千餘口安置於三
輔。漢代的三輔是指京兆、扶風、馮翊三郡而言，就是現在陝西
渭水流域一帶。但是我們不要忘記西漢建都在長安，而東漢的京
城則是洛陽，地方隔得遠了就防閑不住啊！繼起的徙羌的事，是
章帝永元末年侯霸徙降者六千餘人於漢陽（今天水）、安定（今鎮
原）、隴西諸地；其他徙羌於塞內的還多。這些都是後來羌人在
內地起事的導火綫。

三　燒當羌豪迷唐之竄死及
大小榆谷的收復

東漢初年的徙居羌人於內地，僅僅是投降的部分，其他沒有
降的仍然在那兒籌畫內侵的計畫。在明帝永平初年馬武征羌以
後，羌人勢力分散，暫時息了干戈，等到他們羽毛豐滿就勃然動
起來了。當章帝初即位時，西陲的烽火一處處燃燒起來，征羌的
軍隊只得一批批開向邊境去。

在東漢的羌禍中，固然各種羌人都曾參加過，但爲害最大的
要算燒當一族。燒當族在東漢初年原居於大允谷，種類並不特別
強大，那時候的強族則是先零、卑湳等，燒當族只是一群弱者，
所以常常被先零等族所欺凌。後來燒當的酋長滇良再也忍受不住
了，他就聯絡了那些一向被壓迫的弱種，打進大小榆谷的先零、
卑湳等族的根據地，既佔領了肥沃的區域，又掠奪了許多牛馬牲
口，他們就一躍而成爲強者。滇良的孫子迷吾和曾孫迷唐都是很
自負的酋長，自然漢家的邊界慢慢又多事起來，接近羌人的郡縣
像金城、隴西、漢陽等地都時時受着蹂躪。漢家出征的將官以及

那些以撫羌爲專職的護羌校尉都因爲不能立功，一個一個地撤換，而損兵折將的事依然是數見不鮮。

本來東漢對付叛羌，原是一例用兵征討，雖然有一個護羌校尉，名義上是去安撫羌人的，而實際上他的最大任務還是“遣使譯，通動靜，使塞外羌夷爲吏耳目，州郡因此可得儆備”的間諜首領。和帝時，蜀郡太守聶尚作了校尉，他看見前任官員累戰不克，以爲不合用兵，想一變這舊方法，向羌人們談論理義。可是他們並不接受那一套，聶尚只得到一個失敗的教訓，隨即受到漢廷的撤職處分了。

聶尚的後任是作過居延都尉的貫友，他改變聶尚的方法，在兵力之外更用金錢收買，使從前歸附迷唐的別種人民都離散而去，然後他用兵征討，一直攻到迷唐的根據地大小榆谷，收集迷唐的貯藏，又在黃河上造起一條長橋，作根本掃蕩的準備。迷唐聽得這個消息，知道不妙，就遠遠地逃到賜支河曲。恰巧貫友死了，這個遠征的計畫沒有實行，漢家接連派來幾個校尉，都沒有能力繼續貫友的功績，反給迷唐造下報復的機會。

永元十年，謁者耿譚西征，他又用了金錢的力量，把別的羌人一個個收歸了自己，弄得迷唐勢孤力薄，不能自存，也只好恬顏乞降，可憐得很，在他手下人民經累次戰爭的結果數目已不滿兩千了！耿譚就令這些燒當的孑遺之民遷入塞內，住到金城郡中。可是和帝終覺得他們居住金城有點不妥，令把迷唐放還，讓他帶着自己部下回到大小榆谷的舊地。迷唐種小力弱，貯藏俱空，本已想安分住在塞內；並且因爲貫友在河上造了長橋，漢兵往來無阻，所以一發死心塌地不願回去。可是漢天子的旨意又哪能違背，一些邊疆官吏威脅迷唐趕快出境，鬧得迷唐不知所云，沒有別的辦法，又復反叛起來。然而他這一次動兵卻和前幾番不同了，舊日的友人都已爲漢家收買，倒戈相向，迷唐敵不住他們的攻擊，一直向西逃去，後來就死在賜支河西。漢家雖勞兵費財，而多年的大禍根一時除去，上下都説是得到了休息的機會。

迷唐既竄死，舊日的燒當根據地，大小榆谷，這時已給漢家收復。爲了治理這塊地方，重新修繕王莽時招誘羌豪所立的西海郡縣。不過這次復立的意義卻和王莽時候大大不同了。漢朝君臣回念多年的煩苦，覺得邊地實在不可忽略，在設官駐兵之外，還該在那兒屯田種地，長久的打算。他們的計劃不能説不周到，不幸經營屯田尚没有完全告成的時候，羌禍又從別處發生起來，他們的勞績平白地廢棄了。

四　安、順二帝時羌禍的大盛和西邊諸郡的内徙

東漢一代的羌禍，以安帝在位的幾年爲最烈，整個的朝野都爲了羌事煩悶。這一次的發動地點，不在邊外而在内地。這是東漢初年馬援一班人徙羌的結果。本來遷羌於内地是一個同化的最好機會，不幸只把他們送給一班官吏和土豪去剥削，於是羌人積怨越來越深，只在等待時機的到來。永初元年，詔發羌人當兵，援救西域，羌人不樂遠征，相率逃亡，郡縣逼迫，騷擾殊甚，羌人驚恐，個個想反。這時有一個燒當種人名麻奴的，原徙居在安定，乘機逃出塞外，號召種人，侵擾塞上，内地的羌人也都聞風而起。不過，這時他們的勢力究竟有限，如果守邊的官吏認真辦理，總不至釀成大患。可惜太守令長個個畏怯怕事，敷衍的結果，他們的實力充盈，就造成了東漢的空前大禍。這件事在王符的潛夫論邊議篇裏説的很明白，他説：

　　羌始反時，計謀未善，黨與未成，人衆未合，兵器未

備，或持竹木枝，或空手相附，草食散亂，未有都督，甚易
破也。然太守令長皆奴怯畏儒不敢擊，故令虜遂乘勝上彊，
破州滅郡，日長炎炎。

你看，當時守邊的官吏是怎樣的昏庸？

　　羌禍起後，受任征羌的大員是鄧騭，他是漢朝的貴戚，然而
他的兵一登隴坂就被羌人擊破，涼州各地到處都受到羌人的騷
擾，兵匪遍地。鄧騭在破敗之餘，主張乾脆把涼州丟掉，以便休
養精力。這個計劃本來發於龐參，據參本傳參奏記於鄧騭說：

　　　　比年羌寇特困隴右，供徭賦役，爲損日滋，官負人責數
　　十億萬。今復募發百姓，調取穀帛，衒賣什物，以應吏求。
　　外傷羌虜，内困征賦，遂乃千里轉糧，遠給武都西郡，塗路
　　傾阻，難勞百端，疾行則鈔暴爲害，遲進則穀食稍損，運糧
　　散於曠野，牛馬死於山澤。縣官不足，輒貸於民；民已窮
　　矣，將從誰求？名救金城，實困三輔；三輔既困，還復爲金
　　城之禍矣。……三輔山原曠遠，民庶稀疏，故縣丘城可居者
　　多，今宜徙邊郡不能自存者入居諸陵，田戍故縣。孤城絕
　　郡，以權徙之，轉運遠費，聚而近之，徭役煩數，休而息
　　之，此善之善者也。

　　龐參這一段話恰能道着當時的困弊情形，所以他的扔掉涼州的議
論很容易得到鄧騭的贊同。朝中的大臣們接到這個提議，一方面
覺得事情重大，不容易處理，一方面又懼怕鄧氏權高，恐因此得
罪了當朝貴戚，便都唯唯否否，不敢自作主張。幸而太尉府的郎
中虞詡向太尉李修提出了不可放棄的理由，纔把這個計劃打消。
虞詡說：

　　竊聞公卿定策，當棄涼州，求之愚心，未見其便。先帝
開拓土宇，劬勞後定，而今憚小費，舉而棄之。涼州既棄，
即以三輔爲塞，三輔爲塞則園陵單外，此不可之甚者也。諺
曰：“關西出將，關東出相”，觀其習兵壯勇，實過餘州。今
羌、胡所以不敢入據三輔爲心腹之害者，以涼州在後故也。
其土人所以推鋒執銳，無反顧之心者，爲臣屬於漢故也。若
棄其境域，徙其人庶，安土重遷，必生異志。如使豪雄相
聚，席捲而東，雖賁、育爲卒，太公爲將，猶恐不足當禦。
議者喻以補衣猶有所完，誳恐其疽食浸淫而無限極，棄之
非計！

　　涼州雖暫時因虞詡之説而得保全，而漢朝上下對於消除羌禍
依然想不出整個有效的方法。在政府因循的期間，羌人的騷擾已
由涼州延及關中，關中雖説是形勝之地，無如羌人在東漢初年已
經散布其間，昔爲星火，今成燎原，使人措手不及。他們更東渡
黃河，侵入河東，再及河内，河東爲今山西的西南部，河内則爲
河南的河北部，所以漢朝的京師這時就不得不急作禦羌的準備，
和漢文帝防匈奴於細柳，倒前後有點相像。這時西北的并、涼二
州的大部分都被羌人擾及，司隸校尉所部也都有了烽烟。就連太
行山東的魏郡、趙國、常山、中山，亦皆繕起塢堠，趕作防羌的
工事。到了這時候，亂子鬧得這樣屬害，可是一般士大夫還想敷
衍下去，主張捐土徙民。尤其是那班住在内地的人，沒有親罹其
禍，更不主張同羌人作戰。那位家在安定郡的王符到這時再也忍
不住了，不禁在他的著作裏破口大罵起來。潛夫論救邊篇説：

　　往昔羌虜背叛，始自涼、并，延及司隸，東禍趙、魏，西
鈔蜀、漢，五州殘破，六州削跡，間迴千里，野無孑遺，……
而内郡之士不被殃者咸云“當且放縱，以待天時”，用意若

此，豈人心哉！

又説：

> 是故失涼州則三輔爲邊，三輔內入則弘農爲邊，弘農內
> 入則洛陽爲邊，推此以相況，雖盡東海猶有邊也。

又説：

> 乃者邊患震如雷霆，赫如日月，而談者皆諱之曰："焱
> 并竊盜"，淺淺善靖，俾君子怠，欲令朝廷以寇爲小而不亟
> 憂。害乃至此，尚不欲救，諺曰："痛不着身，言忍之；錢
> 不出家，言與之。"假使公卿子弟有被羌禍朝夕切急如邊民
> 者，則競言當誅羌矣。

你看他駡的何等沈痛！可是一個人的忠言讜論那裏改得了一般昏
庸官吏的敷衍根性，王符的話只算是白説了。這時一班朝臣紛紛
上書，求徙郡縣，安帝沒有辦法，只好聽從，於是徙隴西於襄
武，安定於美陽，北地於池陽，上郡於衙，這一次的廢徙郡縣，
弄得生民又遭了一次塗炭，西羌傳記當日的情形説：

> 百姓戀土，不樂去舊，遂乃刈其禾稼，發撤室屋，夷營
> 壁，破積聚。時連年旱蝗饑荒，而驅蹴刼略，流離分散，隨
> 道死亡，或損棄老弱，或爲人僕妾，喪其大半。

這雖説是一種堅壁清野的辦法，可是人民怎麼受得了啊！
這時羌禍的蔓延又牽及益州。政府隨地立了塢堠，一方用武
力征討，一方又用財貨招誘，逼得諸種羌人慢慢分散，或來降

附，纔得平定下去。這一次軍旅和轉運委輸的經費，據説總共用了二百四十餘億，朝中帑藏，亦爲空虛，而人民因爲官吏的搜索剽奪，以至覆宗滅族，賣兒鬻女的很多很多，并、涼數州虛耗殆盡，真要算是東漢時一次最大的禍亂了。

大股羌寇平定之後，各地小部分的擾亂還時時發生，雖不見得鬧的怎樣利害，卻使關西諸郡永遠不得安寧，所以安帝時東徙的安定諸郡一時不能遷回本土，人民照舊東西飄流，過那悲慘的生活，經過了鄧遵、馬賢一班將士的征討，餘熖稍殺，到延光三年，把隴西遷回狄道故治，順帝初年，馬賢破降鍾羌於臨洮，涼州稍得平定，安定、北地、上郡三郡方纔搬到原來的地方。

可是當時人士總是只圖目前苟安，不想長久的辦法，所以那時所得到的也只是一時的安靜，到陽嘉時，西羌又動刀兵，擾亂三輔地方，於是又把安定徙到扶風，北地移在馮翊，一切是驚恐和慌亂都和安帝時候差不多，各處衝要的地方又都立起塢壁來，作嚴密的警備，前後總共擾攘了十幾年，一直到冲帝永嘉時才得平靜，這樣一鬧，漢廷的府庫又少了八十餘億，許多物質的損失和人民的艱苦還不在數内。我們可以説，安順二代的羌禍簡直把東漢開國以來的精力和元氣都一齊消耗完了。

五　東漢末年羌禍再盛和段熲的破羌

冲帝永嘉以後，很平安地過了十四五年，到了桓帝延熹初年，隴右的燒當、燒何、當煎、勒姐諸種羌人故態復萌，刼掠邊塞，但這時的護羌校尉是所謂"涼州三明"之一的武威段熲（涼州三明是指安定皇甫規，敦煌張奐及段熲而言，規字威明，奐字然明，潁字紀明，皆是東漢季年平定羌亂的大員），他毫不姑息，立刻出塞征討，前後轉戰四十多日，一直打到河首積石山前，已經出塞二千餘里了。這一次出師，他們斬了燒何的大帥，俘虜了羌人二千餘口，可說是一次大勝利，只是段潁爲涼州刺史郭閎陷害，下在獄中，不得完成他的功績。那時正值桓、靈時代，主上昏暗，信任一班小人，只知道招納財貨，毫不顧及國家大計，所以就在征討國家的大患也往往當作兒戲，任意罷免得力的大員。段潁固是這樣的不幸，就是後來皇甫規以中郎將率兵西征，也因不能滿足當時的常侍們的貪慾，得到繫獄的處分，若不是一班明白人替他們上書呼冤力爭，豈不就斷送了他們的殘生！等到他們釋放出來，羌人們的勢力更雄厚了，究竟段潁是一位駢輪老手，在他第二次作護羌校尉的時候，轉戰了多少次，到底把西羌平定了。

　　那時的羌禍在關西一帶，真像野草一般，無地不有。西羌雖然平定，東羌又乘機起來。所謂東羌原是東漢初年徙居在三輔、漢陽、安定一帶的西羌，也就是安、順二帝時候擾亂關中的羌人，因爲別於金城、隴西塞外的羌人，所以稱作東羌。他們原居於內地，一有動作，所有寄居的種族也就互相響應，把安、順的舊事重復演起。這時擔當平靖東羌的責任的，是皇甫規、張奐等人，他們的政策偏重於招撫方面，還是離不了前人的成法，可是羌人的習性很不容易羈縻，所以隨降隨叛，到底沒有完全安寧的時候。恰好那時段潁已經平定西羌，朝中就把他調回東方，辦理關中的羌事。段潁在西邊多年，經驗豐富，覺得一邊征討一邊招撫不是平羌的善策，他就於建寧元年上書靈帝，請求根本的解決，他説：

　　　　臣伏見先零、東羌雖數叛逆，而降於皇甫規者已二萬許落，善惡既分，餘寇無幾。今張奐躊躇久不進者，當慮外離

内合，兵往必驚。且自冬踐春，屯結不散，人畜疲羸，自亡
之勢，徒更招降，坐制强敵耳。臣以爲狼子野心，難以恩
結，勢困雖服，兵去復動，唯當長矛挾脅，白刃加頸耳。計
東種所餘三萬餘落，近居塞内，路無險阻，非有燕、齊、
秦、趙縱横之勢，而久亂并、涼，累侵三輔，西河、上郡已
各内徙，安定、北地復至單危，自雲中、五原西至漢陽二千
餘里，匈奴、種羌並擅其地，是爲癰疽伏疾，留滯脅下，如
不加誅，轉就滋大。今若以騎五千，步萬人，車三千兩，三
冬二夏，足以破定，無慮用費錢五十四億，如此則可令群羌
破盡，匈奴長服，内徙郡縣得反本土。伏計永初中諸羌反叛
十有四年，用二百四十億；永和之末，復經七年，用八十餘
億。費耗若此，猶不誅盡，餘孽復起，于兹作害。今不暫疲
人，則永無寧期。臣庶竭駑劣，伏待節度。

段熲這封奏表深能道出以前對付羌人的失策，安、順二帝時雖國
帑爲之空竭，西北地方爲之虚耗，可是留給後代的僅僅是十幾年
的安寧，除此以外仍然是一片爛賬，一堆亂麻，留待後人去整
理，所以他很想一反前人的覆轍，從根本上打算。幸而靈帝對於
這個建議未加留難，使他得以放手作去。他本是一個足智多謀的
大將，很容易的把羌人圍困在漢陽山中，可是忽然生出一個枝節
來，幾乎又使段熲做不下去。這因前些時從事征羌的張奐，他恐
怕段熲一個人獨佔了全功，於他面子上有點不好看，他就想出些
不可捉摸的理由，向靈帝上奏破壞了段熲。那時段熲只得給靈帝
上書，嚴斥張奐的話，他道：

臣本知東羌雖衆，而頓弱易制，所以比陳愚慮，思爲永
寧之算。而中郎將張奐説虜强難破，宜用招降，聖朝明鑒，
信納奐言，故臣謀得行，奐計不用。事勢相反，遂懷猜恨，

信叛羌之訴，飾潤辭意，云臣兵累見折衄；又言羌一氣所生，不可誅盡，山谷廣大，不可空靜。血流汙野，傷和致災。臣伏念周、秦之際，戎、狄爲害，中興以來，羌寇最盛，誅之不盡，雖降復叛。今先零雜種累以反覆，攻没縣邑，剽略人物，發冢露屍，禍及生死，上天震怒，假手行誅。昔邢爲無道，衛國伐之，師興而雨。臣動兵涉夏，連獲甘澍，歲時豐稔，人無疵疫，上占天心，不爲災傷。下察人事，衆和師克。自橋門以西，落川以東，故宮縣邑更相通屬，非爲深險絶域之地，車騎安行，無應折衄。案奐爲漢吏，身當武職，駐軍二年，不能平寇，虛欲修文戢戈，招降獷敵，誕辭空説，潛而無徵。何以言之？昔先零作寇，趙充國徙令居内，煎當亂邊，馬援遷之三輔，始服終叛，至今爲鯁，故遠識之士以爲深憂。今傍郡户口單少，數爲羌所創毒，而欲令降徒與之雜居，是猶種枳棘於良田，養虺蛇於室内也。故臣奉大漢之威，建長久之策，欲絶其本根，不使能殖。本規三歲之費用五十四億，今適期年，所耗未半，而餘寇殘燼，將向殄滅。臣每奉詔書，軍不内御，願卒斯言，一以任臣，臨時量宜，不失權便。

後來靈帝聽了他的話，一意委任他，他不再受到什麼阻礙，東羌就平定了。後漢書段熲傳記他的最後的成功，説：

　　斬其渠帥以下萬九千級，獲牛、馬、驢、騾、氈、裘、盧、帳什物不可勝數，馮禪等所招降四千人分置安定、漢陽、隴西三郡，於是東羌悉平。凡百八十戰，斬三萬八千六百餘級，獲牛、馬、羊、騾、驢、駱駝四十二萬七千五百餘頭，費用四十四億，軍士死者四百餘人。

這次大勝是靈帝建寧二年的事。自桓帝延熹二年羌人復叛起，到這時整整十一個年頭了，段熲東征西討，大功就成在他的手裏。此後羌人勢力微弱，不能起什麼大亂，然而到了靈帝末年又發作了一次。

誰都知道東漢末年爲患最劇的是黃巾，那知道西羌也曾在這時趁火打刼。這件事發生在靈帝中平元年，那時黃巾流刼各地，朝廷遣兵調將，疲於應付，北地的先零羌認爲是一個好機會，就在這時變起來了，先零羌恐怕自己的力量不足，聯合了抱罕河關的許多流賊，擁立湟中義從胡北宮伯玉李文侯做將軍，這樣一來，他們就是勢大力強，竟把護羌校尉冷徵殺了。北宮伯玉又恐怕自己的材幹不夠，強迫金城人邊章、韓遂二人和他合伙，邊章、韓遂既替伯玉整理軍政，西羌的勢力因此加強。西羌生性殘忍，隴右諸郡燒傷甚慘，金城太守陳懿也在此時被殺。中平二年春，西羌衆數萬騎又東寇三輔，侵逼園陵，朝廷着了急，以司空張溫爲車騎將軍，董卓爲破虜將軍，專事征討。張溫以步騎十數萬之衆進軍美陽，恰巧這時邊章、韓遂來攻，張溫就把他們打回榆中去。張溫乘勢追趕，不幸得很，一到榆中卻被他們斷了糧道，大敗而歸。同時董卓也帶了三萬兵進討先零羌於望垣，不過結果也同張溫一樣，被羌胡所困，糧道乏絕，敗了回來。這次的羌禍沒有以前那樣的厲害，然而師勞無功，禍亂的種子還留待將來發作呢。

自此以後，在東漢一代中西羌算沒有再鬧出大亂子來，僅在獻帝興平元年八月間居住在馮翊的羌人反了一次，然而不久就被郭汜和樊稠平服了。只是東漢到此，國運已盡，群雄並起，天下分裂，兵爭連年不息，百姓不苦於羌而又苦於割據之勢了。

古代巴蜀與中原的關係説
及其批判[*]

　　抗日戰爭時期，我國的專家學者差不多全體集合到四川。當時，對於川康的自然界和社會各方面的調查研究風起雲湧，實在是抗戰前所没有預料到的收獲。單就史學界而言，重要的論文像徐中舒先生的古代四川之文化[①]、朱希祖先生的古蜀國爲蠶國説[②]、孫次舟先生的讀古蜀國爲蠶國説獻疑[③]、從蜀地神話的蠶叢説到殉葬的蠶玉和關於金蠶解釋的補正[④]、楊向奎先生的李冰與二郎神[⑤]，都是可以紀念的作品。我自己呢，到成都快兩年了，服務的餘暇曾游了郫縣的望帝叢帝陵、温江的魚鳧城、雙流的蠶叢祠和瞿上鄉，對於古代的蜀國也浮動了重重的幻想。蜀國的材料不多，滿想下手整理，寫一篇"古蜀國的傳説"。無如一經下手即感困難。其關鍵爲：當時的蜀國本和中原没有關係，直到春秋、戰國間才同秦國起了交涉。李白蜀道難所謂"蠶叢及魚鳧，開國何茫然？爾來四萬八千歲，不與秦塞通人烟"[⑥]，確是説的不錯。不幸歷代人士爲秦漢的大一統思想所陶冶，認古代也是一模一樣的，終不肯説這一塊地土上的文化在古代獨立發展，偏要設法把它和中原的歷史混同攪和起來，於是處處勉强拍合，成爲一大堆亂絲。一班修史的人難以考核，把這些假史料編進許多史書

　　＊　原載 1941 年 9 月齊魯華西金陵三大學中國文化研究彙刊第一卷；又刊論巴蜀與中原的關係，四川人民出版社，1981 年 5 月。

裏去。彼此糾纏，把人們的腦筋弄迷糊了，古蜀國的真相，再也
看不清了。我敢斷然地説：没有徹底的破壞，何來合理的建設！
所以必須先做一番破壞工夫，然後整理蜀國的史事方可撥雲霧而
見青天。現在就寫出這一篇，做古蜀國史研究的一個引子。巴國
事少，也就連帶述及。

甲　巴蜀與中原的關係説

1　人皇

照從前人的見解，巴蜀和中原的不可分割性是從開天闢地就
如此的，直到秦滅巴蜀時止，其關係不曾間斷過。這些事實的證
明照了他們所講的時代的次序寫下來就是下面的話：

中國最古的帝王是三皇，三皇裏面的第三位是人皇。緯書裏
面的一種春秋命歷序説：

> 人皇氏九頭，駕六羽，乘雲車，出谷口，分九州。

宋均注道：

> 九頭，兄弟九人。⑦

讖書裏面有一種洛書，也説：

> 人皇……兄弟九人，分理九州爲九囿；人皇居中州，制

八輔。⑧

人皇分九州爲九囿，派弟兄去分頭管理。蜀在秦嶺之南，照禹貢的分畫是在梁州境内，該作人皇的一囿。因此，標準的四川史家常璩作華陽國志，也就根據了這條材料而説道：

華陽之壤，梁岷之域，是其一囿；囿中之國則巴蜀矣。⑨

又説：

蜀之爲國，肇于人皇，與巴同囿。⑩

再則蜀和中原的交通幹綫是現今陝西褒城縣到郿縣這條道路，這路經行很長的狹谷，所以唤作褒斜谷，又唤作斜谷。如今命歷序上説"乘雲車出谷口"，這谷口是不是斜谷的口呢？因此，蜀漢時有一位博學的秦宓就肯定了這個地方。華陽國志説：

蜀記言："三皇乘祇車出谷口"，秦宓曰："今之斜谷也。"⑪

2　鉅靈氏

命歷序説："自開闢至獲麟二百二十七萬六千歲，分爲十紀。"第一紀爲九頭紀，即人皇，第七紀爲循蜚紀，宋羅泌的路史説這一紀是從鉅靈氏開始。路史道：

鉅靈氏之在天下也，……揮五丁之士，驅陰陽，反山川……

惟無恒處。或云治蜀，蓋以其跡躔焉。

下面注道：

傳載鉅靈之跡多在蜀，豈別一鉅靈邪？⑫

"五丁"是開褒斜道的大力士，所以鉅靈氏要移山返川，就用得着他們。至於載鉅靈之跡多在蜀因而説鉅靈治蜀的"傳"究竟是什麼書，慚愧我們淺陋，一時竟找不出來。

3　蜀山氏

路史又引丹壺書道：

皇次四世，蜀山傪傀六世，……凡六十有八世，是爲因提之紀。⑬

照命歷序的次第，因提是第八個紀，時間雖晚，但尚在有巢和燧人的前面，也算是夠早的。因此，路史在辰放氏（即皇次）之後即繼以蜀山氏，叙述其事跡道：

蜀之爲國，肇自人皇。其始蠶叢、拍濩、魚鳧，各數百歲，號蜀山氏，蓋作于蜀。⑭

命歷序説每一紀是二十六萬七千年，那麼，蜀山氏的時代下距孔子作春秋還有八十萬年光景呢。

4　伏羲和女媧

路史列太昊、女媧和炎帝在禪通紀，是十紀中的第九個紀。他説：

> 太昊伏戲氏……母華胥，居于華胥之渚。

注道：

> 乃閬中俞水之地。⑮

羅氏此説不知道他根據的是什麽，但俞水是有的。常璩云：

> 閬中有渝水，賓民多居水左右。⑯

信如羅氏之説，是伏羲乃生在賓民的區域裏，和後來禹生西羌有類似的情形。渝水即今嘉陵江。

在女媧氏紀中，又注道：

> 今峨眉亦有女媧洞。常璩華陽志等謂伏羲女媧之所常游。此類猶多。⑰

女媧既是"太昊氏之女弟"，亦有生於閬中的可能。他們兄妹生於川北，游於川西，而太昊的子孫又建國於川東。海内經説：

> 西南有巴國。太皥生咸鳥，咸鳥生乘釐，乘釐生后照，后照是始爲巴人。⑱

然則巴國是太昊的曾孫建立起來的。常璩説：

> 巴子……後治閬中。⑲

原來回到他們的祖先的老家去了。

5　神農

春秋元命苞説：

> 少典妃安登游于華陽，有神龍感之于常羊，生神子，人面龍顔，好耕，是爲神農。⑳

路史注説：

> 常羊，華陽之常陽也。㉑

他説了等於没説，常陽還不知在什麽地方。好在元命苞裏既説它"游于華陽"，即是神農在梁州受胎的證據。後來神農的子孫也建國在四川。海内經説：

> 炎帝之妻，赤水之子聽訞生炎居。炎居生節并，節并生戲器，戲器生祝融。祝融降處于江水。㉒

可見祝融是炎帝的玄孫。江水在哪裏？路史國名紀説：

> 江水：祝庸之封地，今朱提。㉓

漢的朱提縣在今四川宜賓縣。伏羲的後裔在東，神農在西，江水如帶，一葦可航，和他們中原的國都是同樣的接近。

6　黃帝

人皇、鉅靈氏、蜀山氏究竟年代太遠了，我們且看被命歷序放在最後一紀的人物。疏仡是第十個紀，從黃帝起。據史記五帝本紀，黃帝西邊到過空桐，在今甘肅，南邊到過熊湘，在今湖南，卻没有到過四川。可是三代世表的後面，褚少孫寫了一段，其中有一句："蜀王，黃帝後世也。"㉔這有什麽證據？司馬貞史記索隱道：

> 按系本(即世本，避唐太宗諱改)，蜀無姓，相承云黃帝後世子孫也。且黃帝二十五子，分封賜姓，或于蠻夷，蓋當然也。蜀王本紀云："朱提有男子杜宇，從天而下，自稱望帝。"亦蜀王也。則杜姓出唐杜氏，蓋陸終氏之胤，亦黃帝之後也。㉕

蜀王既是黃帝的裔孫，那麽本來"作於蜀"的，現在就變爲作於中原而遷於蜀了。

黃帝和蜀還有一椿關係。漢書地理志説：

> 昔在黃帝，……方制萬里，畫野分州，得百里之國萬區。㉖

巴蜀在人皇時既爲一州，在黃帝時決無不爲一州的道理。黃帝既封了一萬個百里之國，那麽封在巴蜀一帶的諸侯是必然不少的。

7　顓頊

顓頊是黃帝之孫，他卻生在蜀中。吕氏春秋古樂篇道："帝顓頊生自若水。"㉗他爲什麽生在那裏？大戴禮記帝系篇説明了這個理由：

> 黃帝……娶于西陵氏之子，謂之嫘祖氏，産青陽及昌意。青陽降居泜水，昌意降居若水。昌意娶于蜀山氏，蜀山氏之子謂之昌濮氏，産顓頊。㉘

原來他的父親昌意貶到那邊，所以他就生在那邊了。史記用了帝系之文作五帝本紀，大體相同，不過青陽所降居的不是"泜水"而是"江水"，"昌濮"寫作"昌僕"。㉙這個故事記載的地方不少，山海經裏的海内經也説：

> 黃帝妻雷祖，生昌意。昌意降處若水，生韓流。韓流……取淖子，曰阿女，生帝顓頊。

郭璞注道：

> 世本云："顓頊母，濁山氏之子，名昌僕。

郝懿行疏：

> "濁"、"蜀"古字通。"濁"又通"淖"，是淖子即蜀山子也。㉚

從這些記載裏，可見若水和蜀山是顓頊的生命史中最重要的地方，若水是他的老家，而蜀山是他的外家。我們先讀了路史的文字，便知道蜀山氏是蜀國的王者。若水在什麼地方？漢書地理志道：

> 蜀郡旄牛：若水……出徼外，南至大筰入繩。③

漢朝的旄牛縣在今四川漢源縣南，大筰縣在今四川冕寧縣西，繩水即今金沙江，可知這水定在原西康的東部。水經道：

> 若水出蜀郡旄牛徼外，……至僰道縣入于江。

酈道元注：

> 黄帝長子昌意德劣，不足紹承大位，降居斯水爲諸侯焉。娶蜀山氏女，生顓頊于若水之野……登帝位。③

漢的僰道縣即今四川宜賓縣。宜賓是岷江入金沙江的口子。哪一條水是從西康來而到宜賓入江的？古人單説一個"江"字即指岷江，然則水經所説的若水，即是金沙江。清一統志不取水經説而取漢志説，所以於"瀘水"下注道：

> 即古若水，俗名打冲河，上流曰雅礱江，源出西番，東南流經寧遠府、西昌縣、鹽源縣、會理州，與金沙江合。③

照此説來，若水就是雅礱江，顓頊是生在原西康地區的了。蜀山有了這個最顯明的"蜀"字，更不成問題。不過當日的蜀山是後世的什麼地方，總須決定才好。於是益州記的作者第一個起來作答：

> 岷山禹廟西有姜維城，又有蜀山氏女居，昌意妃也。㉞

宋樂史作太平寰宇記，取了他這説，于茂州石泉縣下寫道：

> 蜀山，史記黄帝子昌意娶蜀山氏女，蓋此山也。㉟

茂州今爲茂縣，在松潘、汶川兩縣的中間。蜀山在那邊，離若水雖不算太遠，而交通卻極不方便。於是有人要把她移得近便些。綿竹縣志道：

> 綿竹，古蜀山氏地。㊱

這般改了，就移到了川西壩子裏來了。

蜀山、若水既明，洮水、江水亦不可不考。關於這個問題，榮縣志講得最詳細：

> 昔黄帝畫野分州，得百里之國萬區，巴蜀爲九囿之一。後世以蜀爲邊遠，不知諸夏種族皆自西來。……史記五帝本紀：“黄帝……二子，……其一玄囂，是爲青陽，降居江水。”大戴禮帝系：“青陽降居洮水。”按：江水今岷江，嘉定水也；洮水即湔水，今沱江，資中水也。……史稱江水，其地實括江之東，乃與洮水合；禮稱洮水，其地實括洮之西，乃與江水合。既界江、洮東西之中，是青陽降居地當榮縣審矣。清張澍著蜀典引榮縣青陽門記云：榮門有青陽洞，以少昊國在其北。……史記不以青陽爲少昊。……明榮縣令楊崇忠榮梨山碑云：“古爲玄囂崖。”玄囂即青陽，碑與史合。故

唐以來附榮之境世有青陽族居，今裔猶繁。汲冢古文云：
"少昊名清，帥鳥師居西方。"清即青陽，西方即蜀矣。⋯⋯
舍榮縣外，古蜀郡及犍爲郡，凡江水、㳛水所經，無以青陽
傳者，是榮爲古青陽封國審矣。青陽洞今在城南二里。青陽
之孫，高辛也。榮爲高辛氏所生之鄉，帝堯所自出，有史
記、大戴禮可徵信，義宜特著！⑰

這位作者講得真高興！巴蜀是黄帝的九囿之一。㳛水即湔水，榮
縣當江和㳛的中間，有青陽洞，所以榮縣是青陽所居。少昊名
清，清即青陽，所以也就是少昊所居。高辛是青陽之孫，所以高
辛也生在榮縣。堯是高辛之子，所以榮縣也是堯所從出。五帝們
個個和榮縣有關，"義宜特著"，實在不是虛美！

　　綜上四地名，江水爲岷江，㳛水爲沱江，若水爲雅礱江，蜀
山在茂縣，可以作一結論。青陽一支在四川，昌意一支在原西
康，黄帝的版圖是何等的遼闊！

　　顓頊由若水出任天子，但他的子孫仍有分封到四川的。常
璩説：

　　　囿中之國則巴蜀。⋯⋯五帝以來，黄帝高陽之支庶出爲
　　侯伯。⑱

高陽即顓頊，讀此可知不但黄帝分封支庶於蜀，顓頊亦然，這很
可以替褚少孫和司馬貞的説話加上一重保障。

8　帝嚳

　　帝嚳是玄囂的孫兒，玄囂即青陽，青陽降居㳛水或曰江水，
無論是㳛是江，總在四川的西部。青陽既住在那邊，帝嚳就該生

在那邊，具如上文所說。

帝嚳繼顓頊爲天子，他即位之後，常璩説：

> 帝嚳封其支庶于蜀，世爲侯伯。㊴

這又和上文説的黄帝、顓頊一樣，至於侯伯是誰，他没有説明。唐杜佑作通典，就彌補了這個缺憾。他道：

> 或曰：蜀之先，帝嚳封其支庶于蜀，其後稱王，長曰蠶叢，次曰柏雍，次曰魚鳧。㊵

如此説來，蠶叢、魚鳧們便是帝嚳的子孫了。樂史在杜佑之後，又跟着他説：

> 諸言蜀事雖不悉同，參伍其説，皆言蜀之先肇于人皇之際，至黄帝子昌意娶蜀山氏女，生帝嚳，後封其支庶于蜀，歷夏、商、周始稱王者，總目名蠶叢，次曰柏灌，次曰魚鳧。㊶

帝嚳是蜀王的祖先，得了這些有力的論定，我們再不須考慮了。

9　禹

五帝之後即是夏禹。禹的出生之地也在四川。史記説：

> 禹興于西羌。㊷

西羌的區域太大了，有確定一個地點的必要。因此，漢揚雄蜀王本紀説：

> 禹本汶山郡廣柔縣人，生于石紐，其地名痢兒畔。禹母
> 吞珠孕禹，坼副而生于縣。[43]

漢的廣柔縣在今四川汶川縣的西北。後漢趙曄作吳越春秋，在越王無餘外傳裏也説：

> 鯀娶于有莘氏之女，名曰女嬉，……産高密（注引宋忠
> 世本注曰：“高密，禹所封國”），家于西羌，地曰石紐，石
> 紐在蜀西川也。

宋徐天祐注：[44]

> （石紐）在茂州石泉縣。其地有禹廟。
> 郡人相傳，禹以六月六日生。[45]

其他如皇甫謐的帝王世紀[46]，酈道元的水經注[47]，李吉甫的元和郡縣志[48]，都有同樣的記載，不多鈔了。唐、宋的茂州，即今茂縣，和汶川縣接界。汶川、茂縣直到現今還是羌人的居地，“禹興于西羌”之説真是一點不錯。蜀山氏居茂縣，禹又生於茂縣。他和蜀山氏原來是親同鄉！

尚書皋陶謨記禹的話説：

> 予……娶于塗山。辛、壬、癸、甲，啟呱呱而泣，予
> 弗子。[49]

塗山在哪裏？常璩道：

> 禹娶于塗山，……今江州塗山是也，帝禹之廟銘存焉。⑤

漢晉的江州縣即今四川江北縣，塗山在今重慶市的對岸。水經注也説：

> 江之北岸有塗山，南有夏禹廟、塗君祠，廟銘存焉。常璩、庾仲雍並言禹娶于此。⑤

然則禹是生於蜀而娶於巴的。

　　禹和四川的關係真不小。説九州是人皇所分，只是緯書裏的一句話，緯書在學術上的地位是不高的。説九州是黄帝所分，只是漢書裏的一句話，漢書的地位還不能超過六經。六經中直接記載聖道王功的是尚書，有絶對尊嚴的地位，其中禹貢一篇記的是禹分州定貢的大事業，所以説九州爲禹所分是毫無疑義的話。禹貢篇中把秦嶺以南的地方定爲梁州，説：

> 岷嶓既藝，沱潛既道，蔡蒙旅平，和夷底績。⑤

後面講到禹的疏導九條大水的道路，又道：

> 嶓冢導漾，東流爲漢。……岷山導江，東別爲沱。⑤

甘肅、四川間的岷山，漢中的嶓冢山，雅安的蔡山和蒙山，都給禹收拾過，可以種植五穀，安定人民了。漢中的東漢水（即漾），甘肅的西漢水，流到四川的嘉陵江（即潛），川西壩子的沱江，經過六省（據舊説）的長江，都給禹疏導過，可以供灌溉和行船了。就這幾件事看，四川全省和她的四圍的名山大川，禹是統統工作過的。禹有這樣的大功績，所以華陽國志開頭就説：

昔在唐堯，洪水滔天。鯀功無成，聖禹嗣興。……因古
九囿以置九州，仰秉參伐，俯壤華陽、黑水、江、漢爲梁
州，……蓋時雍之化，東被西漸矣。[54]

又説：

及禹治水，命州巴蜀以屬梁州。[55]

禹治水功成，大會諸侯，巴蜀是梁州的侯國，都參加這個大
會。常璩又説：

會諸侯于會稽，執玉帛者萬國，巴蜀往焉。[56]

巴蜀和夏王朝的關係，實在是不尋常的。

10　桀

桀是夏代的末一個王者，他對蜀國曾一度用兵。竹書紀
年説：

後桀伐岷山，岷山女于桀二人，曰琬曰琰。[57]

岷山的地望是早固定的。桀的兵力能達到岷山，也可證明那時的
中國西部境界和夏禹時還差不多。

11　商代

四川在商代和中原的關係怎樣？對於這個問題，從前的材料

很少，現在卻多起來了。

論語述而篇記孔子的話道：

> 述而不作，信而好古，竊比于我老彭。

何晏集解引包咸的話道：

> 老彭，殷賢大夫。

邢昺疏引世本道：

> 姓籛名鏗，在商爲守藏史。[58]

看大戴記虞戴德也説"商老彭"[59]，可見老彭爲殷商的人是衆口同
辭。不過他的時代雖被人們派定，而他的籍貫卻還没給人提起。
於是常璩毅然下筆道：

> 孔子"……竊比于我老彭"，則彭祖本生蜀，爲殷太史。[60]

老彭是蜀人而仕於商，可以推想蜀人在商朝做官的一定不止他一
個。古代的史官是知識的總匯，不論自然科學和社會科學他應當
都懂。蜀人而作王朝的史官，可見蜀中文化的高超。

古書裏提到蜀和商發生關係的，似乎只有華陽國志這一句
話。可是近來就不然了。自從甲骨文出土，人們見到了商代的最
正確的史料，在這裏邊不但發見了"蜀"字，而且發見了商和蜀的
關係。這是千真萬確的事情，怎不使人喜歡！葉玉森先生殷契鉤
沈説：

前編卷八第三葉“（缺）卯，卜[illegible]至[illegible]（缺），我有事”。後編卷上第九葉“丁卯，卜㱿貞王𦎫告于[illegible]，二月。”……[illegible]，古蜀字。路史國名紀謂蜀侯國乃帝嚳之裔。卜辭之[illegible]亦國名。……古文“蜀”本作“[illegible]”，……从“虫”乃後起字。[61]

陳夢家先生商代地理小記説：

武王伐紂，誓于牧野，其所率西南夷凡庸、蜀、羌、髳、微、盧、彭、濮八國。……此八國見于卜辭者有蜀、羌、微、濮四國，皆殷之敵國。當時地望已無可考，大約皆在殷之西北、西南，決不若今日之遠外邊陲也。……(1)蜀：“丁卯，卜㱿貞王敦缶于蜀，二月”（上九，七）。“□寅，卜㱿貞王[illegible]人……正蜀”（下二七，七）。“貞[illegible]弗其𢦏羌蜀”（鐵一〇五，三）。“丁卯，卜[illegible]貞至蜀，我又事”（前八，三，八）。卜辭蜀省“虫”，其地與羌爲鄰。又事者，猶論語“季氏將有事于顓臾”，卜辭“有事”通常指祭事，此或係戰事之謂，至蜀有事，猶上辭王敦缶于蜀也。[62]

葉先生只説蜀是國名，没有確定她的所在。陳先生已確定她即是武王伐紂時所率的蜀了。但説“約在殷之西北、西南，決不若今日之遠外邊陲”，似乎同四川不生關係。於是唐立庵先生（蘭）起來確定她和四川的關係。天壤閣甲骨文存考釋道：

第六十八片“庚辰，卜㱿貞王敦缶于□。”此貞敦之辭。敦者，敦伐也。卜辭恒見“王敦缶于蜀”之語（如後上九，七，粹一一七五及北大藏骨），知此片“于”下所缺必“蜀”字也。凡此皆武丁時卜辭，可見武丁時之兵力西連巴蜀，故易曰：“高宗伐鬼方，三年克之。”則西垂拓土當以彼時爲最盛矣。[63]

爲什麼他要斷定卜辭中的蜀即是巴蜀的蜀呢？因爲他先斷定了
"呂方"。他說：

> 呂方之名，卜辭習見，爲殷人西方之大敵。呂字舊無確
> 釋。……余謂呂爲ㄩ在日中，日者山盧也，ㄩ爲面之倒形。
> 卜辭有ㄜ字，舊不能識。郭沫若氏……謂"當是工之異，猶
> 之作，之作也"（通纂考釋六三）。
>
> 　余謂郭以ㄜ爲工，至精至確。……呂象工在日中，以象
> 意聲化例推之，當爲从日工聲，今無其字；卜辭用爲國名，
> 則當是邛之本名。卜辭有方，舊不識，余以爲巴方，又有
> 蜀則呂當即邛筰之邛，其地略當四川之邛縣，在殷時當甚强
> 盛，故爲西方之巨患也。[64]

此文論呂方即邛方，略當四川邛縣。按邛縣之名，古今所無，不
知他指的是漢蜀郡的臨邛縣呢，是越西郡的邛都縣呢？如爲臨
邛，便是現今四川的邛崍縣；如爲邛都，則是現今四川的西昌。
無論是哪一個，反正在川西。呂方既在川西，巴方在重慶亦無問
題，那麼，卜辭中的蜀，說在成都，於是甚便。蜀和殷商的關係
正和蜀和夏的關係一樣的密切。

12　周武王

從甲骨文中證明，蜀是商的敵國；商的最大的敵國是周，所
以蜀既做了商的敵國，就容易做周的與國或屬國了。

周武王率師伐商，行到商郊牧野，眼見就要交鋒，他集合軍
隊，講了許多勉勵的話，當時史官記錄下來，喚作牧誓，編入尚
書。在這篇誓師詞裏，開頭一句是"逖矣西土之人"，可見聽誓的
人都是從西方來的。他依次呼喚各級軍官，最後的一項乃是：

庸、蜀、羌、髳、微、盧、彭、濮人。

僞孔安國傳：

> 八國皆蠻夷戎狄屬文王者國名。羌在西。蜀，叟。髳、微在巴蜀。盧、彭在西北。庸、濮在江漢之南。

孔穎達正義：

> 漢世西南之夷，蜀名爲大，故傳據蜀而説。左思蜀都賦云："三蜀之豪，時來時往。"是蜀都分爲三。羌在其西，故云"西"。……盧、彭在西北者，在東蜀之西北也。⑥⑤

注所明説，蜀、髳、微在四川。疏所推論，羌、盧、彭也在四川。只有庸和濮在江漢之南。但華陽國志就有很好的證據，證明濮亦在蜀南。蜀志説：

> （越西郡）會無縣，路通寧州，渡瀘得住狼縣，故濮人邑也。
> 今有濮人冢，冢不閉户。⑥⑥

南中志説：

> 南中在昔蓋夷越之地，滇、濮、句町、夜郎……王國以十數。⑥⑦
> 建寧郡……談槀縣有濮獠。⑥⑧
> 南廣郡……蜻蛉縣……濮水同出山。⑥⑨
> 興古郡……多鳩、獠、濮。……句町縣……其置自濮。⑦⓪

“住狼”是“堂狼”的誤文，晉朝的堂狼縣在今雲南會澤縣。談槀縣在今雲南的陸良縣。蜻蛉縣在今雲南的大姚縣。興古郡治在今貴州普安縣西。句町縣在今雲南通海縣。照此看來，濮人居住區域都在雲南省的東部。雲南，漢以來與四川同屬益州，所以即使説濮在蜀也無不可。

　　説濮在雲南，在四川人的心理中還嫌得遠。所以彭縣志的作者又用了別的證據證明她在四川：

　　　　濮，邛濮，今邛州。漢志臨邛有濮千水，華陽國志謂之布濮水。⑪

這樣一説，濮和蜀相去不過二三百里了。八國所在，除蜀不必考，羌占區域較大，也不易確定，庸均説在今湖北竹山縣，秦置上庸縣，漢屬漢中郡，後漢末置上庸郡，亦隸益州，濮有以上所説之外，尚有髳、微、盧、彭四個可提。張澍蜀典説：

　　　　髳即氂牛種，即越西夷。……華陽國志：“旄牛地在邛峽山表。”寰宇記：“通望縣有故旄牛城……”又云：“陽山縣、台登縣即旄牛故地。”⑫

唐通望縣即隋陽山縣，在今四川漢源縣，台登縣在今四川冕寧縣，即是若水的區域。彭縣志又説：

　　　　微通眉，今眉州。（春秋莊二十八年“築郿”，公羊傳亦作“築微”。）
　　　　盧，瀘水戎，今馬湖，即諸葛武侯所渡者。……
　　　　蜀地，彭在西北，則爲今彭縣無疑。⑬

眉州，今四川眉山縣。馬湖，今四川雷波縣。如果把羌指定在茂縣一帶地，那麼我們可以説：蜀、羌、微、彭在岷江流域，盧在金沙江流域，髳在大渡河流域，濮地雖不能遽定，總不出這幾條水的範圍，這七個國全在成都附近一千里之内。武王伐紂，這個區域出的人馬真不少呀！

周武王和蜀國還有別的關係。他不但帶了蜀兵去伐商，而且克商之後就派兵去伐蜀。逸周書世俘篇説：

> 甲子，朝至接于商，則咸劉商王紂。……庚子，陳本命伐磨，……新荒命伐蜀。乙巳，陳本命新荒蜀磨至，告禽霍侯，俘艾佚侯，小臣四十有六，禽御八百有三百兩，告以馘俘。[74]

從甲子到庚子，不過三十七天，爲什麼武王對蜀就翻起臉來？而且他俘獲的這般多，足見這一次是很不容情的討伐。無論如何，蜀在西周史上的地位總是很重要的。

武王克商不但得着川西七國和漢南一國的助力，而且川東的巴國也同樣的踴躍從征。常璩説：

> 周武王伐紂，實得巴蜀之師。……巴師勇鋭，歌舞以凌，殷人前徒倒戈，故世稱之曰"武王伐紂，前歌後舞"也。武王既克殷，以其宗姬封于巴，爵之以子。[75]

巴師從征，仗着他們歌舞的技能動搖了殷商的軍心，釀成了前徒倒戈的叛變，可謂有大功。可是克商之後，做巴人君主的卻是周王的宗室，這也算得他們一件不幸的事啊！

13　春秋時的巴國

春秋時楚國的西境毗連巴國，所以兩方的關係頗深。常璩曾綜合春秋經傳的記載，開了一篇總帳，道：

> 周之仲世，雖奉王職，與秦、楚、鄧爲比。春秋魯桓公九年，巴子使韓服告楚，請與鄧爲好。楚子使道朔將巴客聘鄧，鄧南鄙攻而奪其幣。巴子怒，伐鄧，敗之。其後巴師、楚師伐申，楚子驚巴師。魯莊公十八年，巴伐楚，克之。魯文公十六年，巴與秦、楚共滅庸。哀公十八年，巴人伐楚，敗于鄾。⑯

總計春秋時巴國向東向北四次舉兵，勝了三次，可見他們兵力的不弱。她是楚的與國，但也是楚的敵國。

14　春秋時的蜀國

到了春秋之世，時代近了，蜀的史事反而少見。常璩道：

> 有周之世，限以秦巴，雖奉王職，不得與春秋盟會，君長莫同書軌。⑰

他說蜀國在春秋時，北面給秦擋着，東邊又被巴扼住，以致不得出來，既不參加盟會，所以不見於春秋，這當是實在情形。他又道：

> 周失綱紀，蜀先稱王。有蜀侯蠶叢……始稱王。……次

王曰柏灌，次王曰魚鳧。……後有王曰杜宇。……七國稱王，杜宇稱帝。[78]

"周失綱紀"，想是指的春秋時代。他以爲蠶叢、柏灌、魚鳧都是春秋時的蜀王，直到杜宇之世始入戰國。這個時代的勘定雖和杜佑、羅泌們不同，然而更近情理了。

在春秋經、傳中，不是絕對没有蜀的記載，成公二年就有會蜀和盟蜀兩事。經上寫道：

> 十有一月，公會楚公子嬰齊于蜀。丙申，公及楚人、秦人、宋人、陳人、衛人、鄭人、齊人、曹人、邾人、薛人、繒人盟于蜀。[79]

這個盟會是魯君參加的，所以寫"公會"和"公及"。這個盟會是楚國主動的，所以先寫"楚人"。蜀在何處？杜預注道：

> 蜀，魯地。泰山博縣西北有蜀亭。[80]

漢晉的博縣即今山東泰安縣，是當時魯國的北界。但廖季平先生（平）説不然。他説上一個"蜀"是魯地，下一個"蜀"便是蜀國。在尊經書院日課題目"釋蜀"下，他注道：

> 春秋經會蜀盟蜀無閒事，兩見蜀，明蜀非一地。會蜀在魯境，盟蜀地在梁州。會蜀乃約蜀之盟，非一時事。諸侯背晉與楚，畏晉知，因二蜀同名，託以在魯，如城下之盟，不得已者。……以言秦，知在梁州。[81]

他又在穀梁春秋經傳古義疏中説：

考春秋以秦爲梁州伯，故記秦事多在梁州。……自殽以後，秦師東道不通，未嘗至山東，則匱盟之蜀有秦，必在梁州無疑。[82]

照此説來，魯成公和秦、楚諸國的大夫是曾迢迢地到四川來結盟過的。

魯定公四年，吳王闔廬打敗了楚師，占據了郢都。呂氏春秋簡選篇記載這事道：

吳闔廬選多力者五百人，利趾者三千人，以爲前陳。與荊戰，五戰五勝，遂有郢。東征至于庳廬，西伐至于巴蜀，北迫齊晉，令行中國。[83]

根據了這一段話，可見闔廬入郢之後，曾西向征伐到巴蜀，這大可補吳越春秋的缺佚。看他説"利趾者"，可見他帶的是步隊。

春秋的末期，晉國六卿爭權，范氏和中行氏已把趙氏壓倒，不料韓、魏兩家幫了趙氏，又把范、中行兩家趕走。趙鞅重握政權，想根本鏟除敵人的勢力。周王的卿士劉氏是和范氏世爲婚姻的，因此周朝偏向范氏。趙鞅拿這個理由責備周朝，他雖是陪臣，卻有實力。周敬王無奈，只得把接近劉文公的大夫萇弘殺掉。左傳哀三年傳：

六月，癸卯，周人殺萇弘。[84]

只如此記載而已。莊子外物篇則説：

人主莫不欲其臣之忠，而忠未必信，故伍員流于江；萇弘死于蜀，藏其血，三年而化爲碧。[85]

血化爲碧，可以證明他的忠心。死于蜀，可見周人殺他是在蜀國殺的。明楊慎講得更具體道：

> 萇弘被放歸蜀，刳腸而死。蜀人以匱藏其血，三年而化爲碧玉。[86]

他死的地方在蜀，已無疑了，他是生在哪地的呢？關於這一點，明一統志説明白了：

> 周萇弘，資中人，敬王時爲大夫，孔子嘗從之問樂。死而血碧，蜀人祀之。[87]

他是資中人而又死於蜀，可見他生死在一處。他是一個極聰明的人，爲孔子所問學，正和老彭是一個極博學的人而爲孔子所仰慕一樣。何況他還是一個忠臣，在人格上也是值得紀念的呢。

　　孔子的弟子商瞿，據史記儒林列傳説是傳受孔子的易學的。這位易學專家，據楊慎説也是蜀人：

> 孔子弟子商瞿，世本作"商瞿上"，文翁石室圖亦作"商瞿上"。宋景文公作成都先賢贊，以商瞿上爲蜀人。考之路史及輿地紀，瞿上城在雙流。[88]

楊慎有了這樣的考定，所以雙流縣志就接着説道：

> 治東十里瞿上鄉有孔子弟子商瞿上墓。時有錦雞白鷳見焉，文明之德未艾也。[89]

史記孔子弟子列傳本説商瞿是魯人，現在有了這般好的真憑實據，就該改正它的錯誤了。

綜合上面的記載，可知古代的巴蜀和中原的王朝其關係何等密切。人皇、鉅靈和黄帝都曾統治過這一州。伏羲、女媧和神農都生在那邊，他們的子孫也建國在那邊。青陽和昌意都長期住在四川，昌意的妻還是從蜀山氏娶的。少昊和帝嚳早年都住在榮縣。顓頊是蜀山氏之女生在雅礱江上的。禹是生在汶川的石紐，娶於重慶的塗山，而又平治了梁州的全部。黄帝、顓頊、帝嚳和周武王也都曾把他們的子孫或族人封建到巴蜀。夏桀、殷武丁、周武王以及吳王闔廬又都曾出兵征伐過巴蜀。武王還用了梁州九國的軍隊打下了商王的天下。春秋時楚國主盟的一個最大的盟會是在蜀地舉行。游宦者有老彭、萇弘，游學者有商瞿，都是一代的名流。我們不該再説巴蜀和中原的關係怎樣深，簡直應該説巴蜀就是中原，而且是中原文化的核心了。這樣的一個歷史系統，各方面組織完備，越是古代越有材料，真可以説建立得像金城湯池一般的堅固。我作這些贊美之詞，古人地下有知，該得躊躇滿志了吧？

乙　古代巴蜀與中原關係説的批判

不過他們積了長時期，費了大力量才"立"起來的這一系統，我們卻想費些工夫去"破"它。這不是我們喜歡找古人的錯處，要來無風興浪，乃因我們治史的態度和他們不同，該有這等差别的結論。他們的著書立説的目的在於"求美"，要使一件事情説來好聽，寫來好看。他們想，蜀中是天府之國，秦漢以來多麽錦簇花團，如果説它在商周以前是個文化低落之區，毫無中原文化的積累，未免太煞風景。因此，他增一些，你補一點，從没有關聯的

地方想出關聯，從没有證據的説話造出證據，結果，倒也很像個
樣子，他們的心頭也算得到安慰了。我們則不然，生長在科學的
世界裏，只能遵照了科學的規律説話，我們的目的是"求真"，所
以材料的真實不真實，推論的合理不合理，那是我們必須負責審
查的。審查的結果，也許要把人們夢想中的美麗的境界打破，可
是這不是我們有心去摧毁它，乃是它自身的不健全已走到了結束
的階段，我們只是執行這時代的使命而已！若使我們遷就了一部
分人的心理，束手不敢做，反正時代的洪流終究冲塌了這該結束
者的根基，遲早有人起來這樣幹的。所以還是讓我們來作一度不
容情的批評罷！

　　人皇、巨靈等等該是神話中的人物，大概凡是稍有現代頭腦
的人們都已承認。讖緯諸書是始創於西漢的末年而極盛於東漢之
初的，它們必然没有決定太古史事的資格，我想大家心中也是了
然，現在姑且假定這種書的記載尚爲可信，也該問問作者依據的
版本如何。秦宓和常璩引的春秋命歷序上面寫的是"人皇出谷口，
分九州"，因此秦氏説這"谷口"是斜谷的口。然而文選魯靈光殿
賦的張載注引的命歷序文卻作：

　　　出暘谷，分九河。⑨

路史引的也同張載一樣⑨，這究竟是哪一種對呢？依我看來，張
載的本子應比秦宓的對。爲什麼？古人想像太陽出入的地方都在
一個谷裏，出來的地方喚做暘谷，落下的地方叫做斜谷。⑨人皇既
是神話性的人物，該和太陽一塊兒出來。離騷所謂"飲余馬于咸
池兮，總余轡乎扶桑。折若木以拂日兮，聊逍遥以相羊"⑨，即是
命歷序的作者想像人皇"乘雲車，出暘谷"的先導。九河是黄河入
海處分列的港汉，在中國的極東頭，從暘谷出來首先看到的是
它，所以接着説"分九河"。至於分九州，那是另一回事，命歷序

中固有"分理九州爲九囿"之文，不必和"出暘谷"寫在一起。這個谷既是暘谷，就不必再討論是不是斜谷了。既不是斜谷，那就和華陽的梁州無關。這個問題最易明白，所以就是那位最信僞史且善於編排僞史的羅泌，也明斥秦宓的"妄"。[94]

　　鉅靈這人，在遁甲開山圖裏説他"與元氣齊生"[95]，"能造山川，出江河"[96]，簡直是一位開天辟地的神。爲什麽説他"跡多在蜀"？大約蜀中是道教的發源地，道士們喜歡裝點，在經論中寫下了許多他治蜀的故事。正像他們列舉名山爲"二十八治"，倒有二十七個在蜀的。[97] 因此，羅泌也就起疑，説道："豈別有一鉅靈耶！"

　　蠶叢、魚鳧等蜀王的年代本不可知。揚雄蜀王本紀説：

　　　　從開明上到蠶叢積三萬四千歲。[98]

這已够長久了。羅泌爲什麽又把他們排到八十萬年之遠？他只因丹壺書中已把蜀山氏列在因提紀了，如果不遵照這個系統，那麽十紀的編排就很困難。既把蜀山氏列入因提紀，可是蜀山氏只有空空的一個名氏，毫無事跡可舉，而有事可舉的蜀王又只有蠶叢一班人。因此他就把這似乎可以發生關係的兩方併合在一塊，説蠶叢們就是蜀山氏，蠶叢們該在因提紀了。常璩和杜佑們爲什麽要把蠶叢們的年代移到帝嚳之後，甚至移到周失綱紀的時候？他們只因爲如果把蠶叢們放得太前，顯見蜀中受中原文化的陶冶太淺，而且五帝三王也不易和蜀中發生關係。現在把他們的年代移後，那麽上面空着的一大段就盡是五帝三王活動的地盤了。常璩和杜佑們都在羅泌之前，羅氏爲了維持他自己的系統，不能不批評他們是"誤"[99]。唉，爲了顧全十紀的編排，蠶叢們須拉到極遠，爲了顧全蜀和中原的聯繫，蠶叢們又須拉到極近，那些没有確定時代的古人，高下由人擺布，真太可憐了！

伏羲、女媧、神農的故事出於緯書，給羅泌硬定了地方。其實是飄飄無根據的。山海經的兩段比較早些，但它稱太皞而不稱伏羲，稱炎帝而不稱神農，必竟是一個人，説見崔述補上古考信錄⑩。山海經的話或是秦漢以前的傳説，但決不是太古時代的真相。按常璩蜀志説：

> 九世有開明帝，始立宗廟。……未有謚列，但以五色爲主，故其廟稱青、赤、黑、黄、白帝也。⑩

這句話如果可靠，那麽古代的蜀帝以五色爲廟號，這個五色帝和中原神話中的五色帝有無關係，大足注意。或中原的五色帝傳到蜀國發生了影響，或蜀國的五色帝傳到中原也起了化合作用，都不可知。古代的智識階級講歷史正同現在的婦孺們講故事一樣最容易牽纏混攪。所以炎黄諸帝的故事如在四川生根發芽，説不定竟是開明帝的故事的遺留。

褚少孫説蜀王是黄帝的後世，如果不是由於開明帝的傳訛，大概是取法於司馬遷説胡越都是禹的後裔。這些人種一元論的説法，自有它的時代的需要，我們不菲薄它。不過司馬貞的索隱卻好笑，既説“蜀無姓”，又説“黄帝二十五子，分封賜姓”，然則一有姓而一無姓，哪裏可以認作一家呢？既説“男子杜宇從天而下”，又説“杜姓出唐杜氏”，然則一有父而一無父，又哪裏可以算作一姓呢？又説“唐杜氏蓋陸終氏之裔”，按帝系，陸終氏出自顓頊之孫吴回⑩，又按左氏襄二十四年傳，唐杜氏出自陶唐氏⑩，應爲帝嚳之後，唐杜氏又如何做得陸終氏之裔？寥寥數行，牴牾層出，不知他爲什麽會這樣的馬虎？

至於黄帝統治天下，史記五帝本紀僅説“置左右大監，監於萬國”⑩，漢書地理志就從這“萬國”二字上化出“畫野分州，得百里之國萬區”一件大事來，實在並没有黄帝分州的根據。

　　自從人皇到黃帝，他們對於巴蜀的關係大抵由於一二人的掉舌弄筆生出來的枝節，沒有歷史的價值。顓頊和若水蜀山的關係卻比較嚴重。我雖不信它是真史實，卻不能不信爲真傳說。按古人對於南方的知識頗少，而西方則較明白，看山海經和禹貢就可知道。這兩部古地志裏，西面可以知道到流沙和崑崙，南面就只能知道彭蠡和衡山。爲什麽會這樣的差異，這是一個古代交通史上的問題，在現代只有問題而沒有材料的時候没法解決。勉强斷一下，是古代的商路多往西而不往南的緣故。史記西南夷列傳說：

　　　　張騫使大夏來，言居大夏時見蜀布、邛竹杖。使問所從來，曰：“從東南身毒國，可數千里，得蜀賈人市。”[105]

漢時的蜀中商人已能和印度通商，可見漢以前的康藏間的商路必已逐漸開展。又秦霸西戎，始皇築長城，西面以臨洮爲界，秦的臨洮縣即今甘肅岷縣，在西傾山的東麓，往西就是青海境，那麽秦人知道一點青海的情形也在意中。所以山海經中屢次記載崑崙山是河水、黑水、青水、赤水、弱水幾條大河的發源地，雖未必十分正確，但確有事實的根據。前年我游卓尼，在禪定寺中和宋堪布談，他是由青海入西藏的，也曾經歷過黃水、紅水和黑水，只因他没有作地理的考查，不能很清楚的講給我們聽。當時的商人經歷青海和西康，回到本鄉，一定也曾這樣的傳述過，所以若水、黑水等名稱記在人們的腦子裏是很可能的事。海內經道：

　　　　南海之外，黑水、青水之間，有木名曰若木，若水出焉。[106]

古代江漢之南的地方通稱爲南海[107]，黑水是雍、梁二州的界綫，經許多人的研究，就是現在的怒江。怒江的蒙古名稱是哈喇烏蘇，哈喇是“黑”，烏蘇是“水”，正即黑水，雅礱江和怒江及大渡河差不多並行，怒江在西，大渡河在東，雅礱江在中。大渡河亦名青衣水，如果海内經的青水即是青衣水的簡稱，那就恰恰相符。至於顓頊和若水的關係，那仍然是一種傳説。顓頊在古人中是一個偶像，既是偶像，就會隨處被拉。所以西方的人拉顓頊，請他生於若水，東方的人拉他，又説：

> 東海之外大壑，少昊之國，少昊孺帝顓頊于此。[108]

孺者撫養也，那麼他又是生在東海之外的了。南方的人拉他，又説：

> 南海之外，……有國曰顓頊。[109]

北方的人拉他，又説：

> 西北海外，流沙之東，有國曰中輻，顓頊之子。[110]

難道這些記載一一可信，他真是一個“東西南北之人”嗎？所以從這一個顓頊生於若水的記載裏，至多只能知道當時人對於四川西部已經有了一些認識，或四川西部的人對於中原的偶像已想作拉攏，像今日雲南的擺夷崇拜諸葛孔明而已。山海經這部書大概是從周末到漢的中葉醞釀了五百年而寫成的。帝系較後，史記更後，它們的雅馴的記載即是從這個不雅馴的山海經裏淘汰而來。山海經中本説顓頊是韓流的兒子，昌意的孫子，而韓流的相貌乃是“擢首、謹耳、人面、豕喙、麟身、渠股、豚止”，簡直是一個怪物。帝系和史記嫌它不雅馴，所以就把這一代取消，把顓頊直接昌意了。

　　榮縣志中舉出許多青陽的古跡，並説“世有青陽族居，今裔
猶繁”。關於這點，張澍的蜀典曾舉出許多姓青陽的人來：

　　　漢有東海太守青陽愔，東海王中尉青陽精。……前蜀樞
密使唐道襲母青陽氏。……宋有青陽顯伯。又趙宋咸平有青
陽相，元符有青陽回，政和有青陽泰、青陽兢、青陽充，紹
定有青陽師魯、青陽燮，崇寧有青陽楷、青陽仲康，皆進
士，均蜀人。黃山谷集有青陽簡，……井研之青陽氏也。⑪

從這許多證據裏，可以知道青陽一姓確爲蜀中望族；井研和榮縣
接界，原是一個區域。那邊既多這一姓，其來歷自可研究。依我
現在的猜測，青陽、昌意諸名恐都先由蜀中發生，後人替他們上
邊拉攏黃帝，下邊拉攏顓頊，再附合了江、沘、若諸水名，傳到
中原，就照樣寫上了山海經，再寫上帝系時它就成了古代的信史
了。推原他們所以如此拉攏的緣故，大概因爲楚國出於顓頊和祝
融⑫，春秋時楚和巴的交通較密，把楚祖傳了進去，而巴爲姬
姓⑬，相傳黃帝也是姬姓，就這樣的聯合了起來。不過楚爲芉姓
是不能改變的事實，於是造出“黃帝之子同生而異姓”的話來⑭，
國語晉語道：

　　　凡黃帝之子二十五宗，……爲十二姓，……惟青陽與倉
林氏同于黃帝，故皆爲姬姓。⑮

這樣一來，難題就解決了。顓頊爲昌意之子，就不必同於青陽的
姓。青陽姓姬，可以説和巴國是一家，也可以説和姓芉的楚國推
上去還是一家。這多少圓融無疑！這是我作的假設，希望將來有
證實的可能。

帝系篇中，玄囂、青陽本是兩人。五帝本紀鈔録帝系而説：

> 玄囂，是爲青陽。⑯

這是司馬遷的錯誤。五帝本紀中本没有少昊。世經説：

> 考德曰："少昊曰清。"清者，黄帝之子清陽也。⑰

這又是劉歆的錯誤。因爲有了他們兩人的牽扯，所以記載蜀中古史的因青陽而及玄囂，又因玄囂而及帝嚳，又因青陽而及少昊，紛如亂絲，實際都是瞎扯。至於常璩作蜀志，竟説：

> 昌意娶蜀山氏之女，生子高陽，是爲帝嚳。⑱

把顓頊和帝嚳又攪在一起，他的錯誤竟和司馬遷、劉歆鼎足而三！

禹的問題，依我看來，同顓頊一樣，是一個真傳説而不是真史實。禹是何代何地的人物，我不敢答。但我敢説，治洪水是迫切的需要，開發水利是戰國時極發達的技術，整理水道是戰國時極詳密的計劃，在這些工作進行之下，禹的偶像自有日益擴大的趨勢。蜀中的富足固由土壤的肥沃，但亦由水利工程的完備。現在我們住在川西壩子，無論走到哪裏，大的河流，小的溝澮，像蛛網一般的密布，真可以説"地無棄利"。這當然是幾千年逐漸完成的大工程。這個工程在什麽時候開頭，禹的傳説就會在那個時候達到四川，也就會在那個時候在四川發揚光大起來。戰國時有極可注意的一件事，竹書紀年道：

> 梁惠成王十年，瑕陽人自秦道岷山青衣水來歸。⑲

梁惠成王十年是公元前三六一年，尚是戰國的前半期。瑕陽在河南陝縣，那邊的水利專家受了秦國的囑託，從秦到蜀疏導岷山下的青衣水。這條水在哪裏？水經說：

> 青衣水出青衣縣西蒙山，東于沫水合也，至犍爲南安縣入于江。[120]

漢的青衣縣在今四川蘆山縣，南安縣在今四川夾江縣。蒙山就是岷山，蒙與岷同紐通假，今專指雅安、蘆山一帶的山。沫水即大渡河，江是岷江，酈注道：

> 縣故古青衣，羌國也。[121]

那麼這條水是從羌人的區域裏導出來，從蘆山導到夾江的。雷學淇竹書紀年義證道：

> 來歸者，謂自夷地道入華夏也。……青衣水舊出徼外，自瑕陽人道使入江，乃爲中國之水矣。[122]

青衣水本是只經羌地的，自從戰國時水利工程的技師入了蜀，導它入江，從此它就通了中國。這是秦、蜀兩國間的事，骨子裏或有政治作用，表面上總是技術工作，而魏國的史官居然把它記在史上，可見這件工作的成功使得中原各國大吃一驚。中原且震動，何況蜀國，又何況羌人！所以這一件事或許竟是禹的偶像傳入羌人區域的主要原因。那時通行的是“託古改制”，人們決不肯說：“現在時代已經進步到了那個階段。”只肯說：“我們有力量把偉大的古人的技能重現出來。”治水的最偉大的古人是誰？這不必問，當然是禹。所以這位瑕陽人向蜀羌諸國宣傳的，必是說：

"禹的導水工程如何如何，我現在也來這一手。你們看了我，就可以認識禹了。"

除了這一事外，蜀王開明的開鑿沱江，也許是一個更有力的啟發。水經注道：

> 江水又東別爲沱，開明之所鑿也。郭景純所謂"玉壘作東別之標"者也。⑫

玉壘山在四川理藩縣東南，也正是羌民區域。沱江由玉壘鑿起，直到瀘縣入長江，行了一千五百里，這個工程的道里比了導青衣水還長，這個起點離禹所出生的石紐不過幾十里，更有激起這傳説的可能。一班人的心理總是賤近而貴遠的，開明是蜀王，地點和時代相去都太近，引不起人們的遐想來；説起大禹他的神秘性就非常濃厚，他的故事就耐人咀嚼，也就容易受人崇拜了。所以禹生石紐的故事不是無因而至的，它正是疏導蜀水的大工程的反映。

正在寫上段文字的時候，非常的湊巧，接到聞在宥先生（宥）從舊威州寄來的信，信上寫道：

> 我等來此，沿途皆緣岷江東岸而行，高崖蔽日，絕壁摩天，狂風怒號，江流激吼，光景之奇，得未曾有。聞威州以上江水更急。在此自然環境之下，自宜産若干民族英雄之傳説，汶川一帶夏禹故事之多正爲當然之事。

舊威州是宋代的威州，位於汶川到茂縣的中路。看了他這封信，便想起我們前年游積石山的情景。那邊也是一條峽谷，兩崖迫促，河流洶湧，雖然明知道這條峽谷是給水力沖開的，但若設想爲人力鑿開，似乎更適合於人們的好奇心。所以"禹導河自積石”，“禹鑿龍門，闢伊闕”各種傳説都起來了。汶川一帶既有這樣的“高崖絶壁，風號水吼”的奇景，而又加以開明鑿玉壘別爲沱江的大工程，禹的生在那邊，不亦宜乎！

至於禹娶塗山之説，我覺得這是硬栽在四川的。東漢人所作的越絶書説：

> 塗山者，禹所取妻之山也，去縣（會稽）五十里。⑭

是塗山在浙江會稽縣。漢書地理志顔注引應劭注：

> （九江郡當塗）禹所娶塗山，……有禹虚。⑮

水經注也説：

> 江之北岸有塗山，……常璩、庾仲雍並言禹娶于此。余按群書咸言禹娶在壽春當塗，不于此也。⑯

漢的當塗縣在今安徽懷遠縣，壽春邑在今安徽壽縣，兩縣連界，塗山在懷遠縣東南。漢晉時人都如此説，所以酈道元雖録了常璩們的説法，終究否認了。但我以爲會稽和懷遠固然有塗山，可是禹所娶的塗山並不在此。就禹的整個故事看，河南的嵩山是他的故事的核心。嵩山又名嵩高，又作崇高⑰。王念孫説：

> 古無“嵩”字，以“崇”爲之，故説文有“崇”無“嵩”。經傳或作“嵩”，或作“崧”，皆是“崇”之異文。⑱

我們看國語説：“有崇伯鯀”⑲，是以嵩山爲禹父的國。逸周書説“崇禹生開”⑳，是以嵩山爲禹本身的國。竹書紀年和世本都説“禹都陽城"⑬，漢的陽城縣在今河南登封縣，即嵩山的南麓。漢書地理志説"陽翟，夏禹國"⑬，漢的陽翟縣即今河南禹縣，在嵩山的東南。漢武帝詔書説"至于中岳，……見夏后啟母石……翌日，親登嵩高。"⑬夏后啟的母親是禹所娶的塗山氏女，她生啟亦在嵩山。所以嵩山的區域是禹的傳説的大本營。認識了這一個區域的歷史意味，就可知道塗山的所在。左氏昭四年傳：

> 司馬侯曰："……四嶽、三塗、陽城、大室……九州之險也。"⑬

四嶽的問題太複雜，且不管它。陽城山在登封縣的東北，大室山即是嵩山的一部分。三塗一名有些歧説。孔穎達正義：

> 服虔云："三塗：大行、轘轅、崤澠也。"謂"三塗"爲三處道也。
> 杜云："在河南陸渾縣南"，則以三塗爲一。⑬

杜預爲什麼要改服虔之説？他是根據了昭十七年的傳文：

> 晉侯使屠蒯如周，請有事于雒與三塗。……荀吳帥師涉自棘津，使祭史先用牲于洛。陸渾人弗知。師從之，……遂滅陸渾。⑬

晉要滅陸渾，先請祭洛與三塗，可見洛與三塗是陸渾區域内的名山大川。漢的陸渾縣在今嵩縣東北，正當嵩山的西面，這三塗山大約就是熊耳山的東角。禹娶塗山，從禹傳説的核心看來，應當在這一邊才對，所以我以爲塗山即是三塗山的簡稱，那會稽當塗和江洲的禹娶塗山的古跡，都是秦漢以後裝點出來的。

禹貢這一篇書，規模的闊大，記載的翔實，自爲我國地理學上的寶典。但這篇書不但不是禹的著作，而且連孔子也不會見到。近二十年來研究的結果，大家已經承認它是戰國時代的著作，乃是根據了那時列強開拓的疆域，又容納了水利專家的計劃，再遷就了舊有的九州觀念而寫成的。此事説來話長，此間也不容作詳細的討論，姑且舉出一個最顯明的證據。篇中説：

> 淮海惟揚州。[137]

從淮水以南直到海都是揚州的境域。這一州爲什麽叫做揚，從前人都猜想不出所以然來。現在我們知道了，"揚"和"越"是雙聲字，可以通假，所以詩經裏既有"對揚王休"，又有"對越在天"。[138]爾雅釋言也説："越，揚也。"[139]這兩個字的聲音既差不多，意義又完全一樣，所以稱爲揚州實在就是稱爲越州。爲什麽稱爲越州？因爲這是越國的地方。正如楚的異名爲荆，所以楚國的地方稱爲荆州；燕的雙聲字爲幽，所以燕國的地方稱爲幽州。呂氏春秋説：

> 東南爲揚州，越也。南方爲荆州，楚也。北方爲幽州，燕也。[140]

可見這類名詞的取義本是當時人共同了解的。按淮水下游原爲吳地，到魯哀公二十二年(公元前四七三)越滅了吳，才是越國的地方，那時孔子已死了六年了。越滅了吳，淮水以南才可稱爲揚州，所以禹貢的著作在春秋以後是無疑問的事。現在説到梁州，梁州在古代是巴蜀等國的土地。巴通於楚，春秋時已有記載；蜀通於秦，不知在何時開的頭，從史書中的記載來説，秦厲共公二年(公元前四七五)，"蜀人來賂"，是見於記載的第一回。[141]秦滅巴蜀在惠文王後九年（公元前三一六），兩事相距凡一百六十年。説她們有二百年上下的交涉史，大致不錯。有了這等長時期的交通，秦人對於巴蜀的山川、種族、物産知道之多，是當然的事，把這些知識寫到禹貢裏也不算困難。至於滅了巴蜀以後，秦就大量移民前往，知道的那邊情形自然更清楚了。雍州是秦的本土，梁州是秦在秦嶺之南新開拓的一大片土地，這和燕的本土在冀州，而把燕國新開的一大片東胡地方唤作幽州，有同樣的需要。所以禹貢的著作在秦滅蜀之前固亦可能，而在滅蜀以後則更爲可能。這和禹有什麼相干！至於蜀中的水利，是瑕陽人、開明帝、李冰、文翁一班人開發的，和禹又有什麼相干！禹貢的梁州既和禹無關，那麼和人皇、黄帝們的九州更無關自不消説。

桀伐岷山，我以爲就是"桀克有緡"的誤文。左氏昭四年傳：

　　夏桀爲仍之會，有緡叛之。[142]

又昭十一年傳：

　　桀克有緡以喪其國。[143]

可見這是夏末的一件大事。爲什麼克了有緡反而亡了自己的國呢？古本竹書紀年所載的很够做這一句話的注解：

　　后桀伐岷山，岷山女于桀二人，曰琬，曰琰。桀受（愛）二女，無子，刻其名于苕華之玉，苕是琬，華是琰；而棄其元妃于洛，曰末喜氏。末喜氏與伊尹交，遂以聞（間）夏。[144]

桀得了新歡而忘了舊偶，於是他的元妃忍不住這口氣，就聯絡了敵國的重臣泄漏内情，以至亡國。所以從這兩件事的性質來看，

實在就是一件事。再就"緡"和"岷"這兩個字來看，也有一字訛變
的可能。漢書地理志：

> 湔氐道：禹貢崏山在西徼外。⑭

説文山部：

> "嵍"，山也，在蜀湔氐西徼外，从山啟聲。⑭⑥

崏皆從昏，與緡同。古人寫字偏旁常不一律，如"暘谷"亦作"崵
谷"，亦作"湯谷"；从系从山，理無二致。所以古本紀年有了"桀
伐岷山"，就沒有"桀克有緡"了。⑭⑦有緡在何處，杜預無釋；按漢
書顔注：

> （山陽郡，東緡）春秋僖二十三年："齊侯伐宋，圍緡"，
> 即謂此。音旻。⑭⑧

漢的東緡縣在今山東金鄉縣。那麼，所謂桀伐岷山者，並非西
征，乃是東討。又楚辭天問云：

> 桀伐蒙山，何所得焉？妹嬉何肆？湯何殛焉？⑭⑨

説的也是這件事，而作"蒙山"。"蒙"與"緡"、"岷"同紐通假。蒙
山何在，注家未言。按禹貢所謂"蒙羽其藝"⑮⓪，魯頌所謂"奄有龜
蒙"⑮①，論語所謂"夫顓臾，昔者先王以爲東蒙主"⑮②，都指現在山
東蒙陰縣的蒙山。無論這地方在金鄉或在蒙陰，反正都在山東而
不在四川。

　　老彭爲蜀人，這僅是常璩的話。他所以有這句話，只因犍爲

武陽有彭祖冢和彭祖祠。[153]而那邊所以有彭祖的冢祠，就因那邊有彭亡聚。[154]因此他説老彭即是彭祖，爲蜀産。其實老彭和彭祖甚不該並作一人[155]，而彭祖的古跡在江蘇徐州的又遠較蜀中的多，實在是搶不過去的。

甲骨文中固有商王征蜀的記載，但相信這個蜀即是從武王伐紂的蜀的，陳夢家先生已説“大約在殷之西北、西南，決不若今日之遠處邊陲”，已有不在四川的表示。胡厚宣先生(福林)卜辭中所見之殷代農業[156]文中舉出“貞蜀受年”和“貞蜀不其受年”的卜辭共有六條。“受年”就是“年成好”的意思，這一定要在商王直接管轄的地方，才會有這樣關切的表示。胡先生説：

> 此皆武丁時所卜。他辭或言“伐蜀”，或言“至蜀有事”，知蜀者曾一度叛殷，及平服之後，不特爲農藝之區，且于其地舉行祀典也。……陳夢家謂與羌地爲鄰，蓋以誤釋“貞叀弗其𢦏羌龍”之“羌龍”爲“羌蜀”之故也。案卜辭中叀𢦏羌龍之辭句甚多，……而羌蜀連稱者則絶未之見。……余謂卜辭中之蜀，當即左氏宣十八年傳“楚于是乎有蜀之役”……之蜀。杜注：“蜀，魯地，泰山博縣西北有蜀亭。”……嘉慶一統志：“蜀亭在泰安縣西”，又“汶上縣西南四十里有蜀山，其下即蜀山湖”。蓋自今之泰安南至汶上皆蜀之疆土。[157]

經他一考，蜀自蜀，羌自羌，毫不生關係；既不生關係，就不必牽引到西方來。至於唐立庵先生爲了一個“工”字就確定了“邛方”之爲“邛方”，因邛方之有着落而確定蜀爲巴蜀之蜀，那就説得太輕易。從工的地名多得很，並非單有這個“邛”字。漢志沛郡有“虹縣”，蜀可省虫，則虹亦可省虫，豈非天然一個工字的地名？倘以爲沛郡在東不妥當，該向西尋，那麽汝南郡的“項”，南陽郡的“紅陽”，也未始不可充數。再往西去，新豐有“鴻門”，終南山下有"武功"，也是从工得聲的。何必一定説邛？而且古代國名未必即爲後世地名，甲骨文中有羊方、虎方，後世郡縣之名哪有叫做羊什麽，虎什麽的，那麽呂雖从工，又哪會一定留下一個邛的地名。呂既非邛，蜀就不必是四川的蜀。春秋莊三十一年經："築臺于薛"、"築臺于秦"[158]，單看字面似乎是薛國和秦國。然而魯君怎能跑到别國的土地上去築臺，而且築得這樣遠？所以這薛和秦都是魯國境内的地名，毫無疑義。拿這兩個字來比例那兩個字，想唐先生就可以把自己的結論一笑置之了。

上邊辨了許多，想必有人在旁冷眼看着，心裏想道：同名異地固然紛亂，讖緯雜書也該不信，蜀人拉攏也可丢開，至於誓牧這篇千真萬確，庸、蜀八國確在西南，看你有什麽方法否認？我對於這個質問早已想好了回答。古代凡戰必有誓，所以齊一軍心，使人勇於赴死。如韓之戰，晉惠公的誓記在晉語[159]，戚之戰，趙簡子的誓記在左傳[160]；不過古代的史料喪失太多，傳下來的便有限。牧野之戰是武王的大事，他臨戰作誓是必然的，不過這一次的誓詞是不是就是現在這篇牧誓，這卻是一個問題。按詩大雅大明説：

殷商之旅，其會如林，矢于牧野，維予侯興。"上帝臨女，無貳爾心！"[161]

魯頌閟宫也説：

致天之届，于牧之野。"無貳無虞，上帝臨女！"[162]

大雅是周朝人做的，魯頌是魯國人做的，兩方的話頭不謀而合，都説武王的誓師詞是："殷商的軍隊縱然多，但上帝就站在你們的前面，你們必然會打勝他們。你們不用害怕，也不可三心兩意!"這兩個作者雖没有背出牧誓的全文，然而牧誓的主要意思已經給他們提綱挈領地舉了出來。拿"上帝臨女"來鼓勵部隊作戰的信心，實在是一個最有力量的啟示，所以這一句話也就是後來的王朝和侯國的人們所忘記不了的。可是爲什麼現在這篇牧誓偏偏把這一句最重要的話漏掉了呢？説它有脱簡罷，那篇文章確是一氣貫注的，毫没有脱簡的痕跡。既不是脱簡，而現存的這一篇和原本面目不同，神氣全異，那麼我們只有説，現存的牧誓不是原本的牧誓。原本的牧誓是周武王的話，西周的史官記下來的，現存的一篇就不是周武王的話，是西周以後的人補做出來的。西周時代神道設教，動不動就舉出上帝來壓倒一切。到了春秋之世，理知發達，"天道遠，人道邇"的觀念戰勝了"皇天上帝，臨下有赫"的思想，開啟了戰國時代的燦爛文化。到了那時，武王的人格變了，他的説話也該變了，牧野誓師之詞，只消列舉的失德以激起聽者的憎惡，再訓飭他們整齊步伐，也就够了。所以這一篇東西的著作時代，只能放到春秋、戰國之間。如果不信我這番話，請把費誓和牧誓比較一下。費誓相傳是魯侯伯禽作的，無論是不是他，總該比牧誓晚，然而牧誓文從字順，費誓詰屈聱牙，在時代上顯見相差數百年，如果承認費誓是西周的作品，就不得不説牧誓是春秋以後的作品了。

　　以上一段話，和本文無甚關係。現在要討論的是"庸、蜀、羌、髳、微、盧、彭、濮"這些名詞是不是指四川雲南間的"夷"國，這些"夷"國是不是在周初已和中原有了聯繫？這個問題很複雜。我們先看左傳。桓十二年：

　　　　伐絞之役，楚師分涉于彭。[163]

杜預春秋釋例：

> 彭水出新城昌魏縣東北，至南鄉築陽縣入漢。⑯

魏的昌魏縣在今湖北房縣，築陽縣在今湖北穀城縣。桓十三年：

> 楚屈瑕伐羅。……及鄢，亂次以濟。……及羅，羅與盧
> 戎兩軍之，大敗之。⑯

鄢，杜注："鄢水在襄陽宜城縣入漢。"羅，杜注："在宜城縣西山
中。"⑯羅與盧戎皆在漢水之西，荆山之東，所以能聯合抗楚。文
十六年：

> 楚大饑，……庸人帥群蠻以叛楚；麇人帥百濮聚于選，
> 將伐楚。……楚人……乃出師，……百濮乃罷。自盧以往，
> 振廩同食。……秦人、巴人從楚師，群蠻從楚子盟，遂
> 滅庸。⑯

這是楚國鬧饑荒的時候，附近的許多國家和部族都想來趁火打
劫，帶着群蠻的是庸，帶着百濮的是麇。楚國出兵之後，百濮散
了；秦、巴出兵協助楚師之後，群蠻降了，庸被滅了。庸在今湖
北竹山縣，無異説。麇，顧棟高説在陝西興安州白河縣⑯，在漢
水之南，陝西和湖北的交界地，南距竹山不遠。這兩國定，郡蠻
和百濮的地點亦可定，這些部族如不是居於襄陽以上的漢水兩
岸，便是住在武當山中。"自盧以往"的盧，顧棟高説即盧戎的
盧，今爲中廬鎮，在南漳縣東。⑯在左傳這三段記載裏，庸也有
了，盧也有了，彭也有了，濮也有了，都在今湖北省的西北角，
楚的郢都的北面，和河南陝西都近，而和四川雲南卻遠。關於濮
的記載左傳裏還有。昭元年：

　　吳、濮有衅，楚之執事豈其顧盟。[170]

昭十九年：

　　楚子爲舟師以伐濮。[171]

總是表示濮和楚是極近的。又昭九年：

　　王使詹桓伯辭于晉曰："……武王克商，……巴、濮、楚、鄧，吾南土也……。"[172]

濮爲周的南土，雖不必在周的畿内，總爲周王政治勢力所及，不得距離太遠。拿現在地方説來，鄧在河南，楚在湖北，巴在湖北四川之間，都是江漢流域，濮就不會遠到金沙江流域去。以上諸證，徐中舒先生的殷周之際史跡之檢討[173]俱已提出，我不過申述而已。再有一項堅强的證據，是徐先生偶然没有想到的，原來被杜預、常璩們派到雲南去的濮人，實際上並不名濮。吕氏春秋恃君覽云：

　　氐、羌、呼唐，離水之西，僰人、野人、篇、笮之川，……多無君。

高誘注：

　　僰，讀如匍匐之匐。[174]

可知僰字音匐，亦即音濮。因爲兩音相通，所以兩字寫亂。我們打開史記西南夷列傳來看，裏邊有"僰僮"，有"僰道"[175]，但没有一個"濮"字。再翻開司馬相如列傳，裏邊三處提到"西僰"[176]，也沒有一個"濮"字。看漢書地理志，犍爲郡有"僰道"，王莽改爲"僰治"，越西郡有"僰道江"，也沒有一個"濮"字。凡常璩所舉的濮人區域，堂琅、談稾、蜻蛉、句町，漢志都沒有濮人的記載。蜻蛉縣的"濮水"，漢志原作"僕水"。臨邛縣的"濮千水"，漢志原作"僕千水"。所以凡是晉代所稱的濮，就是漢代所稱的僰，根本同牧誓的濮一些不生關係。牧誓的濮應當在楚國附近，現在湖北省境內。

八國中，上文解釋了四國，如今再說那剩下的。羌的大本營在今甘肅南部，看後漢書西羌傳便知。蜀的北境本達漢中，所以蜀王"東獵褒谷，見秦惠王"。[177]髳，錢賓四先生（穆）古三苗疆域考說：

> 近人章炳麟檢論序種姓謂今之苗，古之髳也，與三苗異。然余考春秋河東有茅戎，"茅"、"髳"同字，則髳亦在北方。……髳與三苗未見其必爲二也。

錢先生說髳即三苗，而三苗的疆域：

> 蓋在今河南魯山、嵩縣、盧氏一帶山脈之北，今山西南部諸山，自蒲坂、安邑以至析城、王屋一帶山脈之南，夾黃河爲居。[178]

假使錢先生此說確得事實的真相，則髳應在山西的南頭，或河南的西角上。微，尚書立政篇說：

> 夷、微、盧烝，三亳、阪尹。[179]

可見這種部族一定和周朝比較接近，所以周公立政建官，就先提到他們。彭縣志因公羊經"築微"，左氏經作"築郿"，因而把它放到四川眉山縣。現在我們若把四川這個成見打破，那麼春秋經上的證據正好施用到陝西的郿縣。這是褒斜道的北門，和漢中的蜀恰恰可以聯在一起。天下的問題都够複雜，決不是做一二篇文章就能徹底解決，我們上面說的也許不對。但楚的北部有庸、盧、彭、濮，左傳上有很好的證據，很可能地引出我們的假設來，這四國和蜀都在漢水流域。羌、微和髳則在渭水和河水流域。我們可以說，如以秦嶺和漢水做條界綫，那麼，三個是北方的"夷"，五個是南方的"夷"。如果武王伐紂真帶着這些部隊，那麼，我們可以證明徐中舒先生的話：

> 蓋周之王業，實自太王遷岐始。岐在渭水河谷，……南接褒斜，可通江、漢、巴、蜀，周人驟得此而國勢始盛，因此肇立翦滅殷商之基礎。[180]

周的勢力在太王時已向江漢流域發展，而這八種"夷"人大半住在那裏，服屬於周，所以武王可以領了他們出征。倘使武王伐紂時原沒有帶着這些"夷"兵，那麼我們只有說，這位作者知道周的畿內及其外緣曾有這些"夷"國，因而推想到伐紂之際該有這種"蠻荊來威"和"氐羌來王"的陣容，就寫進這篇補作的誓師詞裏，以見王化的遠被和四夷的擁戴而已。無論這兩種說法哪一種對，總和岷江流域的人無關，更和金沙江流域的人無關。

至於世俘裏面新荒所伐的蜀，我以爲和卜辭裏面的蜀倒是一處地方。它是商的都邑，或是屬國，所以克商後一個月就遣將伐它。再看出兵的日子是庚子，得勝班師的日子是乙巳，來往僅僅六天。倘使打仗只費一天工夫，那麼由商到蜀不過兩天路程，相去約二百里左右。這尚不能到泰安，如何可以到四川！

　　武王伐紂時隨從了巴國之師，巴國之師以歌舞勝敵，這個故事的由來，常璩自己就説明了。他在巴志裏説：

　　　　閬中有渝水，賨民多居水左右，天性勁勇。初爲漢前鋒，陷陣鋭氣善舞。帝善之，曰：“此武王伐紂之歌也！”乃令樂人習學之，今所謂巴渝舞也。天下既定，高帝乃分巴置廣漢郡。[181]

這可見漢高祖爭取天下的時候，他的部隊之中有賨民，仗着他們的勇敢和高興，得到了勝利。高帝誇獎他們，同時也誇揚自己，説他們唱的是武王伐紂之歌，顯見得自己帶的是王者之師；再把他們的舞蹈保存在樂府，而這件故事愈益有名。反映到古史上，就真成了巴人助周伐商了。一經拆穿，原來是這麼一回事！

　　巴爲姬姓，見於左氏昭十三年傳的“巴姬埋璧”，當然可信。不過是不是同常璩所説爲周武王所封，這卻是問題。試看驪戎也姓姬，鮮虞也姓姬[182]，而驪是戎，鮮虞是白狄，正和申、吕、齊、許是華夏的姜姓而姜戎和萊夷卻是夷狄的姜姓一樣。本來華夏和夷狄並非種族的不同而是文化的差異。姬、姜兩姓關係最密切，傅孟真先生(斯年)在姜原[183]裏認爲“姬周當是姜姓的一個支族，或者是一更大之族之兩支”。[184]而姜和羌實是一字，傅先生説：“鬼方之鬼在殷墟文字中或從人，或從女。照這個例，……地望從人爲羌字，女子從女爲姜字。”[185]姬姓大概本是羌族的一部分，後來自由分合，自由發展。太王興於岐周，武王做了天子，隨着他們的部族就成了華夏。那些不在這範圍内的，他們没有受周天子的封建，也没有受中原文化的熏陶，仍是夷狄，但其姓則是一樣的姬。巴君到底是哪一類的姬姓呢？這是不能隨便斷定的。

　　常璩所記春秋時代巴國的事跡，都據左傳，毫無可議。至於他把鼈叢等蜀王移到春秋，原是有作用的，上面也已説過。

　　最滑稽的莫過於春秋學家廖季平先生的妙想。魯宣公末年，魯、衛聯晉抗齊，把齊兵打得大敗。齊雖對晉屈服，但她的與國楚便聯合了鄭、蔡、許諸國去侵伐魯、衛。衛敵不過楚，只得與楚講和，這是會蜀的由來。楚國聲勢浩大，晉國也怕和她衝突，魯、宋、衛、曹等國明白這種情形，所以都敢加入這一次的同盟。倘使她們怕晉國生氣，實際盟於四川的蜀而表面上説是盟於山東的蜀，難道晉國這位霸主竟會這樣的糊塗，甘受她們的欺騙？而且十一個國的代表，再加上一位魯成公，成群結隊，僕僕遠征，難道竟會一點消息都不走漏到晉國人的耳朵裏？楚國也是盟主，也有她的身份，舉一個盛大的同盟，光榮而正大，爲什麼要遷就魯、衛諸國懼怕晉國的心理，鬼鬼祟祟躲到西南的蜀國去結盟，無乃太不成體統，失掉了霸主的尊嚴？常璩感到春秋經上沒有寫過巴蜀參加中原盟會，替他們找理由，所以巴志説道：

　　　　楚主夏盟，秦擅西土，巴國分遠，故于盟會希。[186]

又於蜀志説道：

　　　　限以秦、巴，……不得與春秋盟會。[187]

如今楚人率領了十一國的君臣，特地到蜀國來訂盟，有了這樣好的機會，而巴蜀還不去參加，這是什麼道理？況且春秋上魯君到別國去，往來都有記載，爲什麼獨有這一次不記，難道也是怕晉人來查看他們的史册？把魯君出行的記載看來，如僖三十三年：

　　　　冬，十月；公如齊。十有二月，公至自齊。[188]

齊、魯是鄰國，只隔了一座泰山，所以往還只有兩個月。襄二十一年：

> 春，王正月，公如晉。夏，公至自晉。⑱

晉在山西，道路遠了，來回便須一季。昭七年：

> 三月，公如楚。九月，公至自楚。⑲

楚在湖北，路更遠了，往返就須半年。這次的盟如在四川，魯成公豈不要隔了一年才歸來？何以成二年十一月，他剛會楚公子嬰齊於山東的蜀，那一月的"丙申"，依順顧棟高的長曆是十一月十三日⑲，他就到了四川的蜀去結盟了呢？而且成三年經：

> 春，王正月，公會晉侯、宋公、衛侯、曹伯伐鄭。⑲

難道他已在上年臘月底回家度歲？如果真是這樣，那麼魯君到晉到楚，何以都遲遲其行，同乘牛車似的，只有四川的往返，卻像飛機一般的快？廖先生説："自殽以後，秦師東道不通，未嘗至山東，則匱盟之蜀有秦，必爲梁州無疑。"這句話粗看很對，細按之卻全不是這回事。説"東道不通"的是"秦師"固然可以，因爲有晉師把殽函的天險扼住。但不通的只是軍隊而已，至於一介使者，一車兩馬，哪有不能通過的道理。否則殽之戰是魯僖公三十三年的事，爲什麼文九年的春秋經上就寫：

> 秦人來歸僖公成風之禭。⑲

孤單的使者不必説可以出來，就是大批的人馬也未嘗不可通行。試看昭元年秦景公的弟鍼出奔晉，左傳上説他：

其車千乘。……造舟于河，十里舍車。自雍及絳歸取酬
弊，終事八反。⑭

道路的暢通有如是者！再進一步説，就真是秦國的軍隊也何嘗不
可大踏步向東方來。文六年經書：

　　楚人、秦人、巴人滅庸。⑮

他們怎能達到湖北省的境内？定五年左傳記吳入郢後，申包胥入
秦乞師：

　　秦子蒲、子虎帥車五百乘以救楚。⑯

這些兵車又是怎樣出來的？可見秦師要出東道，就使崤函給晉國
擋住，還有武關和荆紫關可走。秦師既可到楚，爲什麽秦使就不
該到魯？或許有人問：照你所説，何以一部春秋中，秦人很少參
加盟會的？答道：殽戰以後，秦和晉是世仇，而中原是晉的天
下，秦既不能把晉打倒，又如何肯俯首參加中原的盟會。楚是秦
的與國，所以楚有了急難，秦就肯派兵出來援救。如今楚爲蜀
盟，可以搖動晉的霸權，秦自然樂於參加。這原是很容易解釋的
一件事，何必牽扯到四川的蜀國以增加葛藤！
　　呂氏春秋説吳王闔廬勝楚之後，西伐至於巴蜀。按此事春
秋、左傳、國語、史記、吳越春秋一概未説。春秋經定四年十一
月吳入郢，五年夏越就入吳。左傳定五年七月，秦師敗吳師，其
時又有夫概歸吳自立的事，闔廬只得偃旗息鼓退回老家。史記同
左傳。吳越春秋入郢之後，添出了"引軍擊鄭"一件事。⑰不知道呂
氏春秋的作者何所依據？我想呂氏春秋是在秦國作的，秦滅了巴
蜀而益臻富强，此事爲秦人所不能忘，他們以爲秦國如此，吳國

亦當然，破楚以後，樂得西向巴蜀發展，自該打過去了。他們心中這樣想，筆下就會這樣寫，這叫做"信口開河"，沒有什麼別的理由。

萇弘的事可算奇突。周人要殺萇弘，就在周的境内把他處決好了，否則送到晉國，讓趙鞅去處置更好，何必把他解回蜀國，再施以刳腸之刑？把吕氏春秋一看，就打破了它的神秘。必己篇的開頭一段完全鈔自莊子外物，一字不差，單單萇弘這句出了毛病，寫的是：

> 萇弘死，藏其血，三年而爲碧。[198]

原來並沒有"于蜀"兩字！我們現在看見的莊子是晉郭象注本，而吕氏春秋的作者所見的乃是戰國本。我們既從吕氏書中見到了這部古本的面目，就知道這兩個字是後人妄加上去的。萇弘既不死於蜀，他的生處就不必費心再到蜀國去找。

商瞿，史記明説是"魯人"，楊慎只因這"瞿"字和瞿上的地名相同，説他是蜀人。他引了三個證據，世本和文翁石室圖作"商瞿上"，宋祁成都先賢贊以爲蜀人。張澍駁了他兩個，蜀典説：

> 世本今雖不傳，然諸書所引俱在，並無"商瞿上"之文。文翁石室圖亦未嘗作"商瞿上"。近人引石室圖作"商瞿上"者，誤從楊氏，非原文也。[199]

他剩下的一個，我要補充一下。宋祁的景文集今有二本，一是日本天瀑山人據宋刻殘本復刻的，在佚存叢書[200]，一是清四庫館從永樂大典輯録的，在武英殿聚珍版叢書[201]。這兩本都是不全本，裏邊沒有成都先賢贊，情有可原。楊慎是看到這篇贊的，全蜀藝文志是他親手編纂的，志中搜録蜀中掌故文字多至六十四卷，材料可謂豐富。然而贊的一部分卻没有宋氏這一篇，那就奇怪。宋氏所作的贊文，藝文志裏也有，然而乃是學府文翁祠畫像十贊，贊的是文翁、司馬相如、王褒、莊遵、何武、揚雄，……而不是商瞿上！他看見了這篇文章而不編入，引據了這篇文章而不摘録其辭，這是什麽道理？楊慎本是偽作岣嶁碑和雜事秘辛的人，他的話不可據爲典要，商瞿這一個問題也不值得討論了。

以上逐條批判完訖。我們做完了這個工作，可以知道：有甲骨文裏的蜀，其地在商王畿内。有逸周書裏的蜀，大約和甲骨文的蜀是同一塊地方。有春秋經裏的蜀，是魯國的都邑，在今山東泰安縣附近。這三個蜀全在東方，和四川的蜀國無涉。有牧誓的蜀，固然和蜀國有關，但秦嶺之南即是蜀境，依然是漢水流域的蜀人而不是岷江流域的蜀人，何況牧誓這篇的著作時代還有問題。梁州固然指的是四川的大部，陝西、湖北的一部，但這是秦滅巴蜀的前後所作的，不足以説明在這個時期以前四川和中原發生過怎樣的關係。

綜合以上的駁辨，又可見那些古代巴蜀史事的記載可信的實在太有限了。最害事的是常璩的根據讖緯以叙述巴蜀的古史，羅泌的根據讖緯和道教經典以建立全部的古史。楊慎的有意作偽，司馬貞的胡亂拉扯，這種態度最要不得。其次拾着了漢高帝的一句話就巴師從武王伐紂，看了秦有巴蜀就把這個功業套在闔廬頭上，古帝王個個拉到，微、盧八國也個個拉來，聽到塗山就算禹娶，看到蜀字就説西川，雖由無意的錯誤，或出於虛榮的歆慕，也誤事不少。其真有傳説的背景的，如青陽降居江水，顓頊生於若水，禹生於石紐，實亦無幾，其起源亦甚遲。至於真的歷史的事實，則只有蠶叢等爲蜀王，巴與楚有國際關係的兩點而已。掃除塵霧，露出本相，原來不過如此。

從前人搭架得很像樣的一個歷史系統，現在給我們一分析之後，真是個“七寶樓台，拆卸下來，不成片段”。古蜀國的文化究

竟是獨立發展的，它的融合中原文化是戰國以來的事。這是在
"求真"的目的之下所必有的收獲，大家不必替它惋惜。歷史是一
個破罐頭，罐已破了，無論用什麽好的泥土補上去，總是補的而
不是原的。破處讓它破着，這就是孔子的"多聞闕疑"的精神。孔
子不曾説嗎："吾猶及見史之闕文，……今亡矣夫！"孔子固亦嘆
息痛恨於這輩不安於闕文而妄爲補綴的俗史也。

附記

　　此文於本年四月中寫畢。寫完之後，翻覽群書，又得許多材
料。古代帝王如蓋盈氏、有巢氏、泰壹氏、周夷王，名臣如尹吉
甫，孝子如尹伯奇，大儒如孔子，隱者如嚴僖（許由的朋友）、接
輿，仙人如王喬、老子，或生於蜀，或游於蜀，或葬於蜀，都和
四川有關。就是上文已提起的黄帝、夏禹，也找得些新的材料。
原意補入文中，但因發稿期迫，而且有幾種必要的參考書還借不
到，只得等待將來另寫一篇"拾補"了。

　　四川的方志，華西大學收藏最多，本來很容易借看。但自從
敵機轟炸之後，全部疏散了。別的圖書館也是一樣。我很想設法
把全四川的方志都翻一下，然後寫出一篇補文。四川的古史傳説
弄清楚了，別地方的古史傳説反正也逃不了這個格局。希望我能
够好好地開這個頭！

民國三十年五月，顧頡剛記。

---

① 史學季刊，第一卷第一期，頁二八——四一，民國二十九年三月，成
　都史學季刊社出版。

② 時事新報學燈，第四四期，約於民國二十八年春間出版。此文我没有看見，從孫次舟先生文中知道一個大略。

③ 齊魯學報，第一期，民國三十年一月，私立齊魯大學出版，上海開明書店代發行。

④ 此二文載經世戰時特刊第四七——四八合刊，頁五五——五九，民國二十八年十月，重慶經世半月刊社出版。

⑤ 稿存齊魯大學國學研究所，待刊。

⑥ 李太白全集，卷二，頁一二，蜀道難，四川彰明縣刻本。

⑦ 太平御覽，卷七八，皇王部三，頁二引，上海商務印書館四部叢刊本。

⑧ 華陽國志，卷一，巴志，頁一引，成都志古堂據題襟館本影刻本。

⑨ 同上條。

⑩ 前書，卷三，蜀志，頁一，版本同前。以後凡已見前者同此，不具注。

⑪ 前書，卷一二，序志，頁二。蜀紀有李膺及段氏諸家，此文所出，未詳其處。

⑫ 路史，前紀三，頁一，上海中華書局四部備要本。

⑬ 同上條。

⑭ 前書，前紀四，頁二。

⑮ 前書，後紀一，頁一。

⑯ 華陽國志，卷一，頁五。

⑰ 路史，後紀二，頁三。

⑱ 山海經，卷一八，頁四，四部備要重印郝懿行箋疏本。

⑲ 華陽國志，卷一，頁一一。

⑳ 路史，後紀三，頁一，注文引。

㉑ 同上條。

㉒ 山海經卷一八，頁八。

㉓ 路史，國名記甲，頁四。

㉔ 史記卷一三，頁六，上海錦章圖書局影印殿本。

㉕ 同上條。

㉖ 前漢書，卷二八上，頁一，四部備要本。

㉗ 吕氏春秋，卷五，頁九，四部備要本。

㉘ 大戴禮記，卷七，頁七，廣州廣雅書局刻王聘珍解詁本。

㉙ 史記，卷一，頁四。

㉚ 山海經，卷一八，頁一——三。

㉛ 前漢書，卷二八上，頁三三。

㉜ 水經注釋，卷三六，頁三——八，會稽章氏刻趙一清本。

㉝ 嘉慶重修一統志，卷三八三，四川統部，頁六，四部叢刊本。

㉞ 路史，前紀四，頁三，注文引。

㉟ 太平寰宇記，卷七八，頁五，紅杏山房校宋本重刻本。

㊱ 綿竹縣志，卷一，封域，黃尚毅纂，民國八年刻本。

㊲ 榮縣志，沿革第一，頁一，趙熙纂，民國十八年刻本。

㊳ 華陽國志，卷一，頁一——二。

㊴ 前書，卷三，頁一。

㊵ 通典，卷一七五，州郡五，頁一，注文，上海圖書集成局據殿本排印本。

㊶ 太平寰宇記，卷七二，頁一。

㊷ 史記，卷一五，六國表頁一。

㊸ 太平御覽，卷八二，皇王部七，頁三。"痢"誤文，當作"剏"；元和郡縣志卷三二，頁三，作"剏"可證。

㊹ 本書未著注者名氏，清四庫館臣考定爲徐天祐，見四庫提要，卷六六，史部載記類，頁一——二，商務印書館萬有文庫本。

㊺ 吳越春秋卷六，頁四四，四部叢刊初編縮本。

㊻ 太平御覽，卷八二，頁二引。

㊼ 水經注，卷三六，沫水，頁九。

㊽ 元和郡縣圖志，卷三二，頁七——八，光緒六年金陵書局刻本。

㊾ 尚書正義，卷五，頁三一，上海世界書局影印阮刻十三經注疏本。

㊿ 華陽國志，卷一，頁二。

○51 水經注，卷三三，頁一六。

○52 尚書正義，卷六，頁三八。

○53 前書，卷一，頁四○。

○54 華陽國志，卷一，頁一。

○55 前書，卷一，頁二。

○56 同上條。

㊄ 太平御覽，卷一三五，皇親部一，頁一一引。

㊄ 論語注疏，卷七，頁二五，世界書局影印阮刻十三經注疏本。

㊄ 大戴禮記，卷九，頁一六。

⑥ 華陽國志，卷一二，頁三。

㊅ 殷契鈎沈，甲卷，頁八，載學衡二四期。"羍告"係"羍缶"之誤。

㊅ 禹貢半月刊，第七卷，第六、七合期，頁一〇五——一〇六，民國二十六年六月，北平禹貢學會出版。

㊅ 天壤閣甲骨文存考釋，頁五四——五五，民國二十八年，北平輔仁大學出版。

㊅ 前書，頁五三——五四。

㊅ 尚書正義，卷一一，頁七一。

㊅ 華陽國志，卷三，頁二二。

㊅ 前書，卷四，頁一。

㊅ 前書，卷四，頁一四。

㊅ 前書，卷四，頁一九。按"同出"當作"出禺同"三字。

⑦ 前書，卷四，頁二。

⑦ 彭縣志，卷一，沿革志，頁四，光緒四年呂調陽纂本。

⑦ 蜀典，卷一上，堪輿類，頁五。

⑦ 同七一條。

⑦ 逸周書，卷四，頁一〇——一一，四部備要本。

⑦ 華陽國志，卷一，頁二。

⑦ 前書，卷一，頁三。

⑦ 前書，卷三，頁一。

⑦ 前書，卷三，頁一——二。

⑦ 春秋左傳正義，卷二五，頁一九一，世界書局影印阮刻十三經注疏本。

⑧ 前書，卷二四，頁一八八，"楚於是乎有蜀之役"注。

⑧ 尊經書院題目，堂課題，甲午四月，頁三，四益館經學叢書本。

⑧ 重訂穀梁春秋經傳古義疏，卷七，頁八，民國十八年，渭南嚴氏孝義家塾叢書本。

⑧ 呂氏春秋，卷八，頁六。

⑧ 春秋左傳正義，卷五七，頁四五六。

(85) 南華真經，卷九，頁一九二，四部叢刊初編縮本。

(86) 升庵外集，卷四六，子説部，頁二三，“外物”條，道光甲辰四川新都縣楊升庵祠影明板重刊本。

(87) 大明一統志，卷六七，成都府人物，頁三〇，萬壽堂刊本。

(88) 升庵外集，卷一二，人物部，頁七，“蜀志遺事”條。

(89) 蜀中名勝記，卷六，頁六引，宣統二年，周肇祥重刊本。

(90) 文選，卷一八，頁一二，“人皇九頭”李善注引。

(91) 路史，前紀二，頁三，注引。

(92) 見尚書堯典，山海經海外東經、大荒東經，楚辭天問，淮南子天文訓等。

(93) 楚辭，卷一，頁一〇，上海掃葉山房石印朱熹集注本。

(94) 路史，前紀二，頁三，“迪川谷口”注。

(95) 前書，前紀三，頁一，注引。

(96) 文選，卷二，西京賦，頁二，“巨靈贔屓”李善注引。

(97) 雲笈七籤，卷二八，頁二〇四——二〇九，四部叢刊初編縮本。

(98) 文選，卷四，蜀都賦，頁九，“兆基於上世”劉逵注引。

(99) 路史，前紀四，頁三，注文。

(100) 補上古考信録，卷下，頁一——五，又九——一〇，民國二十五年，上海亞東圖書館印顧頡剛編訂崔東壁遺書本。

(101) 華陽國志，卷三，頁二。

(102) 大戴禮記，解詁本，卷七，頁七。

(103) 春秋左傳正義，卷三五，頁二七七。

(104) 史記，卷一，頁三。

(105) 前書，卷一一六，頁二。

(106) 山海經，卷一八，頁三。

(107) 如召穆公經營江、漢，而詩大雅江漢篇稱之曰“於疆於理至於南海”。齊桓公伐楚，左氏僖四年傳載楚成王遣使與言曰：“君處北海，寡人處南海，唯是風馬牛不相及也。”

(108) 山海經，卷一四，大荒東經，頁一。

(109) 前書，卷一五，大荒南經，頁一——四。

(110) 前書，卷一七，大荒北經，頁六。

⑪ 蜀典，卷一一上，姓氏類，頁二。

⑫ 帝系云："顓頊……産老童，老童……産重黎及吴回，吴回氏産陸終，陸終氏……産六子，……其六曰季連，爲是羋姓，……季連者，楚氏也。"國語鄭語："荆子，……重黎之後也。夫重黎爲高辛氏火正，……故名之曰'祝融'。"

⑬ 春秋左傳正義，卷四六，頁三六八，"共王與巴姬密埋璧於大室之庭"，知巴爲姬姓。

⑭ 國語，卷一〇，晉語四，頁七 ——八，上海會文堂書局影印士禮居翻刻天聖明道本。

⑮ 同上條。

⑯ 史記，卷一，頁四。

⑰ 前漢書，卷二一下，律曆志，頁一六引。

⑱ 華陽國志，卷三，頁一。

⑲ 水經注，卷三六，頁一引。

⑳ 同上條，頁一。

㉑ 同上條。

㉒ 竹書紀年義證，卷三六，頁二七，民國二十六年錢穆鉛印本。

㉓ 水經注，卷三三，頁三。

㉔ 越絶書，卷八，頁四一，四部叢刊初編縮本。

㉕ 前漢書，卷二八上，頁二一。

㉖ 水經注，卷三三，頁一六。

㉗ 前漢書，武帝紀記元封元年詔曰："朕用事華山，至於中嶽，……翌日，親登嵩高。……以山下户三百爲之奉邑，名曰崇高。"

㉘ 讀書雜志，四之一，高郵王氏四種本。

㉙ 國語，卷三，周語下，頁五。

㉚ 逸周書，卷四，世俘，頁一〇，崇禹生開，樂篇之名。

㉛ 前漢書，卷二八上，頁一七，"潁川郡陽翟"下臣瓚注引。

㉜ 同上，班固自注。

㉝ 見一二七條。

㉞ 春秋左傳正義，卷四二，頁三三一。

㉟ 同上。

⑬ 前書，卷四八，頁三八二。

⑬ 尚書正義，卷六，頁三六。

⑬ 毛詩正義，卷一八之四，江漢，頁三六；又卷一九之一，清廟，頁三一五。

⑬ 爾雅注疏，卷三，頁一八，世界書局影印阮刻十三經注疏本。

⑭ 呂氏春秋，卷一三，有始覽，頁二。

⑭ 史記，卷五，秦本紀，頁一。又卷一五，六國年表，頁二。

⑭ 春秋左傳正義，卷四二，頁三三三。

⑭ 前書，卷四五，頁三五八。

⑭ 見五七條。

⑭ 前漢書，卷二八上，頁三三。今本作"㟓"，昏從氏不從民，乃沿唐人避廟諱的習慣。

⑭ 說文繫傳，第九下，山部，頁一，壽陽祁氏刻本。

⑭ 據王國維古本竹書紀年輯校，頁五——六，廣倉學宭叢書甲類第二集。

⑭ 前漢書，卷二八上，頁二一。

⑭ 楚辭集注，卷三，頁九。

⑮ 尚書正義，卷六，頁三六。

⑮ 毛詩正義，卷二〇之二，閟宮，頁三四九。

⑮ 論語注疏，卷一六，季氏，頁六四。

⑮ 華陽國志，卷三，頁一六——一七。又水經注，卷三三，頁九。

⑮ 前書，卷五，頁三；又水經注，同上。

⑮ 前漢書，卷二〇，古今人表列彭祖於上中仁人（陸終六子下），在帝嚳時；列老彭於上下智人，在殷商時。梁玉繩人表考，卷二，辨彭祖與老彭爲二人，二十五史補編本，第二一頁。

⑮ 民國二十八年所作稿，尚未刊。

⑮ 見本文"農業區域"節。

⑮ 春秋左傳正義，卷一〇，頁八一。

⑮ 國語，卷九，晉語三，頁八。

⑯ 春秋左傳正義，卷五七，哀二年，頁五四。

⑯ 毛詩正義，卷一六之二，頁二四。

⑯ 前書，卷二〇之二，頁三四七。

⑯ 春秋左傳正義，卷七，頁五四。

⑯ 春秋釋例，卷七，頁二九，古經解彙函本。

⑯ 春秋左傳正義，卷七，頁五五。

⑯ 前書，卷七，頁五四，"羅人欲伐之"注；又頁五五，"及鄢"注。

⑯ 前書，卷二〇，頁一五七。

⑯ 春秋大事年表，卷五，列國爵姓及存滅表，頁九，萬卷堂刻本。

⑯ 前書，卷五，頁一一。

⑰ 春秋左傳正義，卷四一，頁三一九。

⑰ 前書，卷四八，頁三九五。

⑰ 前書，卷四五，頁三五四。

⑰ 國立中央研究院歷史語言研究所集刊，第七本，第二分，頁一
五〇——一五三。民國二十五年十二月出版，商務印書館發行。

⑰ 呂氏春秋，卷二〇，頁一。

⑰ 史記，卷一一六，頁一——二。

⑰ 前書，卷一一七，頁一三 ——一四。

⑰ 太平御覽，卷三七，地部，頁五，引蜀王本紀。

⑱ 燕京學報，第一二期，民國二十一年十二月出版，北平燕京大學哈佛
燕京社發行。

⑲ 尚書正義，卷一七，頁一一九。

⑱ 見一七三條，語見一四一頁。

⑱ 華陽國志，卷一，頁五。

⑱ 春秋公羊傳注疏，卷二二，昭十二年春秋"晉伐鮮虞"，何注及徐疏均
謂鮮虞爲晉之同姓。

⑱ 國立中央研究院歷史語言研究所集刊，第二本，第一分，頁一
三〇——一三五，民國十九年五月出版。

⑱ 見該文一三一頁。

⑱ 見該文一三五頁。

⑱ 華陽國志，卷一，頁三。

⑱ 前書，卷三，頁一。

⑱ 春秋左傳正義，卷一七，頁一三〇。

⑱ 前書，卷三四，頁二六八。

⑲⓪ 前書，卷四四，頁三四五。

⑲① 春秋大事表，卷二之三，朔閏表，頁一四。

⑲② 春秋左傳正義，卷二六，頁一九八。

⑲③ 前書，卷一九上，頁一四五。

⑲④ 前書，卷四一，頁三二〇。

⑲⑤ 前書，卷二〇，頁一五六。

⑲⑥ 前書，卷五五，頁四三七。

⑲⑦ 吳越春秋，卷四，闔閭內傳，頁二八。

⑲⑧ 呂氏春秋，卷一四，頁一九。

⑲⑨ 蜀典，卷二，人物類，頁八。

⑳⓪ 景文宋公集，存三十二卷，日本文化七年，天瀑山人據宋槧刊入佚存叢書，光緒八年上海書坊重排本。

⑳① 景文集五十六卷，武英殿聚珍版叢書第四七卷録"贊"六十三首。

秦漢時代的四川[*]

大家住在四川，當然想知道古代的四川是怎樣的。可惜上古時代這塊地方没有文字記載流傳下來，考古工作現在還做得不多，無法知道得清楚。我們現在要尋覓書本上的最早材料，也只有西漢末年揚雄所作的蜀王本紀。①

這書裏説：蜀國的第一個王是蠶叢，直到最末一代的開明王，其間相距三萬四千年。蠶叢之後有柏濩，柏濩之後有魚鳧，這三代的王都當國數百年，成了神仙。後來天上降下一個男子，名喚杜宇，朱提地方的井裏也跳出一個女子來，兩人結合爲夫婦。杜宇自立爲蜀王，稱爲望帝，他的國都就是現在的郫縣。望帝立了百餘年，楚國有一個人名鼈靈，他死後屍首在長江裏儘往上飄，到郫復活，望帝請他做宰相。那時國有洪水，望帝派他治水。不料鼈靈出門之後，望帝忽然愛上了他的妻，自己也覺得不好意思，就把國家讓給他了。望帝去位恰在子規啼叫的時節，所以蜀國人一聽到子規的鳴聲就想起他來。鼈靈即位，號爲開明帝。傳了五代，去帝號，稱爲王。後來秦惠王想侵略蜀國的土地，愁的是山路崎嶇，不容易進兵。他心想一計，鑿了五頭大石牛，把成塊的金子扔在牛的後頭，騙蜀人道："這是天牛，它們下的糞就是金子。"這句謊話居然打動了蜀王的貪心，他手下有五

---

* 原載 1942 年 4 月 30 日學思第一卷第八期；又刊論巴蜀與中原的關係，四川人民出版社，1981 年 5 月。

丁力士，力大無比，就派他們帶着一千個兵丁把石牛拖進了國門。這樣的興師動衆，路就開得寬了。不久，秦惠王派張儀等隨了石牛經過的路綫伐蜀，開明王戰敗，就把蜀國滅了。

這一段記載，一看就知道是神話的堆積，然而可信爲真正的漢代四川民間流行的蜀國傳說，給揚雄忠實的記録下來的。[②] 到了唐朝，李白作"蜀道難"一首詩，開頭説：

> 噫吁戲，危乎高哉，蜀道之難難於上青天！蠶叢及魚鳧，開國何茫然？邇來四萬八千歲，不與秦塞通人煙。

雖是他一時記憶錯誤，把蜀國的年代放得更長了，但他接受了這個傳說，説爲了交通的困難，以致蜀和中原向無來往，文化獨立發展，這是不錯的。

蜀國和中原的關係，在現存的材料裏記得最早的是司馬遷的史記。[③] 現在就根據了他的記載作一個系統的叙述。

秦厲共公二年(公元前四七四)，蜀人向秦國送了禮物，那時代是春秋剛完，孔子剛死。固然這未必是秦蜀第一次打交道，但我們可以説，至遲在公元前第五世紀，這秦嶺南北的兩個大國發生了關係了。秦惠公時，蜀國奪取了秦的南鄭，惠公十三年(前三八七)伐蜀，把她奪回。根據了這個材料，我們又可以説，他們兩方往來了八九十年就起了戰爭了。那時蜀國兵力頗強，北面既給秦國擋住，就轉過頭來伐楚。在楚肅王的四年(前三七五)，蜀人東出，越過巴國，奪取楚的兹方(今湖北松滋縣，已到了宜昌的下游)。楚國感到敵方壓力的强，就築了一座扦關(今四川奉節縣地，在萬縣的下游)，設下防禦。又過了六十年，到秦惠王後九年(前三一六)，命張儀司馬錯們伐蜀，把她滅掉。從此以後，秦國封自己的公子到那邊，稱爲蜀侯。

現在的習慣，分四川省爲東西兩川。古代亦復如此，西川是蜀國，東川是巴國和楚國。巴和楚連界，所以和楚國交通很早。他們的國君是姬姓，常常和楚聯合出兵，但有時也和楚翻臉。④不過他們的事實在古書裏依然見得太少，只有晉朝常璩做的華陽國志才多了一些。這書裏説：

戰國時各國稱王，巴也稱王。有一次，巴國有亂，將軍蔓子到楚國請兵，約定平靖之後劃出三個城池給他們作酬報。後來亂平了，楚國派使者前來取城，不想蔓子變了態度，對使者道："拿我的頭去謝楚王罷，城是不能送的！"他就拔劍自刎，把頭授給使者。楚王聽了大驚，歎息道："要是我有蔓子這般的臣子，還要什麼城呢！"他用了上卿的禮節把蔓子的頭葬了，巴國也用了這個禮節把他的身子葬了。到秦惠王時，蜀王把自己的弟葭萌封在漢中，號爲苴侯。苴侯和巴王私下聯絡得很好，可是巴和蜀是仇敵，蜀王生了氣，發兵伐苴侯。苴侯逃奔到巴國，巴王替他求救於秦。秦惠王正在和群臣打算伐楚，司馬錯聽到這消息，便進言道："蜀國很富而又很亂，得着了蜀，他們的布帛金銀足以供給軍用。蜀的水道又直通楚國，如果我們能發動巴國的精兵，浮大船向楚，楚國又是我們的了。所以得蜀就是得楚，得楚就是得天下！"惠王聽了高興，就派他同張儀救苴，乘勢把蜀滅了。開明氏從頭到尾，共傳了十二世。張儀羨慕巴和苴的富有，乘勢又把這兩國滅了。秦國得了偌大的土地，就建置了巴、蜀、漢中三郡。⑤

秦滅蜀後，過了三四年，張儀就跑到楚懷王面前恫嚇道："秦國已經佔有了巴和蜀，可以從岷山腳下運米上船，沿江順流而下。每條船上載着五十名兵丁，下水船快，一天可走三百多里，路雖遠而不費力，隔不了十天功夫就進了楚境了！"⑥果然，到秦昭王二十七年(前二八〇)，就令司馬錯從隴西出發，率領巴蜀軍隊十萬人，大船萬艘，米六百萬斛，浮江攻楚，拔了楚國的巫郡和黔中郡。⑦這不但統一了全川，而且兼佔了湖北、湖南的西部地方。再過了五十九年(前二二一)，司馬錯所説的"得蜀就得楚，得楚就得天下"這一句預言完全應驗了。後來漢高帝東伐項羽，蕭何也在蜀漢發了一萬艘米船去助軍糧，又編了精銳的壯丁補充到前綫。那時住在渝水（嘉陵江）兩岸的賨民又做漢軍的前鋒，他們喜歡歌舞，常常帶着歌唱衝鋒陷陣，傳到後來就叫做"巴渝舞"。⑧因爲漢高帝把握了這樣好的大後方，所以他和秦朝一樣，造成了偉大的統一。

古代的四川人口究竟有多少，可惜没法知道。自從秦滅了蜀，就移民一萬家充實了蜀郡⑨，犯了罪的又大都連他的家屬門客一起遷到這一邊來，滅了六國又把六國的遺民大量的往這邊送，所以人口會得急劇的增加。到漢平帝元始二年（公元二），漢中郡（今陝南）有户一〇一·五七〇，口三〇〇·六一四；廣漢郡（今川北）有户一六七·四九九，口六六二·二四九；蜀郡（今川西）有户二六八·二七九，口一·二四五·九二九；犍爲郡（今川南）有户一〇九·四一九，口四八九·四八六；越嶲郡（今寧屬）有户六一·二〇八，口四〇八·四〇五；巴郡（今川東）有户一五八·六四三，口七〇八·一四八。⑩比起現在四川五千萬人的數目來雖還不到十分之一，然而和漢朝别郡比較已經是很多的了，因爲那時全國人口纔只六千萬，不過現在的八分之一呢！尤其是成都一縣，有七六·二五六户，僅次於長安（户八〇·八〇〇）⑪，照一户五口的比例，應當有三十八萬人，離現在並不太遠，更可以想見當時的繁盛。

户口何以這樣繁盛？這和當時的富力有密切關係。現在就分農、工、商三方面説來。

四川境内，有長江、岷江、涪江、嘉陵江幾條大水，本來水就够多的。但當時的蜀人還想不到可以利用人工來整理河道。秦孝公元年（前三六一），秦國派人入蜀，把青衣水導入岷江。⑫這是蜀中水利的第一回開發。秦既滅蜀，至秦昭王時（前三〇六—前二五一），任命李冰爲蜀郡守。他是一個水利專家，從都江口引岷江的水，開成都兩江，灌田一萬多頃；又在嘉定鑿了離碓，滅殺沫水（大渡河）的水勢。⑬他成就了這兩大工程，從此行舟也好，灌溉也便，水乾時就開閘，水大時就塞住，要用多少水就取多少水，再不會有荒年了。後人用了他的方法，繼續開鑿，完成了"川西壩子"的最完密的溝渠制度。蜀中本來產米，有了這樣好的制度，就永遠豐收了。

古代四川的工業，材料很缺乏，但還可以找到一些。尚書裏有一篇禹貢，記載的實是戰國時代的經濟地理。禹貢裏的梁州，大部分是四川地方，上面記的物產有兩句，上一句是"璆、鐵、銀、鏤、砮、磬"，除銀、鐵、磬三種不須解釋外，"璆"是"鏐"的誤文，是美的黃金⑭；"鏤"是剛鐵，即鋼；"砮"是一種可以鍊鐵的石：從這裏可以看出戰國時四川的冶金業是怎樣的開展。下一句是"熊、羆、狐、貍：織、皮"，"織"是把熊羆狐貍四種獸類的毛織成氊；"皮"是把這四種獸類的皮製爲衣裘：從這裏又可見得戰國時四川的毛織業已經立下了基礎了。

到了漢朝，我們可以從中央政府在四川一帶所設的管理生產的官吏見出地方工業的種類。計設"鐵官"的，有漢中郡沔陽（今陝西沔縣），蜀郡臨邛（今邛崍），犍爲郡武陽（今彭山）和南安（今夾江）四處。設"鹽官"的，有蜀郡臨邛，犍爲郡南安，巴郡胸忍（今雲陽）三處。設"工官"的，有廣漢郡、蜀郡成都兩處。設"木官"的，有蜀郡嚴道（今西康榮經）一處。設"橘官"的，有巴郡胸忍和魚復（今奉節）兩處。其他雖有特產而政府沒有設官管理的還很多，像朱提（今宜賓）出銀，邛都（今西康西昌）出銅，會無（今西康會理）出碧（玉），都是。⑮又如嚴道也出銅，漢文帝寵幸鄧通，聽得相面的人說他要窮餓而死，所以賜給他嚴道的銅山，許他自己鑄錢，於是鄧氏錢滿布天下。⑯四川的工業原料真是取之不盡呀！

司馬遷作貨殖傳，他很稱贊四川。他說：巴蜀是一片膏沃的土地，出產銅、鐵、丹砂以及竹木器等等是很多的，南面可以招徠滇和僰的人民做工，西面又有邛和筰的旄牛和馬的大量生產。雖說山嶺重重，可是山上架了棧道，沒有地方走不通。他又舉出幾個工業家來。最有名的是卓氏，他們本來是趙國人，做鐵工的，秦破了趙，把他們遷到蜀地。在這遺民群中，他們夫妻二人推了車走。別人怕多走路，都向押遷的官吏送賄賂，求留在近地，只有他們夫妻願意走得越遠越好。他們走到臨邛，看到那邊出鐵，大喜，停了下來，就在山下鼓鑄，發揮他的工業天才。事業很順利，不久，那邊成了工業區，滇和蜀的人民都來做工了。他們家中有僮奴千人，闊氣得同王侯一樣。後來他們的姑娘卓文君私奔司馬相如，她的父親卓王孫氣極了，不睬他們，經許多人的勸說，才分給他們僮百人，錢百萬，還是少給的呢！又有一個巴地的寡婦，單名叫清，她守住了祖傳的丹穴，獨立經營，給秦始皇聽到，很加稱贊，替她築了一座"女懷清臺"以示獎勵。她在當時是怎樣給人羨慕呵！⑰

　　四川的手工業精緻漂亮，現在如此，古代也是如此。廣漢的工官，主要的工作是製造金銀器，一年需費五百萬。⑱我們現在從四川的古物裏還可以看到嵌金絲銀絲的種種巧妙的器物。近年日本人在朝鮮樂浪發掘漢墓，獲得漆器多件，也是成都和廣漢兩處工官的出品，輸銷的遙遠真是可驚。就是絲織業也是一注大生意。蜀錦在三國時成爲天下人的必需品，魏國和吳國的商人都到蜀漢來大量批發。當時政府設立了"錦官"，又替錦官特造了一座城垣⑲，所以後來就用"錦官城"或"錦城"的名詞來概括成都城了。

　　工業既經發達，當然商業就緊跟着起來。那時的商品大部分出褒斜道到京城，轉銷北方各地，小部分出三峽，轉銷南方各地，是沒有疑問的。除此之外，定還有很多的商道。只因當時法律，禁止物品私運出國境⑳，所以商人們只能用了走私的伎倆去運銷。現在我們找到兩個證據。漢武帝初年，王恢打平東越的亂事，他派唐蒙去曉諭南越。南越人欵待唐蒙，送他吃的東西有枸醬一種，滋味鮮美。唐蒙問他們這是那裏來的，他們答道："從西北牂柯江(鬱江)來，牂柯江可以直到番禺的城下。"唐蒙到了長安，把這事告給蜀商，商人道："枸醬只有蜀中纔有，蜀人常常偷運出來賣給夜郎國，夜郎國就在牂柯江的邊上。"從這件故事上，可見蜀商南行已到夜郎(今貴州)，蜀物已推銷到了南越(今廣東)。後十餘年，張騫從匈奴逃回來，報武帝道："臣在大夏國的時候，看見邛竹杖和蜀布。那邊離中國一萬二千里，怎麼會有這東西呢？就問大夏國人，這些東西從那裏來，他們答道：'這是我們的商人從東南數千里外的身毒國買回來的。身毒國有蜀商人的市面。'這樣猜度起來，身毒一定離蜀不遠。倘能打通身毒的路綫，大夏自然能歸順我們了。"那時大夏在葱嶺的西面，身毒即天竺，就是印度，從這件故事上，又可見蜀商的足跡已能到西南的印度，蜀物已能由印度轉到西北的大夏，路走得更遠了。到南越的路是由牂柯江去，唐蒙問明白了，但他們到印度去的那條路，是由西藏越過喜馬拉耶山的呢？是由雲南經歷緬甸的呢？還是由廣東飄洋去的呢？可惜張騫沒有考查明白，到現在還是一個啞謎。[21]

蜀商既可以把本國的出產偷運出境，自然也可以把別國的東西偷運進來。這種生涯現在也只有司馬遷的一句話作證，他說："有些巴蜀的人民偷偷的出去做生意，把笮都的馬，僰夷的人，以及成群的旄牛運回本地，因此巴蜀會這般的殷富。"[22]笮都在今西康的漢源，僰夷居地在今宜賓的南面，那時都是外國，而巴蜀的商人爲了貿利，不怕辛苦和犯法，大批的把他們的牛馬趕了回來，甚至把他們的人也大批的買了回來，做資本家開發寶藏的工具，活像現在販賣豬仔到南洋去做苦工似的。這可見他們的商業力量確實雄厚。自從漢武帝開西南夷，建置犍爲(僰)、沈黎(笮都)、越巂(邛都)、汶山(冉駹)諸郡，那邊不算是國外了，巴蜀的商人可以自由來往，當然他們的商業會更發達了。

漢代四川的農業、工業、商業這樣的興盛，文化程度那能不蒸蒸日上。巴蜀在秦國吞滅之前，因爲不和中原交通，文化原是獨立發展的；自從亡給了秦，屢次大量移民，説不定移民的數目比了土著還多，於是中原文化就在短時期内生根發芽，而有司馬相如等大作家出現。但無形中的潛移默化總比不上有意的提倡來得快捷有效，因此，我們不能不紀念一位蜀郡守——文翁。他是廬江人，景帝末年來任郡守。他用仁愛之心推行教化，先選郡縣小吏中聰敏有才幹的送到長安，受業博士的門下，或向法吏學習法令，數年後學成歸來，就給他們做高一點的職司，漸漸升上去，有做到郡守和刺史的。他又造起了學舍，招收外縣的子弟來作學官弟子，成績好的就補郡縣的吏職。人民看見長官這等注意教育，爭送子弟上學，有錢的人家甚至花錢來買一名學官弟子。他用這樣的手腕造成了風氣，於是文教大行，蜀郡青年到京城裏讀書的數目不比齊魯諸地差。武帝看他辦得這樣好，便命天下郡國都模倣他立起學堂，所以後來各地都有文廟和學宮。文翁死於蜀，蜀人替他造了祠堂作紀念，和那位大興水利的李冰一樣。到現在，已經兩千多年了，誰提起四川的好官，誰都會想起這兩位賢太守來。㉓

我們生得遲了，許多古代的遺蹟都看不到了。如果一定要指出幾件，那麼，可以説：郫縣南門外有望業陵，是一個長長的彎彎的土墩，據説是望帝和叢帝（鼈靈）的墳墓。爲什麼這兩位情敵會葬在一塊兒呢？我們不知道。成都城内北較場有武擔山，是兩頭高而中間低的一個土墩，據説是開明王的妃子的墳墓。因爲這位妃子是武都人，開明王哀傷她的死，特地從武都擔土來築墓，所以叫做"武擔山"。那時蜀國每一王死，就在墳前立起大石作表記，現在成都城内，西城有支機石，東城有天涯石，實際就是他們的墓表。李冰開的兩江，就是北門外的油子河和南門外的走馬河，都是發源於灌縣的都江堰而又合流入岷江的；他鑿的離碓就是樂山烏尤寺這座山。文翁的學堂，就是成都老南門裏的文廟，可惜張獻忠之亂，什麼東西都給他燒光了。錦官城的遺址，在成都老南門外萬里橋的西南，現在也看不到什麼。相傳那時錦工織成的錦一定要在錦官城邊的江裏洗了纔會鮮明，所以南門外的走馬河又稱作"錦江"。這和五代時蜀王孟昶在宮苑城上滿種芙蓉花，喚做"蓉城"，是同樣的給人美麗的回想。

三十一，三，八。

① 蜀王本紀一書早已失傳，但史記索隱、文選注和太平御覽等類書裏還引了不少。明萬曆中遂州鄭樸曾從這些書中鈔出，輯爲一編，見四庫提要卷一四八"揚子雲集"條。清嚴可均亦有輯本，見全漢文卷五三〇新津胡淦刻本，實用嚴輯而題鄭樸的姓名，太欺人了。

② 徐中舒先生古代四川之文化（史學季刊第一卷第一期，民國二十九年三月成都出版）因蜀王本紀所記與常璩華陽國志不同，疑常氏書出後，好事者採取了它而僞造這部本紀。其實常璩"序志"已說"司馬相如、嚴君平、揚子雲……各集傳記以作本紀"，是常氏確見過揚氏書。而且揚氏書是原始的神話，常氏書雖因襲揚氏，而將神話和不雅的故事，如鼈叢等三代各治國數百歲化去，如杜宇從天墮，其妻從井出，如鼈靈尸復活，如望帝與鼈靈妻通淫，完全刪去，這正是司馬遷作史記不取山海經的辦法。又揚氏把鼈叢放在三萬年前，而常氏竟說"周失綱紀，蜀先稱王，有蜀侯鼈叢"，把鼈叢放到東周，時代縮得太短。這是因爲常氏承受了中原的古史學說，把人皇氏、蜀山氏一套搬了進來，不得不把鼈叢壓矮的緣故。即此可知揚氏書記的是民間的傳說，常氏書卻是用了學者的頭腦整理過了的傳說。

③ 見秦本紀、楚世家、六國年表等篇。按尚書牧誓說庸、蜀、羌諸國跟隨武王伐紂，世人多據爲四川人與周王發生關係的證據。其實牧誓這篇決非西周文字，只消和大誥、費誓等篇一比較便知；牧誓所記也不是武王的誓師辭，只消和詩經的大明、閟宮等篇所記的一比較便知。

假定這篇是戰國時人補作的，那麼在那時稱秦嶺以南漢水兩岸都爲蜀，所以秦王遷嫪毐與呂不韋的舍人於房陵（今湖北房縣）而説"遷蜀"，沛公爲漢王，都陝西南鄭，而韓信説他"失職之蜀"，這蜀未必指的是四川。又偽孔傳訓蜀爲"叟"，而華陽國志屢説武都郡有"氐傻"，説他們"多勇戆"，照他們的話，也許牧誓的蜀即是氐羌的一種，羌和周的關係本來是很深的。

④ 巴與楚的關係始見於左傳桓九年。巴人叛楚見莊十八年，巴人從楚滅庸見文十八年，巴人伐楚見哀十八年。巴爲姬姓見昭十三年。

⑤ 本段見華陽國志卷一巴志和卷三蜀志。

⑥ 見戰國策秦策一。

⑦ 見史記秦本紀和華陽國志蜀志，但蜀志紀年有誤。

⑧ 見華陽國志蜀志和巴志。

⑨ 見華陽國志蜀志。

⑩ 見漢書地理志。

⑪ 同上。

⑫ 見竹書紀年魏惠王十年（周顯王八年）。

⑬ 見史記河渠書和風俗通佚文（史記正義引）。離碓，相傳即是灌縣都江堰的伏龍觀。但史記明説"鑿離碓以避沫水之害"，沫水是大渡河，在嘉定不在灌縣，所以當以説是嘉定的烏尤寺爲宜。

⑭ 陸德明經典釋文卷三引韋昭郭璞説云"紫磨金"，又引郭璞爾雅注爲證。按爾雅釋器云："黃金謂之璗，其美者謂之鏐"，可見古本是作鏐的。

⑮ 見漢書地理志。

⑯ 見史記佞倖列傳。

⑰ 本段見史記貨殖列傳和司馬相如列傳。

⑱ 見漢書貢禹傳。

⑲ 見華陽國志蜀志和初學記二十七引益州記。

⑳ 例如鄧通被人告盜出徼外鑄錢抵罪（佞倖列傳），宋子侯許九坐買塞外禁物罪，國除（高祖功臣侯者年表）。

㉑ 本段見史記西南夷列傳和漢書張騫傳。

㉒ 見史記西南夷列傳。

㉓ 見漢書循吏傳。

禹貢半月刊發刊詞[*]

歷史是最艱難的學問，各種科學的知識它全都需要。因爲歷史是紀載人類社會過去的活動的，而人類社會的活動無一不在大地之上，所以尤其密切的是地理。歷史好比演劇，地理就是舞臺；如果找不到舞臺，哪裏看得到戲劇！所以不明白地理的人是無由了解歷史的，他只會記得許多可佐談助的故事而已。

自然地理有變遷，政治區畫也有變遷。如果不明白這些變遷，就到處都成了"張冠李戴"的笑柄。例如認現在的黃河即是古代的黃河，濟水將安排何處？認近代的兗州即是古代的兗州，其如那邊並無沇水！打開二十四史一看，滿紙纍纍的都是地名。要是一名限於一地，那就硬記好了；無奈同名異實的既很多，異名同實的也不少，倘使不把地理沿革史痛下一番功夫，真將開口便錯。我們好意思讓它永遠錯下去嗎？

這數十年中，我們受帝國主義者的壓迫真够受了，因此，民族意識激發得非常高。在這種意識之下，大家希望有一部中國通史出來，好看看我們民族的成分究竟怎樣，到底有哪些地方是應當歸我們的。但這件工作的困難實在遠出於一般人的想像。民族與地理是不可分割的兩件事，我們的地理學既不發達，民族史的研究又怎樣可以取得根據呢？不必說別的，試看我們的東鄰蓄意侵略我們，造了"本部"一名來稱呼我們的十八省，暗示我們邊陲

* 與譚其驤合著。原載 1934 年 3 月 1 日禹貢半月刊第一卷第一期。

之地不是原有的；我們這群傻子居然承受了他們的麻醉，任何地理教科書上都這樣地叫起來了。這不是我們的恥辱？然而推究這個觀念的來原，和禹貢一篇也有關係。禹貢列在書經，人所共讀，但是沒有幽州，東北只盡於碣石，那些讀聖賢書的人就以爲中國的東北境確是如此的了。不搜集材料作實際的查勘，單讀幾篇極簡單的經書，就注定了他的畢生的地理觀念，這又不是我們的恥辱？

　　研究地理沿革在前清曾經盛行過一時。可是最近十數年來此風衰落已到了極點。各種文史學報上找不到這一類的論文，大學歷史系裏也找不到這一類的課程，而一般學歷史的人，往往不知禹貢九州，漢十三部爲何物，唐十道，宋十五路又是什麼。這真是我們現代中國人的極端的恥辱！在這種現象之下，我們還配講什麼文化史，宗教史，又配講什麼經濟史，社會史，更配講什麼唯心史觀，唯物史觀！

　　我們是一群學歷史的人，也是對於地理很有興趣的人，爲了不忍坐視這樣有悠久歷史的民族沒有一部像樣的歷史書，所以立志要從根本做起。禹貢是中國地理沿革史的第一篇，用來表現我們工作的意義最簡單而清楚，所以就借了這個題目來稱呼我們的學會和這個刊物。我們要使一般學歷史的人，轉換一部分注意力到地理沿革這方面去，使我們的史學逐漸建築在穩固的基礎之上。我們一不偷懶，因爲故紙堆中有的是地理書，不讀書的便不能說話；二不取巧務名，因爲地理是事實並且是瑣碎的事實，不能但憑一二冷僻怪書，便大發議論。我們一方面要恢復清代學者治禹貢、漢志、水經等書的刻苦耐勞而謹嚴的精神，一方面要利用今日更進步的方法，——科學方法，以求博得更廣大的效果。

　　至於具體的工作計劃，大致有下列幾方面。

　　一，現在我們還沒有一部可以供給一般史學者閱讀的中國地理沿革史。王應麟的通鑑地理通釋太古老了，又很簡陋。顧祖禹的讀史方輿紀要卷帙太繁冗，非普通讀史者所宜讀，且顧氏多承明人之蔽，好空談形勢，於歷史地理之實際考證，往往未盡精確。此外近年來坊間也曾出了二三本標着這一類名目的小册子，益發是雜揉胡鈔，不值一顧。本來中國地理沿革史不是一部容易編的書，因爲其中還有許多重要的問題，至今沒有解決，有如：上古傳説中的"州"與"服"，東晉南朝的僑州郡縣，北魏六鎮和唐代六都護府的建置沿革，明朝都司衞所的制度等等。在這許多問題沒有解決之前，中國地理沿革史是沒有法子可以寫得好的，所以我們的第一件工作，便是想把沿革史中間的幾個重要問題研究清楚；從散漫而雜亂的故紙堆中整理出一部中國地理沿革史來。

二，我們也還沒有一種可用的地理沿革圖。税安禮的歷代地理指掌圖早已成了骨董，成了地圖學史中的材料了。近三十年來中國日本兩方面所出版中國地理沿革圖雖然很多，不下二三十種，可是要詳備精確而合用的卻一部也沒有。日本人箭内亙所編的東洋讀史地圖很負盛名，銷行甚廣，實際錯誤百出，除了印刷精良之外一無足取。中國亞新地學社所出版的歷代戰爭疆域合圖還比箭内氏圖稍高一籌。至於上海商務印書館等所出版的童世亨蘇甲榮二人的中國地理沿革圖，最爲通行，但其訛謬可怪尤有甚於東洋讀史地圖者。比較可以稱述的，衹有清末楊守敬氏所編繪的歷代輿地圖。此圖以繪録地名之多寡言，不爲不詳備，以考證地名之方位言，雖未能完全無誤，亦可以十得七八，可是它有一種最大的缺點，就是不合用。一代疆域分割成數十方塊，驟視之下，既不能見其大勢，檢查之際，又有繙前繙後之苦。所以我們第二件工作是要把我們研究的結果，用最新式的繪製法，繪成若干種詳備精確而又合用的地理沿革圖。

三，我們也還沒有一部可以够用的歷史地名大辭典。李兆洛的歷代地理志韻編太簡略了，檢索也不方便。北平研究院所出版的中國地名大辭典和商務印書館所出版的中國古今地名大辭典雖然都以"大"字命名，實際可是連正史地理志和一統志所載的地名也没有完全搜録進去。而且此等辭典皆不過鈔掇舊籍，對於每一個歷史地名很少有詳密的考證。所以我們第三件工作是要廣事搜羅所有中國歷史上的地名，一一加以考證，用以編成一部可用，夠用，又精確而又詳備的中國歷史地名辭典。

四，考訂校補歷代正史地理志是有清一代學者對於地理沿革學最大的貢獻。名著有全祖望的漢志稽疑，吴卓信的漢志補注，錢坫的新斠注漢志，汪遠孫的漢志校本，洪頤煊的漢志水道疏證，陳澧的漢志水道圖説，畢沅的晉志新校正，方愷的新校晉志，温曰鑑的魏志校録，成蓉鏡的宋志校勘記，楊守敬的隋志考證等等。可是除了漢志一部分的成績尚可稱述而外，其他部分都還粗淺得很。晉志、魏志、兩唐志最爲蕪亂難讀，但上述幾部書實際上並没有把它們考訂清楚。明史地理志訛謬脱漏的地方也很多，卻並不曾有人去理會過它。所以我們的第四件工作是要完成清人未竟之業，把每一代的地理志都加以一番詳密的整理。

以上所述都是對於地理沿革本身的研究工作計劃。再者，地理書籍中往往具有各種文化史料，例如，各正史地志什九皆載有州郡户口物産，那豈不是最好的經濟史料？州郡間有詳其民户所自來者，那豈不是最好的移民史料？所以我們的第五件工作是要把這些史料輯録出來，作各種專題的研究。

除此之外，我們還要提出若干關係自然地理而爲我們自己所不能解決的問題，徵求科學家的解答。例如，自漢以後，言河源者都以爲是發源於崑崙，其上流即今塔里木河，既瀦爲羅布泊，復伏流至積石出而爲中國河。伏流之説是否可通，這完全有待於自然地理學者的研究。不但是自然地理方面的問題，我們要請教那些專家，就是社會和政治方面，我們需要專家的解答正同樣的迫切。例如禹貢的五服，王制的封國，山海經中的原始宗教，職方中的男女人數比例，都不是我們自己所能研究出最終的結論來的。

　　以前研究學問，總要承認幾個權威者作他的信仰的對象。好像研究毛詩的，就自居於毛老爺的奴僕。在這種觀念之下，自然會得分門別户，成就了許多家派。我們現在，要澈底破除這種英雄思想，既不承認別人有絕對之是，也不承認自己有絕對之是。我們不希望出來幾個天才，把所有的問題都解決了，而只希望能聚集若干肯作苦工的人，窮年累月去鑽研，用平凡的力量，合作的精神，造成偉大的事業，因爲惟有這樣纔有切實的結果，正如磚石建築的勝於蜃氣樓臺。我們確實承認，在這個團體中的個人是平等的，我們的團體和其它的團體也是平等的。我們大家站在學術之神的前面，爲她而工作，而辯論，而慶賀新境界的開展，而糾正自己一時的錯誤。我們絕對不需要"是丹非素"的成見，更無所謂"獨樹一幟"的虛聲。願本刊的讀者能這樣的認識我們，同情我們！

　　　　　　　　二十三，二，二十二。

禹貢半月刊第一卷
第一期編後 *

　　顧剛七年以來，在各大學任"中國上古史"課，總覺得自己的知識太不夠，尤其是地理方面，原爲研究歷史者迫急的需要，但不幸最沒有辦法。材料固然很多，但我們苦於不能用它！説要攝取一點常識來敷衍罷，這不但在自己的良心上過不去，而且就是這一點常識也不容易得到。我常常感覺，非有一班人對於古人傳下的原料作深切的鑽研，就無法抽出一點常識作治史學或地學的基礎。因此我就在燕京和北大兩校中改任"中國古代地理沿革史"的功課，借了教書來逼着自己讀書。預計這幾年中，只作食桑的蠶，努力搜集材料，隨時提出問題：希望過幾年後，可以吐出絲來，成就一部比較可靠的中國古代地理沿革史講義（我只敢説講義，不敢説真正的沿革史，因爲要做一部像樣的史是數十年後的成就），讓願意得到常識的人有地方去取資。很欣幸的，兩校同學贊同我這個主張，肯和我切磋琢磨，每次課作都作得很精細，又很能提出自己的見解，使我感覺到我們這個課程有極遠大的前途。

　　同時，譚季龍先生（其驤）在輔仁大學擔承"中國地理沿革史"一課，假期相逢，每每討論這些問題，使我受益不少。我們覺得研究學問的興趣是應當在公開討論上養成的，我們三校的同學如

* 原載 1934 年 3 月 1 日禹貢半月刊第一卷第一期。

能聯合起來，大家把看得見的材料，想得到的問題，彼此傳告，學業的進步一定很快速。而且這項學問，前代因爲没有精確的地圖和辭典等可以依據，所以很不發達。現在則製圖術大進步了，何況我們在北平，什麽材料都容易看見，我們儘有超出於上課的工作可做。爲要造成大家工作的勇氣與耐性，所以我們決定辦這個半月刊。這個刊物是以三校同學的課藝作基礎的。但外面的投稿，我們一例歡迎。

　　爲求簡單而明瞭，這個刊物採用了"禹貢"二字，因爲禹貢篇是研究中國地理沿革史的學問的出發點。但我們期望中的成績是應遠超於禹貢之上的。又我們所討論的地理沿革，並不限於上古地理；就是中華民國的設區設道以及市縣的增減材料，也在我們的搜集之中。不過漢以前的，材料少而問題多，材料彼此都可看見，問題彼此都可明曉，所以這方面的文字較多些而已。希望讀者能承受我們這個意思，勿重古而輕今。

　　這個刊物是我們練習做研究工作的一個機關，所以希望讀者不要用很嚴格的眼光來看，也不要對於我們最近的成就有太苛的責望。只要時局不至大混亂，容我們一步一步地走下去，將來必可有正式的研究報告貢獻於讀者之前。所以現在我們所祈望於社會的，是多給我們培植和保護。我們現在是一群小孩，小孩時能受好教育，長成了纔可任大事業咧！

　　下面説些我對於本期諸文的商榷。

　　在雲土夢一文中，作者致疑於山經的没有雲夢，以爲或是東山經的深澤和西山經的渤澤。按東次三經屢道"流沙"，又云"東望榑木"（即扶桑），分明是在海邊。西次三經的渤澤是河原，在崑崙之東，也離雲夢很遠。我想，中次十二經云："神于兒……常游於江淵"，又云："洞庭之山……帝之二女居之，是常游於江淵，澧、沅之風交瀟湘之淵，是在九江之間"，既有洞庭，又有澧、沅、瀟湘，大約所謂江淵就是指的雲夢吧？中次八經云"神蟲圍……恒游于睢漳之淵”，又云“神計蒙恒游于漳淵”，睢（沮）與漳爲“楚之望”，而漢志所謂“有雲夢官”的編縣正在睢、漳二水之間，杜預所謂“有雲夢城”的枝江縣正在睢水西岸，大約所謂睢漳之淵也就是指的雲夢吧？

職方冀州境界問題文中，於孫詒讓説兗州疆域“東至海，東北亦至海”提出疑問。我覺得這是孫氏的錯誤。兗州在禹貢裏自然東至海，但在職方裏則必不能東至海。職方裏於兗州説“其川河、泲”，於幽州也説“其川河、泲”，而幽州則自遼東半島至山東半島的，可見河與泲入海的地方已爲幽州所佔有了。再看職方九州定界，在内地的用河，在邊隅的用方向，而兗州也是用河，更可見其不至海。

關於“雲夢官”及漢志掌物産官的問題，也有一些意見。排不下了，下次再談。

廿三、二、廿五。

禹貢半月刊第一卷
第二期編後 *

本刊第一期出版以後，聽到許多批評的話，固然使我們很高興，但是，他們對於本刊的稱贊和菲薄，我們都不願承受。

我們自己覺得，這是一班剛入門的同志的練習作品，説不到成績和貢獻，決没有受人稱贊的資格。同樣，我們正在開始工作，只要路道不走錯，勇氣不消失，又永遠能合作下去，我們的前途自然有無限的光明，也没有受人菲薄或妄自菲薄的理由。

"九成之臺，起于累土；千里之行，始于足下"，這是顛撲不破的名言。我們現在所應自問自責的，就是我們有没有把一畚一畚的泥土堆積起來，有没有向着目的地開步走去。至於九成之臺和千里之行的最終成就，那是幾年或幾十年後的事情，甚而至於是數世以後的事情，我們工作的人固然不必性急，就是旁觀的人也不必爲我們着急。真實的工作是没有徼倖成功的，也決不會在短時期内就完工的。我們現在需要每一個人把他自己的見解發表出來，這見解如對，大家都採用它；不對，大家就推倒它，我們不求個人的成名，只望團體工作的確立。

謹慎的前輩常常警戒我們：發表文字不可太早，爲的是青年作品總多草率和幼稚，年長後重看要懊悔。這話固然有一部分理

---

* 1934 年 3 月 10 日作。原載 1934 年 3 月 16 日禹貢半月刊第一卷第二期。

由，但我敢切勸青年不要受他們的麻醉。在學術上，本沒有"十成之見"，個人也必沒有及身的成功。學術的見解與成就，就全體言是一條長途，古人走到那裏停下了，後人就從他停止的地方走下去：這樣一代一代往前走，自然永有新境界。就個人言也是一條長途，所謂少年、青年、壯年、老年，都是這長途中的一個階段，你要進步，就得向前走，所謂"走"，是心中有問題，眼中有材料，從問題去尋材料，更從材料去增加問題，逼得你"欲罷不能"，一定要這樣纔有真正的研究可言。但是最難的一件事就是心中有問題。一般大學生，對於各種學科的內容都有些門徑了，學術的系統和研究的方法也明白了，然而心中有問題的能有幾個？畢業之後不做留聲機的又有幾個？材料是死的，你成天讀書，讀熟一部圖書集成，至矣盡矣，然而你也不過做了一部圖書集成，只有四百元的代價，算得了什麼！如果問我：如何可以得到問題呢？我將答說：就在你肯隨處留心別人的意見，同時敢把自己的意見對人發表，更容納別人的討論。只要你自己錯了肯承認，肯屈伏於別人的意見之下，那就是你自己的進步。自己不錯而別人錯，你會用了自己的理由說得他屈伏，那就是你督促別人進步。如此相摩，相盪，相衝突，相抵禦，相吸收，相競勝，然後各人心中懷着急切待解的問題，眼中也儘看見和這個問題有關的材料了。

這件事情看來雖易，實做卻難。假使你在青年期沒有練習發表意見，你到了壯年以後就不會發表意見。假使你在青年期沒有練習容納別人的意見，你到了壯年以後就不能容納別人的意見。你的胸中在青年期沒有幾個問題，壯年以後，腦筋越來越殭化，思想越來越枯澀，更沒有發生問題的希望了。

在我們的團體中，大多數是大學生，我希望大家能有這樣的認識，捉住這個練習的機會，一步一步的往前走，使得這些"少作"無負於現在的年齡，更使得將來的年齡對得起這些"少作"！

禹貢半月刊第一卷
第三期校後 *

　　本期是譚其驤先生編的，排好之後，纔知道篇幅不夠，由我臨時補上三篇。因爲是補的，所以前後次序有些不適合的地方，請大家原諒！

　　這兩期中，都有户口統計表，我覺得這是很有希望的一件工作，我們應該準備把二十四史裏的人口記載都這樣的整理一下。但尤其重要的是在這數字上指出其社會現象和尋求這些現象的原因。例如在西漢的數字上，可知人口在二百萬以上的有三個郡：汝南（二五九萬），潁川（二二一萬）和沛（二〇三萬）；在一百五十萬以上的有五個郡：南陽（一九四萬），河南（一七四萬），東（一六五萬），東海（一五五萬），陳留（一五〇萬）。這些地方的人口密度遠超於三輔（京兆尹僅六八萬，右扶風僅八三萬，左馮翊最多，也不過九一萬），這是我們平常所没有感到的事實。而且還有一個奇特的現象，就是這些郡多數在淮水流域，足徵文化已漸漸南遷，由河而淮，由淮而江，是一種自然的趨勢，我們不能把五胡亂華作爲開發南方的惟一原因。

　　到了東漢，有一個最顯著的現象，就是：北方人口大減而南方則大增。人口最多的汝南幾減去五十萬，潁川幾減去八十萬，沛郡甚至於減少一百七十萬。就是建都的河南尹，也比西漢減了

＊ 原載 1934 年 4 月 1 日禹貢半月刊第一卷第三期。

七十二萬。可憐的涼州部，隴西本來不過二十三萬，現在只賸兩萬九千了；安定本來不過十四萬，現在也賸兩萬九千了。但尤其可憐的是并州部，上郡本有六十萬，現在只賸兩萬八千了；西河本來有六十九萬，現在只賸兩萬人了。這是多麼傷心的事！

可是回過頭來看南方，便覺得正在欣欣向榮。九江和桂陽都是一加三十四萬，巴郡一加就是三十七萬，南陽一加就是四十九萬，長沙一加就是八十二萬，零陵一加就是八十六萬。尤其了不得的，豫章本來是三十五萬，現在竟有一百六十萬了。更了不得的，益州郡本來是五十八萬，而現則從它分出的永昌郡已有一百八十九萬了。從這種地方看來，可見魏、蜀、吳三國的分立自有其必然性，“雖曰人事，豈非天命哉！”

上面説的，不過略略指出其現象。至於所以發生此現象的原因，我也不敢斷然的説出來。我很希望有人能專力從事於此，將來給我們一個滿意的解釋。

王育伊先生已做了“漢書地理志與續漢書郡國志户口比較表”了。惟因這表太大，不能登入本刊，只得另付石印。我上面的話，就是看了他的比較表寫的，順此道謝。

再有一件事要附帶提議的，是兩漢書因版本不同而數字有異，我們應當再做一個户口數的校勘記。

二十三、三、二十六。

禹貢半月刊第一卷
第十二期編後 [*]

我們真高興，禹貢半月刊出到十二期了，下一期就是第二卷第一期了！我們赤手空拳地打出來，居然得到許多人的同情，有的捐印費，有的送文章，到今半年就有這四十餘萬字的成績，我們應當自信意志的力量可以戰勝物質的阻礙！

以中國歷史之久，地域之廣，無論如何總應當有幾種專討論歷史和地理的雜誌。何況當這強鄰狂施壓迫，民族主義正在醞釀激發的時候，更應當有許多人想到考究本國的民族史和疆域史。但事情真出人意外，我們這刊物請求通都大邑中幾家著名的書舖代售，竟遭拒絕，他們的理由是"性質太專門，恐不易銷賣"。唉！他們的經驗是不錯的，有幾家書舖起先應允代售，但幾期之後就退回來了，說"没有人買"。我們有時勸幾位朋友售買，但他們翻了一下就縮手了，說"看不懂"。

我們不能順應環境，偏與群衆立異，當然是我們的傻。但若只順應了環境作事，這種不費勞力的成功，有何可喜！這種迎合潮流的心理，又有何價值！我們一定要用自己的熱忱和毅力改造這環境，使得大家明白本國的民族史和疆域史的重要，具備了這方面的常識，懂得了研究的方法，各就所能，和我們合作。只消

---

[*] 1934 年 8 月 7 日作。原載 1934 年 8 月 16 日禹貢半月刊第一卷第十二期。

我們不停止地向前跑去，不信將來没有這一天！

　　但若永遠板着臉説話，專收嚴整的考據文字，在没有這方面興趣的人必然是望而生畏的，這決不是引人入勝的好法子。所以我個人的主張，只望材料新，不怕説得淺。例如本期中的豐潤小志，是作者的隨筆，和本刊它期的文字不同，似乎不該收。但這雖不是精密的調查，確是作者意識中最深的印象，他寫了出來，我們讀後也會對於豐潤縣發生較深的認識：這就是它的效用。正如列了許多統計表的北平市調查（或年鑑）固然真確，然而一個畫家繪出故宫一角或北海之秋來卻會給人一個更深摯的印象，使人忘記不了。所以我們固然稱贊科學家，而亦不肯菲薄藝術家。

　　由於這個理由，我主張此後每一期總當有一兩篇地方記，作者各就自己最熟悉的地方，作一些不背事實的描寫。這個地方，或是作者所生長的，或是作者所流寓或游歷的，都可以，只要他知道的多。做的時候，固不妨翻閲史書和方志，但即抒筆直寫也未爲不可，只要他知道的真。此外，長途的游記也該爲我們所歡迎。

　　有許多人説這刊物是“專門研究古地理”的，這固然是事實，因爲既講地理沿革當然偏於古代。但我們須切實聲明的：我們没有忘記現代！我們將來有財力，有人才，有材料時，還要注重到現代中國的經濟地理方面去。此刻我們在北平的大學裏，所能見到的是北平各圖書館的收藏，這些收藏是偏於古代的，我們要做些切實的工作當然只能向古代地理方面着手。要是將來經費充裕，許我們專力從事工作，我們必須組織旅行團，分道四出，作實際的調查，搜集現代的材料。這不是一時可以做到的事，大家只有耐着性子等待，也只有把當前的古代材料以苦力得到收穫時可以唤起社會的同情心，給我們這方面的便利。

　　這刊物篇篇講地理，卻不能篇篇附地圖，確是一件大憾事。所以不能這樣辦的緣故，一來是鑄版費太貴，非現在的經濟能力所許可；二來是我們的地圖底本尚未出版，畫起沿革圖來太費時間，也不是我們現在的工作生活所許可。希望在這半年之內，把底本印出，從第三卷起，每期可以有一二幅插圖。以後再慢慢兒加上去，直到篇篇有附圖爲止。

　　本期中，地理與歷史的中心關係一文的作者希望我們把整理史實作爲理解歷史進化的初步手段，不要把考證看成終極的目標，這個意思當然很對。可是，我終覺得，學問應有全體的關聯，有綜合的目標，但個人的工作卻不妨只爲一部分的。所以然之故，就因爲學海無涯而個人的能力有限，不得不各人割了一小部分作深入的研究；倘有才氣磅礴的人肯以挈合疏通的工作自任，則許多小部分研究的完工正是學問全體成就的基礎。所以，拿顯微鏡的不必即爲拿望遠鏡的，這兩種工作各有其適用的場所，大家應當就性之所近，努力前進。只要工作的態度是客觀的，則表面雖千殊萬異，總可歸到一條綫上。假使拿望遠鏡的笑拿顯微鏡的爲眼界太小，拿顯微鏡的笑拿望遠鏡的爲所見太粗，各不相容，舍棄了他們的本分而作爲意氣之爭，這決非學術界的福利。因此，我們以爲，我們一方面應知世界之大，一方面仍應確定自己的工作範圍：有大力量的，儘不妨把整個世界作爲研究的對象；沒有這力量的，也儘不妨在一寸一分之下做工夫。質之作者，以爲如何？

禹貢學會募集基金啟[*]

甲　創立宗旨

居於一室而不知其室外之街巷可乎？曰：不可。人不但寢息於室中而已，必有所事，或操其業務焉，或取其衣食焉，是皆在於室外，而必由街巷以達之者也。故其活動之範圍小者其所知之街巷亦少，老嫗小兒但知米肆糖攤可已。至於訪員郵差，則於其所在之逵市荒陬莫不當知，以其活動範圍遍及全邑也。一地如此，一國亦然。吾人棲於中華之土，稱曰中華之民，又翹然自異曰學術界，若於國內之山川道路，城郭關塞，以及地之所生，事之所宜，皆懵然無知，是乃不及訪員郵差之克盡其職責於一地，豈非大恥辱乎！百年以來，東鄰西邦之研究吾史地與社會者踵相接，僕僕道途，皆搜覓其所欲得者以去，孳孳焉究而察之，若水銀瀉地，無孔不注；其謀國者遂得藉之以設施其政治計畫，而吾國為之大困。夫一國之學術界既皆夢夢若老嫗小兒，不識其稍遠之街巷，雖有賢者居位，欲大有所作為，而無從得學者之輔助，終惟諮謀於貪猾之吏，政與學相離絕，國土安得不拱手而讓人，

---

* 原載 1936 年 1 月 16 日禹貢半月刊第四卷第十期。

此則於創深痛劇之時所當猛自省而嚴自尤者矣。今日國事之屯邅
爲有史以來所未覯，崩壓之懼，陸沈之危，儴然懔然，不可終
日，吾人所負之責任遂極有史以來之艱鉅。夫救國之道千端萬
緒，而致力於地理，由認識國家民族之內涵，進而謀改造之方
術，以求與他國方駕馳騁於世界，固爲其最主要之一端也。

　　本會之創立，目的在研治沿革地理，並進而任實地調查之工
作，以識吾中華民族自分歧而至混一之跡象，以識吾中華民族開
闢東亞大地而支配之之方術，以識吾中華民族艱難奮鬪以保存其
種姓之精神，蘄爲吾民族主義奠定堅實之基礎，且蘄爲吾全國人
民發生融合統一之力量。此今日之大任，非敢以能力薄弱自諉
者也。

　　以吾國深長之歷史，於民族、疆域、交通諸端，應研究之問
題及應搜集之材料實多不可計。昔人限於工具之不完備，曾無貫
串比覈之術。今日繪圖術之精既已突過前人，而以統計術推求事
實乃爲前人所未嘗夢見，至於搜集史料之方法，異國文字之互
證，較諸百年以前，進步之速，直匪言說可喻。同人獻身此學，
蘄以團體之力作成之圖書約有八種。一曰“中國民族史”，殷周以
前中國之民族分布，固須待考古學發達後始可探知，而三千年來
之演進則文籍中歷歷可按，以吾族無種族之隘見而惟求文化之擴
展，故四表得層層消融以成此龐大之國族；作爲此編，可於艱難
圖存之中增進吾民族之自信力，亦使吾民族精神得以昭著於世界
焉。二曰“中國地理沿革史”，三曰“中國地理沿革圖”，四曰“考
訂校補歷代正史地理志”，此三者雖判數名，實同一體，蓋皆整
理各時代疆域之贏縮，軍政區之分畫，以識其盛衰之跡者也；若
人口之統計，交通物產之圖表，亦附於此。五曰“中國地理書
目”，廣搜中外圖書，凡與華夏地理有關者，皆記其卷帙、作者、
刊者、藏者，及其序跋、評論，以類相從，使求索材料者檢之而
即可得，以爲研究之基礎；至於單篇之論文，零條之筆記，並著

錄焉。六曰"中國地名辭典"，郡縣有古今建置之殊，山川有隨地更名之習，名實異同之間，目爲眩亂，近雖有作爲辭典者，而以材料之未能集中，猶甚多可指摘；本會既編地理書目，悉知材料之所在，於以採録地名，編爲此典，固可遠勝於他作也。七曰"中國地方文化史料集"，於今言史事者，採之正史者至多，而用地方志者則絶少，以方志分量繁重，且散在各地，不易讀也；然其中實保存不少重要史料，可補正史之闕遺者；輯而存之，與正史並行，則網羅時間空間，史料無所隱遁矣。八曰"中華民國一統志"，此爲本會工作之最大目的，而以前種種均爲此豫備者也。人民於其所居之國，莫不要求有確實之智識，以進行其征服自然之設計；專門之學雖爲少數人之事，然必對於大多數人發生影響，其學始有價值：故本會以前之工作純爲學者事業，而此最後之一事則爲供給社會應用，將於前所探討之中，擇其爲現代人所當有之常識，出以通俗化之文筆，而期廣遠之灌輸。然此事甚大，同人所能自任者惟沿革之叙述與現況之調查耳，至於地文、地質、生物、人種、社會、經濟、宗教等項，必得各專門家之通力合作，然後可以無憾也。

命名曰"禹貢"者，禹貢一篇於吾國地理書中居最早，其文羅列九州，於山川、土壤、物産、交通、民族諸端莫不繫焉；今之所謂自然地理、經濟地理者，皆於是乎見之。以彼時閉僿之社會而有此廣大之認識，其文辭又有此嚴整之組織，實爲吾民族史上不滅之光榮。今日一言"禹域"，疇不思及華夏之不可侮與國土之不可裂者！以此自名，言簡而意遠。且論沿革地理之書，自漢書地理志以來，莫不奉是篇以爲不祧之祖，探源導流，同人之工作固當發軔於此爾。

乙　創立經過

民國二十一年，譚其驤先生在北平私立輔仁大學擔任"中國地理沿革史"一課，翌年，顧頡剛先生在國立北京大學及私立燕京大學擔任"中國古代地理沿革史"一課，性質既同，時以述作相討論。是時燕京大學中，鄭德坤先生研究水經注，重繪水經注圖；朱士嘉先生研究地方志，編中國地方志綜錄；馮家昇先生研究遼金史，作契丹名義考釋等論文；張維華先生研究中西交通史，注釋明史佛郎機呂宋和蘭意大利亞四傳：從事於歷史的地理之研究者日多。而燕京大學以外，北平學界之研究甲骨文及金文中之地名與其地方制度者有董作賓、于省吾、吳其昌、唐蘭、劉節諸先生，研究古文籍中之地名及民族演進史者有傅斯年、徐炳昶、錢穆、蒙文通、黃文弼、徐中舒諸先生，研究地方志者有張國淦、瞿宣穎、傅振倫諸先生，研究中西交通史者有陳垣、陳寅恪、馮承鈞、張星烺、向達、賀昌群諸先生，研究地圖史者有翁文灝、王庸諸先生，是諸家者，時有考辨之文揭載於各定期刊物中；風氣所被，引起後生之奮發隨從者不少。顧譚二君擔任此課，於學生課卷中屢覯佳文，而惜其無出版之機會，不獲公諸同好，爰集合北大、燕大、輔大三校選課學生，於二十四年二月在北平成府蔣家胡同三號組織禹貢學會，自三月一日始發行禹貢半月刊。經費除顧譚二君之特別捐助外，均賴會員所繳之會費維持之。初時每期僅二三萬言，從事撰稿者不過二十餘人；其後會員日增（至今有二百人），銷行日廣，稿件紛集，遂逐漸擴充篇幅，至今每期累七八萬言，而文稿猶多積壓，所討論之問題亦遠軼於創辦期矣。

　　張石公先生（國淦）研求地理之學逾四十年，搜集圖書材料至富，於方志之部尤爲究心。本會既創立，先生酷表同情，多方獎掖，本年十月復以北平小紅羅廠等處房地捐贈本會，使研究之業得因集中而增加力量。本會感領之下，已將繪圖工作及所藏圖書遷入；至於發行事務，爲就印刷之便，暫留成府辦理。

　　自本會發行半月刊，搜集中國民族演進史及地理沿革史之材料，並討論其問題，研究中國經濟史者陶希聖先生視此爲有效之方法，亦發起食貨學會，刊行食貨半月刊，搜集經濟史料而討論之。此兩會所研究者雖爲部分之中國史，而實際不啻爲中國通史築一堅固之基礎。陶先生爲督促"中國通史"之早日出現計，又聯合本會，發起史學月刊（不久將由亞新地學社出版），俾百川東流，得其總匯，且使學者勿以久任顯微鏡之工作而遂忘窺望遠鏡也。

丙　過去工作

　　民國二十一年春，鄭德坤先生整理水經，以楊守敬氏水經注圖裝成册子，既不便觀覽，其底本又不甚正確，思改進之，因重繪水經注圖，合密邇之數水爲一幅，而又作總圖以爲之綱領。其時鄭先生感覺研究沿革地理而無一精確之底本，於事至爲不便，因與顧頡剛先生合議，聘員繪畫"地圖底本"，依經緯綫分幅，以便接合；圖分甲乙丙三種，甲種比例尺爲二百萬分之一，乙種爲五百萬分之一，丙種爲一千萬分之一有差，俾得視其所欲爲者而擇取底本用之。豫計此圖出版後，即可從事於下列數種之工作：繪畫各史地理志或清人補志之圖，參酌李（兆洛）楊兩家之歷代輿圖而補正之，且爲之表譜以資説明，一也。地理志第據一代中某

一年之冊籍（如前漢爲元始二年，續漢爲永和五年），而疆域隨時
變遷，一代之始終往往大不相同，今應因其損益而各別爲圖，一
代可以多至若干幅，二也。分讀二十四史，集錄所有地名作爲索
引，就其可考者悉注於圖，以補郡縣名之所不及，三也。此外各
代行師之路徑，民族之遷徙，人口之疏密，交通之進展，物產之
分布，人物之統計，莫不可將研究結果繪之成圖，俾讀沿革史者
不但知其沿革而已，又得知其所以沿革之故焉，四也。定議之
後，遂聘測繪專家吳志順先生主持其事。吳先生不敢憚勞，遍搜
北平各圖書館所藏之圖而比較之，每繪一幅必以若干圖相參證，
其不同之處又必考而後信；因其不輕着筆，故迄今全圖尚未繪
成。豫計本年夏間，可以大體竣事。

　　研究方面，以本會未有基金，無從籌措經常費用，故同人之
工作不易集中而分配之。然即以今日所研究之論題分配於各方
面，雖未嘗無輕重贏縮之殊，而大致於此學之園地均已墾闢。按
本刊第一、二、三卷中所發表之文字，凡論春秋以上之地理及民
族者七十七篇，論戰國至漢者二十七篇，論三國至唐者二十篇，
論宋元者九篇，論明清者二十三篇，論邊疆者二十四篇，論內地
各種族者五篇，論中外交通者十三篇，論方志之學者十一篇，論
地圖者十二篇，是足以見本會同人分工之趨勢矣。自第四卷起，
更注重於邊疆及水利，以期適合現代之需求；又特闢"國內地理
界消息"一欄，搜集南北各日報中之疆土、戶口、交通、礦產、
工商業、水利、水災各項新聞，施以系統之編次，藉作研究當世
地理之準備，而欲覘吾國國力之增進與實業之消長者亦可於是
求之。

　　本會同人亟欲知今，惟以各有業務，未容騰出旅行之時間，
加以資財不裕，無從籌措旅行之費用，故暫時埋頭圖書館中，以
整理舊材料自任。然跋不忘履，伏櫪不忘千里，故除準備實地調
查外，並已郵請各地人士對於其本邑作調查，材料取其近，眼光

取其新，每縣寫數千言或萬言，爲"地方小志"；半載以來，得數十篇。將來當益加徵求，期得分省編集，用備"中華民國一統志"之椎輪，且爲本會將來正式調查時之借鏡焉。

中國人之知有世界，實始於利瑪竇之繪製地圖。其"坤輿萬國全圖"六幅，東西洋學者研究已多；其"山海輿地全圖"則外國人士尚未有見者，而其圖分東西兩半球，更爲近真（見本刊第四卷封面），大有表章之價值。本會同人發見此圖於明刊"方輿勝覽"中，由洪煨蓮先生（業）縝密探討，更得不少材料，足以證明利氏制成此圖之後曾風靡於明世。爰由洪先生主編"利瑪竇地圖專號"，豫定在本刊第四卷內出版。同人深信此册一出，必足以震驚世界之地理學界也。

夫以前治學限於文字，地圖一科雖已萌芽於三千年前，而以數學之不發達，測繪術未能邁進，即有精製之圖，如唐賈耽元朱思本所作，亦以印刷術之幼稚，未克複製，有志研究地理者無所憑藉，自無成學之望。自清康熙間耶穌會士來中國者爲我測繪"內府十三排地圖"，而始有正確之圖本可據，胡文忠公遂刊一統輿圖，李楊二氏亦作歷代地圖，並有不廢之功。然木版印刷終嫌粗略，而二氏以一二人之力成之，未嘗與同好者竭盡商榷之事，然則其偶有疏失乃爲時代所限，不當苛責者也。今日繪畫印刷之術俱大異於昔年，而又有期刊以爲搜集材料與討論問題之機關，加以圖書之輻湊，交通之利便，將來吾儕成績之超越於前人，非智慮之有勝，亦時爲之爾。若擁此優厚之環境而束手不爲，是真自暴自棄之甚矣，有何面目以對慘淡經營之前哲哉！

丁　募欵原因

本會同人自組織學會發行刊物以來，迄今未及二年，倖獲國內學術界之同情，相與輔相而裁成之，以有今日顯著之進步，誠不勝其欣幸。然而爲學之道，不進則退，中間無站足處。語云，"學然後知不足"，同人惟積數年之功力，識其所當循之道，遂有求進之共同意識，不能安於現在之課藝的狀態。然本會同人大抵皆學校師生也，教師薪入有定額，學生費用亦未容多取諸家庭，既無較厚之財力，即未容作切實之發展。用將會中經濟情形及其進取之計畫臚陳於下，以備有志鼓吹文化且發揚民族意識者之鑑察焉。

本會亟需欵項以辦理者，凡有四事：

其一，爲半月刊之印刷費。當本刊初出版時，自謂性質過於專門，必無暢銷之望，故鉛版印畢即拆，未打紙版。豈料發行之後，銷路頗旺；一二兩卷每期印千餘冊，不及半年輒已罄盡。及銷盡而索購者猶紛來，並要求裝合訂本，故本年即將前二卷重付排印，且打紙版。不幸補印合訂之本將成，篇幅自第四卷起又經增加，而時局陡然嚴重，市面大感蕭條，購買力因之驟弱，本刊受此影響，所蒙損失遂鉅。除定户外，零售者不及去年之半；即會員應繳之會費，各代售處應繳之售價，莫不因是而多積欠。向之藉會費售價以自立者，今乃顛簸於驚濤駭浪之中，大憂隕越。又地理論文不當無圖，本刊前已憾於資力之不足，每期中僅插一二幅，私衷耿耿，常懼無以對讀者，今則即此一二圖亦頗覺躊躇矣。爲救急計，不得不募集印費，使刊物毋中斷。雖然，驟雨飄風，常不終日，時局雖極惡劣，而必有變陰霾爲晴朗之時，故救急之術雖不可不圖，而永久之謀則尤爲重要。必使此刊之存在不賴售賣之收入，然後可立一定之辦法，不隨時局而俯仰；而所收售賣之資亦可改充稿費，使寒畯之士得藉此以自成其材。若然，則半月刊之印刷及文中插圖製版等費用，年需四千元。

其二，爲專書之印刷費。本會創立之初，即於會章中規定，出版物除期刊外，尚須刊行研究報告與叢書兩類：研究報告爲會員專門工作之結果，叢書爲彙刊前人本項學術之著述。當時計畫，短文編入期刊，長文印爲專書。其後以印費無出，叢書及研究報告迄未發行。然又不忍不印，則取之以編入半月刊，故此刊中不少長文，往往經歷若干期而猶未完畢，此對於讀者甚感不安者也。其尚未刊入半月刊而確可單行者，就手頭存積之稿言之，有王日蔚先生之"中國回族史"，馮家昇先生之"東北史地"、"西遼史"，譚其驤先生之"中國內地移民史"，馬培棠先生之"禹貢編制考"、"古代中國民族考"，鍾鳳年先生之"戰國疆域變遷考"、"水經注表"，鄭德坤先生之"水經注圖"、"水經注引書考"、"水經注研究史料彙編"，史念海先生之"兩唐書地理志考異"，黎光明先生之"大唐西域記表目"，楊殿珣先生之"元和郡縣志索引"，賀次君先生之"山海經索引"，白壽彝先生之"諸蕃志箋注"譯稿（原文爲德國洛克希爾氏著）；但使具有印刷費，即可陸續出版。本會同人既已各有專攻，自能以不斷之成績自獻於社會，此後之著述必將層出而不窮。如平均每月出一二種，則年需六千元。

前二事固爲本會事業發展所必需，然事又有重於此者。蓋此等個人之書室工作，雖最後之歸宿終歸於互相輔助，融成一片，而在工作之途中則無須聯絡，彼此儘可不相聞問，此以前學者所優爲者也。吾儕生於今日，目覩他國研究學問之方法與其成就，憬然知欲登最高之理想境界必有集團工作以爲之基，而後個人之時間精力乃得減少浪擲，而聚精會神於若干專門問題之探索。非然者，此鈔地理志，彼亦鈔地理志，此作人口統計表，彼亦作人口統計表，同一事而重沓爲之不已，自學術界全體觀之，真大糜費也！所貴乎團體生活者，爲其能通力合作也，本會之創立，甚欲於集合同志各出其書室工作之外，更有若干之集團工作，使個人與團體達到相依爲命之地位。前繪地圖底本，即爲提供集團工作之一種。此外如"地名目片"，應有一定式樣，先由各人分書鈔寫而後繼以混合編排，則凡求一地名不得者，到會中一檢而即知之矣。又如"書名目片"，凡屬地理之類應悉鈔錄，則凡欲覓郡邑山川之史料者，亦可俯拾即是，不勞個人費寶貴之光陰於大索中矣。夫個人之力有限，集團之力無窮，以集團之廣大濟以個人之深邃，其成就寧有底止耶！前文揭櫫所欲成之書，皆集團工作也。倘使月有五百元，便可聘大學研究院畢業生五六人專司其事，教師以餘閒任指導輔助之職，假以十年，必有"不廢江河萬古流"之大著作出現於世。此之成功，必非急就貿利者所可幾也！如是，年需六千元。

尚有一事，視此爲更重要。蓋百聞不如一見，惟身所遭遇者始感親切；欲求有用之學，必不可但憑書本。言地理而不實地觀察，猶誦食單而遂謂知味，實自欺耳。他邦之士，受語言生活之隔閡，尚復不憚艱險，深入我內地，凡我散亂之事物無不融化爲彼輩系統之智識。尤在邊境，我所最昧而彼所最明，馴至生一交涉，在彼言之歷歷，而在我則無所措手足，此豈非全國人民之奇恥大辱。夫我國旅行之風迄今未盛，言歷史地理者猶以爲不出戶庭可知天下，既積習莫破，則惟有假途於域外之圖書。然言本國之事而取外國材料，則受侮受謾乃其恒情，洪鈞"中俄交界圖"其例也。故擺脫束縛，自挺脊梁，旅行團不可不組織。本會以研究地理爲標的，自當以書本知識導其始，而以實地調查要其終。擬先規定旅行經常費每年五千元，商定題目，分期舉辦，如論經世則有屯田、河渠、道路、土司諸端，探邊情則有人種、語言、宗教、同化諸端，以及長城運河之遺跡，鑛冶陶甓之工業，莫不將所得記録作邃密之研究，而逐漸擴大之，非窮其究竟，不憚再三踏查，如是，則物無遁形，而同人之工作靡不可爲致用之資矣。

綜上四項，年需二萬一千元。自個人言，似乎所望太奢；然以全國家全民族言，無寧謂之過儉。今日何日乎，非唤起民族精神殆無術自存於世。且在此苦悶之時局中，我輩若不以自力創造希望，即將相率流入頹廢之途，而青年無屬望之人，國家乃真不可救矣。夫使人識吾國家爲不可分割之國家，吾民族爲不可讒間之民族，是吾儕之力所能爲；善用其力而使有成焉，知必得食其碩果於將來也。

戊　募捐辦法

時勢有如此之需要，本會有如此之計畫，自當黽勉赴之。但每年需有二萬元以上之開支，必存積三十萬元之基金而後可以無慮。就現在國内經濟情形而論，此境實非一蹴可幾。今擬以十年之力完成之（自民國二十五年至三十四年），每年募捐三萬元；倘得溢出此數，即行縮短年限。諒愛護本會之事業者必皆樂觀其成也。辦法如下：

凡捐款在五十元以上者，及代募捐款在五百元以上者，均由本會敦請爲賛助會員。本會對於賛助會員，除刻鏤金石以資紀念外，並將捐款提出十分之一，購買切用圖書存儲學會，俾讀是書者開卷而思嘉惠，木本水源，永垂不朽。（此事現已實行，分見半月刊各期本會紀事欄。）

凡賛助會員，本會當將定期刊物長期贈閲；其他出版品亦當贈送，惟成本特重者則奉呈廉價券。

本會所得之捐款，除以十分之一購買圖書外，其餘盡歸基金項下存儲之。捐款人倘自行指定用途，如悉數購書或建造房屋等，本會自當照辦，惟不併入基金內計算。

基金完成之後，是否應作第二步計畫，如聘請學侶擔任特別研究工作等事，屆時再開會決定之。如本會力所未及而捐款人臨時發起，或以某項工作委託本會辦理而予以特捐，但須同人能力所及，無不樂於從命。

至於在籌募基金時期，本會所自任之工作及會中收支辦法，並陳下方以資參考：

本會應即組織"禹貢學會籌募基金委員會"，選舉本會會員八人及贊助會員七人為委員，共同管理募捐及支付事宜；除隨時將捐款數目於半月刊中公布外，並將決算書按年報告於全會及捐款人。一方面徵求會員及各界人士為本會募捐員，發送三聯捐冊；每一募捐員至少在三個月內向本會報告一次。

在籌募基金時，學會會計應與基金會會計分立，俾基金不致因當前之費用而多消耗。書報之印刷費仍由會費，會員特捐，廣告費及售賣收入四項中開銷之；其不足之數則動用基金利息。如在此期中所需之印刷費，已得在會費，廣告費及售賣收入三項內清付，則將會員特捐一項停止，並徵求捐欵人之同意，將此項捐欵併入基金辦理。

本會編印地圖底本，為作沿革地圖之準備，此乃本會種種研究事業之基礎；惟當創辦之際，困於資力，故所有繪圖員薪金及印刷費等均由顧頡剛鄭德坤二先生墊付。俟捐有成數，當先歸還。繪圖員吳志順先生為表同情於本會事業，支最低之薪金，精心苦詣，成此定本，且有志為本會繪畫全部歷史地圖，又承馮家昇侯仁之諸先生校對此圖，費時不少，同人工作實利賴之，俟出版後，擬合付以百分之十之版稅，以答厚意。其他專書，並同此例。

同人初學，疏淺為慙，所可自信者惟此不可轉之志耳。苟利於國，生死以之。倘蒙先進鴻達許爲可教，加以培植，俾本會之工作有進而無退，本會之成績隨歲而益新，學術幸甚，國家幸甚！

中華民國二十五年一月一日。

禹貢半月刊三週年紀念辭*

　　我們這刊物支拄到今天，居然出這三週年的紀念號，真是可欣可喜的事！

　　人家問：你們這紀念號是不是表示三週年中有若干滿意的成績來誇耀於社會？我們敬謹答道：這決不敢！一個剛成立三年的學會，它能有什麼成績，正像一個剛生三歲的小孩，他能有什麼本領。可是嬰兒期是最易遭疾疫的侵襲而夭亡的，只要他受着保姆的小心撫養，獲得適當的營衛，避掉這易遭的危險，這三歲生辰也就夠紀念的了。我們不幸，生在這滿目瘡痍的國家，受災受難是我們的本分，然而還能勉強掙扎出一點力量用在研究工作上；我們的研究工作，設備、時間和經費都苦不充足，照理應當處處灰心失志，無法進展，然而還能得着許多先進的人們的同情，使得我們的工作可以延續下去：試問這如不足紀念再有什麼足以紀念的？所以在這紀念號之前，第一是致謝於撫養我們的保姆，她們能把我們從命定的夭亡裏挽救回來，我們有了生命，我們便能工作。

　　以前的學術界不懂得分工，他們同讀着幾部書，向一致的目標求最高的成就，弄得這人的能與不能也就是那人的能與不能。一條路上擠着無數人，卻空了許多條路沒有人走。固然靠時間的

＊　1937 年 3 月 14—17 日作。原載 1937 年 4 月 1 日禹貢半月刊第七卷第一、二、三合期。

堆積，後起的總會比在前的好些，但因人自爲戰，白耗費許多精力，所以學術的進步形着遲緩。近十餘年來，受了外國學術的刺戟，加以大學中築好了分科研究的基礎，學術界便有蒸蒸日上之勢。可是但能分工而不能合作，仍不能有長足的進展。我們這個團體雖到今只有短短的歷史，然而各方面的人才已漸漸合攏來了：起先只是數十個大學師生在圖書館裏鑽研舊籍，現在呢，好許多專家帶了他們的實際調查到我們這裏來了。我們無問新舊，兼容并包，使得偏舊的人也薰陶於新方法的訓練，而偏新的人也有舊材料可整理，他們有相互的觀摩和補益而没有相互的隔膜和衝突。我們常有劇烈的爭辨，但這爭辨並不是有所挾持以凌人，而是把自己搜集來的材料和蘊蓄着的意見貢獻出來，共同討論一個問題，尋求適當的解決。我們承認，這是最有力的推進學術的方法。最使我們高興的，在這一年之内出了若干種專號，使得材料和問題得着極好的排列和闡發。所以在這紀念號之前，第二是致謝於這班"同聲相應，同氣相求"的人們，大家肯來擁護這集團工作的確立，他們不但爲本刊開闢了許多新園地，並給予我國學術史上一種新的生命。

在這樣嚴重的時勢之下誰不感受到窒息的痛苦，只要是有血氣的人誰的心裏不曾沸騰着熱血，於是大家嚷着救國。可是，救國固仗着熱烈的感情，但尤其仗着冷靜的理智；救國不是一個空談的問題，乃是許多有效的實際規畫與行動的總和。所以，我們不願用了策論式或標語式的幾句門面話來博取一刹那間洩憤的快意，而要低着頭沉重着腳步走路，希望在真實的學識裏尋出一條民族復興的大道來。固然這件工作太大，决不是我們一群人所擔負得了的，可是我們的工作如果能永遠做下去，深信必能完成這大工作的一部分。我們要鼓動遠游的興趣，改變昔日怕出門的習慣，使得荒塞的邊疆日益受本國人的認識和開發，杜絶了野心國的覬覦。我們要把我們的祖先努力開發的土地算一個總賬，合法地承受這份我們國民所應當享有的遺產，永不忘記在鄰邦暴力壓迫或欺騙分化下所被奪的是自己的家業。我們要把我們的祖先冒着千辛萬苦而結合成的<u>中華民族</u>的經過探索出來，使得國內各個種族領會得大家可合而不可離的歷史背景和時代使命，彼此休慼相關，交互尊重，共同提携，團結爲一個最堅強的民族。所以在這紀念號之前，第三是希望我們同志認清這個大目標，用理智指導熱情，來參加這救國的大業。

我們沒有辜負這三年的時間，我們也沒有藏躲這微薄的能力，我們更沒有放棄這公忠的心胸，我們在坎坷之中作尺寸的進展，雖說不到有什麼成績，也算可以自慰。那些責備我們過分的人，到將來，必會明白我們今日處境的無奈。在這許多責備的話裏，我們只願意辨正一件。有人說：作研究文字何等不易，而你們刊物的篇幅這樣多，出版又是這樣勤，哪裏免得了粗製濫造。我們對於這話，敢回答道：在這救死不遑的時代，除了享受優越生活的極少數人之外，哪裏有正式研究學問的可能！我們的工作只是在提倡研究和準備研究。我們能勸聚集一班青年，喚起他們對於學問的熱心，使他們常常做練習，那麼一時雖嫌粗疏或幼稚，到底必可作出些站得住的成績。我們要使不注意的人注意，不高興的人高興，不動作的人動作，只有用了這樣由淺入深的方法纔可引誘初學化爲博學，也只有用了這個方式纔可逼着整個團體有不懈不息的進步。我們明白，要造一座高高的瞭望臺，就得一簣又一簣地畚土堆高；要上一處遠的地方，就得一步又一步地向前邁進。只有平凡的進步纔是真實的進步。誰見有一個觔斗翻到青天裏去的？誰見有張口一噓氣就現出樓臺來的？

所以，我們的工作現在還談不上好壞，只有認準了路道走是我們應該負起的職責。願同志們從此越發努力！願先進的人們更儘量給我們以指導和幫助！

禹貢週刊發刊詞[*]

　　本會創立於民國二十三年春初，以研究"中國地理沿革史"爲其標的。夏書禹貢篇者，科學性之中國地理記載之鼻祖，故取以爲會名，示源頭之在是。當結合之初，僅有北大、燕大、輔大三校同人，所作皆課藝文字。求其便於切磋，編爲半月刊，自是年三月一日始，每期二萬餘言耳。其後聲氣日廣，諸專家投贈日多，擴充範圍及於民族史、邊疆史、內地移民史、中外交通史、方志學等方面，蔚爲"歷史的地理"之總集，一期寖寖增至十餘萬言。又以稿件積聚之豐，編列專號，若"東北"，若"西北"，若"康藏"，若"南洋"，若"回教"，常一出再出而未已。迄二十六年七七事變後止刊，凡得八十二期。彼時會中同人皆以學業相觀摩，不縈心於錢帛，故文字之數量雖鉅，作者之操翰雖勞，會中始終未有稿費之支出。自學術創新以來，能打破從前書齋獨學之作風，而集合數百同志，分工合作，若一大工廠之所爲，且群策群力，挾愉樂鼓舞之心情以赴之者，本會其嚆矢也。

　　抗戰以還，本會集體工作，在敵僞壓迫之下，不得不休止矣。然山林既闢，耰鋤易施，個人之工作絕未因此而停頓。況播遷所及，隨地有考察之機會，故西南西北，貊國羌鄉，咸多創獲，遠邁前修，他日整理成書，必可開拓智識之領域，慰其轉徙流離之辛苦。今勝利已臨，建國在望，本會同人知責任之攸歸，

＊ 原載 1946 年 3 月 21 日國民新報禹貢週刊第一期。

不敢自棄，是以即日復員，繩前轍跡。所憾物價奇昂，一時不容印行巨帙，故先假國民新報副刊闌，編輯禹貢週刊，以通俗性之筆墨，寫歷史地理之智識，期爲讀報者之一助。他日當再集錄研究性之文字，出版禹貢季刊，以質正於方家。願國內外同志鑒其苦心，予之扶植，加之糾彈，俾必有以度越於八年前之所爲，同人幸甚，學術幸甚。

卅五，三，十二。

辛未訪古日記[*]

　　此數十年中，中國常因內戰外患，使古物古蹟時遭破壞。燕京大學國學研究所同人欲知其現存狀態，於一九三一年組織旅行團，作者爲團員之一，該團經歷河北河南陝西山東四省，沿途訪問，歸後由作者排日作記。黃河流域爲東方文化之搖籃地，地面之堆積與地下之蘊藏多至不可勝計，欲瞭解中國歷史與其文化之演進者必須親涖其處，乃得有親切之認識。作者此文，足爲游者嚮導。至於破壞之後如何保存，各種材料如何整理，則更爲國人應負之使命，此文亦可爲此種工作之前奏曲也。又該處居民之現實生活，文中亦時提及，對於兵匪之蹂躪，毒物之猖狂，言之沈痛，尤足使讀者凜然興己溺己渴之心。

　　予自幼好游覽，不知此性之何自來，偶得閒暇，輒涉歷山水以開廣其心。韶齔之年，尚不知敬祖，而獨樂於掃墓，及至，叩拜既畢，即跳踉上山，雖受長者之斥責不顧。稍長，隨同學作旅行，他人倦矣，我乃精神勃發，必以越最高峰爲快，不願興仰止之情也。其後居北方，力所能至，無不往者，近郊遠邑，都作盤桓，匪特賞其風物之美，羅煙霞泉石爲吾狎友，亦欲藉以接觸民

* 1931 年 6－7 月作。原載開明書店二十週年紀念文集，開明書店，1947 年 3 月。

間生活，識國家之現實情狀，不使欺蒙於現代化之城市外衣。所恨者，資力不足，淺嘗即止，終無由解其饞渴耳。

所至之地，每記錄其見聞；第勇於搜求而怠於寫作，即寫作矣又怯於發表。非不欲發表也，驟馳之際，察問難周，隨筆成文，未多考覈，慮爲識者所呵；而欲加參稽，職業困牽，又不易成其事，遂惟有藏諸篋中。故知予好游者甚多，而見予游記者蓋寡。習性如此，無可奈何。抗戰軍興，日寇見迫，南行倉卒，一卷未攜。九年以來，流離轉徙，每懷舊作，若思亡子。意其終不可見，未嘗不自悔過於矜持也。

予既離北平，從叔起潛先生爲之安頓書物，若干置燕京大學校園，若干藏城中禹貢學會等處所，而以稿件之較整齊者存於天津中國銀行倉庫。及太平洋事變起，敵人蹂躪英美人居地益酷，留燕大者捆載而去，寄天津者付之拍賣。吾物已被賣矣，爲章元群先生所知，代爲收贖，改存浙江興業銀行。去秋敵降，予乃於今春自渝北飛，整理劫後餘物。至津，發木箱，凡昔年寫作一一呈於目前，熱淚奪眶，若獲亡子。辛未訪古日記，其一種也。

憶民國十八年秋，予初至燕大任教。郊居靜謐，容我讀書，與前數年閩粵生活如沸如羹者大異。快慰之餘，致力過猛，一年後遂得怔忡之疾。每一握管，胸懣心浮。因謂同僚曰：“我今不能事筆札，許我事車馬乎？”洪煨蓮容希白諸君皆應曰“可”，於是組織旅行團。旅行目標，一方面爲校中圖書館及小型之博物館搜購文物，一方面則以連年天災人禍，歷史文化之遺存必受摧殘，將調查其損失及現狀。以二十年春假中出發，經河北河南陝西山東四省；同行者六人，予最晚歸，歷時兩月。跋涉既甚，宿疾頓瘳，又得親紙筆。因於暑假中排日作記；寓中多客，假侯芸圻君海淀寓所爲之，晨出午歸，兼旬始訖，得七萬餘言。其大名訪問崔東壁先生故里一節，先得煨蓮潤飾爲記，載燕京學報第九期。林君悅明工於攝影，得片二百，選編百餘入文，以資對勘。希白囑付印，予嫌檢索未備，請稍假時日。俄而九一八變作，亡國迫於眉睫，予亦從事於民間之救亡宣傳，故紙堆中埋頭日少。曾幾何時，蘆溝橋之變又作，予舊諾未踐，已被驅離其窟宅。今者文稿雖存，照片已不知何往，求益反損，其命也哉！值開明書店二十週年紀念，來書索稿，因略施點竄，舉以貽之。大難未平，願毋再淪亡而已，非敢自信其可以示人也。

黃河流域爲我國文化之搖籃地，凡其郡邑皆古籍中所熟見，雖初至而不啻舊游。以彼時人物之華貴，城市之殷闐，我輩昔日就學之時，是種種者常活躍於夢想之間，若今日青年之遙企歐美也。何意時移世易，其貧若斯，其愚若斯。雅片、白麵、梅毒，肆其凶燄，直欲滅盡人類，而蘊集於斯。兵災、匪禍，連結不解，人民不識正常生活爲何事，而長期顛連於斯。春秋傳於"梁亡"曰："此未有伐者，其言梁亡何？自亡也。其自亡奈何？魚爛而亡也。"昔嘗以爲瞽言，世安有自亡之國！今我則既見之矣，即無伐者知必魚爛而自亡矣，況尚有眈眈逐逐者雄據其旁，又安有倖存之理。我輩旅行，所經不廣，皆在鐵路公路間，交通便，接觸現代文化易，耳目多，人猶有所忌憚，而所見則既如此矣；若鐵路公路所不經，尚得有天日之照臨乎！我自作此旅行，常居明燈華屋而生悲，以爲國人十之七八猶過其原始生活，我不當超軼過甚，擁有此二十世紀之享受。歸之翌日，以事進城，宿長安飯店，聽樓下跳舞聲撻撻，爲之隕淚，思若干農民若丐若鬼，瀕於飢餓死亡之綫，而城市中乃儘多此無心肝之陳叔寶，貧富雖殊而無望則一，國將奈何？入東安市場，舉目錦簇花團，又爲農民興其妒恨。聞見所及，並可呪詛。今十五年矣，所知日廣，所悲日深，而中原之蜩螗亦益甚。自恨非基督徒，不能信末日之說，祝審判之早臨，痛哉痛哉！

更言先民之遺產。或建築之偉，或雕刻之細，或日用器皿之製造，或文字圖畫之記錄，莫不使我儕見之驚心動魄，歎祖宗貽我之厚如此，拜倒於其下。何意此二三十年中竟受急劇之破壞，及我之身將淪胥以鋪。民國十二年，予至山西天龍山觀北齊造像，彼時固完整也，不數年，佛頭售於市，問之後往者則盡矣。予始至洛陽白馬寺，一院中以漢磚爲牆，及茲再至則無覩矣。主軍政者方假破除迷信之名以行其聚斂掊克之術，而一二千年之古刹古物不爲黃巢李闖及遼金胡元所椎毀者乃悉銷散於民國。以河域埋藏之多珍，漢人得鼎且以易年號，今則一發得即遠渡重洋爲豪門之賞玩，而本國專家乃未見未聞。予常喟然告人曰："我寧畢世不見新出土之古物，以待太平之世我曾孫玄孫之發掘，不願其今日顯現而明日澌滅也！"我輩真不肖哉，生不敢平視外人，死無以對祖宗於地下！此則中心耿耿，永不能自寧者也。讀是書者幸一念之！

顧頡剛

卅五，五，十五，上海。

二十年四月三日　　星期五

下午六時，乘美富行汽車出發。同行凡六人：洪煨蓮容希白吳文藻鄭德坤林悦明五君及頡剛。希白司會計，頡剛司記録，德坤司庶務，悦明司攝影；此四人皆作長期旅行者。煨蓮文藻則就春假期作旅行，蓋有志編一模範之縣志，欲藉旅行以獲得調查門目之暗示及其搜集材料之方法也。行李凡二十一件。

七時，到正陽門西車站，購票上車。平漢路累經戰爭，車輛缺乏，僅特別快車有坐位，且不甚誤點；普通車則皆席地坐，開行時間亦無定。予等去定縣，而特別快車於定縣不停，只得攜帶鋪蓋，倚壁而坐。以開車在九時，布置略定，即下車至擷英西餐館吃飯。修綆堂書鋪孫君來送行，且交付所換花旗銀行鈔票。

九時，返車。九時二十五分，車開。乘客極擁擠；終夜倚車壁假寐，殊跼蹐也。

四月四日　星期六

上午八時四十分，車到定縣。本應於上午三時許到，今脫車逾五小時矣。下車入站旁吉興棧。

十一時半，早餐畢，即雇人力車進城。過西關尚熱鬧，一進城則荒涼滿目矣。城垣頗雄峻，周四十里，亦甚廣；惟土質太鬆，水泉太少，令人有沙漠之感。

至大道觀，觀中原祀老君，今偶像俱已拆毀，僅存一玉皇銅像，亦無道士留住。後殿棟折榱崩，蓋奉晉軍戰爭時所毀。屋角所砌琉璃瓦均極精緻。循覽碑碣，有正德七年定州知州蔣陛重修大道觀記及嘉靖八年知州韓選重建四帥殿記。

西南至中山靖王墓。墓甚高廣，然除一冢外更無他物；亦無古碑，僅有乾隆四十三年知州孫景增及道光三十年知州寶琳兩石刻。

往北至平民教育促進社農業教育部，參觀其農作成績及其自製之農具。

又東南至瘟司廟，亦破敗甚，壁畫已塗損；瘟神五尊尚未毀，奕奕有神。有成化十七年助緣題名石刻，弘治十七年郡人李澍重修瘟司廟記，嘉慶五年增修五瘟廟記碑，則瘟神像當為明製也。

又東北至城隍廟，與瘟司廟同其殘毀。有成化七年，十五年，嘉靖四十三年，萬曆二十五年，崇禎元年諸碑。

又東北至行宮，是為古眾春園，宋宣徽李昭亮故園也，今為中學校。韓琦曾作眾春園記，蘇軾有雪浪石詩，而二公皆為州刺史，故園中有韓蘇二公祠，又有雪浪齋。雪浪石在齋前，前後各一，前石小，後石高，大而玲瓏，惜為兵士琢壞。園中所藏造像及墓誌石刻頗多，其重要者有魏武定元年定州刺史高歸彥造像，武定五年某氏造像，齊天寧二年僧弁選造像，隋開皇五年造像記

（有記無像），唐定州刺史段公祈嶽降雨之頌（幢式），東坡書石刻三。讀韓琦記文，知當年衆春園本有公園性質；今石刻森立，又大似博物院矣。園旁有知州寶琳祠，同治六年張之洞爲作碑記；寶琳者，滿洲鑲黃旗人，馬佳氏也。

自衆春園出，至考棚，參觀平民教育促進社。布置井然，一覽而即知其爲有目標，有組織，有計畫之團體。全社計分（一）平民文學，（二）藝術教育，（三）學校式教育，（四）社會調查，（五）衛生教育，（六）農業教育，（七）工程處，（八）衛生指導見習班，（九）平民教育專門學校，及祕書，會計等處。其平民文學部所編之唱本及藝術教育部所繪之故事畫，允爲民衆教育最適當之教材。今定縣十六歲以下之女子已無裹足者，老年婦女亦多識字，皆受其惠也。至改良農業用具，則裨益於農民者更大。予等今日來，適總幹事晏陽初先生，祕書瞿菊農先生，社會調查部李景漢先生皆以春假他去。煨蓮本擬就商編縣志事，至此遂無從接洽。由王賀宸張折桂諸君導觀一過。

出，游大塔。塔本在開元寺，今寺已不存，塔亦半圮。然於其坍塌處見大塔中包有小塔，用知當時建築乃先建小塔而後建大塔者，是亦甚別致也。

出，至文廟，今爲教育局。殿外有大唐再修文宣王廟記碑，殿廷有大德十一年（一三〇七）加號大成碑（蒙漢文合璧），至正十一年（一三五一）大元中山聖廟禮器記及學田記諸碑。廟門旁有元豐三年（一〇八〇）魏國韓忠獻公祠堂記，元祐五年（一〇九〇）韓魏公祠堂繪畫記諸碑，則此地在宋即是韓琦祠堂也。

西大街蒼巖寺對面有一大白果樹，已死，枝幹甚偉，爲定縣一景，驅車觀之。夕陽映於樹後，宛如一架珊瑚。

服務平教社之燕大同人邀至東大街會豐館晚餐，同席爲宋景岐張折桂王賀宸金耀卿諸君及于景周夫人劉席真胡敦伍兩女士。舊雨相逢，出於意外，遂縱談忘倦。

　　會豐館在縣署旁，距縣署不數十步爲古物保存所。予等在席上始聞之，食畢往觀，以無電燈，辨識不真，但見佛像駢列而已。藏物當在一千件以上，惜房屋不寬，未能陳列就緒。

　　然即定縣一城已有衆春園及此二處，則當地人士之對於古物不可謂不重視也。

　　黑夜中坐人力車行十餘里，始返棧。道遇女伶數十人進城，聞明日即在大塔前演劇，蓋春社也。以昨夜未安眠，今日倦極，抵棧即睡。

四月五日　星期日

　　上午六時起身。八時，車來，即乘以赴石家莊。車壁多鎗彈痕，底板亦多破碎，戰場之蹟宛然。途中所見，水多地肥，與定縣之乾枯者異，當以有滹沱等水灌注之耳。

　　十一時，到石家莊，下榻正太飯店。

　　午後，游站旁吳禄貞墓，墓爲閻錫山所修，有彼所撰墓碑。到南大街游古玩鋪，無可觀者。共到四家：聚古齋論古齋蘇恒德德興昌。問古董之來源，皆山西也。石家莊爲山西門户，故車夫稱雇主皆曰“老西”。

　　夜，在明盛飯莊吃飯。歸旅館，洗浴。

四月六日　星期一

　　上午六時起。乘八時四十分慢車赴正定。下站後，人力車不足，雇騾車二進城。入北門，門題曰華安。到城心十字街，留一車載所攜物，兼命爲導。予等遂步行。

　　先至天寧寺。僅餘一殿，只三楹，今設小學。其後有塔，以其用木材較多，呼爲木塔。凡九層，八面。舊日本可登臨；今以鬧兵，丸泥封之矣。寺中殘存之物，有明正統十四年（一四四九）鐵鑊及嘉靖三十一年（一五五二）碑。

　　東北行，經一天主堂，甚弘偉。其東即隆興寺，俗稱大佛寺。予等循天主堂後而至大佛寺後。有一細而長之石塔，爲嘉靖三十六年(一五五七)所造，題云"奉爲師祖惺公和尚敬造行實"，則惺公之傅圖也。其東北又有一磚塔，題云"示寂淨土佛子惺公號夢堂大和尚垂行塔銘"，則惺公之墓也。

其東有亭，是爲靈泉井亭，有隆慶五年(一五七一)郡人張瑀所作勅建大隆興寺重修靈泉井亭碑記。文謂大佛之製由於井之湧銅，故此井名湧銅井；今則湮矣。亭中中座原有石佛五尊，今存其三(其一在亭外艸萊中)；壁上則中有佛十一尊，兩旁有二十六尊：大都斷頭毀面，鮮完好者，甚至連龕拆去。此二十年中，爲古物之大破壞時代，北平市上佛頭之多即賈客貧民刦奪於此等處所者，至以破壞爲樂事之兵與匪更不必言矣。

由此進大佛寺後門。前日平漢車中曾遇東北陸軍廿七團少校團附劉宗武，知其即駐此寺中，因出名片訪之，未晤；然以此遂不爲守門兵士所阻，亦一幸也。

在關帝殿前見有石香爐一座，已破爲二；其上刻樂隊，凡八人。有題記，書"嘉祐六年(一〇六一)十二月八日，真定縣永定鄉東垣侯張兩村邑人造"。是可見北宋樂隊規模，因逐面照之。又有一石柱，刻雙扉半掩，一人延佇之狀，不知何意。

轉至大佛殿，見莊嚴燦爛之佛像與塑壁，諸人心目震懾。希白叫曰："今日不歸矣！"不憶鋪蓋均存石家莊也。大佛金身高七丈二尺；殿高約逾八丈。今殿頂已塌，故兩壁轉明朗可以攝影。佛後石壁，高峻如山。當民國十二年冬，予曾與陳萬里先生同游於此，見大佛之帽墜於地上，高與案齊；今來已不見，未知販諸收藏家歟，抑融爲銅圓歟？(聞前年馮玉祥將軍在開封時，將相國寺銅佛像悉化鑄爲銅圓。)銅佛石座刻有伎樂像，又刻有飛天，二首一身，人首，鳥翼，魚體，含有甚重之神話意味，迴與他刻飛天不類，至可寶貴。兩壁浮塑佛像，祁祁如雲，色彩妍絕，不知出何代大作家手筆。其外壁則爲巨幅之壁畫，猶甚完整；惜過廊太窄，不易照也。

大佛殿之旁爲東西兩耳閣；其西耳閣爲御書樓，不知是何代御書，梯斷不能上。其前爲東西兩配殿，西配殿爲轉藏閣，轉輪猶未大壞，有順治十六年(一六五九)梁清遠撰重修轉輪閣記。

自此往南爲戒壇，壇爲白石欄，上有兩面銅佛。予等坐石階進午餐。大佛殿既無頂，此大佛乃似探首屋外窺觀我輩飲食然者。倘更不修葺，數年後四壁盡倒，則此佛將爲獨立荒郊之翁仲矣！

戒壇南爲二殿，是名摩尼殿。殿上佛像尚完整，畫壁已不完，蓋十數年來皆駐軍隊，就殿分棚，其下層已加刷白堊，或糊報紙，故遭損獨多。惟外壁所畫無大損。就碎處看，則壁畫之内尚有壁畫，如外層爲明畫，則内層當爲宋畫；如外層爲宋，則内層更在宋以前矣。倘有術剥離，實一快事。殿後爲觀世音菩薩塑像，莊嚴美妙，儀態萬方。四周山水塑壁，亦錯落有致。殿前有石缽，雕十二金剛像。

二殿南爲大殿，已塌盡，今爲一土丘。鐘樓亦圮，鐘臥地上。又南即大門，今閉。有側門可出，門外有金大定二十年(一一八〇)廣惠大師舍利經幢銘，雕刻亦精。

此寺在隋名龍藏寺，今殿前有開皇六年(五八六)恒州刺史鄂國公爲國勸造龍藏寺碑。在宋名龍興寺，今殿前有端拱二年(九八九)大宋重修鑄鎮州龍興寺大悲像碑銘(吴郢書)。元代仍曰龍興，見至正十三年(一三五三)勝公和尚道行碑銘(答失蠻書)。至明，改龍爲隆，見上舉隆慶五年靈泉井亭碑。然清順治十年(一六五三)重修龍興寺東耳閣碑記猶稱"龍興"也。至乾隆四十五年(一七八〇)清高宗七旬生辰，發帑普新之，御製重修正定隆興大佛寺記，自是而後，遂沿稱隆興。

綜觀全寺，創於隋，恢弘於宋，重修於清，至今歷一千三百四十餘年，歷史不可謂不悠久，佛教藝術之存於今者除雲岡龍門石刻之外，必以是爲巨擘矣。天不憖遺，今將倒壞，我輩忍坐視之乎？

　　出大佛寺，至青塔。青塔者，唐臨濟惠照澄靈塔也。以其爲青石所築，故俗名爲青以示別於他塔。有寺，曰臨濟寺，殘屋數楹，門閉不得入。門外有明天順四年（一四六〇）鐘。

　　南行，至花塔。塔爲磚築，製頗奇特。四角四亭，亭上各有一舍利塔。中間爲一大塔，凡三層，上銳而下寬。塔上塑獅象諸形，花樣甚多，故俗名爲花塔。寺已毀，有佛三尊，孤露荒丘。尋覽碑碣，有嘉靖二十七年（一五四八）重修廣慧寺記，則寺名爲廣慧也。

　　遵大街北行，經陽和樓，鼓樓也，體制崇隆。由此至開元寺，觀方塔。寺已廢，僅存正殿三楹，鐘樓一所，今爲婦女職業學校。塔磚築，凡四面，極方整，故俗名然。唐貞觀十三年（六三九）建，清順治十八年（一六六一）圮，康熙七年（一六六八）重修。石刻存有明萬曆庚子（二八；一六〇〇）梁夢龍碑記及康熙七年重修浮圖記。

　　下午四時許，游覽略畢，即返十字街，飲茶於一小茶館。自正定還石家莊，僅三十里，火車時間既不可必，即雇人力車行。以車少，且議價久，至五時始行。車行沿鐵路，所經橋梁約十座，最長者一里許，架滹沱河上。平漢路枕木久敝，前數年曾倒翻一次；今則倒翻者又敝矣。予等逢橋下車而步，而枕木過於破碎者，螺蛳釘所不能緊束，行其上搖搖欲斷，危險之甚。倘再不加修理，必有火車墜入河中之事矣。

　　七時抵石家莊，仍到明盛飯莊吃飯。飯後還旅館待車。十時半，特別快車來。予等購臥車票，即登車睡。十一時半，車開。

　　四月七日　星期二

　　上午七時半，到彰德，軍隊稽查甚嚴，卸裝於站旁中和茶園。入門即聞鴉片煙之濃味。室中偪仄，就園門外早餐。乞丐十餘人圍觀，如犬之待骨。殘餅賸粥，館人來收，已爲彼輩奪盡。

用錢係大銅圓，當百文及五十文者，爲河北省內所不見。

九時，雇人力車至小屯村，參觀中央研究院之發掘，村離站僅八里耳。將至，遠見田中有人，稍近乃即董彥堂先生（作賓），正監督工人掘一坑。又前，乃見李濟之及梁思永諸先生，各發一坑。有一坑中，適發得大骨一具，大於全牛，濟之先生謂是鯨魚骨也。予等盤桓洹水上，在沙土中亦拾得無字骨片及陶片若干，持歸以爲游殷虛之紀念。

十二時，回棧房，即雇車游城內。至鼓樓，進一古董鋪，無可買者。書鋪雖有七八家，但均新書。至五美齋午飯。

飯後游城西之天寧寺，今改爲中山公園，有安陽縣古物保存所科學館及彰德中學校。古物都爲佛像，以所門封閉，僅就柵欄中望見其大概，想皆前年破壞各地廟宇時所移存。有塔一，凡五層，上豐而下削，亦以門閉不得上。覽碑文，知是寺築於隋仁壽初（六〇一—六〇二），重修於周顯德間（九五四—九五九），至今亦千三百餘年矣。

欲游文廟，以駐兵未果。下午二時，回棧。濟之彥堂兩先生見過，謂最好多留數日，容我輩各掘一坑，藉作紀念；又謂如星期日在此，則中央研究院同人可以導游。予等本擬至大名訪崔東壁故里，遂定先至大名，更返彰德。大名多匪，予等以所攜資斧之大部分交兩先生收存，行李亦寄存十二件於其辦公處。

六時，上北行車。九時半，至邯鄲，宿站旁之和順棧。邯鄲駐兵甚多，遍布民居，和順棧中僅有房二間留客耳。予等一出一入，皆受衛兵查問。當夜即託棧中掌櫃買至大名汽車票，每票四圓；予等以六人攜行李九件，又多買一票。是時已十時外，飯館皆封爐，而予等尚未夜餐，因託棧伙買片兒湯充腹焉。

四月八日　星期三

天明即起，整裝，草草進小米粥，上汽車。七時十六分，車開。全車載客十餘，不擠；惟車身老而無力，路又壞而未修，時須下車步行。車行中雇工人二，時時推車前進。據同行者言，邯鄲大名間原無汽車道；民國九年華洋義賑會利用飢民力築路，交通頓便。十餘年來迄未修理，故敗劣如此。細審其道，每越數里往往有長數百步之一小段尚平穩。初不解其故，後乃知凡未大壞之道皆在小橋前後。橋之製皆以木，樹幹數條，上橫著木版，版長不過三尺，故橋之左右各爲版一行，中央則露空。騾車若經行其上，騾足便陷入空處，車亦將隨之而傾，迫不得已，惟有折而行大道下之小道；橋前後遂得保其平坦。吾國北方大車輪邊甚薄，護以鐵，載重既劇，輪轉乃如利刃，良易割裂道路。有司不能勸民間廣其輪邊，又不能禁大車行公路，得此木橋妙製猶可保全什一，以之解嘲也。

九時三十二分，到成安。吾儕藍布大褂，厚積塵土，已轉綠迴黃。再行一小時許，過魏縣舊城，路旁有大石牌坊若干，悉湮沒沙土中，僅露其頂，此乾隆間水災遺跡也，今宛成奇景。十二時三刻，抵大名。

車過魏縣，有大名第六區區長郭壽榮君（鴻恩）上車，談甚洽。下車，由渠導至北門内豫豐館洗面，進午餐。飯後，予往訪縣教育局郭頤清局長（延年）。受其招待，同人皆卸裝局中，布榻大廳上。

大名城周圍九里。教育局在城西南隅，舊爲普照寺。後殿僅留一大佛，聞前年馮軍用鐵索曳之，不倒；開鎗擊之，傷其鼻。庭中石砌半爲殘碑碎碣，往往有字畫可辨。

予等此來，爲訪問崔東壁先生（述）之家世及其屋墓遺址。下午，本地士紳駢集，多方探詢，得新知數事。一，東壁子孫某，原住魏縣河里，今居大名城内，以賣杏仁茶爲業。二，東壁有二女：一嫁廣平某家，一嫁廣平馬虎莊某家。三，崔家家譜，今存魏縣正南稍東三十一里雙井村崔衍隨處。四，魏縣正南八里崔家莊原存東壁所刻書版，民國九年被火，燼焉。五，魏縣正南稍西二十七里雙廟集某家存有東壁印書之活字版，今亦有人取作炊料。六，縣中某家藏有東壁所書一聯，三年前已爲其家婦女剪製鞋樣。七，民國七八年間，大名縣長張昭芹君爲東壁立碑，並開會，演劇。渠囑東壁子孫覓其先人手稿，得"大名水陸考"於廣平某家，持之去。八，開會時，崔家子孫曾出東壁夫婦遺像，懸於場中，此像今存魏縣南三十五里之小清化村。按，一二兩事皆不可信，據東壁詩文集及陳履和所作行略，其一子一女皆早殤。然家譜，遺像，書籍版片，渠等既鑿鑿言之，則必當尋求者也。

晚，仍至豫豐館餐。歸後計劃旅行，定議分兩組：希白文藻德坤留大名調查古蹟；予與煚蓮悅明則往魏縣雙井小清化一帶訪問東壁遺物。當夜雇定一小汽車，約郭壽榮李和軒二君同行。和軒，縣建設局事務員也。十一時，睡。

四月九日　星期四

早起，買燒餅、油炸果等食訖，上汽車；八時一刻開行。汽車較昨日所乘者更敝，四輪之硬皮帶皆破裂，司機者二人取麻繩捆之，聊護其所實之軟帶。行半小時必停止一次，修理繩索，重打空氣；作此種種，又恒耗半小時。予等久待不耐，輒前行三四里以俟車。魏縣在大名西北四十餘里，汽車半小時可達，今乃費時四倍。十時一刻至舊城，息於東門内第六區公所。公所舊爲關帝廟，有光緒丁丑(三；一八七七)碑。

郭區長導觀舊城。城中彌望皆田園，綠者麥苗，黃者油菜，白者梨花，燦然成行列。房屋十餘座，皆廟宇公所之屬。蓋此城既湮，魏縣併入大名，居民盡移城外，習久不返。城爲圓形土牆，周二里許；所謂門者，一闕處耳。按乾隆大名縣志，魏於正統十四年(一四四九)築土爲城，周五里，闢四門，又設東北一小門。弘治四年(一四九一)，造門樓，立甕城列垛，復闢西北一小門，統爲六門。其形如龜，故俗名龜背城。又環城築隄，以備漳水。正德六年（一五一一），建隄爲外城。八年（一五一三），於外城開東北、西北二小門。乾隆二十一年（一七五六），縣丞楊琪以城中多水，於東小門外開涵洞洩之，而城外地爲漳所淤，高於城內，水不得出。次年，河決朱河下口（地在魏縣西五里），遂自涵洞灌入，城垣坍損，廬舍漂没。又按，今城中城隍廟有同治八年（一八六九）大名知縣張仲麟撰魏縣城碑，謂咸豐十一年（一八六一）東匪西竄，鄉學單公倡團練，議修寨。同治二年（一八六三），知縣劉杰因城基修寨，久未成；既而梟捻各匪來擾，縣丞黃師淦訓導和紹宗督修之，八年成。是知舊城於乾隆中已盡壞於水，今之土垣乃同治寨牆之遺跡耳。城中地面較乾隆時似已高丈許，故大石牌坊之頂端僅露五六尺或七八尺不等。豐碑亦但顯其盤螭之額。意當時屋宇器物埋没於地下者必多，千百年後，此廢城宜爲考古家搜求材料之好場所也。

　若干大牌坊必皆跨當時大街而立，今日猶可循其排列以猜測街道。其中頗多與崔家文獻有關，而廣西布政使崔維雅一坊爲尤偉。維雅，東壁之高伯祖也。又有崔士章一坊，士章者維雅之弟，順治武進士，隨康親王平耿精忠者。就此兩坊之位置觀之，崔家當居城中南部。據考信附錄所記，東壁之父常攜兩子登城，望城外川流，自注：“城在宅後，故爾。”可見東壁在未遷禮賢臺前，其居在南牆根，又必稍近南門，故便於登臨如此。今日此一地區上，僅有梨樹數十株耳。

　郭區長邀至公所午飯。飯畢，東南行，至縣立第三完全小學。其地據殘碑，爲洹陽書院舊址。校中學生二百餘人，寄宿者半。教員邢中道君，熟於崔氏故實，導登禮賢臺。

　臺在魏縣城東南約半里許，惟一小土阜。阜上峙塔一，磚製，按方位刻八卦，中祠奎星。按大名縣志，魏縣舊有臺，相傳爲魏文侯所築以禮賢士，湮没不知其處。嘉靖間，知縣陸柬築臺東隄上，存其舊名。所謂東隄者，弘治四年（一四九一）鮑鏔所築之環城隄，而正德六年(一五一一)高夒所就以爲外城者也。陸東於嘉靖三十二年(一五五三)涖魏，二年而去，築臺自在此二年中。越四十年毀，知縣梅守相修之。塔前一碑，欹側欲倒，字殘不可讀；細審之，知爲萬曆二十年(一五九二)魏侯梅公重建魏臺碑，蓋即記其事者。其後累經興廢；至東壁時尚有敞亭三楹，供其游嘯；及城没於漳，亭榭軒檻遂無復存者。予等此來，亦惟有憑弔此孤塔與斷碑。然彼時澤水迴環，尚有漁歌斷續，今則漳河已改道至五十里外，又不禁生滄桑之感也。

當東壁卜居於此之時，從事科舉之業，未遑考索，其少年自負之氣正盛，儼以段干木自儗。其禮賢臺新居記云："後之人之居此者，且未必知爲段干君之臺，況能知余之棲息於是乎!"又其送秦學溥詩云："文侯昔館段干木，遺址今在東南隅。誅茅作室俾我宅，伯夷所築聊可娛。"實則文侯與段干故事備見呂覽淮南史記新序等書，絕未道及築臺，此説自出後人附會。況臺爲陸東所建，姑置隄上以存其名者，是豈可信乎! 東壁知非集中有金縷曲一闋，其下半云："齊東野語從來巧。漫譏評，離騷屈子，南華莊老。太史文章千古重，舛謬依然不少。還未算全無分曉。最是而今談古蹟，試推求，人地皆荒渺。堪一笑，問囊橐。"然則禮賢臺之爲段干木舊址，亦惟有供其一笑之資耳。

下臺西行，至崔氏墓。北首有高碑一，書"清大儒羅源縣知縣崔東壁先生神道"，民國九年四月大名縣知事張昭芹所立也。其碑陰爲"捐贖崔東壁先生墓田記"，謂其作吏前早心儀斯人，逮奉檄涖任，問先生之裔則嫡派中絕已久，墓田亦轉質於他姓，爰捐俸贖回，歲徵其租爲修理祭掃之費，屬縣立第三高等小學校代爲管理云云，其篤學好善之心至可敬。南行入墓道，先見兩小冢：其一有小碑，書"妾周氏之墓"，此無疑爲其侍妾麗娥；又其一無碑，疑其次妾，即陳履和至彰德時所見。更進數步，爲主穴，東壁父闇齋先生(元森)墓。稍東南爲東壁夫婦墓，墓碑爲嘉慶二十四年(一八一九)門人陳履和書，姪伯龍所立。碑中書"大名老儒崔東壁先生暨德配成孺人墓"，旁書"先生諱述，字武承，乾隆壬午科舉人，福建羅源縣知縣；著書八十八卷，今先刻考信録三十六卷行世，餘書次第授梓。孺人諱靜蘭，字紉秋，著有繡餘詩一卷，欙餘詩一卷，擬附刻於先生詩文集之後。"成孺人之字，此爲新發見；曩得其二餘集鈔本，疑未全，以東壁自訂目中有細君詩文稿一卷，此有詩無文也，今據碑文，可證其爲完璧。又伯龍書"姪"，知東壁没時未立爲嗣。旁一墓爲東壁之弟邁。其南有兩墓，一爲邁次子夢熊，一無記，疑爲伯龍。其西南又有三墓，均無碑，不知其誰何也。予等以白紙及黑蠟就各碑拓文，適風狂，未能善其事。

自此往雙井村。沿途車壞，到時已近五點。入一村塾，晤塾師崔衍隨君，及其從弟衍恒。衍隨爲前清秀才，曾在開封購得考信録讀之，故能道東壁事。詢有家譜否，答謂在小清化崔鴻藻處。欲至小清化，車夫謂汽油已盡，索銀二圓，買煤油代之。車才出村，輪帶又壞，乃徒步往，行八里，天將暝矣。

崔家在村北，門前環植椿樹，門上黏紅紙，書曰"博陵舊家"。鴻藻務農，適進城，其子可畏出。問東壁像，遲疑久之。和軒爲解説來意，乃示以畫像三軸，像畫洋布上，顔色彌新，斷非百年前故物。三像戴紅頂者二，戴藍頂者一；東壁任官，外不過知縣，内不過主事，此非所宜服也。且像貌皆腴潤，似五十餘歲人，東壁年七十七，生平多病，當顯老態，復不似。像無題記，問可畏亦不能言。問成孺人像，又曰無之。問家譜，出寫本一册，殊簡略。首有二序，一爲乾隆五十四年(一七八九)崔楷元作，略謂康熙中維雅迎父向化，叔仰化，並楷元之五世曾叔祖鳴霄三支同居魏縣，維雅曾編家譜；及乾隆二十二年(一七五七)城没於漳，譜亦隨湮，楷元乃就記憶成之。一爲鴻藻所作，知乾隆後曾續加修輯，以迄於今。由譜觀之，則東壁者鳴霄之玄孫；其姪伯龍亦無嗣，蓋鬼餒久矣。因託和軒得暇借鈔，並將三像攝影，以備稽考。

離小清化，本擬逕回大名，無如入夜後汽車無燈而鄉間路又難辨，悅明出手電筒照之，勉强認道，遲遲其行。車夫謂黑夜行恐遇匪，不敢保險，且大名城門每晚以六時閉，即至亦不得進。問郭區長：“有法叫開城門否？”答云：“此事從未辦過，實不如在鄉間住一晚。”以此，又轉入雙井村求宿。衍隨兄弟表歡迎，至其家。時已近九點，上街求晚餐。據飯館夥計言，惟有豬肉餃子可喫。嚼之，則所謂豬肉者惟皮，且雜以毛，未能作飽啖也。

回崔家，談東壁事。座中，衍隨兄弟外，又有王楊二君，年皆逾六十。所得軼聞有四：一，相傳彰德鼓樓下埋有錫箱，中置東壁所著書。二，東壁妹夫劉某，水災後遷至王村，其後裔劉光遠家中藏成孺人畫菊一幀，民國十五年爲土匪所燒。三，直隸總督李鴻章以東壁入祀鄉賢祠，以衍恒之父國昌爲其奉祀孫，載在木主。四，雙井東南八里范駢村中，有范鑑古先生，號廉泉，爲衍隨之師，熟於東壁事。其第一事疑非實，東壁境遇與鄭所南絕異，其書何必與心史作同樣之處置乎！談至十一時，方就眠。予與煨蓮悅明同宿一土炕，牀硬被薄，和衣而臥，終宵輾轉，未得安寢，皆感寒傷風矣。

四月十日　星期五

未明即起。散步庭中，望見一屋內設神座，旁列槍劍之屬若干；即而視之，始恍然悟其爲紅槍會之佛堂。佛堂中之神位，中書“祖師老爺勅令萬法教主玄天仁威上帝神闕蕩天遵之神位”，左書“掌旗將周公祖鄧勺陞馬溫黑虎雷靈官之神位”，右書“桃花仙金剛將辛單陶趙劉龜蛇二將軍之神位”。又聯二，一書“一桿皂旗遮日月；七星寶劍定乾坤”，一書“道德鎮華夏；佛法保乾坤”。其額曰“威鎮北方”。昨聞人言，紅槍會在大河南北頗盛，蓋匪徒時襲，民間不得不藉宗教之信念執干戈以自衛也。村中往往有製鎗廠，廠中工匠有至五十人者，每兩日可造洋鎗五枝，每枝成本約五十圓，遠較舶來品定價百五十圓者爲賤。凡民戶及商家俱須買鎗：民戶以田計，五十畝一枝，一頃兩枝；商家則以買賣大小決鎗數多寡。村中夜常靜街，舉礮爲號；礮聲既發，故意逗留街上者鎗斃。抵抗土匪時，紅槍會必鼓勇作戰。凡臨陣死於鎗彈者，皆謂其功夫未至。以近年鄉村中大抵有此組織，故土匪不敢來掠奪，官兵不敢來騷擾。鄉民識淺，不以宗教約束之無以堅其志，定其氣。欲其弗流爲義和拳，惟有提高其智識水準耳。

　　早飯仍上街，飲小米粥，甘之。本擬至雙廟集訪書版，至范駢村訪范廉泉，惟昨晚未返城，又無電話可通，恐希白等疑念，即命返轅。十時，抵城。如此破車，以麻繩裹輪帶，以煤油代汽油，竟載九人行百餘里，未生危險，車夫之技巧可佩也。入教育局，希白等果已遣人騎腳踏車下鄉來尋，謂此三張窮"票"定落土匪手矣。並謂昨夜待車不至，不但枵腹多時，且亦眠不安枕。聞此歎息，交通之不便，困人至是！渠等昨日游宋北京故城，殘墟中見宋徽宗五禮碑、土人稱爲黃强碑，其碩大爲有生所未覿。

　　擬即日下午回邯鄲，故一到即整裝。結束既畢，往縣署（即舊時府署）視晚香堂，東壁少年讀書處也。署西有茶棚，司鑪者年約三十，狀魁梧，詢之，果如前日所聞，名崔之桂，不識字，不能言其祖，但云曾在廣平韓家覓得"大名水陸考"一書送與張縣長，亦與前日所聞同。"水陸考"者，水道考之誤，已刊入大名縣志，非祕籍也。

　　縣署中時聞喪樂之聲，問之，縣長谷芝瑞方以昨日歿於任。晚香堂在署中東部，凡五楹，已頹敗。庭院頗廣，壁上砌有李光地方觀承等碑刻，有已倒地上者。予等徘徊其中，想象東壁當時與知府朱煐之諸子諷誦之狀，愾聞憂見，爲留戀者久之。

　　午刻，至豫豐園進食。文藻外出問汽車，歸報曰："車行以下雨人少，不肯開車。"正躊躇間，省立第十一中學校長薛起昌君，第五女子師範校長周之廉女士來飯館，堅請演講，辭之不得。回寓所復解裝，已近四時。催者來，遂冒雨往十一中學。時省立第七師範校長謝丕閣君聞訊亦至。聽講者皆三校師生，全堂擠滿，約六七百人。予自述肄業中學時生活；煨蓮講此次訪問東壁遺跡事。六時，三校長及省立第五師範學校教務主任魯秀軒君設宴招待。九時，別主人，冒雨返局。今日雨下如注，念男女諸生整隊走泥途中來聽我輩潦草之講演，心殊不安。睡前，取高配三君手鈔之二餘集與前年姚野浣君見贈之一本對校，無一字出入。

四月十一日　星期六

上午七時半，到北大汽車公司；李和軒高配三魯岫暄三先生送別。八時半，車開。此公司爲軍人所辦，故車輛特新，開行特速；以道路之不平，故顛簸亦更甚於來時。行李時從車中躍起；有一小箱擊中一老人之額，血涔涔下。十二時到邯鄲，仍住和順棧。到共和軒吃飯。街道所見，無非軍人；自顧裳衣，乃成異類。

飯後進城游叢臺，及門被阻；出銜片投之，承放行。一路所經，荒涼殊甚，民房鋪户爲某營某連所占用者什六七。予憮然曰："於今見兵國矣！"到叢臺，有一軍法官來，厲聲斥問，謂"何得來此！"悅明示以銜片，其上有"社會學系"字樣，詫曰："是有嫌疑！"顧左右曰："看住他！"經同人各掏銜片，細爲解釋，乃得無事。最後，渠勸告曰："汝等行動何不慎？近日謠言甚緊，共黨有約期起事之説。汝等幸而遇我，否則帶去矣。凡來調查及游玩，均無不可；但必須先與軍警機關接洽才是。"予等唯唯，表示感謝；入國問俗，我輩固有不合禮者在也。

叢臺據城垣之東北隅，傳説爲趙武靈王遺跡。然叢臺者以其連叢非一而名，今既非連叢，又爲城垣，似因史書所記附會爲之者。地實幽雅，適於登臨。臺下有池，其中略有亭築，惜已乾涸。臺上無古碑，惟國民軍三軍師長何遂先生一碑論古蹟之應保存，纚纚千言，允爲有見之作。知何先生未來時，此地固殘破矣；然彼時較之今日猶可曰承平也。

初意訪趙故城，惟未與軍隊先事接洽，遂不敢前。四時，還棧，以寫信自遣。因特別快車到邯鄲爲明日上午五時，盥洗束裝及早餐時間至少費二小時，上午三時當起，故夜飯後即就寢。

四月十二日　星期日

一夜未得好眠；上午三時諸人均起身，結束行裝，坐以待旦。一行既有六人，不能無談話，希白之聲又素高，不能作低語；忽門外兵士厲聲曰："上面有命令，不許説話！"知某軍官夢中爲我輩談話聲驚醒矣。不安之至，相率無言。

六時十分車到。八時即到彰德。雇車直赴袁家花園，訪李董諸先生於中央研究院考古組辦公處。此園爲袁世凱所築，牆頭高峻儼如城垣，住宅花園各占其半。額曰洹上村，實未有第二家也。數年前，爲馮玉祥所鈔没，改爲省立高級中學，其園則開放爲民衆公園。今國民革命軍第十三路設立幹部學校於此，公園之牌雖未撤去，而民衆已不敢至。中央研究院之辦事處僅借園屋六間，亦甚迫窄。承爲我等借得高級中學住屋一大間，厚誼可感。園内海棠正開，濃郁可愛。聞以前花木甚多，逐漸被砍；上月中又斬去二百株。果爾，則園林之成廣場亦易易耳。假山頗多佳石，惜無名手爲之布置，堆砌意味太重。池内本注自來水，袁氏亡後，機械盡壞，久成平地矣。聞園中尚有地牢，壓迫平民時用之，惜未見。又聞袁氏遺産充公者，此園而外尚有田地一千頃，高中基金即由是出也。

上午十時許，中央研究院同人暨高中校長趙質宸先生導予等游袁世凱墓，墓不遠，即在園之東北二三里外。形式模擬皇陵：十二章華表即盤龍華表也，穿祭天服及軍服之石人即文臣武臣也，景仁堂即隆恩殿也，徐世昌所書墓碑覆以亭子者即神功聖德碑也。而其墓完全以白石砌成，則較之皇陵更侈。自民國五年八月動工，至七年秋間始落成，聞耗至數百萬。自袁墓出，迤西至其妾墓，無碑刻，聞是高麗人，袁克文之母，於袁世凱死後自殺者。

回研究院辦事處進午餐。午後，院中同人又伴至城內，先至鼓樓古玩鋪。談次，知甲骨頗多偽刻，專作卜辭者藍寶光也，專作花骨(圖案畫)者王土曾也。藍已於五天前卒，此後不知何人起而代之。王刻專銷外國，不知其愛國歟，抑貪利高價歟？

由中院調查員郭寶鈞先生之接洽，予等遂得至安陽教育局看吳道子畫佛像。此項畫軸原存天寧寺，民國初年曾為袁克文選取精者若干幀以歸，予聞之已久。今存者尚有十四幀，其二幀已殘破不能觀。每幀寬約八尺，長約一丈二尺。絹本不舊，不類唐物。畫筆固佳，但除攜扇白衣道人一幅以外均有匠氣。尤奇者，所畫之神，二為火神，三為雷公，餘為關公玄壇鄧將軍朱元帥判官等，皆是道觀所供奉，何以得之於天寧寺？況趙公明(玄壇)乃宋帝造出之神話，關羽偶像之成就亦在宋後，唐代之吳道子安得豫為之圖？故予意，此十餘幅之神像皆出於一道觀，為宋以後畫師所作；但不知以何因緣流入於天寧寺，或天寧寺中真有吳道子畫，此流入者乃同蒙其名耳。教育局矮屋數椽，此項畫軸不但不能張挂，亦不能展覽，乃就庭中開之。悅明甚欲攝影，然以院子窄，畫又仰臥，未能為也。

出游中山市場，舊為城隍廟。購得唱本四十餘册。訪明義士牧師於北門教堂，見其新購古物。聞數年前，渠收藏甲骨片甚多，後遭兵燹，大半為軍隊所毀。教堂中辦有醫院及男女學校各一所。以彰德晚間路途不靖，而時已傍晚，未及參觀，即匆匆歸洹上村。

四月十三日　星期一

今日煨蓮病臥；文藻德坤隨中院同人往殷虛工作，希白悅明則先至明義士牧師處看古物，再至殷虛。予整理大名所得材料，寫日記六千言。到中院午飯，見新獲一鹿頭上刻"王在蒿"及"文武丁"字，至可寶貴。

下午七時，高級中學趙校長邀本團同人演講，情不可卻，應之。然同人皆極勞頓，且無暇預備，自不免敷衍之誚，甚以爲愧。

九時，到中院，與院中同人話別，且謝其招待之情。予寫李和軒先生信，匯與十圓，囑爲鈔寫崔氏家譜，並將請爲東壁之畫像攝影。彰德離大名百餘里耳，而匯費乃至百分之七‧五，可詫也。

四月十四日　　星期二

早五時一刻起，結束行裝。七時許，離洹上村。承李濟之先生送至車站。九時，開車。下午三時二十分至鄭州。入大同旅館小憩。

出，到市街閒玩。鄭州商業繁盛，在石家莊之上。大同路尤爲熱鬧。予等到中國旅行社購洛陽車票。詢洛陽古物，社中人謂業古玩者有二百家，古玩業之會長爲潘某，希白聞之欣然。至龍文書店，雖無舊書而新書不少，瀏覽久之。至南川街會寶齋古玩鋪，無可購者。五時三刻，到閩菜館小有天吃飯。

八時，上車站，搭隴海車。隴海路雖有二十餘年之歷史，然鄭州尚無其車站，至今借平漢路站爲之。車道既縱橫，夜中又無燈火，若無旅館中人引導，必不得其門矣。八時五十分，車開。車中空甚，一節車只十餘人。十二時，到洛陽。軍人露刃立，掌巨燈搜檢，甚嚴重。下榻站旁大金臺旅館之後院。予等在鄭州打聽，知是家爲洛陽旅館中最大最乾淨者；然茅屋土堦，未見其不陋；且以妓院爲主體而以旅館附之，故正房悉爲妓女所占有，大約客之欲住乾淨房間者不得不於正費之外別有他種消耗耳。

四月十五日　　星期三

上午，雇車進城。洛陽古董商人郭玉堂，號翰臣，常販貨至北平，希白舊識之。到縣前街訪之，見其庭中羅列魏唐墓志甚夥。漢魏石經之殘碎者，渠亦頗有所藏，惟索價昂耳（每字八圓）。

出，至醉仙樓吃飯。飯後游中山公園，故府城隍廟也。園內駐兵，初不容入；出銜片，乞其進問，竟爲上官所許。廟已殘毀，毫無公園意味。後殿有洛陽保存古物協進會，其所陳列之物即曩日東關存古閣所儲者，遷來已三年矣。其重要之墓志，在魏有吳瓄寇演元略元顯元容等，在唐有宋璋劉思友郭思訓等。此外有石磬、漢磚及造像、經幢等數十種。晤其事務員鄭雲溪君。請購拓本，鄭君謂省署前寧心敬處當有。雇車就之，所藏殊豐。希白爲學校購得龍門全山造像款識約二千種，至三體石經及龍門二十種拓本則人購一二分。寧君謂此二種均有僞本，價值殊廉，彼亦有之。取以相較，真贋宛然。

予先出，至東大街同裕原書鋪購書，大抵皆殘帙。希白等到玉堂處，商明日游龍門事，玉堂謂洛河之南皆匪窟，可至二十軍總指揮部行營，謁張伯英總指揮（鈁），請其派兵保護。希白遂往，道遇予等，便同去。不幸張總指揮適出，悵悵而返。道過文廟，今改明德中學，玉堂謂壁間砌有魏王基斷碑，導往觀之。洛陽雖爲古帝王都，但古物之出旋即流轉他處，漢魏石經猶然，何論商周彝器。此三尺斷碑，在保存於本地公共機關之諸物中，已爲最古者矣！

又回玉堂處，適明德中學校長李滋榮先生亦在。道及游龍門事，李先生謂可至縣長處設法。即同到洛陽縣公署謁韓公庸縣長。署已破舊；入其簽押房，糊紙黯黑，桌椅數事及一木榻之外更無長物，而商會長留字，謂某軍前借二萬圓，總指揮已允歸還，望即籌措，以維信用，煨蓮顧而歎曰："縣長真不易爲也！"以韓縣長公忙未歸，留名片而出。

六時，回旅館，至附近仙景樓吃飯。妓女駢肩坐旅館門前，每一出入，輒作招呼狀，亦以言語相挑逗，彼等給我輩受窘之程度正不亞於邯鄲和順棧前之衛兵也。

十一時，韓縣長派人送介紹信來，囑致關林焦維藩區長，由其指派民團保護。

四月十六日　星期四

八時，雇人力車動身。經南關，渡洛水。返顧邙山，如屏如障。思此地爲伊洛瀍澗所會，地實肥美，何以土匪之多乃如是？予於民國十二年來時，吳佩孚正握重兵坐鎮於此，出賞格緝匪，匪亦大書緝拿佩孚之賞格黏洛陽城門上，吳巡閱使無如之何也。行次，見前有軍隊甚衆，正向南行，疑爲接防龍門者，膽爲一壯。

十時，至關林，持函見焦區長，承其派民團三人，荷鎗護送。關林者，關羽爲孫權所殺，函其頭送曹操所，操爲葬之，後世因加以擴充者也。大殿爲關公秉珪像，面色正紅。二殿爲閒居像，面塗金。三殿爲秉燭看書像，面色白。其右楹爲寢像，像在牀上，衾褥半掩，面色淡紅。此雖可以表示其多方面之生活，而面色屢變，不類一人，未識當時制作之意。三殿後爲關公陵，植柏樹極多。綜觀全林，雖建築未必古，而氣象則甚壯大。

十一時許，至龍門鎮。城上執紅鎗而守之武士甚多，往來車輛亦悉有荷鎗者伴送，隨處可見其緊張之態。予等所乘之車停於鎮上茶館，有一老道來作嚮導，遂步行登龍門山。

龍門之東爲香山，兩山對峙，伊水貫其間，若鑿而通之者，故古名即曰伊闕。惟龍門之名則殊晚起，蓋視伊闕爲禹鑿，故假韓城梁山北禹所鑿龍門之名以名之，而龍門山之本名亦因是晦矣。水經注曰：“東巖西嶺，並鐫石開軒，高甍架峰。”今則東之香山寺，西之賓暘洞，尚有殘椽，餘皆但存石窟；所謂“高甍架峰”之偉構又孰從而見之！

予等所至，凡齋祓堂賓暘洞珍珠泉八仙洞千佛洞萬佛洞蓮花洞奉先寺（即九間房）老君洞九處。老君洞南尚有一洞曰火燒窰，自下望之，洞門雕刻頗壯麗，惟石壁下之斜坡勢既太陡，中間有僅一二寸寬者，一失足即自危崖下墜，未敢往也。所至諸窟，以賓暘洞爲最勝。洞凡三龕，每龕有三佛，兩壁刻皇后禮佛時儀衛，羽旄如雲，宮女簇擁；頂布飛天，地雕花果，紺碧猶在，莊嚴未失，一洞之中位置不亂，無空隙，亦無題記，與他洞之錯落無序，精粗不等者異。是則皇家之力，非士庶所能任也。褚遂良所書三龕碑（額題伊闕佛龕之碑）即在壁間。其文曰：“文德皇后……宿殖遠因，早成妙果；……故縣區表刹，布金猶須達之園，排空散花，踊現同多寶之塔。”又曰：“左武侯大將軍相州都督雍州牧魏王……結巨痛於風枝，纏深哀於霜露；陽陵永翳，懷鏡匳而不追，閟宮如在，望階除而增慕。……王乃罄心而宏喜捨，開藏而散龜貝，楚般竭其思，宋墨騁其奇，疏絕壁於玉繩之表而靈龕星列，雕□石於金波之外而尊容月舉。”是此三龕者，唐之魏王於其母文德皇后没後所造，以報鞠育之恩者也。此碑不記年月，按新舊唐書，貞觀十年（六三六）六月己卯，皇后長孫氏崩。十一月庚寅，葬文德皇后於昭陵。太宗十四子，文德皇后生第四子泰。泰於貞觀八年（六三四）除雍州牧左武侯大將軍；十年，徙封魏王，遙領相州都督。十七年（六四三），降封東萊郡王。此碑稱“左武侯大將軍相州都督雍州牧魏王”，則造像之事當在貞觀十年至十七年間。（以上見顧炎武武億王昶等考，金石萃編卷四十五）惟碑文又云：“或仍舊而增嚴，或維新而極妙”，則在魏王泰未造龕時即已有像，知必有北朝遺物存於其間；惜今不可考矣！其一龕頂上東北隅刻有道裝負劍之像，導者謂是呂純陽，固甚似，特造此龕時不當有彼，或後人以洞名賓暘，名相近似，乃增鑿之者歟？

八仙洞實非八仙，乃八飛天像。千佛洞有垂拱三年（六八七）刻石，或是武后所雕，甚齊整。蓮花洞以頂上鑿蓮花寶蓋精妍得名。其下有泉門，導者云：“禹鑿龍門，天龍由此下吸水，故名。"俗稱此洞爲真龍門，又稱爲龍門口。

　　奉先寺爲"龍門十寺"之一。導者雖屢言十寺之數，然不能舉十寺之名。惟此寺爲杜子美所咏，故游者每憶及之。然已片瓦無存，僅就巖雕刻之佛像永直立於子美所謂"雲卧衣裳冷"之境界中耳。正中大佛係坐像，佛身通光座高八丈五尺。二菩薩高七丈；二迦葉阿難，四金剛神王各高五丈。大佛座下有碑刻，言係武后施脂粉錢二萬貫所建，開元十年（七二二）重修，龕廣十二丈，高十四丈。龍門之像，大小不一，要以此數像爲最高大。當時殿廣九楹，故俗稱九間房。

　　老君洞，又名古陽洞。聞從前曾立道觀，祀老子，故有此名；今中坐者仍老子像也。然兩側皆佛像，於此立道觀，實非倫類。此洞最大，故造像最多，題記文字亦最佳。今世最流行之龍門二十品，均出於此。見一刻記云："大清同治九年（一八七○）二月，燕山德林祭告山川洞佛，立大木，起雲架，拓老君洞魏造像。選最上乘者，標名曰'龍門十品'。同事人釋了亮。拓手釋海雨，布衣俞鳳鳴。"其十品之名爲"孫保、侯太妃、賀蘭汗、慈香、元燮、大覺、牛橛、高樹、元詳、雲陽伯"。觀此，則十品之選定在距今六十年前。其擴充而爲"二十品"，自更在其後。聞蓮花洞中像記別爲"龍門三十品"，不知出何人選定。尚有"小百種"、"小五百種"之名，當出拓碑工人所集。郭玉堂君日昨見告曰："龍門全山像記，今日最多之數爲二千一百六十種。然或在懸巖，或湮泥沙，無可施拓，故即果得二千餘種亦未必全也。"

　　老君洞前有洛邑大學生倚平郭公脩石道碑（末二字爲沙土所掩，疑是道碑二字）。碑云："洛邑南二十五里許，雙峰對峙，伊水中流者龍門也。兩岸旁迤邐紆迴，爲輪轅輻輳之所。……水勢激齧，路盡坎窩，行者苦之。郭君諱保衡暨姪諱玉璽……以墊修爲任，……經始於嘉慶十五年，竣工於道光二年。……"是亦我輩行道之人所當稱感者。

自造像爲異國人所注意，土人以其可以牟利，往往打下佛頭售與之，故龍門山上無頭之像甚多，其小者或整龕竊鑿去。苟不嚴加禁止，則數十年後必有"空洞無佛"之歎。在八仙洞旁見有一碑，謂民國七年，登邑水峪村郭學賢竭力摹化，又親身修補。其熱忱固可欽佩，但所補終不能恰配，即云恰配又有使將來人錯認爲原物之慮，是則爲古物增其混亂，反不如聽其斷脰破鼻之爲善也。

通常言及龍門，必以爲此林林總總之像盡出於魏唐。實則魏唐固占多數，而出於唐以後人者亦復不少。希白曾在某洞發見明萬曆三十一年洛陽縣東侯三里衆社人造像記，可見此數百年中爲求福報恩而鑿像者固未嘗無其人也。

自火燒窰而西南，今屬平等縣。予等欲沿龍門山轉西行，不爲導者所許，即護送之民團亦不樂更前，謂"過此更無東西可看"。畏匪之情，溢於顏色。聞彼輩言，途中如見匪殺人越貨，不能聲張，亦不能援助；否則必自及於禍。匪人習熟於山道之巇危，足以逃捕者；又利於洞穴之多，足以藏其身，故爲官兵所不能勦。老君洞大像後，有一小洞，傳説可通某處。今日有軍人俯首入，既而出曰："內甚黑暗，捫得有骨骼一堆。"噫，此殆土匪之遺蹟乎？適來時所見軍隊，初以爲防守龍門，茲與之談，乃知非是，蓋某師長挈眷游龍門，帶兵一團以自衛耳。

余等至老君洞，帖估正在架上拓二十品。地下置所拓若干份以待售。軍人中有好古者，以銀二圓得五分，喜爲便宜。予等歸而述之，寧心敬曰："在城中購之，一分原只三毛錢耳！"蓋帖估持僞本至真地售賣以堅人之信。設非專門家，必爲所矇矣。商人之黠，有如此者。

龍門游罷，原擬到香山。而某師長所帶之兵已歸，導我游之老道亦謝去，民團復謂"那邊無物可看，洞內無佛像，常言道，'真龍門，假香山'，何況又怕有土匪呢"！既無法勉强，且時間已在下午三時，只得將香山寺放棄。惟白香山墓最近，終思一至。希白德坤伴悦明在老君洞照相未畢，煨蓮文藻及予遂涉伊水而東。墓在山腰，無路可尋，乃攀援而上。墓上無他物，僅康熙間汪士鋐所書"唐太傅白公之墓"一碑而已。還龍門鎮，飲茶於人力車夫所休息之茶館。兩日來天氣熱甚，已可穿單衣，跋涉既久，渴不可耐，茶盃不足，代以飯盌，而渴猶不解也。

三時半，上車歸。歸時走速，五時半到寓。寧心敬旋來，出書籍碑帖若干種求售。予等今午於賓暘洞席地而餐，未能飽，又多動，至是餓甚，囑寧君攜物至仙景樓，且食且覽焉。煨蓮文藻將離洛陽，同人頗致惜別之意，爲多飲幾盃。

夜十二時，煨蓮文藻起身，乘上午一時半之特別快車赴開封，觀新鄭出土彝器，即轉車回北平。

四月十七日　　星期五

早，寧心敬來。洛陽書實不多，經其竭力搜尋，曾無一名貴之本，而索價則殊不賤。

郭玉堂來，邀往二十路總指揮部行營，見軍法處龔哲甫處長。龔君甚好古，爲張總指揮鈔蒐羅魏唐誌石盈千矣。玉堂語彼，新出某誌，某人所造，凡述三四石。並述其作僞之法，以一真本剪爲方字，而後重編成文，故字之體勢則真，而姓名事實皆僞。大抵僞者皆魏墓誌，以其價高，常在數百金以上。至唐誌則物多而廉，小者每方止三圓，大者亦僅五六圓；市價如此，僞亦無利也。

上午十時，在軍法處進飯。飯畢，坐總指揮部汽車同出，向邙山行，至里仁村，訪魏始平王墓。始平王者，名子正，顯文帝之孫，文穆帝之子，孝莊帝之母弟，以建義元年（五二八）卒，年二十一，諡曰文貞。其墓今年始被發掘，得其墓誌，遂顯於世。至里仁村後，舍車而徒，由玉堂爲導，歷數高岡，始達其地。冢高約四五丈，頂端開一孔；就而窺之，深不見底。冢之下端亦打一孔，橫貫之，與冢頂直打之孔相交，成十字形。以此見土人發掘，甚有技巧。李濟之先生囑煨蓮在洛陽爲買鑱子，即以其器之利也。

回里仁村，一人家正在結婚，遂趨觀。河南省自鄭州以西皆崤山之脈，山岡悉土質，細而堅實，適於穴居，故隨處有窰洞。龍門諸佛龕，實即以人民之生活爲其背景。此結婚之家有兩院，所謂院者即岡之凹處，其十餘室，皆鑿土壁爲之。無風雨塌倒之慮而有冬溫夏清之樂，故無論貧富皆安於此。此家規制甚大，殆富人也。予等正縱觀時，新婦出行禮，雖衣紈綺而不施脂粉。予等自入河南境，未嘗見一傅粉之女子，今觀行大禮時尚如此，則河南女子有生以來皆不識脂粉者矣。此非其新，乃其儉也。若知新，何五六歲女孩猶裹足耶？

出村，瞥見場上有一方石若墓誌然。就視之，果墓誌，且是李善之曾孫，李邕之孫也，名正華，以會昌四年卒，喜甚，問其價，初不肯言；許以五圓，囑於明日送旅館。

下午一時許，回總指揮部，見張總指揮，對保存古物事談甚久，述馮玉祥據有豫秦時大批古物流入外洋事，相對欷歔。蓋當時有古物稅，稅甚重，不報稅則處罰亦重，出土之物本地人所不敢購，故既出則不留於本地；又既有官廳正式收稅，向之習爲盜發者更猖獗無忌憚也。又言出洋之古物，若歸公共機關，尚易爲吾人所見；若入私家，或遂銷失，反不如留於土中，他日猶有發見之望矣。總之，此數年中，古物之毀壞與出國者俱多，恨無人爲記一細賬耳。

承張總指揮留飯。三時半飯畢，又與龔處長同坐汽車往金墉寨；四時十分到。玉堂之堂兄弟名景星者家此村中，先到其家。入門即見有漢磚二，畫人馬狀，且有朱書“東北上”“東南下”各三字，蓋示墓壁之位置者。堦前漢磚亦不少，惟不及前二方之完善。閒步村中，又觸足皆是。家家作凳，作桌，以至作牆者，半皆漢磚也。有農人見我等，問曰："買古董乎？"頷之。導入其家，出陶製明器若豕欄雞棚之屬見示。問其價，以銅圓計，甚廉；悉購之。他家聞之，紛紛邀至其家。以尚須游白馬寺，恐時晚，許以明日來。

白馬寺爲中國最古之佛寺，惟今所見之廟屋不知何年所築。寺外有一方塔，高十一層。塔前有三碑，其一已模糊，或是宋碑（端拱二年？），其一爲金大定五年（一一六五）李中孚撰重修洛陽東白馬寺塔記，其一爲明嘉靖三年（一五二四）龐龍撰修白馬寺塔記。

大門三洞，洞石皆鐫姓名，如"李伯"、"尹卯"、"左仲"、"馮夏"、"王少"等，不下數十。字甚古樸，不類唐以後作，或漢魏興築時捐助磚石者之姓名歟？予七年前來，寺中牆壁砌入漢磚者甚多，今絕不見，則此數年中毀壞之甚可知。

讀寺中碑，知此寺自漢以來歷代皆有修築，清代康熙同治兩朝並經重修，民國三年又重修。今除後殿毗盧閣較完整外，外數殿已呈頹敗之象。尤可驚者，清涼臺周圍築有雉堞，有如營堡，而紅槍武士亦在守門。匪災嚴重，牽及緇流，世間尚有乾淨土耶！書至此，思及本日所見之鄉村。每一村，必有城垣，城樓上下必有民團背洋鎗，握紅槍而守，此不待言。甚至城垣而外更開護城之濠溝，濠溝之外更圍以鐵絲網，網上繫以銅鈴。設備之嚴密如此，民生之塗炭亦大可見矣。

六時許，返。歸時攜得若干明器固甚欣快，而檢點照片乃失去一卷，凡今日在始平王墓上及娶婦家所攝俱不可見，則又懊惱之甚。

四月十八日　星期六

本日希白德坤悦明同到金墉寨買古物。予獨在旅館中整理日記。

上午，里仁村送李正華墓誌來，寧心敬送書及拓本來。又天

祥玉小書鋪送唱本及劇本來，劇本多秦腔，北平所不經見者。儘
量一購，約得百種，價才四圓餘耳。

下午，下雨，天氣驟寒。希白等冒雨徒步歸，以所乘之三人
力車滿載所購朱書漢磚及明器之屬，不足，復雇一土人肩挑隨
之。雖狼狽甚，然其得意正無殊戰士凱旋時也。夜，大雨。

總指揮部送介紹信來，介紹同人於澠池縣長，俾得觀仰韶村
石器時代遺址。希白尚欲往洛陽買古物，不欲爲澠池行，囑予與
悅明同往，而留德坤以佐己。予等因定後日行。

四月十九日　星期日

上午，到郵政局寄出所購書帖。

寧心敬來，代達玉堂意，邀往午飯。雨後泥塗，甚不易行。
至則玉堂不在家，因遍覽其庭中所列魏唐墓誌。其中有唐宮女誌
若干方，雖同有"蘭心紈質"之譽，與"嗚呼哀哉"之歎，顧或有名
而無姓，或直云"宮人者，不知何許人，亦不詳其姓氏"。豈宮中
孤獨寂寥之生活，不值同情耶！

玉堂歸，旋有各古玩鋪人來，各鄉掘地之農民來，皆持古物
求售。希白爲學校選購若干。我輩私人亦各購一二，用爲紀念。
悅明買得一駝，予等笑曰："斯真明駝！"聞鄉間有若干仿製明器
之工場，所製往往亂真，且視真者爲有姿態，若舞女之翩躚，馬
蹄之尵陸，凡其愈具有美術之意味者皆其可疑者也。余等所購，
亦難免有僞器糅雜其中。索價初皆奇昂，許以什一則已售矣，以
此知真價值尚不及其所索之什一。希白加價太速時，玉堂恒以目
示意。然較之北平，仍甚廉也。玉堂曰："君等欲購物，尚以在
城中購之爲宜；若自己下鄉，購得後即置之城外客棧，風聲一
播，必有綁票之虞。近日張總指揮在此，伏莽已稍斂跡；然昨夜
猶聞鎗聲。君等須謹慎也！"予等思其言良是，因不再作下鄉
之想。

飯後，同往某巷看玉堂積存之唐墓誌，約二百餘方。又同訪

古物商會長潘君，未遇。

晚歸，與悦明商明日行程，以隴海路已通至靈寶，正可先往一訪函谷關而後返轅至澠池，遂囑館役買靈寶票。

四月二十日　星期一

上午五時半起身，結束行裝。予與悦明共帶行李五件：兩鋪蓋，兩箱，兩行牀合爲一束；餘物交德坤保管，期以四日。車八時開。自洛陽以西尚未開特別快車，故逢站必停。車過觀音堂，歷山洞五，而第四洞尤長，於以見施工之不易。以上下山坡，行甚緩。自峽石後，黃河即與車路並行，而崤函高平方正列於河旁，隔河即山西省，砥柱山等亦青靄入望，風景雄偉，使人不忍捨車窗而坐下。以下午五時三十三分到靈寶，住大金臺，即洛陽之分號也。

在車中聞人言，自靈寶到西安有長途汽車，只半日程。悦明聞而喜，謂予曰：“盍往乎？”予素好游，聞之亦喜；但慮攜錢不多，不足爲游秦之用。入旅舍後問掌櫃，我等到西安，需時幾何，需錢幾何。掌櫃曰：“自此至潼關，不足半天；至西安，不足一天。至西安車票，每人頭等十五圓，二等十二圓。頭等車，有棚者也；二等，敞車也。”予等因作豫算，悉索兩人所有錢幣得一百一十圓：以六十圓爲汽車費，以三十圓爲回洛陽（如回洛陽時希白等已行則爲至開封）之火車費，雖甚節縮，尚可敷用。至日期則廿一至廿三日住西安，廿四住陝州，廿五日住澠池，廿六回洛陽，計往返凡七天。慮逾四日之約，希白等不能終待，即發一函，請其先赴開封。計畫既定，遂以車票錢交掌櫃代辦。

六時，呼館役爲導，游函谷關。關離站二里許，路局正興工建鐵橋，將原有之橋拆去而代以輕便鐵路，以利運輸。至汽車馬車之經過則逕由水中行。水爲黃河支流，勢頗急。輕便鐵路過水者三，最後一橋長半里許。時風勢正猛，洪波下激，木橋又不堅，悦明膽大，已至彼端，而予心目震驚，遂至足頓，乃退。仰

觀路局壯偉之工事，以待悦明之歸。嗣悦明還，謂關門内立碑甚
多，皆近年建，蓋新闢汽車道，向之僅容一車者今則可以方軌齊
驅，故立石以紀念之也。聞今年如無戰事，隴海路準可展至潼
關；再越一二年，便展至西安。從此西北行人日益利便，函谷天
險遂成陳蹟矣。

七時歸。飯菜尚可口，惟價殊不賤。

四月二十一日　星期二

上午五時半起。未及早飯，遽爲館役招上車。六時半，到車
行，車名義安。車行即郵局堆棧，見郵包積至數屋，其遲延可
想。自靈寶至西安計程四百六十五里，一噸包車價二百二十圓。
交通之滯，物價之貴，皆由於此。七時，車開。渡水時，架兩板
於岸上，車緩緩行，苟稍出岔子，即墜水中矣。予等雖皆下車步
行，然終不能不爲行李慮也。及進函谷關，又以車載客及貨逾
量，不易上坡。予等又下，共在後推之。以此周折，在函谷前後
共費二小時許。直至下午一時半，始經第一關金陡關而達潼關之
東門。每經一關，即有兵士來斥乘客下，檢查其上下身及所攜行
李。予車因有四西人（英德教士，一男三女，往漢中者），故車夫
常欺紿軍人，謂是西人包車；檢查雖稍寬，然終弗能免也。潼關
地勢高，俯瞰黄河，隔岸即風陵渡，自此而北，渾莽無涯涘，氣
象視函谷更雄厚焉。

車停汽車行中稍息。予等至市中同春園點心鋪吃飯，豫人所
設肆也。炒雞子一，炒肉絲一，榨菜湯一，花捲八，計值至一圓
二角。予等訝其貴，對曰：“此間物價高也。銀圓價，一圓易銅
子爲三千餘文，銅子票則至五千文。然雞子一圓只買四十餘個，
每個在百文上矣。麵粉每袋五圓，外邊則僅三圓餘耳。先生們莫
嫌此地物貴，往西將更貴也。”

二時四十五分，車由潼關開。三時四十五分，至華陰廟，始
望見華山，骨格清奇，風裁嚴肅。我等多日飽看豫西平曼之土

山，到此一易口味，尤覺佳勝。當未入陝時，聽人過度之宣傳，常覺關中一片荒涼。今日身履其境，乃知土地甚肥，草木極茂，仍不愧爲膏腴之地。聞漢中一帶可以種稻，則雍州田上上，禹貢所言猶適用於今日。如此土地，萬不當常受旱荒，至有人相食之事。蓋民智不開，溝洫不修，得天雖美而人力太差，遂致辜負地利。若政府注意及此，多遣農業及水利專家前來，向時之“天府”自不難恢復耳。

五時十五分，至華縣。六時五分，至渭南。下車時，耳目口鼻，冠履衣裳，無非土者，直如土偶矣。自渭南至西安不過一百二十里，今日不難趕到。惟汽車夫已不肯再開，謂西安六時閉城門，即到亦無住處。遂宿於渭南城内大同飯莊。我等所住一間，無窗無門，僅有一布門帘，亦以垢汙成黑色；室内除兩個木炕以外任何物皆無之，且暗晦甚，不燃燭不能辨物。自起程以來，所宿之店未有如此之陋劣者，儗之監獄，亦在下等。故行囊雖卸，不能安於室；出至汽車夫飲茶之地，箕踞與之談，縱不潔淨，猶軒敞也。同車有某軍參謀陳繼侯，漢陰人，挈眷奔父喪，談軍界中事，聽之忘倦。旋出，散步街上，到太西旅館吃飯。果如同春園伙計之言，價值更高於潼關。一碟菠菜肉絲，即是四角五分。

夜，警察來查店。以學校證明書示之，去。予等以爲無事，遂就睡；不料夢寐中爲軍人揭帘叫醒，又查一次。

四月二十二日　星期三

上午六時起，打好鋪蓋，手提之上車。七時半，車開。途中見有廢城一，座客指曰：“是項羽與漢高祖鴻門宴處也。”

九時，至臨潼。昨與汽車夫同飲茶時，渠談華清池之勝，悦明因請曰：“明日能停留一觀乎?”應之。故今日車經臨潼，即稍迂迴至華清池；但僅許停一刻鐘。予等匆匆入觀，陳繼侯爲導。地在驪山下，泉甚溫，約華氏表百度上。浴室數間，尚清潔。浴資自三角至一圓。陳參謀指夕佳樓下一池云：“此楊貴妃浴處也。

爲馮玉祥改造，非復當年面目矣。"予等俯視之，有詩刻數石砌入池底；其上則以水門汀爲壁，了無情趣。園中頗有花木，惟假山堆砌太劣，舊日石碑均改刻馮氏所作格言。竊謂格言儘可作，惟不必置於優游玩賞之地，以刺戟休憩者之精神耳。一切亭堂皆近年所造，多于右任題額。名爲古蹟，實無古蹟可尋，遂舍之去。

十時，過灞橋及滻橋，橋寬約一丈，長約半里許。此昔人送別處也。

十時四十分，車到西安。即從陳參謀之囑咐，雇人力車至馬坊門街東來棧。棧甚寬大，不類市房，似一衙門所改者。價亦不貴，予等住頭等官房，每人每日只四角，與靈寶渭南同值，而舒仄迥異。室有桌椅，庭有花木，數日塵勞爲之一滌。棧門口黏有通告曰："頃奉訓諭，已逾五點鐘不許留客。再每晚九點鐘鎖大門，不准容留閒人。"禁例之嚴，可見一斑。昨日渭南之宿，誠有不得不然者矣。

天下雨。至棧旁聚樂亭吃飯。飯畢付價，出花旗銀行票，不受，謂此間不用。出交通銀行五圓票，又躊躇不欲受；問有無零票，答以無，則持票出外兌換。蓋西安通用者，現金外爲中央中國交通三行之一圓票，其五圓十圓票若非買五圓十圓之物則皆不樂受也。予等聞此悶損，身所攜之現金固無多，一圓票卻絕少，將如何對付此旅行需要乎？館役出兌五圓票，歷半小時而後歸，雖被折扣，猶幸得有零票數紙，足供一日用矣。

下午，雇人力車游雁塔。出南門，是名永寧。城垣高壯，逾於北平。守兵查問，下車任其搜檢，即放行。先至小雁塔，即薦福寺，離城五里。寺門內遍植油菜，正開黃花，絕似江南風景。寺已無像，今改陝西救濟院孤兒所，容四百餘人，授以書及工藝。所員某君出導參觀，塔已頹其顛，且不可上。此外僅有一鐘亭，鐘似明代鑄。他物更無所有，即碑碣亦不可見。

自小雁塔出，更至大雁塔。大雁塔在慈恩寺，即當年玄奘翻釋經論之地，離城十二里。自小塔至大塔七八里耳，而兩車夫已不能勝，眼淚鼻涕簌簌落，步履緩甚。聞同車客言，西安人力車夫無不抽鴉片者，觀此信然。寺門外有橋，名遇仙，不識有何故事。寺內尚有僧三十餘人。佛像雖未毀，但非舊塑。寺之一部爲慈恩育幼園，設木科及織科。塔甚偉，本可上，今亦封鎖。塔外左右二龕，嵌褚遂良所書聖教序及述聖教序記。以石質極佳，且在壁內不易受風雨之侵蝕，故克保其完整；碑座所鑿伎樂供養像亦極精緻。殿庭中石碑盈百，皆明清陝西舉人題名碑，承唐進士雁塔題名遺事，而唐人題名則悉不可見矣。塔中頗嵌有歷代文人石刻，亦但有宋明以下。以唐代文物之盛，曲江雁塔之勝，而遺跡都湮，何也？

回城，車夫步益緩。渠等乃述民國十五年圍城事以掩其緩。當時劉鎮華攻城，楊虎城守城，歷八個月。初，城中有餘糧，城不破，無所畏。其後食垂盡，軍士遂挨戶搜索，得米麵輒持去，而人民乃絕食，餓斃無數；其僅存者日以樹皮作食。其後兵士亦食盡，則宰軍馬食之。人民逃雖無禁，而沿途輒被刼掠；其幸能至潼關者亦以不許攜財物出境，終於折回。兩軍中軍官有相稔者，每邀敵軍到城內聽戲；至則將軍械置城門外，戲散攜之歸；夜則又肉薄矣。車夫道此時，輒指田間，"此濠溝也"；指窰洞曰，"此軍官所住也"。

六時許，抵棧。到鐘樓街西安飯店吃飯。陝西有易俗社，爲秦腔之新戲，久耳其名，今晚乃往觀之。可憐哉，上座不及百人，又多在廊而不在池，池中寥寥不及二十人也！是晚所演劇爲美人畫、近視眼、七人賢、慈雲庵、匱中緣、小姑賢、三回頭，凡七劇。予等以天黑去，已演至匱中緣矣。劇本既幼稚，演者多童伶，少精采；唱調爲老式梆子，以津遼間之新腔較之，彌見粗獷。末一劇爲湯滌俗趙柱國二伶所演，尚佳。九時許，戲已畢，當以禁街時早之故。

四月二十三日　星期四

早起，雇驟車游漢故城。在月華樓進早餐。

八時半，到漢故城之東門。是城，土人稱爲陽甲城，疑當作楊家城，爲隋都舊址，周八十里，在今省城之西北。城已殘斷，自平地觀之，皆不相連屬之土阜；而自高處望之，則猶見其銜接之脈焉。其峭削者，版築之跡尚在。其廣厚者，被人闢作窰洞。城中全爲麥田，村集不多。聞時有古物發得，其藴藏者尚不知有幾許；若移殷虛工作者來此，至少可從事十年。故城西南有未央宮遺址，今僅存土臺，高約二丈，已爲鄉民種梯田。臺下多碎磚，確是漢遺，但無文字耳。上有一碑，康熙乙亥（三四；一六九五）陽甲城二十四寨同東西棗園百姓立，爲歲壬申（康熙三一；一六九二）關中荒歉，蒙上發帑賑恤，散給籽粒，萬姓歡呼，恭祝聖壽無疆者。予觀關中之地，山川至多；即以長安而論，南則終南山，爲此次旅行中所見山之最高者，北爲渭水，河西之大川，東爲灞滻諸水，昔人有“八水繞長安”之諺，似不致有旱災之事，而史書上乃屢見之，此碑且云康熙帝散給籽粒，始得藝植，何也？按戰國時秦通鄭國渠而關中爲沃野，無凶年，秦以富強。漢武帝聽鄭當時言，引渭穿渠，渠下之民遂得溉。今世不乏河海工程專家，顧於陝災聲中但聞賑濟，未聞有揣其本者，此不可解也。

十二時，回棧，到西安飯店吃飯。

下午，到陝西省立圖書館，館中附設歷史博物館，凡藏書十六萬册，古物數百事，以佛像及石刻爲多，“昭陵六駿”，其四在東廊下。陝西爲周秦漢建都之地，鐘鼎彝器出土之源，乃無一器陳列，此則限於經費之故。若省中得有充分之財力以從事發掘，此歷史博物館必有大可觀者。館長張雋青先生不在，館員張文蔚吳德生兩君出招待，遂得從容攝影。昭陵六駿，爲唐太宗征戰時所乘，貞觀十年（六三六）葬文德皇后時圖而刻之，立於陵後者。

同治初，昭陵殿廡盡燬，石亦斷泐，露立風雨中。民國初某師長移去颯露紫（平東都時乘，西壁第一）拳毛騧（平劉黑闥時乘，西壁第二）兩石；尋爲某權貴輩去，輾轉歸於美國，聞煨蓮言，今正在玻璃櫃中享受清福。而此特勒驃（平宋金剛時乘，東壁第一）青騅（平竇建德時乘，東壁第二）什伐赤（平王世充時乘，東壁第三）白蹄烏（平薛仁杲時乘，西壁第三）四石則於民國五年移入圖書館者。追風逐電之神情，負矢結尾之戰績，千載而下，宛然如見。

　　館中又有大銅鐘一，爲唐景雲二年（七一〇）製，銘文極精。原藏城中西大街景龍觀，民國二年移置館中，特築一亭懸之。景龍觀者，唐中宗景龍中（七〇七一九）所建也，開元中（七一三一四一）易名爲迎祥觀。

　　藏經室三楹，藏城東臥龍寺經藏，列大櫃四。其中宋元明本皆有，而以明本爲最多。數年前，康長素先生游陝，曾欲攜之出關，至潼關而被扣，故改存圖書館中。聞朱子橋先生（慶瀾）等有印行之議，但書既不全，即選印宋元本可矣。

　　除此以外，佛像及造像碑亦甚多，惜積置東西兩廊，叢雜之中不易檢得其刊刻年月。

　　自圖書館出，至城東南游文廟，又至文廟後之碑林。當未至碑林時，在府學巷見皇甫君碑仰臥地上，予曰：“嘻，皇甫君碑乃在是乎？何不寘之碑林中也？”及入，則皇甫君碑赫然在焉，乃知所見者帖肆之贋本耳。惟碑林諸刻均公開，碑估日夜椎拓，何所需要而必贋製，以此知古刻拓本之僞造者多矣。碑林之名甚高，但唐以前物乃至少。即唐刻之可貴者亦惟有開成石經石臺孝經大唐景教流行中國碑等數種而已。屋宇固多，約三四十間，而清代物占其半。近人好傳名，相率自刻碑雜廁古刻中以表襮其政績與文才，未免可哂。在景教碑之一室有道光二十二年（一八四二）富呢揚阿復修碑林記，略云：

　　　　關中碑林之建，自宋龍圖閣學士呂大忠移置石經
始。……康熙七年（一六六八），巡撫賈漢復補刻孟子七篇。
乾隆壬辰（三七；一七七二），巡撫畢沅再修之。……圖經載
宋姜遵知永興軍，取漢碑代甎甓以建浮圖，是碑林未建時碑
版已多散佚。……

讀此可見歷史觀念始具於宋人，而至宋尚有劇烈的毀壞古物之
事。猶之今日，考古團體蠭起，爲自古所未有，而流傳數千年之
古物其拉雜摧毀之狀亦自古所未有也。

　　圖書館張雋青先生到碑林見訪，因同出至府學巷會古堂寶經
堂等碑帖鋪。予爲學校定一碑林全分，計二千餘幅，價一百圓，
可謂廉甚。然拓實不工，墨色亦淡，姑取作樣本，將來當選出若
干重要者，囑其加工加料善拓之也。

　　途中見華塔，有佛像在塔壁，以設有公務機關，未入觀。張
先生告我：“宋哲元時代，在城東北之新城（亦稱皇城）內，模倣
碑林，搜集若干碑版，設立小碑林一所；近以駐兵，未容游也。”
予等與張先生別，雇車到新城，姑試之。至則劍戟森嚴，實不可
入。即迴車至鼓樓，欲上樓一觀，亦以兵阻未能。遂到萬興樓進
夜餐。

　　梁家牌樓甘肅會館有坤角戲，爲陝人所豔稱，因往觀。是處
名新舞臺，不但男女合演，而且京秦合唱。所演劇爲全本馬介
甫，出聊齋志異，甚有精采；惜無戲單，竟不知演角爲誰。演未
畢，臺上挂一牌曰“時間已到”，於是此劇遂以不了了之。西安原
有電燈廠，自十五年大亂之後迄未恢復。自劇場出無車，店門亦
盡閉，而離東來棧頗遠，摸索而歸，幸未誤也。

　　十時許，將眠矣，西安通訊社記者楊賓青君來，詢問此行緣
由，具告之。勸多住幾日，告以票已買好，明日必行矣，遂辭
出。今日託棧中買票，僅得二等者，坐堆積行李貨物之敞車上，

路不平，車時跳起，殊自危。予不欲乘，囑館中易頭等票。掌櫃曰：“明日無頭等車開行。常有客人買頭等票不得，在棧待至四五日者。”予等自念在時間上，在旅費上，均難久待，只得承受。

四月二十四日　星期五

上午四時起身，摒擋一切。六時，到東門汽車站。予等行李逾額四十斤，納行李費七圓八角。七時，上車待客。今日到靈寶者僅有一小敞車，應容十四人；此十四人各有行李，車上亦已甚擠。惟汽車公司貪做生意，來者不拒，結果車上擠至十九人。後來者坐在木欄上，竟不惜以性命相搏。八時二十分，車始開。予腿上坐一軍人，車輪在下顛，軍人即在予身上跳，兩腿麻木至不可舉；且四圍皆為他人之肉所緊塞，天氣又悶熱，日光照面無可隱避，全身灼熱如發燒。行旅之苦，一至於此。然此猶為善也，使下雨，將如何？

途中查驗極多。出西安城，即查一次。到華縣，又查一次。到潼關，又查一次。其檢查之意義有二：一為抽煙土稅，一為禁止現金出口。每人所帶現金止限五圓，過此即充公。煙土則以關中價賤，攜出即博重利，故查緝尤嚴。關吏持鐵杆子，任意插入行李，觀其有無煙跡。又擅嗅，任何行李皆接之以鼻。屢呼曰：“帶土者速報，免受罰！”予車無夾帶煙土之人，竟未見其罰狀。然車中人物本已極擠，經其一翻動，向之緊束者變而為寬鬆，其擠乃益甚。車停敷水鎮時，有賣豆腐腦（南方謂之豆腐花）者，予等飲二盌，問其價則八百文也，為之舌撟而不能下。

車以下午二時半進潼關西門，潼關至靈寶一百八十里，當然可於本日到。而開汽車者謂車已壞，將行車牌簽交去，予等遂不得不在潼關歇夜。接客者紛出旅館名片相示，予等以中華旅館之名為新式，意其較淨，遂接受之。館在北街，至則內容小而骯髒，且駐兵，殊與其名不類；惟較之渭南尚差勝耳。

出，至慶樂園吃飯。以風塵勞頓，略飲酒。飯畢，雇人力車出關觀黃河。車夫索價四角，還以三角，當成矣，而不應。悦明曰：“彼輩非不欲應，乃其體力不能應也。”蓋關城在山上而黃河在山下，上坡下坡之勢，非鳩形鵠面之煙鬼所克任耳。

予等出北門，行河邊沙上，望風陵渡，屋宇錯落可見。詢知渡口雖近，但以淤沙過多，須繞越，故如於下午往便當以明日上午歸矣。望北去之河，則混茫莫辨其涯際。關當三省之交，形勢又若是其雄厚，其重要可見。遇一軍人，悦明與之談，乃廣東同鄉，由粵北伐至江浙輾轉來此者。承其導上城樓。城隨山直上，絶似居庸。談及此間物貴餉薄，歎息久之。予等旋至南門，望山上鐘鼓樓，聞是元魏遺物。城下泉聲瀲瀲，依然深山中景色也。

六時，還旅館，即就寢。以汽車生活過於勞頓，居然睡去。

四月二十五日　星期六

上午四時起身。七時上汽車站。今日易一有棚之車，初謂可較舒服；不意除昨日乘客外又新加數人，致視昨日益擠。一軍人之股塞於予之腰，另一人之頭枕於予之肩，又三四人之足踏於予之足背，不但一身不可動，且將窒息，只得拚命掙扎以求得喘氣之自由。從七時半開車至十一時半至靈寶，此四小時中如受非刑，此實一可紀念之經驗也。悦明與汽車夫同座，較寬，惟汽鍋漏氣，熱不可耐。途中以修理機械稍停，悦明下車問一兵士云：“此地何名？君在何師？”此兵即勃然作色曰：“此等事你問他作甚？”招旁一兵曰：“看住他，這是偵探！”予急自懷中掏出學校證明書示之，悦明方得還車。同車者皆曰：“出門不可多説話；他太喜説話，弄出事來了！”

到靈寶，仍住大金臺。自靈寶東行，每日只有下午七時一次車，係至陝州者，故必在陝州歇宿。時間尚多，午飯後即進城游覽，城甚小，周圍不過三里。予等進西門，出南門，指顧間事耳。南門街尚熱鬧。市中以煙土店爲最多；又有賣“煙餅”者，予等不解；問之，乃煙泡也。陝西盛種鴉片，山西流行白麵，而河南交受其病，豈不可悲。房屋破舊，而貞節牌坊獨多，且甚精緻。

西安所用之輔幣爲當十文之銅圓。到潼關後，則用甘肅及四川當百文之銅圓。不料東行百餘里，至於靈寶，此種幣又不適用，而用河南省之當二百、當百及當五十文之銅圓矣。銅圓票及毫洋票，陝豫兩省均有，但亦互不通用。此等制度，使旅客感受無數零碎之痛苦，有時一圓所易之輔幣，輾轉折損，僅能作半圓用耳。

西門外大道旁有石碑二座，一書"老子著經處"，爲萬曆己酉（三七；一六○九）知縣王可宗題；一書"猶龍真窟"，爲萬曆戊午（四六；一六一八）知縣劉應遇立。明人好事，必指實其地以爲快；然何以不在關門而在城門乎？

時間尚早，還旅館無所事事，以寫信自遣。六時，上車站。在站望函谷形勢，想像古代設險守國之規模，以及東西兩都之建置，會心不少。七時許，車始開；九時許，始到陝州：脫車一小時矣。下車後兵士露刃立，半閉站門，僅容一人行，逐件檢查。旅客既多，互欲爭先，而檢查卻緩，門不得入，予與悅明遂相失。待至一小時，始得被檢。既出站，不知悅明所在。念其當入大金臺分號，然黑夜無燈，亦不識大金臺何在。手提一箱，躑躅荒原，頗覺擔心。雖逢人即問，略得其方向，仍苦難覓。行至一街，忽見悅明迎面來，大喜，詢之，則已在大金臺開房間矣。到棧，已十時半。進夜餐，已十一時半。就寢，已十二時半。

四月二十六日　星期日

早六時起。以陝州東行之車須十時許開，故將行李結束後，即雇人力車游陝州城。城在一山岡上，對車站，背黃河，氣象甚偉。當進城時，見裹足婦女數百人扶杖抱孩而出；路以山石鋪成，又下傾，渠等行甚難。初不解其何事；後見其手中均攜有盆盎之屬，始悟城外當有施賑者，不施男子而但施婦孺，故若輩犯艱難而往也。城雖不小，而甚荒涼。人家皆甚低甚破之土牆，不必鑽而可窺，不必跳而可踰。

至南大寺。寺已殘破，今設縣立女子師範講習所。寺後有塔，高十三層，立瓦礫間，不可上。

至城西北羊角山，俯瞰黃河，風景殊勝。山上有呂祖廟及三皇殿，有道士守香火。搜舊碑不得，僅見道光癸未（三；一八二三）知州楊兆李築羊角山室記一碑云：“陝之爲郡表裏皆山，盡境之西北即山爲城，據城之西北即山巔爲治。大河走城下若池然。逾河而西，尺寸皆晉屬”云云，寫本郡形勢頗扼要。

羊角山之東有召公甘棠遺址。聞甘棠樹於數年前被斬伐，今僅存一尺許長之幹；然即使未被伐，亦不審係何時所植也。壇前有一碑，文已漫滅。（陝州之石質太鬆，他所立碑亦多如是。）惟嘉靖十六年（一五三七）知州閆倬宜所刻“召公遺愛”四大字尚存。此處今爲當地官紳清明植樹之地，聞將闢作公園。其南爲鐘樓，有鐵人像二立門側，未知何時所鑄。

八時半，還棧，到東華樓吃飯。當出城時已下微雨，此時雨勢漸大。九時，冒大雨到站。本擬赴澠池，以天雨不果。十時零五分，車開。以下午五時五十分到洛陽。雨竟未停，窗外風景盡失；惟靜觀同車一客以白麵敷於煙捲上抽吸而已；客衣中山裝，非黨政界人則學界人也。

到洛陽時，街上泥深至尺許，無人力車可雇。大金臺離站雖近，而鞋襪已盡爲泥汙。到棧，知希白德坤已去開封，予之行李亦帶去，獨留悅明物兩件。向悅明借襪穿之。然半夜上車，此新襪又蹧蹋不堪矣。

四月二十七日　星期一

上午一時赴車站，乘特別快車。二時許，車開。

過鄭州時，識河南建設廳職員潘薰南君。談及此次行旅所見煙禁之弛，渠曰：“河南收鴉片稅之機關有三，屬於中央者一，屬於地方者二。稅重如此，烏得不弛！"談及馮玉祥軍隊之破壞寺廟，渠曰："前年甘肅回民之變，屠殺漢人數十萬，其端亦肇於馮軍之毀回教一廟。回民信教至深，馮軍乃攘其寶物，爲回民所深痛，故先殺其妻而後殺漢人，遂屠戮盈城盈野。"馮治軍固有方，實無政治才，偏欲統一思想，剝奪人民信仰自由，道教及内地佛教雖可欺凌，奈回教非其比何！

十時許，到開封，希白德坤已在站相待。即同到鼓樓街之大金臺旅館。久居茅店，覺此館輪奐非常。稍息，即至小大飯莊吃飯。希白因河南大學欲邀講演，計不如明日離汴，今晚即宴汴中所見人士作別，因書柬交飯莊送去；計所邀者爲河南博物館長關百益先生，河南大學文學院長李廉方先生，國文系主任劉子植先生，省政府殷虛發掘參加員許彥魯先生。

飯後回棧，子植來，交代轉各信。即與悅明同出，先至龍亭。龍亭，在城北，傳說爲北宋金鑾殿故基，未知可信否。明爲周王府，故兩側有東宮西宮之名。予於民國十二年來時，尚爲玉帝殿，今則改爲中山公園，有中山先生像。自下而上，約六十級，中階刻龍身甚偉壯。憑欄而望，收全城於一覽中。上有龍案一，蟠龍生動，傳說謂是宋代寶座後之屏，理或然也。龍亭後爲清滿軍駐防營，已全部拆毀。

龍亭出，至鐵塔。塔在城東北，凡十三層，一百七十二級。全身以鐵磚及陶磚砌成，無木料。鐵磚上亦施釉彩，於剝蝕處見其爲鐵耳。所嵌佛像，亦皆鐵質。磚文有洪武者，亦有正德嘉靖萬曆者，最後至乾隆，則歷來增修者多矣。洪武一文録下：

洪武二十九年（一三九六）歲在丙子仲夏，丁巳朔吉日，周王令旨造立四十八願阿彌陀佛琉璃相，計四十八尊，命賜上方祐國禪寺如來舍利塔中奉安供養。所願寶塔巍峨，量等三千而高梵世；全身顯煥，願分六八以現中天。邦畿萬世以同昌；國祚千秋而益衍。次期合塵背覺，各悟本性之彌陁；
著相朔空，悉達唯心之淨土。

　　讀此，知周王僅造四十八尊佛相耳，非建塔也。塔之建，當在宋
代。此塔至今不欹不壞，其堅固可知。開封曾被水湮，沙土厚
積，故塔基不露。

　　鐵塔之前有一殿，中立阿彌陀佛，銅身，座高二尺，佛身高
一丈六尺。此當與塔並爲祐國寺之一部，今又同爲孑遺矣。殿中
設甘泉居茶館，就息焉，泉色味甚清。聞數年前廟宇尚大，爲馮
玉祥所毀，此銅佛像馮氏命兵士數十人拉之不倒，而河南中山大
學中人又以古蹟所關，爲之説情，乃得不毀。鐵塔當時亦準備撤
毀者；有富紳吳君請以三萬圓購買，許之，故此塔已爲其私產。

　　至河南大學訪子植，未晤，晤施友忠君，燕大同學也。同出
南門，游禹王臺。今爲農事試驗場；然地不廣，未能多種植。廊
間陳列捲筒式之機械，謂是禹治水具之模型，不知其何自來。

　　出禹王臺西南行，至繁塔。昔有繁（音 Bu）姓居其側，故俗以
此呼之。實名興慈塔，宋太平興國二年（九七七）建。初甚高，明
初以有礙風水，去其上半，僅留三級，其上又一級則甚狹小，甚
不稱。塔六面，悉以佛像磚建築；聞佛像無一同者，數當逾萬，
雖爲陶製而饒有姿態。磚上有題記者，多周王府宮人。塔可上，
惟最上一層須順塔簷行，而簷下僅容兩足，如陟懸巖，危甚。予
膽忽壯，捫壁走，竟至其顛。塔前原有寺，今圮矣。

　　返城，訪挑筋寺遺址。當南北宋之交，猶太人傳教中國，行
至汴京，宋帝已南渡，遂留此建寺。其人自爲婚配，故得保存其
骨相。至清末，寺廢，其人亦恥不列於齊民，相率改漢姓，諱其
自出。聞鼓樓街某綢緞莊掌櫃某君，即其遺族。予問能請其照一
相否，人曰：“既已諱言之矣，又安得允！”寺址在教經胡同西口，
但存一片瓦礫場；夕陽之下，益使人低迴無已。聞車夫言，十數

年前此間尚有二碑，爲中華聖公會輦去。友忠與聖公會人相稔，因約明晨往訪。

回棧至小大飯莊，關李劉許諸君俱謂過客不容作東道主，而飯莊爲伊等所素識，聽其調排，遂反客爲主轉而宴予等。强辭之，無效。又爲河南大學邀希白與予明日往講演，迫不得已，亦允之。予等遂定於後日上午離汴東行。

四月二十八日　星期二

上午八時，彥魯友忠來，即同至行宮角聖公會觀挑筋教碑。碑在庭中，左右列，各砌以小龕。然塗以洋灰白堊，墨書聖經二節，不可見其原刻。不知何故掩去，甚以爲疑。聞民國初年，聖公會購得此兩碑時，即欲運之出國。爲汴人所阻，留置會中。今殆已將原碑運出，故作粉飾之計歟？其會客室中懸有二碑拓本：其一爲弘治二年（一四八九）重建清真寺記，其一爲正德七年（一五一二）尊崇道德寺記。寺有二名，其二寺歟？

至教育廳西街寄芸閣書莊，覽觀一過，書尚不少。欲向購取，而掌櫃未起，學徒不負責任，遂出。

至河南博物館，訪關百益館長。承其導游各室。首至一室，陳列河套奇石一千一百件，爲甘肅警務處王宗祐處長所收集。其狀或小如卵，或大如瓜，或形如鳥獸，或神擬仙佛，或如雲煙之縹緲，或如老樹之婆娑，皆河水中衝激淘磨所成，在太湖靈璧雨花諸石之外別樹一幟。是於民國十七年費數千金運汴，贈與博物館者。出，經長廊，見睢縣白雲寺佛經藏一室，爲明清版及鈔本。又銅雲版一，銅缸一，亦自白雲寺移來。寺當盛時，有僧百餘人，此缸即百餘人煑粥者也。又至一院，兩廊列各民族男女像，係馮玉祥主豫政時所塑，藝雖不高，以作通俗教育固甚當。有一大室，陳列國貨、藥材、衣服、佛像之屬。其中可注意者爲袁世凱之遺物，如龍袍、軍服、祭天服、燕尾服、海軍服，及獎章等，蓋即彰德抄家時所取出。又有相國寺遺物甚多；寺爲開封最大之宇，馮玉祥改爲中山市場，有若干銅佛已鑄作銅圓，此則其倖存者，然菁華固已竭矣。

有空屋若干間，正在清理，將來擬闢一部儲銅器，一部儲石刻。有鐵礟若干尊，分植院中及大門外，如欄干然。來游者甚多，而其最感興味者爲各民族塑像，即此可知民衆教育之需要。

出至文廟，參觀博物館第二部。新鄭銅器占五室，歷數年之力得將殘破者配補完整，與民國十二年所見大異。如方壺、豐侯，出土時鳥蛇諸飾均零落，雜置碎銅片中，賴百益之長期工作，皆離披交互，更見其精工，此真可喜事也。墓誌八百餘方列兩廡中；門鎖，未得覽。殿簷下有隋開皇二年（五八二）造像一座，四面，每面三格，刻鏤甚精，塗以金。物原在滑縣，前年以十六萬圓賣出；館中聞訊追之，已至天津矣；運歸，斥運費千餘圓。又會客室中陳列魏正光五年（五二四）劉根造像，橫展如漢磚，甚有趣致。此拓本甚名貴：今售二圓，前曾售至十五圓云。宴臺金源國書碑嵌西廊下，下半已極殘泐。北宋石經數方，亦在廊下。

談及鞏縣，百益極願予等往，謂石窟寺造像不讓龍門，北宋皇陵之石人石獸亦勝於明清諸陵。予等從其言，明日改西轅矣。

午十二時，出，友忠宴予等於書店街雅北飯莊。飯後往相國寺，除殿廡牌樓猶存屋宇形式外，餘物已不復可見。大殿改革命紀念館，陳列烈士像等。至西院，聽女子唱書，凡分二種。其曰“墜子”者，爲河南調，拍綽板，彈三弦，無鼓。其曰“梨花大鼓”者，爲山東調，打梨花片（梨花應作犂鏵，本爲田間之歌，故以農具爲之），彈三弦，有小鼓。以下午須作講演，故三時即離去。

四時，到河南大學演講。經李廉方先生介紹。予述此次旅行所見藝術品之感想，謂“中國藝術可分三期。第一期爲實用的，如新鄭出土之鼎彝。第二期爲宗教的，如龍門石像及正定龍興寺雕塑。此二期均以北方爲多；南方雖未嘗不有，而其質其量均遠

不及。獨第三期則北方不如南方，如山水畫，如園林術，其藝術
中心皆在太湖流域。此期可名之曰文學的。此非北方人之才能不
及南方，乃以時期已後，文化中心往南遷徙之故。今南方藝術又
衰歇矣，望諸君努力，奪回此文化中心，無失此光榮歷史"云云。
然文化發達須有經濟充裕之背景，今北方民窮財盡如此，雖有天
才亦不易挽此頹波，以陶鑄一新風氣，徒令我儕對殘餘之藝術作
品而長太息耳。希白講此次所得古物及自身對於古文字學興趣之
養成。

　講畢，參觀大學圖書館，承李燕亭主任引導，館中陳設極有
秩序。此校經費不多而能有此成績，甚可欽也。出，河南大學同
人設宴於書店街合昇飯莊。

　夜，友忠導至浴華樓洗澡。浴畢歸寓，省立高級中學文科劉
錫五主任見訪，邀我等明日前往演講。堅卻之，不得。無奈，予
謂希白等曰："石窟寺我已去過，君等明日可先往鞏縣；予以後
日行，大後日同游宋陵，如何？"希白允之，予遂獨留一日矣。

四月二十九日　星期三

　上午七時半，希白德坤悅明就道，彥魯送之。彥魯歸，與予
同到游梁祠後街宅中，謁其父子猷先生（鈞）。先生精研金石之
學，正爲河南通志局編金石志，一碑一像，悉録其文與題跋考
證，稿可隱几。以河南古刻之多，加以先生蒐羅之博，將來成書
必在百卷上矣。

　回棧，全右文劉子植王瀛波諸君來。右文邀午飯，並導至高
級中學。三時半，由教務主任錢鐵琴先生（鶴）介紹演講。予述歷
史學之三方面：(1)考古學，(2)校訂學，(3)民俗學。並謂研究
學問是件苦事，諸君如有志於此，萬不可間以不勞而獲之心理，
須知天下事只有勞而不獲，本無不勞而獲者也。四時許講畢。省
立第一師範學校王元春校長來邀往演講，予以"一客盡是客"，乃
許以夜往。五時，高級中學同人宴予於合昇飯莊。

飯畢，即至師範學校，由教務主任高慈生君作介紹。渠欲予自述治學方法，予因就以發揮，謂"予爲學並未經過基本訓練，實談不到方法；只有自己認定一個目標走去，並以意志之力，使不願意時也要願意，不高興時也要高興而已"。又謂"只要肯幹，只要有材料，自然會想出方法來"。此種話自謂出於熱誠，不知聽者曾有感動否也？

回寓，錫五來，交介紹函三通，一致鞏縣教育局康旭東局長及楊汝璋主任，一致黑石關中學校邵季賢校長及周效孔主任，一致二十里鋪李伯修先生。蓋錫五爲鞏縣人，於彼地人士均熟識，悉鞏地旅舍食宿不佳，故以五君爲介也。予甚感之。

省立第一女子師範學校教員杜同力君來，邀明日往演講。告以本團同人均在鞏縣相待，明日決不能再留之故，幸承赦免。予自審口才至鈍，鄉音又重，聽者必不感興味，亦必不能全懂，精神時間等於白費，而逃名無術，到處胃牽，愧惡之甚。

四月三十日　星期四

上午六時起，整理物件。館役以昨希白上車時車中已無隙地，促速行，即於七時出城。彥魯子植錫五右文諸君來送行。

九時二十分，車開。過滎陽縣後全爲山地，自氾水縣至鞏縣歷山洞八，此即鄭之虎牢，洛陽之東屛也。下午四時許，到鞏縣，希白等已在站上相迓。鞏無人力車及騾車，行李交役夫負之，予等步行至東關，入中亞飯莊，即希白等昨晚所宿者。飯莊本非客店，但以鞏無客店，故店伙騰出其樓上住所以容同人。樓低甚，伸手即捫屋梁。廚房在其下，樓板多縫，油腥氣圍裹一室；且爐竈既熾，又似烤火然，殊不可耐，故予等至，皆坐庭中以避之。然庭後即廁所，糞積數月不除，臭氣又相襲。希白等見商曰："旅中不可耐如此，明日盍行乎？"予曰："既已至此，宋陵何可不去！且既嫌此地劣，錫五有函介紹住教育局，何不往投之？"希白等謂宋陵固可去，教育局則不可去，以一去又有酬酢之

煩也。予於此點頗不謂然，酬酢固一苦事，但我輩以生客來此，
自作搜尋必不及受當地人士指導之可以多見聞也。但公意如此，
而予又能耐苦，故亦安之。

　　詢希白等今日工作，知乘船赴石窟寺，攝影成績甚好。又至
洛河入黃河口，眺望波瀾。

　　予以鞋子數次踏溼，至市中購一新者。價殊廉，毛布底，黑
布面，一千五百文，合大洋三角五分耳。商鋪牌號，多冠以“東
周”字樣，蓋戰國時西周惠公封少子班於鞏，號東周，故云然。
市中煙鋪殊多，聞東關商鋪二百餘家，賣煙者居其四十，飯館米
鋪固不及此數也。禁煙局之間壁即爲一家煙鋪，未免滑稽。希白
等今日下鄉，又見罌粟田甚多。

　　信步行，見有“詩聖故里”一碑，其門扁爲“杜工部祠”，即還
飯莊拉希白等共觀之。入則屋僅三楹，祀杜甫木主；有守廟者，
其五十七世孫杜慶祥也。以杜甫（先天元，七一二，生；大曆五，
七七〇，卒）而有五十七世孫，傳衍之速可見。其孫告我曰：“先
人生於鞏，葬於鞏，其墓在二十里鋪。”門外“詩聖故里”一碑，雍
正丁未（五；一七二七）石屏張漢所題。然按杜甫寄韋丈人詩，謂
“有敝廬在偃師”，舊唐書及河南省志偃師縣志皆謂“沒後旅殯岳
陽，後四十餘年，其孫嗣業遷葬偃師”，則殆有可疑者。

　　夜，有賣碑帖者來，買得若干種。

五月一日　星期五

　　上午六時起。進早點後，即雇人負物爲導，出東關，經故
城。此城地勢低漥，故爲水潦所歸。民國三年曾沒於水，十六年
又沒於水，至今猶爲大池。縣公署於十六年遷至近車站之高等小
學。城中房屋無多，出入皆以舟。城外有長隄，麥田嫩綠，溪水
碧清，山巒四合，明秀之氣撲人，大似江南風景。噫，鞏縣多佳
山水，苟國家有力修治之，固不讓杭州專游覽之勝也。

　　經五里鋪十里鋪回雲寺等處，皆在山峽中行，寬不過丈。函

谷舊觀，於此得之。往日鐵道未通，此固至洛陽及西安之大道
也。聞導者言，二十年前，以行旅所必經，故五里鋪十里鋪等處
並有茂盛之市面。自隴海路成，乘車便利，此路遂漸衰落。今則
閉盡拆盡，僅留一二小廟；如五里鋪則並小廟而無之，惟有一窰
洞，一糖果擔兼賣茶耳。狹道寂寂，不聞車聲，盛衰之變，乃至
於此！

　　回雲寺有靈官殿，殿門有道光八年（一八二八）重修靈官殿後
牆碑一方，爲嘉慶十八年（一八一三）舉人崔成憲所作，其辭甚
善，因鈔録其半篇：

　　　　西青龍與東青龍異山合體，中有慈雲寺。寺前龍潭北流
　　於白沙村，爲石子河，故名之曰石河道。東青龍蜿蜒北下，
　　東結爲鞏城，西結爲回雲寺，爾時以雲氣盤旋回環得名。夫
　　寺何爲而建也？蓋地臨孔道，官吏往來於斯，商賈奔走於
　　斯，突有疾風甚雨，其何以藏身？況石河水發，孰爲濟渡之
　　人？夏暑冬寒，疇備湯水之飲？以及朝發而夕不至，夜行有
　　驚呼將伯者，又誰爲之助？行人之苦，不忍殫述。廟貌之
　　修，煞有深心。雖丹青髹塑，名爲敬神，而延僧施茶，實欲
　　安人也。……

此文將道途間設立廟宇之需要老實説出，甚可佩服。今日社會事
業一切不發達而先欲驅僧毀寺，無乃太不知民間疾苦乎？

　　至十五里鋪，有來濟庵，庵倚山壁鑿洞爲之。雖不見一僧，
而門前有缸施茶水。又前，見山壁上有小圓石，有貝殼，上古之
河底也。"深谷爲陵"，視鞏縣城之變爲大池者恰反。

　　自此即望見宋陵，自北而南，先至一陵之背。石人石獸林立
於前，計自大門至陵前，爲：（1）華表，（2）象，旁立象奴一，
（3）鳳石（此石不知其名，其物鳳翼，龍爪而馬面，四圍皆山水

紋，以其翼大，姑以鳳石名之），（4）麒麟，（5）馬，旁立馬夫二，
（6）同上，（7）虎二，（8）羊二，（9）侍臣七，（10）武臣一，（11）文
臣一，東西皆如是。邙山在後，嵩山在前，洛水經邙山下。殿屋
已盡塌，檢殘瓦亦殊無佳者。悦明以此地游者所不常至，故於石
像逐一照之。然像皆露立曠野，無物與之相掩抑，日光又太鋭，
慮未能善也。宋陵固多，此無片石質證，不審爲何帝之陵。問導
者，但云娘娘陵，亦不能言爲何帝之后。予等即在陵前野餐。

自此往西北，見一小陵。往西南，又見一大陵。折而西北，
又有一小陵。陵前石像，有已陷其半身於隴中者，麥秀離離，圍
其胸腹。故國之感，類如此矣。

至二十里鋪，歇一客店中。此店只一洞窟，深約四丈，廣約
丈許。門内左壁爲竈，右壁爲炕，進則爲騾馬車輛停息處。是處
人家皆在山岡上，而道路則爲深溝。予詢李伯修先生家何在，其
人仰而指之。時希白等正買雞子就竈作糕，予遂獨往。其門樓上
刻“依嵩瞻洛”四字。其屋有瓦房，亦有窰洞。見伯修及其父允升
先生（生甫），弟義種。承其招待周至，並招希白等同來，出茶飯
見餉。詢以今日所至之陵，則先至者爲仁宗陵，在東；後至之大
陵爲英宗陵，在西。其他兩小陵，亦謝不知。清代每年派員致
祭，但祭仁宗陵，故有“祭東不祭西”之諺。此雖見其祇念前代之
意，然每祭一回即騷擾一回，甚至有索金香鑪之事，是則有司之
罪也。民國以來，此禮已廢。陵地本禁種植，今亦開禁矣。太祖
太宗陵，離二十里鋪尚有二十里，今日已不能去。伯修畢業北京
大學，其父子歷任陝西縣長，爲一鄉人望。讀壁間陝人贈詩，又
知允升先生政績之美。而鞏縣當豫省衝要，每一内戰，即爲兵士
所乘，要索騾馬什物，損失甚大。惟先生謂與其見土匪則不如見
兵，鞏匪尚少，猶可居耳。苦承留宿，希白等以急於游魯辭，乃
爲覓驢馬送歸，殷勤作游嵩之約而出。

嗣以待馬不至，徘徊門前，見有石盤陀一，雕鏤甚精。伯修

曰：“是得之於宋陵，柱礎也。”悦明爲攝一影，藉見陵殿規模。嗣僕人覓得一騾一小馬，希白悦明以不敷分配，仍步歸。德坤跨騾，予跨小馬，與伯修兄弟別，款段而行。六時，抵東關寓所。

在縣城附近，見德政碑，教思碑，懿行碑等甚多。德政屬於官，教思屬於師，懿行則盡人可用，此可見北方立碑風氣之盛。行經長堤，蚊聲如雷。回至飯莊，蠅又大集。今日於陰曆，三月十四耳，已如是，則夏日寧堪居耶！

以明日須早行，晚飯後即眠。

五月二日　星期六

上午二時半起身，整理行裝，進早點。四時，啟東關門而出。小車三輛，置行李；予等步隨之。星月爛然，林木交翳，別有一番風味也。

至站，尚未賣票。待買得票後，行李房又無人。非無人也，正在內室打牌，無暇辦公耳。予等催之急，起立矣，一觀時計又謂火車將到，勢已不及，可悉攜上車。予等行李十四件，特別快車停此只兩分鐘，慌張甚。幸人多，得全移上車。車役見之怪曰：“行李如此多，何以不扣牌子？”予等笑頷之而已。五時，車開。

自開封而東，地皆沙土，饒鹼質，井極少，溝渠亦少，貧瘠之狀一望可知，聞不能種麥，僅種木棉及花生耳。黃河堤尚存，縣延數百里，真是一大工程。蘭封馬牧集諸地，爲每次內戰所必爭，時在報紙見其名；今日經之，宛如舊識。鋒鏑之下，其凋敝亦可知也。

下午八時二十分，至徐州，入新旅社。旋步市中，至鴻宴酒樓吃飯。徐州市街尚熱鬧，惜同人急於赴濟寧，不能作一日之游覽。

五月三日　星期日

上午四時半起，六時上站。津浦特別快車稍脫班，得在站上買豆漿油條等充早點。七時，開車。經臨城，適韓復榘軍隊近日勦抱犢崮土匪，匪逃竄；一匪逃至臨城車站待車他逸，倦而假寐，爲警察所見，搜其身得手鎗，遂被捕。予等在車，初聞人聲喧豗，不知何事。後見捕一人，而其人面容憔悴，疑是一白麵犯。更後乃知其詳，殊出意外。不知其受白麵之經濟壓迫而爲匪歟，抑群匪悉有服白麵之慣習歟？

十一時四十五分，到兗州，即轉上濟寧枝路車。車無等別，行李皆隨身攜帶，經孫家店等二站而至濟寧。下午一時半開車，三時到。入金生棧，在運河北岸上。河堤多柳，河中多小船，亦有投網捕魚者，絕似南方景色。棧中有妓女數人，衣飾逾於洛陽，占正房而居；狎客往來不絕，亦非洛陽之寥落者比。

呼棧役伴游城內古蹟。先至東門外禮拜寺，有雕鳳石柱。隔岸望太白酒樓，即城樓也。城雖不大，頗繁盛，與彰德髣髴。當海運未通時，運河爲南北交通要道，而濟寧爲其樞紐，彼時之盛，可想見也。至鐵塔寺，今爲公安局，初不允入，出銜片示之，乃許入門一觀。塔細而長，似杭州保俶。至文廟，欲觀漢碑，以駐兵未許。出銜片投之，良久，一軍官出，以極謙和之態度語同人曰：“諸君皆學界中人，今日來參觀，敝部極表歡迎。但室中未經整理，衣物零亂，恐貽賓客羞，請以明日來可乎？”告以只觀碑，不觀其行間生活，卒不許，遂退。至普照寺，今改爲山東第三監獄。據山左金石志，寺中壁間有漢畫像石數方，然尋之不見，意者因其著錄而遭盜竊乎？殿中有金黨懷英所書二碑，寺內有唐幢一，寺外有石塔一。出至各古玩鋪，殊無佳品。最後一家有一素洗，無文字，當是漢物，議價未諧而罷。

歸，詢到武梁祠路程，知爲五十五里。騾車太緩，恐一日未能來回。汽車則索價四十五圓，又嫌太貴。問人力車價，大約兩圓一輛，決乘此往。

我輩整日奔走，至今恰一月矣。尤以此數日中，幾皆半夜起身，不得充分休息，故諸人均感疲倦。晚到河干大興樓吃飯，正有數十人在搖會，憑欄而望，宛然吳門之暮景也。歸，諸人八時許即睡，予以寫信延至十時半。

五月四日　星期一

上午七時半出門，雇車到嘉祥縣。沿運河西行，過濟安臺。行十餘里，天漸晦，繼而微雨。十時十五分，至新橋河，雨大降，遂至一飯店避雨。而雨益大，車夫謂前途不可往矣。問其能歸去否，亦曰不可歸。曰"然則如何"，不答。告之曰："自濟寧來，已行三十餘里矣。再走十八里，即至嘉祥縣矣。同一難走之路，與其後退三十餘里，何如前進十八里？"車夫曰："我輩若至嘉祥，即使天晴，地亦不能遽乾，則四五日中將不能作生意。若雨連縣不止，更不知要在嘉祥遷延若干日矣。"予等知其語爲實情，且自己亦未帶行裝，大雨之後天氣驟涼，已感衣服之不足，冒險前進將更無法支持，然以車夫倔強，仍與之齮齕。

至十二時，感飢，而此店飯菜盤盤陳列簷下，油魚也，肉丸子也……不知其已歷若干天，此外更無新鮮之味，實不敢食。於是囑店伙出外收買雞子。雞子原價每枚七十文；雨中收買不易，價漲至百文，凡得二十枚。德坤能烹飪，取與麵共調，焙成蛋糕，四人得果腹。

下午十二時半，雨稍止。予等謂車夫曰："汝儕不走，吾輩自走矣。"遂東返。車夫追來曰："非不肯載君等歸，實恐今日未到嘉祥不照給車價耳。苟得如原價，自當送回濟寧。"予等允之，乃上車。一往返間，道路雖猶是而面目已大非。車夫走一步，往往退兩步。無法，一車用二夫，一在前挽，一在後推。四夫拉二車至一地，更返拉留下之二車。下午四時矣，離濟寧城尚甚遠。每過一鄉村，茶店飯館之內輒有若干人在避雨。我輩有車尚不知何時至；彼輩無車，今夜將如何宿乎？希白等厭其緩，因起自走，使車夫挽空車易行，予亦從之。然予穿鞏縣所買鞋，鞋太寬，而泥土黏力甚强，足拔起時，鞋常不能與之同起，一步一頓，有如蒼蠅之在蒼蠅紙上然，大窘。至某村，道上多油垢，滑甚，常欲傾跌，念一跌便爬不起矣。一時思慮湧起，憶幼時讀史，見陳勝吳廣赴役驪山，天雨失期，秦法當斬，遂起叛秦，輒不解其故，以爲彼輩既有叛秦之勇氣何以更無冒雨之勇氣，今乃知冒雨之難有過於叛秦也。又念有人謂北方生活不及南方，以南方多雨，擁被聽之甚饒詩意也，孰知彼輩之詩意即旅客之痛淚乎？既無法獨走，惟有仍坐車上。五時半，始到濟安臺。七時，始還金生棧。車夫曰：“拉此一宗生意，筋疲力盡，數日中不克工作矣！”予等則既費時，又費錢，空走七十里路，武梁祠尚未得一望見，彼此均呼冤。但換取一行旅經驗，知下雨之困難不可不防，亦算一得耳。

濟寧汽車路凡分四綫。東爲濟滋路，至滋陽（兗州）。南爲濟金路，至金鄉。西爲濟嘉路，至嘉祥。北爲濟汶路，至汶上。今日所行，即濟嘉路。在新橋河避雨，飯店中人曾勸候乘汽車。然予等終日在汽車途中，終未遇一輛汽車，則亦必以雨後道路泥濘而停開矣。即此可知欲使北方雨天交通不阻絶者惟有建鐵路，否則無論何種車輛皆有行不得之歎也。

夜，洗足，早眠。

五月五日　星期二

武梁祠既於此數日内無前往之可能，遂定今日行。早六時起，整理行裝畢，八時上車站。九時車到；十時至兗州。原擬於兗州小作勾留，不幸雨濛濛而下，乃待十一時車，轉赴曲阜。住站旁中西旅館，館主寧波人也。

雨霽，即招館役來，問以近處有可游者否。渠云：“紀家莊正有廟會，今日演戲。”及至，則以雨停演。廟會之地爲娘娘廟，會期自陰曆三月十五日至二十日。席棚葦壁，相望於道，皆售物者臨時所設肆也。所見鄉人，留辮髮者頗多，此與他省不同者。

還，游津浦鐵路曲阜賓館。館在站北不數步，爲十年前津浦路全盛時代所建，招待游孔林之旅客者。屋凡三進，客房約三十間，有自來水管及浴室。進門處牌樓一座，金碧輝煌，與行宮甚相似。門內則松柏夾道，內院植紫藤玫瑰等花木。占地約十畝，布置甚可人意。我儕一路所經，未見有如此好旅舍。不幸近年受戰事影響，曾爲軍隊所據，門窗等已拆卸一空。庭院寂寂，四壁洞然，石獸彫殘，春花空豔，即此新建築已大堪供游客之憑弔矣。

聞當年造鐵路時，衍聖公以其有礙風水，不許近城，故車站離城遠至十八里，獨立曠野中。予等宿站旁，更無可游之地，欲進城則爲下午時間所不許，只得回棧，以看書作休息。站旁人家極少，而雨勢又漸大，臥牀聽雨，更不聞人聲，幽靜之極，如入深谷。此亦旅行中所少遇者也。

五月六日　星期三

昨大雨終夜，以爲瞻孔林無望矣。今晨忽發大風，氣候驟涼，雨乃頓止。於是雇騾車兩乘，於上午七時半出發。沿途屢遇積潦，故雖雙套車亦不能速。渡泗水，頗寬廣。渡後即望見孔林後牆。九時二十分，至孔林。林南北長六里，東西廣八里，蔚然深翳，氣象至偉。墓則不大，孔子與伯魚子思三冢合計，不過三四畝耳。此可見當初規制原無周數十方里之設計，今然者後世逐漸爲之展拓耳。洙水經墓前，狹甚。孔氏族人都葬林內；以其過多，不能一一祭，故有望祭壇，於壇上合祭之。林上設有護兵五百名；無事，爲游客作引導。墓上有奇卉異樹，不知其名者，護兵某折一枝見贈。

出孔林，經牌樓，由北門進城。先過顏廟，未入，入孔廟。廟在城中心，約占全城四分之一。衍聖公府在其東，宛然一督撫衙門也。全廟形式，甚似北平之壇廟而又甚似北平之宮殿，蓋合二者以爲一物者也。樹木高古，導者一一指曰，此漢柏，此唐槐，此宋銀杏。碑碣多不可計，高者至三丈許。此是離北平後第一次所見之大建築也。

同文門內外，設置木柵於左右楹，藏漢碑十八方，六朝碑十七方，其殘碎者則嵌入壁間。又有畫石七方，在大中門外。碑謂已禁拓，但新拓本甚易購。畫石不爲柵圍，而轉不易得其拓本。有元代所立蒙漢文合璧碑二，予等幸購得其拓本於帖肆。希白託其拓孔廟全分，彼謂須定十分纔可辦，蓋太高者必搭木架乃可施氈墨，若只拓一二分則費時費工太甚。以北平文化機關之多，合資拓取十分諒非難事。

孔廟中有杏壇，有魯壁，有孔宅故井，有孔子手植檜，古蹟不可謂少，惟未敢考信耳。明張岱陶庵夢憶謂孔廟宮牆上有樓聳出，扁曰“梁山伯祝英臺讀書處”，今居然已不見。

余金熙朝新語記清世宗修建孔廟孔林事，云：“海寧陳文勤公世倌官山東巡撫時，雍正二年（一七二四）六月，闕里孔廟災；上命世倌修廟。遵旨，正殿用黃琉璃瓦；兩廡用綠琉璃瓦，以黃瓦鑲砌屋脊。聖像選內務府匠人到東，用脫胎換骨之法敬謹裝塑。欽定大門曰聖時，二門曰弘道。八月，聖像成。九年，命監修孔林。去墓四十餘步，陷出一穴，廣尺餘。內有石榻，上朱棺已朽；有白骨一具甚偉。旁置銅劍長丈餘，瑩綠色。有竹簡數十頁，皆蝌蚪文；取視成灰。意此尚在孔子之先，因加石封之，爲設少牢之禮焉。”讀此可見孔廟之殿與像俱爲清雍正間物，雖甚偉而不古。至孔林中之古墓倘是實事，則此竹簡尚有發見之望；但如何可以取視而不化灰，則有待於先事研究耳。

午刻，由廟役引導，到廟西飫和春吃飯。道遇第二師範校長于丹紱先生（明信）於途，邀夜餐。予等以旅舍離城太遠，將不能歸，辭之；約下午到二師相晤。

飯後至顏子廟。有牌坊曰“優入聖域”。有石碑曰“陋巷故址”。入門則牆頹屋倒，幾成瓦礫場。牆上鎗洞無數；階前石欄擊爲數段。蓋廟在北門城牆下，去年閻錫山軍隊攻城，鎗礮彈從北城入，遂獨受其殃。戲謂希白："今又成陋巷矣！"孔廟以居城中心，礮彈之及甚少，且在張宗昌督魯時代已新修，故國府如欲重修實不費事。而顏廟則舍重建外無修理之術矣。

出，希白悦明往購碑帖，予與德坤到第二師範，謁于先生；先生極勸留居一日，俾參觀衍聖公府。予以團體行動，未能自由，謝之。由其導游泮池。池作半圓形，廣不過十餘畝；昔爲行宮，今爲公園。有清高宗一碑，證明其即魯之泮池。又至城上，望沂水及魯故城。天將晚，即與之別，上騾車歸。抵棧，已七時矣。

曲阜城中，人民房屋甚低小，惟孔廟與聖府爲高峻。聞縣中田大抵爲孔氏產。孔氏立有明德中學一所，作息不以星期計而以旬計，逢朔望則至廟中行跪拜禮。然其學生則不衣寬博之衣而衣中山裝。孔廟中有前數年縣黨部所黏之標語撕毀未盡者，其文則"取消衍聖公"，"打倒土豪"也。

五月七日　星期四

早五時起。七時上站，候兗州至濟南之混合車。七時三十分車到。沿途停留甚久，至十一時許始達泰安。下榻西關外中西旅館。至財源街雅觀樓吃飯。山泉流急，河身亦寬，憑橋而望，不似在城市間也。旅館本不大，又駐兵，故客居甚跼蹐，幸喜尚不骯髒。壁間懸有公安局禁令，謂"游客居住三日以上者須有本地切實鋪保；否則驅逐出境"。幸希白等急欲回平，我等殊無被逐之慮。下午，進城游岱廟。廟牆如城垣然。廟內爲中山市場，百貨駢列。嶽帝等偶像均爲前年省政府主席孫良誠毀盡。大殿已改作民衆大禮堂，配殿等則改作民衆食堂民衆浴池民衆旅館等。然俱有軍隊守門，民衆皆敢望而不敢入也。予等出銜片投之，承其允可，得瞻仰大殿。殿凡九楹，著名之天帝出巡圖猶在壁間。圖設色，甚工細，所繪文武百僚及車騎從者之屬當逾萬人，都有姿態，自是鉅製。惟帶有匠氣，當非出自名家；又筆墨甚新，當在明以後耳。庭中有大鐵釭，鑄字爲"大宋國兗州奉符縣獻鐵桶會首李涼"，則北宋物也。又有一碑，石已爛泐，不知爲何代之物，倘亦一沒字碑耶？

出城，至蒿里山。山在站旁，不高，有二峰。山下本有閻羅廟，兩廡有七十二司神，俱爲孫良誠拆盡，廟改爲軍營。去年內戰，完全爲礮火所毀，大石碑多爲礮彈炸斷。蓋此衝要之地，奪取車站者所必爭。今斷井殘垣中尚有"馮總司令警語"，其文與函谷關所見者正同；函谷字方三尺，此亦當方尺許。"螳螂捕蟬，黃雀在後"，即此盈丈之地，數載之間，已不知幾經滄桑，正不必歎閻羅之被人打倒，使賢愚魂魄無所聚也。

殿前石碑頗多，大抵皆清代物。最早一方，額題"供祀泰山蒿里祠記"，爲萬曆三十一年（一六○三）御馬監太監馮君相立石，狀元朱之蕃撰文者。壁上尚留殘畫，然殊粗劣。聞社首山即在此山附近，然登高望之，無所見也。

回棧，棧主人盛譽其飯菜佳，姑試之，則不但不佳，且不夠食，價卻昂甚。大約生意太清，無可如何耳。

夜，賣碑帖者范正奎來，希白選購若干種，價不貴。范君所設肆曰寶文齋，在財政廳街。彼謂數日後將至孝堂山拓漢畫，每分工料價約八圓；予豫定一分。

五月八日　星期五

昨夜，予於十一時眠。今日上午十二時半，悅明起牀，到予室取火。予矇矓中以爲天明矣，起望窗外，天實未明。問悅明，彼謂喉中起有白點，甚痛。我驚思，此得非白喉乎？然住在城外旅館，何從得醫生！此一夜中，時時入夢，又時時驚醒。悅明亦時時引火照喉，盥漱不止。天明後，進城就泰安醫院診治。醫言此非白喉，乃旅行過累，而又傷風咳嗽，咳傷喉嚨，爲微生物所侵入；聞此心稍安。悅明問能游泰山否，彼謂坐轎尚可，步行則否。予等本已於昨日雇妥山兜四乘，即於八時出發。

初入山，道極平坦。夾道皆松柏，泉聲與松聲相合。轎夫入山即橫擡，且行甚緩，蓋借以留餘力也。經玉皇閣關帝廟，而至斗姆宮。宮中居尼姑，聞前甚豔冶，今已禁止；所留數人，若粗婢耳。臨流一閣，俯視經石峪，景曠而幽。適北京大學地質系學生亦來調查，丁道衡君爲之導，予等與道衡稔，詫爲奇遇。出宮，遂至經峪。北朝所刻金剛經，在一大平石坡上，廣數畝，流泉之所刷，拓工之所椎，已殘缺甚多。其空處有補刻者，亦拓工所爲。其未殘者已極平淺。苟不加保護，任工人旦旦椎拍之，則數十年後將悉泯滅不可見矣。此石太大，除集聯以外無所用之，聯中常用之字拓亦愈多，新補者皆此類，故雖刻成行列而讀不成句。以前數日大雨，巖上流瀑如瀉，聞此地亦名水簾洞云。

悅明以喉痛不愈，急欲乘今日下午特別快車返平治療，未至半山即歸。是時適路旁有中山紀念碑，因至此合攝一影，爲握別紀念焉。

予等由此上迴馬嶺，在茶館憩息，進餐。自此以上，松柏漸少，路絕陡。轎夫舉步大難，予等遂下輿而步。至雲步橋，見飛瀑噴薄而下，洶湧而前，涎沫四濺，勢壯甚。因念塞翁禍福之理亦適用於此行，蓋今日之暢觀即嘉祥迴車之所賜也。

御帳巖有五大夫松，當不可信。對松山則對山崖壁間巨松數十百株，爲千仞之壁增其巖巖之象。自此而上，路更陡，予等兩腿亦漸沈重，終至成爲僵物。攀鐵索而上，乃至南天門，是即戲劇中曹福跌雪成仙處也。北大同人在此啜茗休息，予等亦遂坐下以待喘定。

更上三里，爲玉皇頂，是爲泰山最高處。天風震耳欲聾，撲人欲倒。頂上有三廟，一玉皇，一嶽帝，一碧霞元君，而以碧霞廟爲最新，張宗昌所修也，進香者亦最多。予等到時，道士正在上表，樂聲洋洋，俯伏階前數十人皆裹足婦女。此時正值香市，

進香者絡繹，買紙錠香燭者亦到處是，惟以香期過長（自陰曆正月至四月），且近年民生凋敝，較往日已極衰。乞丐無數，有真恃乞丐爲生者，亦有山上居民利游人之施捨，見有過路人即停其方作之工捧籃而至者。自麓至顛，所見殆五百人。希白告德坤，遇年老者施之。而群兒見其慷慨，即蠭擁至，牽衣捲袖，且哭且笑，不得不止：是亦大煞風景矣。

玉皇廟前有秦碑一，四方。不知故無字歟，抑爲風雨剝蝕不可見其字歟；以其無字，謂之没字碑。此碑今已有字，爲黨部所書，曰"黨權高於一切"。泰山上摩崖刻文本甚少（疑以帝王封禪之地，禁止刻石者），今日所見乃甚多，一路山石上皆有清末及民國人之題詩題字，黨部之標語亦都鑿石爲之。千百年後，當有泰山全山之拓本爲藏家所珍寶，如我輩今日之游龍門然矣。嶽帝廟後摩崖刻唐玄宗紀太山銘，高二丈六尺，廣一丈五尺，字徑六寸許，筆勢雄厚而飛逸，開元十四年（七二六）所刻也。以在殿後，風日所不及，故無傷損。

北大同人今夜住玉皇頂，將於明晨觀日出；予等則以明日將去濟南，故先至日觀峰游焉。峰上屋宇已毀，風狂不可駐足。其前爲捨身崖，危壁千尋，下臨無地，欲自殺者常於此處縱身躍下，故官廳於崖畔築牆一道，立碑於前，書"禁止捨身"四大字，並書"無論何人越過此牆者罰錢八千文"。然無警察守護，則所謂禁止仍託空言而已。

下山，轎行奇速。在此高而陡之山道中，轎夫飛奔而下，俯頭一望，如墜危梯，爲之震駭。自山麓至極頂凡四十五里，上山走七小時，下山僅二小時半。轎價三圓五角，酒資五角，平心論之實不爲貴；而此數目中，轎行須扣一圓，客棧又須扣兩角，則轎夫每人淨到手者不過一圓許耳。

下午六時半，回旅館。剛一入門，希白即云："我的喉嚨也有些不妥當。"把鏡照之，果有白點，此甚足使予與德坤驚慌。希白欲即回北平，而予等所攜旅費已將用罄，不足供其車費，必至濟南，然後可向大陸銀行提款。無法，只得速至濟南，而今日已晚，不再有車至；明日快車到濟南已在下午六時，銀行早停公；後日又爲星期日不辦公。事之相左，有如此者！遂決於明晨乘上午慢車行，而先於今晚到泰安醫院診視一次。至院，則醫生仍謂是積勞，非白喉。予等心略定。出，餐於西關復興飯莊。夜，碑估范正魁又來，以欲早眠，未多購，即遣去。

五月九日　星期六

上午六時起，在旅館中進點。

予昨在泰山，聞玉皇閣道士言，岱廟中有泰山指南可購。今晨以車不即至，獨至岱廟購之。廟中書估云“此間無之，大街則有”。至大街，估人又謂“此間無之，西關則有”。至西關，問兩家書肆，又云“此間無之，城內則有”。予不禁歎曰，在泰安買泰山指南乃若是難乎！廢然而返。以泰山游人之多，當地人刊此書以餉游者，獲利必豐。此等有利之事業，尚無人爲，顧亭林謂“飽食終日，無所用心，爲北方學者之病”，信矣。昨游泰山，買得一泰山圖，乃從石刻拓下者，簡單草率，非今日所宜有，然較之泰山指南之無處購覓者固猶爲佳也。

九時，到車站。以慢車須十時半至，獨上蒿里山。望見站南有一琉璃瓦之屋頂，趨而就之，至西更道街之南，則一破廟。讀其碑，知爲靈隱宮，祀碧霞元君者。有銅鐘一，爲萬曆三十四年（一六〇六）“中宮皇孃孃王”所鑄。入内，有銅亭，門椽皆銅製，有銅像七尊，高約七尺。其後爲正殿，頂已塌，有銅像十尊，高約一丈，其中惟有二佛像，餘則元君聖母，及其侍女也。

還至站，車即至。同車有薛金榮君，任濟南北平大旅社經理，以進香來泰安，遂見招待。以待交車，逢小站輒作半小時以上之停留。此百八十里路計行五小時，至下午三時四十分始到。鐵路無雙軌，旅客苦痛甚矣。下站，予與德坤從薛君至商埠緯四路北平大旅社，希白則至大陸銀行取款。險哉，只差五分鐘即閉門矣！

至三義樓吃飯。今日未午飯，而時已下午四時半，遂作晚餐用。希白本決於明日返平，以喉痛不劇而濟南地方不劣，遂作多留一日之計。飯後至一書肆購濟南地圖一紙，循之步行至齊魯大學，訪張維華君。維華，予啟行時囑其代收信件者也。是時適不在家，予等遂游趵突泉。泉在市場中，適新遭火災，觸目皆枯椽焦柱。泉有三潭，向上噴吐，勢極猛，周約三尺，此他處所未覯者也。當地人士不於泉上建公園而造市場，遂致甚清之泉水蒙不清之擾攬，可惜之至。假山一座，堆得不成樣子，園林藝術如此，可發一歎。

回至旅館，維華已守候，堅囑遷入齊魯大學。予等允以明晨往，遂別。至湧泉池洗浴。

五月十日　星期日

早六時起，至十樂坊進點。九時回棧，即喚車載行李到齊魯大學。晤林濟青院長魏培修先生及維華。承圖書館主任陳鴻飛君之厚誼，讓出其臥室，俾同人下榻於斯。希白欲至醫院治疾，以星期日停診未果。

維華伴至大明湖畔山東省立圖書館，晤館長王獻唐先生，導游各室。館為宣統元年（一九○九）所設立，已有二十餘年之歷史，收藏頗富。且當時即已附設金石保存所，故石刻亦殊不少。最可珍者，有漢畫像二十石。宣統元年，提學使羅正鈞記云：

> 右漢畫像凡十石，甲至己新從嘉祥蔡氏園中出土。……其陽文庚字一方，舊在縣中關廟。三小方辛，云得自肥城。壬與癸二方，不詳所自得之處。光緒三十四年（一九○八），先後為日本人所購，運過濟南。予以此石為吾國古物，出貲購留之，而薄懲出售之人。……

又宣統二年（一九一〇）羅氏續記云：

> 嘉祥武梁祠畫像著名海內，予所購留漢石，其七方皆得之嘉祥，乃檄縣令吳君蔚年益求之境內，先後獲畫石二十有七方，歸之縣中學宮明倫堂，而輦致十方於保存所，即下所嵌之十石也。……

是則此二十方中，其十七方得於嘉祥，一方得於肥城，二方莫詳所自出。予等此次游濟寧，欲於州學中觀孔子見老子畫石而受兵阻，欲去嘉祥武梁祠石室而受雨阻，欲游肥城孝堂山而希白又以病阻，種種牽制，幾若吾儕於漢畫無緣者。何圖於此館中乃得一飽覽，此亦可聊自快意者。除二十石外，館中又新得滕縣所出十八方，大倍於羅氏所收，而石質甚麤，拓本不易清楚，為可惜也。王館長誌之云：

> 滕縣弘道院於十九年三月十七日，建築房屋，掘出漢畫九石，余奉令往查，經商洽結果，該院盡以所得畫石移贈本館，此其一也。同邑黃馥棠先生於十八年春間耕田獲得三石，亦一併見贈。余又於縣城北門外訪得二石，於古墓中掘出二石，訪購二石。共十八石，現均運藏本館。其上層人物，有蛇身人首者，與武梁畫像合。……

王館長謂不久當築一室，悉儲畫石，命為漢畫堂；又謂山東全省之漢畫已均收得其拓本，當編為漢畫集。是誠文獻上之勝業也。

漢畫而外，館中所藏金石不乏精品。金類有馬國翰玉函山房所藏古錢，上起周秦，下至明末，凡一千零四十六品。石類有天鳳二年（一六）路公食堂畫像題字，建初元年（七六）殘墓甎，延熹六年（一六三）□臨為父作封刻石，熹平五年（一七六）梧臺里石社社碑額，光和六年（一八三）虎函銘，皆漢物也。長安洛陽爲漢東西京，陝豫兩館中乃了無漢物，而山東則濟寧州學曲阜孔廟及濟南此館皆有豐盛之保藏，相形之下，齊魯人亦大足自傲矣。

至古物美術展覽室。室中陳列鼎彝書畫及善本書。以室小而游者多，擁擠甚，未能細覽。惟見所藏李文藻（南澗）之手稿甚多。後得見館中季刊，知所收南澗手寫者有南澗底稿四册，新唐書糾謬二十卷；手校者有南澗文稿二册，杜工部集四册，惠棟古文尚書考二卷。又有桂馥晚學集底稿，及海源閣舊藏黃丕烈朱邦衡合校之封氏聞見記，吳翌鳳鈔黃丕烈校之江淮異人錄，皆精本。聞王館長主持此館二年，搜羅昔人著作底稿已近百種。近爲海源閣藏書事，奔走各方，至爲勞勤。室中所懸書畫，亦多新搜得之鄉先達作品。以王館長之勇猛精進，數年以後此館必將巍然爲北方文化重鎮矣。

閱覽未竟，時已正午，遂辭出。維華雇一游艇，泛大明湖，登歷下亭鐵公祠（祀鐵鉉）張公祠（祀張曜）諸處。由歷下亭買得小籠饅首，攜至舟中食之，作午餐焉。

下午，先至圖書館購碑誌磚像拓本若干種。出至布政司小街，入硯寶齋育珍齋文硯齋蓬萊書局鴻寶齋逢源閣三益齋祥古齋義興公博雅齋華古齋寶豐泰古懽齋尊古齋諸肆，觀書籍及古董。又至芙蓉街之炎漢齋瀛洲書局；布政司大街之寶英齋敬古齋澤雅齋。書不多而索價貴，蓋距北平近，平中書賈常來，有佳本不愁其無出路；而又稔知北平行市，故索價不肯視平中賤。古董亦無佳者。逢源閣開張纔一月許，北平書賈猶未臨，故價雖不賤而尚有佳本；予等爲學校購書一百二十圓。敬古齋有漢畫百餘種，予等悉數購之，價十七圓，尚不爲貴。

是時已入夜，即在布政使大街宴賓樓吃飯。九時歸。林院長等來談，且約明日晚餐。

五月十一日　星期一

早起，希白德坤同至醫院視疾。維華以無課，代雇車游龍洞。上午十時出發。龍洞在城東北三十五里。經甸柳莊姚家莊而至太平橋。橋下爲石河水，自此折而南行爲石河嶺。山多童秃，水又乾涸，風景無可戀。十二時，至孟家莊。停車，坐柳樹下野餐，餐亦維華所備也。下午一時四十分，至龍洞莊。自此以下，車不能行，遂由村童爲導，徒步往。行石河中，時踏石而渡。凡七里，至於龍洞。

洞前爲靈感龍王廟，有元豐二年（一〇七九）勅封順應侯碑。又有一碑，署"皇明龍飛三十六年"，當是永樂元年（一四〇三）物。爇火入洞，深約半里，低處須俯首行。洞內多水，鞋爲之溼。轉至西，忽豁然朗，乃知洞有兩門，以東入者則以西出也。西洞口有佛像三龕，中二龕有脅侍二；又有小像十龕。洞口之上有佛三龕，崖間又有二龕，洞外又有佛十四尊，其一尊有脅侍六。有大元延祐五年（一三一八）造像記及蒙古文摩崖，想此等刻像皆元代物。予等自龍門來，見此模倣之雕刻自不足興起傾倒之情；然在元代宗教史上固一重要材料也。洞外有郡守龔易圖一聯云："真氣森歊薄，神功接混茫"，字殊雄偉。

回龍王廟啜茗。仰首而望，四面皆石壁，廟若在井中然。峭壁上刻有"壁立千仞"四大字，殊不易刻。又有摩崖刻"勅建龍洞壽聖院"，亦不知爲何時所書也。

迤東至佛峪，有般若寺，面西。依巖築殿，故各室均無後壁。殿南有露華泉。循巖而南，石壁上有造像三龕，不審其年代。其最南端爲關帝洞，刻關帝像殊不工，有碑書自隋迄今奉祀不絕，詎其然乎？寺北崖上刻有佛像十餘，惜不可上。初聞佛峪名，以爲遍峪皆是佛，今乃知其不然。

佛峪亦在巖壁圍裹之中，惟西巖卑，故下午日光頗烈，不適於夏居。予等游時，見婦女數人正採榆葉，問其何用，謂將以作食。嗟乎，濟南非苦地，今歲非旱時，乃亦以榆葉代飯乎？

五時半，回至龍洞莊登車。七時許，回校。途中所見，每一莊皆有一聯莊會，各有其防地，立界牌爲幟。鄉村間皆有門牌，有公安分所。爲防禦土匪而促進鄉村自治，未始非佳訊。

夜與維華同到林院長家吃飯。同座爲校中教授欒調甫王鴻猷陳文彬謝凝遠諸先生及青年會幹事張達臣先生。席間，張先生談韓總指揮（復榘）禁煙事甚悉。予等此次至濟南，即見牆壁上張貼布告，寫明某月分收入某某罰款若干圓，付出補助某某慈善機關、教育機關若干圓及探捕賞金若干圓，盡而止。又有布告書鎗斃販賣毒品人犯某某若干名，吸食金丹白麵人犯若干名。我輩從豫陝諸地來，見此驚愕，幾不信世界上能有此事。若移張此布告於迤西諸省，不知人民驚愕之情將視我輩何如也？張先生又談二事。其一，有一公務員過濟，邏者見其有煙容，搜之，無所得，縱之行矣；渠乃開其掌，有煙泡一，曰："是亦犯禁乎？"邏者曰："犯禁。"渠曰："將送我至法庭乎？"答曰："君如欲去，自當送去。"遂至於法庭。而渠恃其資歷，出言不遜。法官斥曰："君以政界中人，知法犯法，罪已重；而復不自認過，咆哮公庭，不鎗斃汝，不足以伸法令！"此人欲乞憐，已無及矣。其一，有一紈袴子，以吸白麵破其家。家無長物，僅其母有一棉襖。渠欲持以付質庫，其母不肯，曰："汝欲質此，不如賣我！"子遂順之曰："母親之命，敢不從乎！"竟賣其母。數日後，賣母之錢又罄；出居土窟中，爲邏者所見，執而斃之。聞山東毒物，都由日本人販售，青島是其門户。凡日本商店，無一無之。自墮其人格以殺我國民，天壤間卑劣之手段有如此者。經此嚴懲，彼國之利益當損失不少。歸來後爲盧逮曾君述之，且頌山東政治之善。逮曾，魯人也，熟知其事，曰："其志固善，而辦理則未能盡善。"蓋捉得毒品犯者有賞，故有貪賞而陷害者，有私以毒品投其囊而後搜得之者，有與其人有仇而密控之者，嚴刑之下一經誣伏，即不得生。

亦爲道數事。其一，有一女孩爲其父向日本商肆購白麵兩毫，被捕，即代其父死。其一，有一人自某處攜銀數萬圓將往濟南之亞細亞火油公司定銷火油，在車站被搜得，曰：“汝帶錢如此多，必販賣毒品者。”其人告之故，且謂如不信，儘可打電話至公司中詢之。然法令嚴，公司中不敢在電話中承認，此人遂枉死，此纍纍者亦全充罰款矣。又其一，一人以與毒品犯同姓名被捕，法官既得其情而釋之矣；旋念如此將無以銷案，又捕之來，謂之曰：“對不起你了！”此人亦遂受死。觀此，則辦理毒案之難蓋有不能豫計者，爲之一歎。

五月十二日　星期二

上午八時許，游千佛山。山即在齊魯大學之南；自校門至山麓，二三里耳。以離城近，進香者多，故寺院甚新，路亦平坦。丐又多於泰山，每登數級，即遇其一；惟皆罷癃殘廢之真丐，非泰山之投機斂錢者比也。

寺曰興福。山門一聯曰：“秋水一湖，貯五三烈士血；佛山萬仞，作國恥紀念碑。”進門爲泰山行宮，其前有造像四大龕，二小龕。其第六龕下有龍泉洞，未識其深淺。巖壁上有成化七年（一四七一）重建千佛山寺石刻。諸像未知何時所刻，觀其形製似不甚古，所塗之色亦俗。久聞千佛山名，以爲佛像必夥，搜之竟不再見。叩之寺中人，亦無以答。諸殿皆面北倚南巖而築，有觀音文殊魯班舜帝關帝等。舜帝殿中並塑二妃像，蓋此山即歷山，傳説舜所耕處。戰國時田齊自號舜裔，孟子亦説舜爲東夷之人，即舜之故蹟當時必多萃於齊也。

十時許，下山。希白德坤定今日歸，故至大陸銀行支款，又至中國旅行社購車票。旋至布政司街各書店購書。澤雅齋有一方志單，山東諸府縣大略完備，凡九百數十册，索價一千圓。商價久之，彼謂六百圓不可再讓。然燕大圖書館中山東方志已甚多，慮其重複，未敢定約。出，至宴賓樓進午飯。

濟南以大鼓書著名，讀老殘游記輒增想慕。老殘所記者曰王小玉，而濟南著名之老鼓姬曰謝大玉，七八年前予在北京城南游藝園所見者曰李大玉，疑其皆以“玉”字命名者。今日至趵突泉觀瀾亭所聽，爲姬素英李雪芳等六人，以姬素英爲最善，表情沈着，能寫出曲中人之胸懷。所懸牌書“鏘鏘大鼓”，“西河大鼓”等，不詳其如何分別。座客甚少，每唱一齣收錢一次，高聲叫索，有久久不得者，有得一二毫、三四毫者，彼輩生涯亦殊可憐也。

聽歌未畢，恐誤車，即於五時回校，攜行李上站。予送之行，車於六時四十分開。予步至西門大街進夜餐，又至澤雅齋購新印之歷城縣志。回校，維華來談。予等占鴻飛之屋已三日，甚不安；希白等既行，予遂定於明日遷往維華家中小住。

五月十三日　星期三

早，培修來，邀進早膳。回室，舒舍予先生來談。將爲學校所購書打包發寄。事畢，即提行裝至維華家。予之行李，半交德坤帶歸；手頭只鋪蓋一，小箱一，輕簡多矣。校中學生張王二君來邀今晚演講，允之。住維華書室中，甚清靜，即整理日記。夜餐後，與維華同到化學樓，講“華北訪古之見聞”，由王彩珠女士介紹，半小時而畢。

五月十四日　星期四

整理日記，成一最簡單之訪古日録，又記出此次旅行所見人士之姓名及其職業。

下午四時，與維華同到商埠照相館買濟南泰安各名勝之照片，藉補悦明所不足。又至公園，游覽一過。濟南花極茂美，近日玫瑰正開，無論到圖書館，到齊魯大學，到公園，皆不勝其濃郁與爛漫也。出，到舜井街觀舜井。此井實甚平常，未見其以舜蹟而有殊異，亦未有一碑一碣記其事者。自東關外繞至南關，近學校處，維華指一地曰：“此相傳是舜墓。”然地甚低窪，不類冢墓，豈數千載間陵谷已變遷耶？

夜觀齊魯大學出版物，見有此間舊教員吳秋輝先生（桂葶）文字數篇，考古書古史及古文字甚精密，因録入筆記。維華告我，此人負才兀傲，坎坷一生，於前年病没矣。聞之悵然。

五月十五日　星期五

算此行經手賬目，畢。

下午四時，與維華同出，至趵突泉前街青島大學工學院，擬參觀去年出土之譚故城遺物。譚故城之發掘，爲中央研究院歷史語言研究所調查員吳金鼎君所創議，由研究院與山東省政府合同辦理之。此機關即設於工學院中，故發掘所得之物，其留濟者皆存於此。惜以無人居此典守，悉扃閉於箱篋之中，不得見也。

工學院原爲優級師範學堂，又其前則爲尚志書院。院後越小河，有金綫泉，因往參觀。池方盈丈，清澈見底；水沫粒粒上湧，只見其爲珍珠，不見其爲金綫也。池前玫瑰盛放，枝幹高肥。我輩到洛陽，不克見久著盛名之牡丹；而到濟南，此不甚爲人稱道之玫瑰轉得大開眼界，是亦足慰矣。

與維華同出，至趵突泉小書肆中購本地唱本，所得至寡。至勸商場，亦如之。書估云：“有上海石印本，此等木刻本即難推銷，寖成古董矣！”蓋石印本字多，清晰，有圖，封面紅緑色奪目，且價廉，故能將各地原有之木刻本打倒。我輩常住北平，以圖書古物之富，常謂北平是文化中心；然自全國民衆言之，則文化中心實在上海，香煙廣告也，美女月分牌也，聖經也，畫帖也，唱本也，劇本也，曆書也，讀本也，凡窮鄉僻壤所可得而有者幾無不自上海來，上海以印刷業之發達，輸送文化於各地，固甚善事；但各地之民衆文學大受摧殘，亦其所不及料之罪過。此正如兒童所唱之歌謠日受學校唱歌之淘汰，苟不急加搜集，則十年廿年之後將盡歸於湮滅。以近日圖書館之多，唱本之價廉，各地自爲搜集實不費事，願有心人並起而圖存之！

回校參觀圖書館，甚整齊，新購漢文書殊多。歷史系中所藏地圖亦不少。齊魯大學由博文書院等校蛻變而來，已有六十餘年之歷史。其醫科辦理甚有名。校舍占地六百餘畝，廣大可見。

予以日記賬目整理已畢，定於明日往龍山及臨淄。夜中訪培修舍予兩君道別。欒調甫先生專治墨學，造詣甚精，前晚同席，未承談吐，遂於今晚訪之；不遇，甚悵悵也。

五月十六日　　星期六

上午五時起，結束行李。七時，與維華同出。八時半，上車。九時十一分，至龍山，離濟南七十里耳，尚屬歷城縣管轄，過此則章邱縣矣。適逢市集，甚喧闐。行李二件，寄存車站。手攜包裹則寄於農村服務社，社亦齊大同人所辦也。崇實學校，社中所設。女學生尚有裹足者，可見開發鄉村之不易。

東北行四五里，至城子崖。此處即去年發掘之地。其發掘之由來，則因於金鼎之注意。先是，渠因尋求平陵故城而於故城西城子崖之溝道兩壁發見灰土包含層中雜有陶片貝骨等物，無金屬及甕器碎片，亦無磚瓦碎塊，疑係石器時代之遺址。嗣經試掘，果得石器若干件。而尤可注意者，則爲黑釉陶片，質細而薄，實爲此遺址文化之特點。自民國十七年三月至十八年十月，凡往六次，詳見其所撰平陵訪古記（國立中央研究院歷史語言研究所集刊，第一本，第四分，十九年刊行）。去冬發掘，以天寒未能廣搜，僅在西崖發二畝許。所得除多量之黑釉陶片及石器外，尚有不刻卜辭之占骨若干，鑽灼之式一如殷虛所出，是知兩地文化自有聯絡之可能，惟此處在時間上應較先耳。以其在譚故城旁，故傳者謂是譚國之物；實則當遠在其立國之前也。予等徘徊崖上，拾得碎陶片若干，豆鬲足若干，又得一殘石斧。

譚故城遺址，已湮沒不可見。水經注謂平陵即古譚國，要當離此崖不遠。

又東北行二里許，即平陵故城之西南部。城係漢築，周圍約二十里；雖已殘缺，登城而望尚得於其起伏中見其聯絡，以西南面爲較完整。此處於漢以前但名平陵；漢則以右扶風亦有平陵，故稱之曰東平陵，是爲濟南郡治。至隋，以歷城爲郡治而此城廢。唐貞觀十七年（六四三），齊王祐反，李滿固守不降，事平，重於此置縣，名曰全節。至元和十年（八一五），又併入歷城。漢書地理志謂東平陵有鐵官，金鼎前年於城中發見未煉及已煉之鐵塊甚多，當即其製造鐵器之地也。予等踞地拾取碎磚，有一鄉人經過，云："君等好古董乎？某村中新得一印，索價五百圓也。"

　　十一時許，還龍山，至站旁正興園進午餐。予曾在地圖上見膠濟路過臨淄，而火車表上卻無臨淄之名。詢之賣票人，謂當購辛店票。下午十二時五十八分，西行車至，即別維華上車。三點五十八分，到辛店。下車之後，茫茫然不知所之。詢之站上人，知有汽車去，遂攜行李至汽車站。視其壁間，知爲辛石綫，由辛店至石村，經臨淄廣饒兩縣城者。未幾車至，攜行李上。車開矣，旋壞，須換車，又攜行李上另一車。站無腳夫，予既須搬物件又須占座位，甚狼狽。一遷移間，廢時不少，車既遲開，遂得細讀壁上布告，知山東建設廳業已築路通車者有下列各綫：

一，濟利綫——濟南河套圈土城子齊東台子小清河台子道旭利津。

二，濟武綫——濟南洛口夏口臨□商河武定。

三，周清綫——周村長山鄒平青城小清河。

四，張博綫——張店索鎮桓台高苑博興。

五，辛石綫——辛店臨淄廣饒石村。

六，益羊綫——益都口埠壽光黑塚子羊角溝。

七，小濰綫——小清河青城高苑博興石村廣饒壽光濰縣。

讀此，知小清河爲一交通孔道，當是魯省之商業中心。然此表所記汽車路實未盡，如予所知，濰縣至蓬萊有汽車，而索之於此表乃無有也。

車開，一路見大冢甚多；無樹木，無廟宇，亦無碑碣。聞中央研究院將於今秋來發掘，果爾，此中蘊蓄二三千年之史料得以大白於世，眞大快事。車行二十餘分鐘，即至臨淄城，已下午五時矣。下車後，無旅館接客者，亦無人力車，勉強招得一童子，令其負行李進城。彼問到城中何處，予亦不知所之，但謂之曰客店而已；然彼亦不知客店何在。忽見縣立中學，篋中有維華介紹函致此間教員王星南先生（炳燿）者，即投函入。門者曰：“王先生至青州矣！”予曰：“請見校長。”未幾，校長王立卓先生（希顏）出，予具道來意，並請借宿，承其允可。予又謂明日即赴青州，請於今日先游臨淄故城，亦承允爲導。予等遂同出。

出西門往北，即故城，城周四十里，殘壁猶有存者，惟高峻不及平陵。城西亦有一大冢，相傳是晏嬰之墓。墓南有一小城，相傳是營丘故址，然未可信也。有一石佛，高丈許，露立隴畝中，某寺故物也。王校長因言臨淄之東有某寺，寺有白石佛像二尊，視此爲大，雕刻亦工於此，已爲日本人購得；本地人不許其運去，觸其怒，碎之而去。予等在地上檢得古甎甓若干，持以回城。王校長又導登西門城樓，南行，望適在車中所見諸冢。正南一冢，上植柏樹數十株，指曰：“是即三士冢，去年戰時所挖壕溝猶在也。”南山在望，指曰：“是即孟子中之牛山，今依然童禿無樹也。”南門上有文昌閣，指曰：“是張宗昌費三萬圓所建；去年住兵，門窗已無存矣。”予問此間有匪否，曰：“此縣大貧瘠，土匪所不屑顧，故猶得自全。”又謂：“縣中有二水，一淄河，一濠浪河。濠浪有利無害；淄河則挾沙太多，有百害而無一利。”本縣貧瘠，其故當在此。予念昔日讀戰國策蘇秦說齊王曰：“臨淄市中，車擊轂，人摩肩，連袂成帷，揮汗成雨”，今至其地，而農産不茂，人煙稀少，城垣周僅三四里，然其四分之三盡爲田畝而非住宅，城中居民只數百户，尚不及一大村，撫今追昔，爲之惘然。

循城而行，至東門下。至縣立小學，晤其校長王玉波君。校中藏有漢畫半石，以時已晚，光綫太暗，未詳其所畫。院中又有畫石二，係修小學時掘出，皆殘刻，一刻人物院宇，一刻鳳凰，用筆視漢石爲生動，當是隋唐物也。又有石獅一，高約二尺許，形製古樸，毛髮不鬇，有分書刻背上，曰"洛陽中東門外劉漢所作獅子一雙"。劉漢何時人，洛陽人所作獅子何以在臨淄，其一獅今流落何處，皆不可知已。

還中學，進晚餐。食後，王校長及本校教員劉春圃（芳畦）趙文周王宜之王德符徐漢英諸君來談。縣黨部常務委員吳鏡仙君亦來談。是夜，宿王星南君室中。

五月十七日　星期日

早餐後，王校長與劉春圃君偕予出東門。東門外有檀臺，有黔敖墓。視圖中，又有杞梁墓，然二君未詳其地，問之土人亦不知也。予意所謂晏嬰杞梁黔敖諸墓皆不可信，乃後人覩有大冢遂以古書中齊之名人實之耳。如黔敖，無大爵位，而墓高廣如王侯，實爲階級觀念甚重之周代所不許。

南門名淄勝。門外有第一區區立第二小學一所，内藏漢畫石，去年兵災時已砸碎。今日星期休假，三士冢上又廟會演劇，空城往觀，校門鎖焉。承王校長厚意，尋得其校役，啟門而入。石在教員寢室之牀下；原二石，今碎爲四。石兩面皆刻畫：一面分三格，另一面則不分。所畫皆車馬之屬。刻陰文；然亦有用陽文者。石之四側，均刻有圖案。此石在漢畫中實爲精品，不知何仇於軍人，必欲碎之以快意也。校庭壁間嵌有延祐元年（一三一四）周琦書"臨淄興國禪寺塔苑記"，則此校，元之興國寺遺址也。

返校，王校長贈臨淄縣地圖一，故城之瓦當一。劉春圃君爲作函介紹青州公立圖書館館長張紫垣先生（樂善），俾今夜得宿入館中。前日，維華爲予介紹青州守道中學張伯瓛先生，聞此校已停辦，而圖書館中藏石甚多，計不如宿館中爲便。遂與諸主人作別，雇驢載行李，徒步從之。驢夫問至辛店乎，淄河店乎，蓋此兩站一東一西，而臨淄城居中，自城往，路適均等。予以辛店昨日已到，答以淄河店。行經三士冢，支帳設肆者相屬於道，一歲中難得數日之繁華也。冢下有咸豐元年（一八五一）所立碑，大書"齊臣三士之冢"六字。予於此不能不有疑焉。三士非顯宦，何以造此大冢，延袤至數十丈，若小山然，一也。梁父吟曰："步出齊城門，遙望蕩陰里，里中有三墳，纍纍正相似。問是誰家墓，田疆古冶子，……一朝被讒言，二桃殺三士"，則舊有三墳而今惟一冢，甚不似，二也。予去年游易之燕下都，見臺形多廣長，此冢絕似之，恐是齊之侯王所築之臺，登臨其上以望郊坰者耳。甚疑當地人士不知古人之好爲臺觀，見此阜特長，遂疑其非一人之墓，適會有三士之故事，遂以此爲三人合葬之墓，而臺乃變爲冢矣。此雖猜想，亦可能之事也。

　　一篋，一囊，二包裹，輕重不均，時在驢背上傾側。驢夫乃解被囊，平鋪驢背上，扶予跨之，而以篋授予抱之；二包裹則分置囊之兩頭。予騎其上，擁腫蹣跚殊甚。幸行甚緩，否則人與物俱墜矣。行至淄河，亂流而渡，驢夫則倩人負之過焉。河身寬廣里許，中流約七八丈。當秋水至時，洪流氾濫，不知將如何行路。聞當年築膠濟路，所以不至臨淄城者，即爲造橋困難之故。今鐵橋所經是其較狹處。

　　十一時許，到淄河店車站，站在一山岡上。以時間尚有餘裕，即在一小飯店門前休息，飲茶，進午飯，且寫信。店中人不知我之習性，麵菜下蒜泥特重，既辣又臭，幾於嘔吐。令其弗雜葱蒜，重作一羹，乃置入藥芹，亦不可耐。山東人喜食富刺戟性之物，此我輩旅行中甚苦事也。

　　十二時半，車來。一時許，到青州。雇人力車進城，入文廟。一路所見日本鋪子甚多，又見東陽故城迤邐甚廣。益都公立圖書館即設大成殿兩廡，持介紹函謁張館長，承允留宿，且允導游。首即參觀圖書館。所藏書皆新出者；以每月購書費只三十圓，未能多貯。殿後有室，圍以柵欄，顏曰得碑亭。署曰：

　　　　余來宰斯邑，丙辰（民國五；一九一六）冬得大魏正光六年（五二五）賈智淵造像，鑒定爲金石中第一品，遂與邑人士議刱金石保存所于縣明倫堂。篤周范家祐。

遂先觀此像。像高約七尺，廣約四尺，以赭色石鑿成。中爲佛立像，左右爲二脅侍像，又二比丘像；佛之寶光中有小佛像九。寶光之上爲飛天，數凡十一，各執樂器。背面悉爲小佛像，分十三層，每層十四佛。碑座款識云：

　　　　大魏正光六年，歲次乙巳，四月乙亥朔，十九日癸巳，清信士佛弟子賈智淵妻張寶珠等並爲七世父母，歷劫諸師，兄弟姊妹，所親眷屬，香火同邑，常與佛會，願令一切衆生普同斯福；願弟子等生生世世值佛聞法，永離衆苦，乃至成佛，心无退轉！

其旁又有太尉長史等題名，模糊不復可寫。此像神采照人，足使觀者愕眙。惜不知范縣長何自得之。張館長爲予言："民國十一二年間，康有爲曾來觀，謂如此之像彼僅於印度一見，此乃中國第一品云。"
　　室中尚有漢畫石二，一騎馬，一螭形。又墓石五方，出北關東陽故城文曲門下，刻虎形，館中標爲唐，然形製古樸，疑亦漢物也。又有魏正光六年（五二五）臨清縣人法義造像，隋仁壽元年

（六〇一）孟弼書舍利塔下銘，唐開元二十五年（七三七）造像，宋開寶四年（九七一）銅鐘，仇公著墓誌，蘇文思墓誌，金郭將軍神道碑，元府學銅鐘，至元十八年（一二八一）程氏營葬之記等。鄉邑遺物，搜羅殊不少。聞日本人收賣魯省所出古物，無微不至，且不吝出善價，故新出者大抵舶載而東。若魯省有收存之餘力，則各地金石保存所中當不知如何之充實與光輝矣。

　　出館，西南行，至衡王府遺址。明憲宗子祐楎封於青州，是爲衡王。歷若干傳，至滿清入關，執之北行，府第遂爲丘墟。今所存者惟宮門外石坊二，及胭脂井四松園。石坊鐫麒麟八，甚完整；惟其上琉璃瓦頂則已倒毀。坊上所刻字，北坊之陽曰“孝友寬仁”，其陰曰“大雅不群”；南坊之陽曰“樂善遺風”，其陰曰“象賢永譽”。兩坊竦立於桑園中；地上猶有琉璃瓦殘片可檢。胭脂井在坊之東，衡藩淪亡時宮人自盡處也；聞載於聊齋志異林四娘亦其一，今爲藝桑者汲灌之用。張館長道前人詩句云：“秋風鬼哭胭脂井；春雨人耕翡翠樓”，此二者皆可憑弔；然翡翠樓已廢爲耕田，不復可識其處矣。四松園在坊之西南，爲衡藩紫薇園址。三十年前，尚有亭池可游，今則惟存白皮松四，其一已死，其一將死，又其二則甚茂。壁上有毛永柏書“逸興遄飛”四字石刻，蓋即指松之態。園中又有太湖石十餘，亂臥地上；他日爲豪強者所奪，甚易事耳。衡府故物，有一荆座，以老荆爲之，抄沒後爲法慶寺所保存，今移入圖書館。

　　自此至南門，上城牆。牆雄峻甚，一雉而三孔，上二孔方，下一孔圓（作倒品字形），爲他處所未見。至城東南角樓，有屋數楹，堊漆甚新而門窗已毀，聞前是游觀之地，今以兵災廢矣。望城中煙囱矗立，張館長曰：“此是絲廠。”予自膠濟路來，一路皆平疇沃野，所見桑樹至稠，雖號稱貧瘠之臨淄亦復如此。迴憶禹貢中所謂“兗州……桑土既蠶”，“青州……厥篚檿絲”，宛然如故。桑麻遍野而盜匪不減，何也？城南即雲門山，有摩崖，有造像，予問能去否，則謂其後山即有匪，總以不去爲是。

下城，出東門，向東北行，至高家莊文昌宮。其殿左有巨碑，俗稱大齊碑，篆額云："大齊武平四年（五七三）司空公，青州刺史，臨淮王像碑"，高一丈三尺七寸，廣六尺八寸，隸書二十九行，行五十八字，凡一千六百餘字，殘闕不多，北朝碑中除鄭文公下碑外未有文多於此者矣。碑文見金石萃編卷三十五。其略云：

使持節都督青州諸軍事，驃騎大將軍，青州刺史，司空公，寧都縣開國公，高城縣開國公，昌國侯，臨淮王婁公，……負將相之奇器，懷社稷之高節，……海岱之間，凡諸福地，罔不傾蓋，悉展慇誠，……僧寶因而再盛，佛日由其更懸。南陽寺者，乃正東之甲寺也，既左通闤闠，亦右憑澗谷。……果屈輪輿，頻修禮謁，……遂於此所，爰營佛事，制无量壽佛一區，高三丈九尺；並造觀世音勢至二大士而俠侍焉，庶國道與華胥競高，帝業共虛空比在。……

讀此可見此碑原在南陽寺中，所造像高至三丈九尺；惜此像已不復存在，不然，不知又將爲美術史上增若干材料。碑陰有"龍興之寺"四大字，相傳爲唐李邕所書，以其體法似也。按碑陰金人刻（？）曰：

宋元嘉二年（四二五），但呼佛堂。北齊武平四年（五七三），賜額南陽寺。隋開皇元年（五八一），改曰長樂，又曰道藏。則天天授二年（六九一），改大雲。玄宗開元十八年（七三〇），始號龍興。

則龍興寺即南陽寺，碑未離其處也。阮元山左金石志引李文藻語云：

寺廢後，明商河王輦致城北彌勒寺。復久，就圮。乾隆四十七年（一七八二）秋，大風雨，所束鐵脫上截，岌岌欲傾，乃移於滾水橋文昌祠內，欲傾者已龜裂作七八段矣。惜無好事者創義復建之，恐此斷石不能常保也。

是此碑在明遷於城北，清又遷於城東。武億授堂金石跋及王昶金石萃編俱謂"碑在青州府城西北文昌祠"，蓋以龍興寺原在城西北（元于欽齊乘云，"龍興寺在益都府城西北隅修身坊"）而誤，不知文昌祠在東門外也。當乾嘉時，群恐此斷石不能長保，今則已砌入厚壁中，無復束鐵脫截之慮矣。

出，轉至城北，望東陽故城。復南行，至南陽橋，又名萬年橋，爲一大建築，北方所少見。石欄之面有故事畫像，爲明人所刻。欄首所刻獅，約四十，態各不同，頗有蘆溝橋之風。南陽寺、東陽城，俱以南陽水得名也。

入北門而西，至玄帝行宮。其東南有鐸樓，懸唐龍興寺銅鐘；門扃不可入，僅從牆外望見之。殿廡有老子像刻石，署"衡府內典膳周全寫"。內院有鐵瓶二，署"衡府把總官王世傑等製"，天啟（一六二一——二七）物也。是皆可見藩府之文化，與北平寺觀多明代宦官遺跡者相似。玄天上帝像係銅質，倘亦彼時物歟？又有萬曆四十二年（一六一四）銅鼎一，鐵鼎一。

時已入暮，遂回館。夜飯後與張館長談，知民國十七年秋至十八年夏，文廟中即爲土匪綁置肉票之處。是時城中兵少，縣長與軍官目覩土匪之橫行，無如何也。青州城人口本近十八萬，是年西避於濟南，東逃於青島，城中才存六萬人耳。上一星期，金嶺鎮即有土匪刦膠濟車；幸護路軍隊得力，擊退之。數日前，西門外法慶寺廟會，進香者雜集；忽土匪至，擄去香客十餘人。山東匪氛之熾，一至於此，所不料也。歸後爲顧羨季君（隨）述之，渠曾在青州執教，故於當地民生知之較詳。彼謂土匪之多其因有三：民風之强悍，一也；官府之暴斂，二也；毒品之流衍，三也。

是夜由張館長向教育局（亦在文廟内）借得文牘室，供予寢息。

五月十八日　星期一

早起，進點後，與張館長同出。西行，過齊王府遺址。齊王，明太祖之子，成祖即位廢之，立不數年而時又較早，故遺蹟已無存焉者。衡王府即在其南，想建設新府時早將舊府盡毀之矣。

出西門，南行，至范公亭。是爲范文正公祠。清末遷富文忠（弼）歐陽文忠（修）兩祠於此，又名三賢祠。庭中有井，名醴泉，亦曰范公泉，云范氏爲青州刺史時所鑿；或云彼爲刺史時有惠政，醴泉自出，以之合藥爲丸有神效。井覆以亭，即范公亭也。井旁有梓槐等樹四株絶大，傳是宋代所植。南屋爲報功祠，祀歷任青州知府及益都知縣之有政績者。祠後有後樂亭，取於范氏“先天下之憂而憂，後天下之樂而樂”之語。予等此次所經歷，滿地皆兵匪與毒物；使其生於今日，則一生更無展眉之時，遑期後樂耶！

屋壁多明清刻石。其較早者有成化丁酉（十三；一四七七）布政使宜興張盛，嘉靖癸未（二；一五二三）巡撫廣陵陳鳳梧，嘉靖十六年（一五三七）山東監察御史長洲李松，嘉靖甲子（四三；一五六四）山東監察御史高應芳，嘉靖乙丑（四四；一五六五）浙江按察使范維一（范仲淹之十六世孫），隆慶元年（一五六七）安成鄒善等之題詩刻石。聞張館長言，郡中原存范文正公畫像一幅，物甚古，有翁方綱等題記，藏法慶寺中。去年七月間，爲某軍官所知，捕寺中住持來，責以窩匪之罪，迫其獻像以自贖；今不知流落何所矣。法慶寺僧慮更以懷璧得禍，故將衡王荆座及舊磁器若干事悉移歸圖書館。

范公亭旁有四松亭，咸豐三年(一八五三)青州駐防協領久福(號易安)所築也。其地仰眺雲門，俯聽陽水，城若屏圍，橋如虹跨，故久福書扁額曰"人在畫圖中"，洵不誣。清代駐防，生計既不成問題，又不親武事，遂流於逸樂。聞張館長言，此其優游歌唱之地也。今四松無存，窗檔悉拆，待游人之憑弔矣。

由此往西，至城隍廟。府城隍居正殿，縣城隍居兩廡。東廡七，曰日照諸城安邱莒州沂水蒙陰臨朐。西廡七，曰壽光博興臨淄益都樂安高苑昌樂。張館長告我："此明代制也。故清之府屬有博山縣(順治析益都兩鄉所置)，而此無之。蒙陰莒州，清已不屬青州矣，而此猶列入。"以清室立國二百餘年，而其疆域制度曾不能改神廟中之明代疆域，亦一奇事。

出廟，又西行，至古西關。西北望堯王山，其下有廣固城焉。西南則陀山雲門山劈山連緜而立。既限於時，復阻於匪；雖不能至，心嚮往之！

西北行，至法慶寺。寺清初拆衡王府材料所築，爲青州第一大寺。寺外有塔十餘座，皆歷任住持之墓。以近日鄉香客事發生，故有軍隊守護。予等未入，經永濟橋回城。進城時，亦受守兵盤查。

西門內有閻君廟，正殿供一神，未審爲誰，大似道教中之天尊；十殿閻君旁侍。配殿則祀十殿閻君。寺有廟會，每年冬春兩季舉行，故規模雖不大而甚完整。庭中有香會所立碑若干，足考見其集會之制度。

此兩日中，飽覽本邑名勝，實賴張館長厚意。渠年已五十外，兩日中步行約六十里，尤使我心不安。然不如是，不能有親切之指點也。回館，山林齋碑帖鋪主人來，爲學校買得碑帖數十種。其中賈智淵造像因半立體者，拓時須剪紙爲小幅敷其上，支支節節爲之；拓成則黏合爲一大幅；事甚不易，故一幅之工作時間須費四日。又有“二桃殺三士”之故事畫一幀，石藏某處李家，神情畢現，漢畫之良也。雲門造像銘記亦得數種。

以豫定乘下午一時零六分車赴青島，故即別張館長，雇車赴站。站中售票窗洞不知爲何事關閉，另於牆上開一小洞，深厚逾尺。買票者皆俯身就洞而窺。以東行人多，各欲占此洞口，擁擠至不可上。予不慣與人爭奪，車將至矣，猶居人後。無何，車至，予始得至洞前購得一票。然問題又發生矣：遍覓不得一腳夫，而予力不足以盡挾行李上車；膠濟車停時間又短，小站只半分鐘，一分鐘；此爲大站，亦不足五分鐘，如予挾物上其半而車開，將更無法。詢之票房，能掛行李牌乎，答以已無及。無奈，只得目送車開，徐待四時之車。獨身出門，宜有此苦痛。予觀山東人上車多不攜行李；即有之亦僅一包裹，或一被囊，負之於肩而行。故膠濟路腳夫遂以旅客無此需要而不見。偶一見之，皆運貨者耳；呼之來，輒掉頭不顧。在站挨過四小時，良不易，惟徘徊廊道間觀兵士之生活耳。三時許，即將物件送行李房掛牌。四時許，車至。

過濰縣，已入夜。十一時許，至青島，下榻曲阜路之瀛洲大旅社。

五月十九日　星期二

上午九時，雇車至觀象臺，訪姨丈王碩輔先生（應偉）。臺係德國人所建，樸實而堅固。又至青島大學，訪校長楊今甫君（振聲）。校舍原係德國兵營，昔爲禁地，今成通道。大學累經興廢。初於民國十三年，膠澳督辦高恩洪創辦，後旋停頓。十八年，改爲國立。今學生約百餘人。今甫擬開辦海洋生物及航海諸系，利用天然環境以發展學術，此甚盛事。惟經費年止四十萬，嫌不足耳。承今甫招丁伯弢君爲予導，藉游名勝，復囑將行李遷入校中，住宿數日。遂還旅館，以行裝至陰島路之第八校舍。同學譚斅曾君（聲傳）來，邀往午飯。

下午，伯弢來。同出，至青島神社，俗稱日本大廟，大正八年（一九一九）所建也。倚山而建，歷一百一十級乃登。然殿門上標"不穿禮服，不准拜廟"及"拜廟者外免進"，故我輩未能游焉。殿右有大正十二年大宮權平所撰"慈覺大師山東遍路圖碑"，蓋慈覺，日本僧，求法入唐，由海州抵山東赤山浦（即青島）上陸，此圖繪其經歷之地。慈覺之求法，距撰碑時一千零七十六年矣。聞伯弢言，法顯亦由此渡海。殿東有礮彈九枚，其一長丈餘，是爲日人奪取青島之戰績。社前列帳設市者甚多，皆日本人也。

出，訪安邱趙孝陸先生（録績），值其赴北平不遇。趙先生對於當地掌故極熟諳，以不得其指導爲恨。

至勸商場，皆日本肆，幾疑身入異國。大街上亦以日本肆爲多。聞青島當鋪，無一中國人開者，蓋以不堪軍隊之强當而停閉，日人乃乘機盡攫有之，益高擡其利率焉。

至大港二號碼頭。德國人經營青島，首重港灣，故填海築碼頭凡四，通以鐵道，築貨倉若干所，而以第四碼頭緜延最廣，深入海中，幾乎十里。德人魄力之雄厚，及其締造之堅實，令人見之咋舌。以此故，青島遂成華北運輸之中心。近日膠濟路正謀伸展至順德，若是則冀南豫北之貨物其來也更易矣。

晚回校，今甫設宴於順興樓。同座有宋還吾趙太侔聞一多黃任初劉康甫陳季超王崑玉黃淬伯諸君及方令孺女士。宋先生爲鐵路中學校長，餘皆青島大學教職員也。十時回寓，一多令孺等來談，且觀予於青州所購漢畫及魏造像之拓本。十一時，洗浴而眠。

五月二十日　星期三

早起，任初邀往早餐。寓中生活，承其照拂不少，可感也。

今日，淬伯以無課，邀同出游覽。先至第一公園，園以櫻花著；惜我來已晚，僅見殘存之雙葉者耳。園占地約千畝，而林木幽翳，道路曲折，苟無人爲導，初至者必將迷路。園中有忠魂碑，日本陸軍大將神尾光臣書，爲紀念奪取青島時陣亡之將士者，每字方約五尺，甚奇偉。碑在臺上，歷六十級乃上。是日正大霧，觀煙霧冉冉過山頭，時掩全山，訝爲奇景。

次至會泉礮臺。是在青島市之東南，一半島上。門者燃燈爲導，歷重廊複室數十間。導者語我，若者爲軍官室，若者爲兵士室，若者爲婦孺避難室。指一鍋曰：“是中爲牛肉，德人煮而不及食者。”然歷時已十六年，成枯炭矣。指牆壁間手印曰：“是德人之血跡。”就視之，一壁幾滿，猶作赤色也。至礮座，導者搖之，雖萬鈞之重而隨手轉移。聞原有大折光鏡，海上來船在穴內歷歷見之；惜爲日本人攜去。臺內久不收拾，漸圮敗；有數室已不可入。竊謂宜加掃除，俾得長供憑弔也。

淬伯邀至礮臺旁一俄國咖啡館午餐。飯畢，沿海西行，游海濱浴場及海濱公園。浴場之後木屋數百座，爲易衣所，每一公務機關皆占一座至數座不等。公園則順山坡上下，不廣而長，曲折有致；月夜望海，斯最勝也。

下午三時，回校舍小憩。五時出，步行至觀象臺。予初謂昨日已往，今日不難自去。但不幸路隨山轉，數轉即失其方向；問道知其方，仍不識其道。問道至十數次，始達觀象路，於以知青島行路之不易。碩輔先生導游臺中，上至最高一層，得周覽全市。臺上所植竿，懸旗纍纍，報告今明兩日氣候，航行者皆取資焉。

同下山，步行至青島市政府前，氣象甚偉。有接收紀念碑一座，民國十一年熊炳琦所立也。至棧橋，是漁船小艇之碼頭，以木爲之，長幾一里。立其上，望青島。所謂青島者，原只此一小島耳；尚有一赤島在浮山之東，正與之同。今乃以一島之名廣被海濱陸地，使全市不島而島焉。

碩輔先生邀宴於博山路百花村西餐館。飯後，游第四公園。

德人當初規畫市政，雖熱鬧之區亦留空地爲公園，地固不廣，亦足以息市民之勞倦，其法制之善可見。

夜歸，到一多任初處談話。

五月廿一日　星期四

伯弢晨來，同出，參觀市立圖書館，翻讀即墨縣志古蹟及祠廟部分，蓋青島原爲即墨縣轄境也。出，至中華書局，購膠澳志，不得。書爲民國十七年膠澳商埠局總辦趙琪聘袁榮安等所編，體裁頗新；不知何故，聞全爲市政府收回停售矣。予欲購青島圖，得其一，則猶是中國未接收時所繪，皆日本人所定地名，與今不合。此等旅人日用之物，以青島爲大埠而亦缺乏，此真足詫異也。

乘公共汽車至四方。其地工廠林立，以鐵廠爲尤著。惜未倩人介紹，不得入。有四方公園一所，爲鐵廠所附設，以按工人休息時間，須上午十一時半始開放，予等到時較早，亦不得入。遂游四方市街。見有一廟，投之，則海雲庵，祀關帝與大士，明初所建，久而圮，民國十三年重修者。徘徊其間，亦無古蹟可見。更至公園，則門已啟。其中布置頗精緻，花棚坐凳皆以鐵爲之，雖新而不俗。有職員餐室一所，即就午餐焉。

下午，更乘公共汽車至李村。村中有廟一，爲清涼院，祀大士，惟有道光十五年（一八三五）一碑。至農林事務所李村分所，晤其畜牧股技士沙鳳苞君，導觀猪舍、犢牛舍、牡牛舍、乳牛舍諸處。所畜牛皆爲定姓名以視其傳衍之優劣。據云，外國牛與中國牛配，次傳最雄健，三傳後即劣。又觀製造奶油室。沙君囑詢燕農園中之"肉用牛"之品種與價格。遂別而出。青島所用水，仰給於李村之水源，聞德人於水源之建築甚特別。伯弢欲導游，予以今晚大學招演講，恐誤時，遂未往。

回校，到伯弢室，得覽所藏清代名人尺牘數集，有汪喜荀劉喜海潘祖蔭陳介祺吳大澂曾紀澤諸家，而以吳氏手簡爲最多，蓋皆與伯戣之先人者。予叔起潛方作窓齋年譜，此中當有不少史料，因請録副寄之。

回宿舍，豫備演稿。戣曾來邀晚飯。歸，則碩輔先生父子已先在，今甫亦來。七時半，至大學大禮堂。以此次爲公開講演，先期登報，來者五百餘人。題爲"黃河流域訪古見聞"，取此次所見古蹟分類言之。然材料未經整理，所言都畸零不成系統，且限於口音，聽衆不感興味，多有舍坐而去者。後述至民生痛苦，精神始一振。予雅不善演講，而公開演講必不能涉專門，更不適於予，甚自慙也。八時五十分，講畢。

五月廿二日　星期五

淬伯與王貫三君約游嶗山。嶗山在青島市東北，周二百七十里，爲海濱大山。史記秦始皇帝本紀云："始皇登勞盛山以望蓬萊。"盛山在文登東北，字亦作成。勞山即此，今俗加山旁作嶗耳。詩小雅漸漸之石"山川悠遠，維其勞矣"，鄭玄箋云："勞勞，廣闊。"鄭爲高密人，距此地甚邇，則以廣闊爲勞自是當時當地之言也。晏謨齊地記云："泰山自言高，不如東海勞"，則在民衆感情上，此山且有奪泰山尊嚴之勢矣。攀履既不易，又多道觀，既有神話流傳，民間遂視爲神仙窟宅，輒有棄家入山以修道者。其地前多土匪，游者有戒心；自東北海軍司令沈鴻烈駐軍山下，陸戰隊時時上山操練，且闢馬路，匪乃被驅絶跡。予等定於今日先至山之内圈（即西部，膠澳區所屬），明日再游外圈（東部，即墨縣所屬）。

上午八時許，乘校中汽車出發，經李村而東，至柳樹臺。途中見屋宇一所立山壁叢樹間，甚幽邃，淬伯指曰："是即洪述祖所居也。"以此凶人，乃有幽宅，甚不類。自柳樹臺以上，舍車而步。有以山輿相攬者，卻之。覓一人爲導，且代攜食物。山上有石屋十餘所，皆無頂無窗門。詢之，知皆德人所築；地既不守，遂自焚之。今有數處爲俄國人所修葺，以之供旅行者之憩息焉。

至北九水，爲白沙河之尾閭。其地有玉皇殿，規模狹小。淬伯云：“去年來時，壁上尚有易哭庵（順鼎）題長詩，今粉堊不可見矣。”自此至河西莊，觀流泉，進午餐。仰視山上有煙霧飄颻石壁間，予曰：“此雲耶?”淬伯不語，指近處一松，即見煙出樹梢。蓋松樹之粉，經風即散，絪緼若煙然。此亦一佳景，何不見於詩人之筆乎？昔崔東壁見霧樹，訝其奇觀，以爲世無真知，遂皆熟視無覩。今見松煙，與有同感。用知刻畫山林文學者固不盡由接近自然來也。

自此沿白沙河西北行至大嶗觀，跨亂石，凌激流，雖只十六里而不啻三十里。勞山多巨石，有高積如壁如城而必不能由人工爲之者，則不得不稱之爲鬼斧。蓋太古時山在海中，爲潮流所捲盪衝擊，遂成此奇觀也。下午二時許，抵大嶗觀。觀只數楹，道士欲設茶而室中骯髒不可坐。出至對岡一俄國人所設之大嶗飯店，進咖啡及汽水。及付價，則咖啡每盃五角，汽水每瓶亦五角，予等所費已三圓餘矣。

出至大嶗村，上汽車。途中見一新築之塔，因下車視之。有癸亥年（民國十二；一九二三）前法部右侍郎萊陽王垿所撰碑文，略謂于仙姑，于守坊之女，即墨勞山前人，好修道，及笄，父母爲之擇配，而不肯嫁；强之，不可，遂絕食，繼又絕飲，不語不臥，歷百餘日而坐化。以壬戌年（民國十一，一九二二）卒，年二十三。是亦勞山環境中所宜有事；若得人作有力之宣傳，正不難如莆田林愿女之化爲天后也。塔九層，四圍有詩篇若干，皆刻石。塔門額曰“仙娥洞府”，以門閉，未得入。

下午五時，回校，定明日續游之計。斆曾出素紙數幅，命予書之。夜，洗浴而眠。

五月廿三日　星期六

上午五時起，整理物件。七時，崑玉與曲繼皋君來，同上汽車。任初遠至小港碼頭，由方少珩君之介紹，上海燕艇。九時，

開船；十二時，到海圻艦。持任初片，謁方艦長，未晤，晤董副
艦長。予等具道游勞山意，承其允可；適運隊上岸操練，即附小
艇行。每艇有槳十二，軍士皆奮勇盪槳，方舟競渡，若端午之龍
舟焉。不一刻，即至太清宮口。

　　上岸，由某軍官導入太清宮；叢篁夾道，不類北方。道士招
待入方丈室，且導游各殿。院屋尚多而殿制殊狹小。三清殿前有
萬曆十四年（一五八六）碑一，二十八年（一六〇〇）碑一，三十一
年（一六〇三）碑二。惜本山石質粗劣，碑文漫漶不可讀。殿中有
萬曆道藏一部，兩壁石座上列六櫃，與北平白雲觀所藏同；惟白
雲以觀者多，時有撕葉之弊，此則僻在海隅，至今完整耳。予等
請觀，道士謂取鑰匙不便，今晚當奉覽。又謂此書終年不曬而從
不生蟲，似有神物呵護之者。

　　勞山上多藥物，如黃精之類；以採藥爲業者甚不少。又多花
卉，一年花事不斷。雖嚴寒，耐冬固猶張其紅豔也。耐冬以陰曆
十月開，三月初落；予來已遲，僅見其殘花數朵，瓣甚大，作深
紅色；其葉則冬夏長青。其他則牡丹、繡毬、月季、黃楊、紫
薇、八寶花，及松、桂、銀杏之屬皆甚繁。而牡丹、繡毬、月
季，均成木本，是爲他處所不經見者。此來，繡毬及八寶花正盛
開；八寶花亦木本，色淡紅，略似海棠，嬌絕。予幼讀聊齋志異
香玉一則，久知勞山有太清宮，亦久知太清宮有牡丹及耐冬花，
今日巡行各院，恍如舊識。道人亦能言其事，指香玉爲某院之牡
丹，指絳雪爲某院之耐冬，則無稽矣。

　　進食，已下午三時，腹餓幾不可耐。飯後擬游上清宮及明霞
洞。道人謂時已晏，必不及；然不速游則數日間必不能盡攬勞山
之勝，故必欲行。道人度不可留，便呼童子爲導。予等遂上山。
返顧山下，海波浩淼；及越一嶺，則當前者又是海：乃大快。往
明霞洞，無大道，經數嶺，行沙石上頗滑。抵其上，屋宇尚新。
問洞何在，則謂已不存，蓋原爲大石下之罅隙，今石已陷入土中

矣。道人謂殿上有外國人在，囑勿前，而設茗於廊下，便望海
也。渴既解，即下山西行至上清宮。聞此宮盛時，屋有三百餘
間，道士有三百餘人；今則屋只廿餘間，道士只五六人耳。庭中
有牡丹一本，聞花開時至三百餘朵。門外有豐碑一，爲元延祐四
年(一三一七)重修鰲山上清宮記，書丹者進義校尉益都路即墨縣
達魯花赤兼管本縣諸軍奧魯勸農事普顏不花也。碑中言鄭司農曾
授徒於斯，未知信否。按顧炎武山東考古録云："勞山之名，齊
史以爲登之者勞。又云，一作‘牢’。邱長春又改爲‘鼇’。皆鄙淺
可笑。"今觀此碑，乃知又有作"鰲"者，何異名之多也？

　　自上清宮至太清宮，有小徑下，只八里。雖曰徑，實無徑，
盤旋大石間攀松幹而下。一失足，即不得活。夕陽既落，予等始
抵平地。苟遲延半小時，或此道更長一二里，則暗晦之中將無以
移步履。回院，道人詫其快捷，蓋留太清者未有於四小時内遍歷
明霞與上清者也。

　　夜餐畢，道人出道藏數函見示。其書以五面爲一版，每函之
末刊有"大明萬曆戊戌年(一五九八)七月吉日奉旨印造施行"一
記，式如碑碣；其後又有一面刊護法神，狀如二郎神。予等取邱
長春詩集讀之。十時許，就睡。

五月廿四日　星期日

　　上午五時起，將太清宮更游一過。壁間尚有乾隆嘉慶間人題
字。此足見游人之少與牆壁之堅，故能歷百餘年而不消失也。此
間曾爲海軍設置學校，故門上猶有若干標識；今海軍中人亦有在
内辦公者。道人極稱海軍保護之善。然聞人言，青山黃山兩鄉向
多倚門賣笑之流，道士爲其主要顧客，今沈總司令嚴禁不守清規
之行爲，彼輩已斂跡不敢往矣。

　　早飯後別道人啟行，將往華嚴庵，覓一童子爲導。過太清宮
東一山頭，見一巨石，上刻"波海參天"四大字，下刻"始皇帝二
十八年游於此山，書"。字作楷書，略帶行體。奇哉，秦皇乃能

書此等字乎？觀其氣韻，上不逾明。不知何代妄庸子忽發奇想而爲此事，爲古蹟中添一笑話也。

　　途中經青山灣及黃山口。聞此兩村多林姓，以捕魚爲業。男子出捕魚，往往數月不歸。其地倚山瀕海，地皆沙石，農産不豐。婦女在家，爲生計所迫，遂作私娼；浸淫成爲風氣。故有以雞子十枚得一度之交接者。諺云：“青山黃山，三兩黃錢”，言其廉也。予等經此，所見女子都塗脂抹粉，迥與他處鄉間不同。又其髮髻下鬌至背，與古畫中裝束合，或猶是墮馬髻之遺制？

　　至反嶺，見一碑，書“嶗山修路記”，民國十八年（一九二九）四月海軍司令沈鴻烈撰立。文中記十七年（一九二八）率東北海軍來此訓練，肅清匪徒，清查户口，開闢道路等事。謂自太清宫起，至王山口止，長五十餘里；用錢一萬一千餘圓，人工十四萬一千餘工。其所以工多而錢省，則以本地人築本地路，義當爲之，可不給工資也。其道分五段：自太清宫至黃山爲第一段，黃山至泉心河爲第二段，泉心河至清正河爲第三段，清正河至朱家溝爲第四段，朱家溝至王山口爲第五段。自有此路而向日崎嶇悉成坦蕩；更越數年，自青島市來者一車可周游之矣。

　　至華嚴庵，適海軍陸戰隊亦以星期假日來游，寺中招待忙甚，時已及午而未得即食。晤海圻艦練習副官閻金鑾君，談論甚久。繼得食，即至藏經閣觀釋藏。書凡八櫃，門不加鎖，函亦淩亂無次。北梁上有橫木刻一，述賜經事，謂自順治九年（一六五二）慈沾開山，雍正間有住持僧大澤在京師豫藏經校閱之役；至乾隆八年（一七四三）得頒賜全部。又謂時由京師頒賜者皆紙片，須運回自行裝裱：戊辰（乾隆十三；一七四八）八月十五日舉事，己巳（乾隆十四；一七四九）十二月八日告竣，凡糜千餘金，成七百二十部云。則此經之藏已歷一百八十三年。除内府版外，尚有他種版，明刻殊不少。如有人加以整理，當有孤本可見。下閣，又入一室，其中有書兩架，塵土厚封之。檢視，多殘帙。佛經之外，有明版浙江志靈巖志天下名山勝概記等，清初版有鎮江府志五蓮山志等。聞淬伯言，若干年前有一游宦者出家於此，攜其藏書來；自彼之没，書即委置室中，任人取攜。寺僧不知書，以爲可厭，惟恐其書之不散，見有取攜者不阻亦不問也，故書已無有完整者。此真大可惜事。聞沈總司令命僧道組織聯合會以敦勵清規，振興教育，盍不更令僧道聯合會闢一圖書館，移釋道兩藏及各廟所藏書實其中，以保存勞山之文化乎？出至大殿，兩壁長几上亦見有殘書三大堆，疑即取自彼一室中者。

海軍既整隊去，予等遂下山西北行，上白雲洞。此兩地距離不過五里耳，而道路之艱難直使予等費去跋涉三十里之氣力。每走一里即息一刻，行又甚緩，故下午一時行起，至四時許始抵洞。勞山之勞，於此見之。白雲洞前有一乾隆二十五年（一七六〇）碑。此洞正與明霞洞相類，是一巖下，僅可謂之石屋而不可謂之洞。其中深廣均約兩丈，高約一丈，其石之巨可知。白果樹、玉蘭樹、松樹，都高四五丈，森然立於四旁。予等上登石背而坐，海景在足下，島嶼若浮於水面之荷錢，帆船點點，若膠固而不行。快絶，坐至一小時。

有一青年投廟，不知受何刺戟，自言願出家。道士數人勸之，謂今值道教衰微，且此間生活苦，終年不過得兩圓錢製衣服，指其衣曰：“此尚是客來時所穿也！”青年志甚堅，謂因不畏苦而來；若欲圖安樂，何必至此。道士曰：“若欲出家，先須‘行恒’三年，於此期中，執爨服勞以觀其志。志定，方得受戒出家。”青年頷之。予等晚餐時，渠即來作侍者矣。是夜，知客道人來談孔子學道於老子之故事，殊解頤。

上午五時起。欲登巨石之巔觀日出，而日已早出。六時，早餐畢，即別道士下山，請一人擔囊前導，此人亦一“行恒”者也。下山順馬路北行。經小王家莊（家，讀如哥，故遂寫作哥；下同）。八時，至王家莊，行十五里矣。是日正爲市集之期，鄉人麕集。我所著鞋，以行路多，未入勞山時鞋底已磨擦至極薄，及入山，日在沙石間行，趾見踵決，不可收拾；遂在市集中購新鞋易之。到三官廟啜茗休息。又到公盛棧進餐。繼皋買海蟹三，呼酒而食之。酒性甚烈，予以日來疲乏甚，飲至三四盃，醺醺然醉，舉步飄飄欲御風。莊中有林氏宗祠，當是漁民之家廟。按，北方家廟極少，而此村中乃有之，又是林姓，林姓又以捕魚爲業，則必是福建遷來無疑，此亦內地移民史之重要資料也。十時，離莊，西向行。越嶺三，路尚易走，以正在建築馬路也。惟天氣已熱而途中無茶館，每見流泉，輒俯伏作牛飲，得稍解渴。又十五里，至大嶗村，下午一時半矣。到三寶汽車站旁之茶館內休息。以銀幣一枚酬行恒者，渠不肯受；謂之曰："此是香金"，乃勉受之。茶館人見之，訝曰："子非濰縣某某乎？胡爲蓄鬚髮？其修道乎？"其人悲喜，問故鄉事，則已不歸三年矣。此三年中，其故鄉固無年不有戰禍也。

三時，上三寶公共汽車。自大嶗至青島市，凡七十五里，車票每人七角。四時半，返校；與崑玉繼皋別。

五月廿六日　星期二

上午，與任初同到今甫家，蓋任初家藏書畫甚多，皆在粵中，惟有一箱寄存今甫處。其中有王陽明手書詩卷，沈石田春社圖卷，高西園指畫垂柳等，予一一覽之，得飽眼福，幸甚。

旋與今甫任初同至提督樓，此德國統治青島之最高機關，房屋之美夐爲本市第一。樓在山顛，四顧則全市盡見。聞前有一大鏡，將全市攝入，若地圖然；此鏡後爲日人取去。又聞樓下有地道，通各處，惜不可見。德人布置此港，費十六萬萬鎊，作千年之計，到處見其堅實之容。其野心可憾，其毅力可佩。此樓今改爲青島市長官舍；以屋不利，不住入，僅作宴會之用耳。室中陳設，聞歷任市長卸職時率有所取，故已無復當年華侈云。

至大學，參觀圖書館，晤館長梁實秋君，主任皮高品君。校中原藏書籍不多，近年購求殊勇，故北平書肆聞風趨之。青島氣候風物無一不佳，惟未嘗受舊文化之薰陶，故游其境者常若至外國然，對於本國歷史無所眷戀。青大地位實負有建設文化之使命，而山東境內古物又日出而不窮，倘能在圖書館之外更籌備一博物館，以興起校內外人士之民族精神兼以豐富其生活趣味，不更善乎？

下午，繼皋導游東鎮。東鎮，亦名臺東鎮，在全市之東北隅，爲工業區。以工人多，故其地有山東蹦蹦戲。予等就聽之，聲調舞態與揚州戲極相同。或江淮河濟之間，其民衆文化本爲一個系統耶？又在市場中買得唱本若干，皆煙臺鉛印者。

五月廿七日　星期三

上午五時起，結束行裝。六時一刻，別第八校舍同人，乘汽車至膠濟路站。任初送至車上。碩輔先生父子亦來送行。七時十分，車開。經淄河店時，望路南二公冢及四王冢，已爲梯田。

下午七時到濟南，下榻昇平街國民大旅社。

五月廿八日　星期四

予自在濟南感寒傷風，多痰且咳。前數日游勞山，以攀涉之勞，無日不汗流遍體，而竟不愈。至今且兩星期餘，因遵青大校醫鄧先生之言，到市中購藥服之。

在旅館中無聊甚，且室中暗晦不能讀書作字，遂於飯後雇車至游藝園。其布置略如北平之城南游藝園，而簡陋過之。中有舊劇與新劇，而入門票之外尚須購票。予至新劇場中觀演麻瘋女，亦男女合演者。有一可注意之事，則西安及濟南所見新劇，演者皆說純粹之國語，不說本地話。此於國語之傳播上大有功，特營業上必不能與專說土話之戲班競勝耳。（昨日游東鎮，見劇場中觀者擁擠無隙地；今日即寥寥矣。）

以火車時間故，未觀畢，即出，進飯。六時，上津浦路站。六時四十分，車開。

五月廿九日　星期五

上午七時，車至天津。未換車，即轉入北寧路。十一時九分，抵北平東站。取出行李後，雇車至南池子美富汽車行，即乘十二時校中公共汽車返校。計出門五十七日矣。